# मुंभाई

# मुंभाई

विवेक अग्रवाल

वाणी प्रकाशन

वाणी प्रकाशन
*4695, 21-ए, दरियागंज, नयी दिल्ली-110 002*
शाखा
*अशोक राजपथ, पटना-800 004*
फ़ोन : +91 11 23273167 फ़ैक्स : +91 11 23275710
www.vaniprakashan.in
vaniprakashan@gmail.com
sales@vaniprakashan.in

MUM'BHAI'
*by* Vivek Agrawal

ISBN : 978-93-5229-435-0
Journalism


प्रथम संस्करण

पुस्तक सज्जा : फ्लाइंग ट्रीज़



*एस.के. ऑफ़सेट, दिल्ली-110 095 में मुद्रित*

*वाणी प्रकाशन का लोगो मक़बूल फ़िदा हुसेन की कूची से*

# समर्पण

उन अनाम 'मित्रों' के नाम...

जिनके बिना न स्याह संसार चलता है...

जिनके बिना न स्याह संसार ख़त्म होता है...

जिनके असली नाम दुनिया कभी नहीं जान पाती...

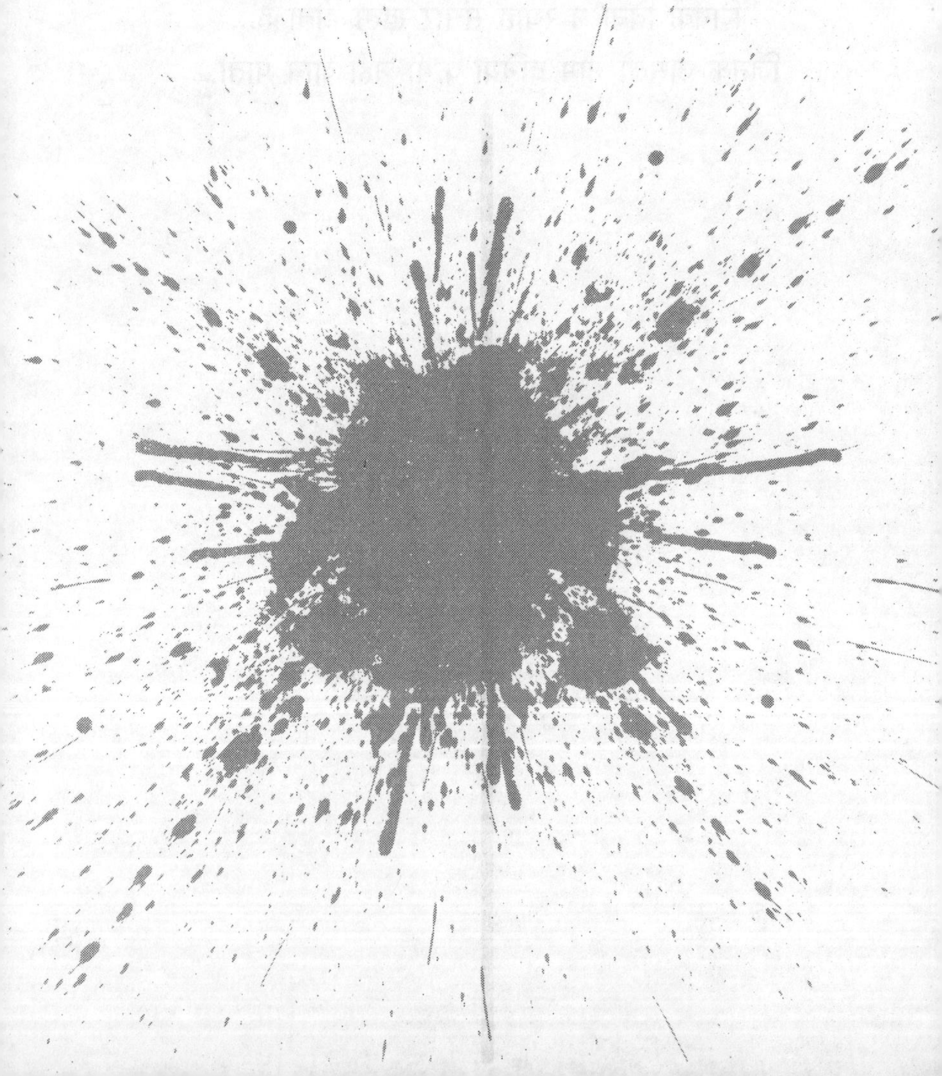

# अनुक्रम

# आमुख

## मेरी बात

दाऊद, राजन, अबू, गवली, बाबू रेशिम, माया डोलस जैसे नामों से पहली बार मुंबई आने पर परिचय हुआ। पहले संगठित अपराध जगत के हाजी, वरदा, करीम, यूसुफ, बखिया ज़ैसे नामों से पहचान थी। अपराध जगत की दोनों पीढ़ियों के साथ मेरे सम्बन्धों में भी फर्क था। नयी पीढ़ी को मैं अपने काम का हिस्सा मानता हूँ, पुरानी पीढ़ी से महज एक पाठक की हैसियत से जुड़ा रहा। सान्ध्य दैनिक 'हमारा महानगर' से प्रातःकालीन अख़बार 'जनसत्ता' तक काम करने के सफर में पुरानी पीढ़ी भी काम का हिस्सा हो गयी।

अपराध जगत के तौर तरीके देख-सुनकर मैं चकित था। मेरा काम देख लोग आशंकित होते मेरी जीवन शैली देख सहयोगी भ्रमित रहते और परिवार वाले व्यवस्थाओं से आतंकित थे। जिस तरह लोग डी-कम्पनी, नाना, डैडी, बड़े भाई जैसे शब्दों से मुंबई में परिचित हैं, और एक अपराध संवाददाता की अहमियत और आवश्यकता यहाँ होती है, राष्ट्र के किसी और हिस्से में नहीं। जब अपराध जगत पर लिखना शुरू किया तो अंग्रेज़ी, मराठी, गुजराती और हिन्दी के तमाम अख़बार-पत्रिकाएँ देखीं। अंग्रेज़ी में संगठित अपराध जगत को लेकर बड़ी ख़ूबी से ख़बरें बनायीं, लिखीं और छापी जाती थीं। अंग्रेजी में भाषा के स्तर पर ख़ासा खेल होता था। ऐसा हिन्दी या अन्य भाषाओं में न था। बात भले ही अपराध जगत के लेखन की हो, भाषा की दरिद्रता कैसे स्वीकार्य है?

मैंने अपने समाचार एवं लेखों में भाषा के स्तर पर प्रयोग प्रारम्भ किये। भाषाई कठमुल्लों का विरोध शुरू हो गया। उनके लिए दाऊद एक 'गिरोह सरगना'

था, तो शकील, राजन, अबू भी 'सरगना' ही थे, फिर उनके नीचे सीधे 'शूटर' या 'गुंडे' थे। मेरी लेखनी ने यह नियम तोड़ा। सरगना या सरदार तो एक ही हो सकता है, लिहाज़ा उसके बाद हर गुंडे/अपराधी को गिरोह में भूमिका व स्थान के लिहाज़ से सेनापति, सिपहसालार, फौजदार, जत्थेदार, निशानची, सुपारी हत्यारा, प्यादे, मुखबिर, वित्त पोषक सरीखे शब्दों, पदों, विशेषणों का प्रयोग प्रारम्भ किया।

अपराध जगत के लिए, काली दुनिया, अँधियाला संसार, अँधेरी दुनिया, कपट संसार, भूमिगत संसार, रक्त का दलदल, रक्तजीवी विश्व, रक्तपिपासु दुनिया, मुंबई माफिया, विनाशक विश्व सरीखे शब्द गढ़े और इस्तेमाल किये। मुहावरे को गढ़ने और स्थापित करने के प्रयास, भाषा के कठमुल्ले यह कहते हुए ख़ारिज करने लगे कि 'माफिया के पे-रोल पर जो आदमी हो, वही ये भाषा लिख सकता है।'

लांछित होना अपराध संवाददाता/लेखक की प्रथम नियति है। स्वीकार्य है। पहली बात तो यह कि यहाँ 'काम' करने का साहस कम ही करते हैं, तह तक जाने का दुस्साहस बिरले। इनसान के बिकने-खरीदने की प्रवृत्ति कहाँ हावी नहीं? यहाँ भी उसके अंश तो हैं ही। मेरा सवाल यह है कि एक मछली ने तालाब गन्दा किया, तब बाकी मछलियाँ क्या कर रही थीं? कोई संघर्ष क्यों नहीं करती थी? ये सवाल ख़ुद से पूछे, एक लम्बा संघर्ष कुछ 'मगरमच्छों' से किया भी, जिया भी। कठोरता के साथ बातें पुख्ता तौर पर रखीं और परिणाम हासिल करने चाहे। सफलता कुछ अंश तक ही मिली। रुग्ण मानसिकता चन्द दिनों में नहीं बदली जा सकती।

उन दिनों लगता था कि इस विशाल अपराध जगत में कार्य होता कैसे है? इतना बड़ा संगठन खड़ा करना और सँभालना कितना दुष्कर कार्य है? जैसे-जैसे इस संसार में पैठ बढ़ी, रहस्य खुलने शुरू हो गये। यहाँ तो पूरा का पूरा संगठित ढाँचा है, जहाँ प्यादों से सेनापति तक, वित्त पोषक से मन्त्रियों तक, उम्र, अनुभव और गिरोह में बिताए वक्त के हिसाब से गिरोह में पद तय होते हैं। हर बात का हिसाब है, अनेक तरह के उसूल हैं। रहस्यों की जितनी परतें खुलती जातीं, पता चलता कम हैं; अभी तो और भी बहुत कुछ है जो पता नहीं है।

लगातार 6 साल तक सुबह 10 बजे घर से निकलता और रात 3 बजे के बाद ही घर पहुँचना कोई पेशागत मजबूरी नहीं थी। वह तो कलम की धार पर सान चढ़ाने की अपनी ही ज़िद थी। चुनौतियाँ पहले तो खुद के काँधे पर सवार करवाना, फिर उन्हें जीना, उनके साथ जीना, मेरी जीवन-शैली का हिस्सा रही

है। यही वजह है कि स्याह सायों के संसार से सम्बन्धित सूचनाओं के मेरी तरफ आने की गति न केवल बेहद तेज़, विश्वसनीय और महत्त्वपूर्ण बल्कि बावक्त भी हो चली।

अपराध जगत के समाचार संग्रह का कार्य एक जटिल प्रक्रिया है। यह बात उनके गले नहीं उतरेगी जो पुलिस, कस्टम्स सरीखे विभागों और अदालतों से चन्द जानकारियाँ हासिल कर पाठकों के लिए पेश करते हैं। अपराध जगत की पत्रकारिता फिल्म-मनोरंजन, व्यापार, राजनीतिक समाचार संग्रहण जैसी भी नहीं है। इन क्षेत्रों में जनसम्पर्ककर्मी (पीआरओ) खुद समाचार, लेख, फोटो लेकर कलमनवीसों के पीछे भागते हैं। लेकिन अँधियाले संसार में, जहाँ रोशनी का टोटा हो, स्याह साये खोज कर, उनके चेहरे पहचान कर, बात करने की कसरत रोजाना करनी होती है, वहाँ ये काम बड़ा ही मुश्किल लगता था। रोज़ खोदना, रोज़ पीना। जिस दिन ख़बर इस्तेमाल न हुई, बासी हो गयी। ऐसे में अपराध जगत पर सदाबाहर किस्म के लेख कैसे लिखे जा सकते हैं?

यह काम करना था तो सप्ताह में कम से कम तीन (या शायद चार) दिन सुबह पाँच के बाद घर पहुँचना होगा। अतिरिक्त सूचनाएँ खोद निकालने के लिए अतिरिक्त श्रम करने को अतिरिक्त समय तो देना ही होगा। 'मज़दूरों में धँसे माफिया', 'गुंडों की नाम कहानी', 'नया माफिया-पुराना माफिया', 'माफिया के हथियार', 'माफिया की शब्दावली', जैसे विषय चुने और काम शुरू किया। एक साथ कई विषयों पर काम करते हुए सूचनाओं के गड्डमड्ड होने का ख़तरा लगातार रहता था। उससे निपटने के लिए रोज़ाना लिखने को अभ्यास बनाया। कुछ लेख छपे, कुछ नहीं। 'रोचक' लेकिन 'हार्मलेस' लेख छापे जाते थे। 'हार्मलेस' सम्पादक के नज़रिये से, अख़बार के लिए, मेरे लिए नहीं। नतीजा फिर भी ठीक ही रहा। कोई मलाल न था कि कुछ 'क़िस्से' छपे नहीं। आख़िर जो भी मेरी मेहनत थी, वह ज्ञान वृद्धि के रूप में थी। हर अप्रकाशित सामग्री जमा करता गया।

एक दिन लगा कि हिन्दी में हर विषय पर पुस्तकें आती हैं, अपराध जगत पर क्यों नहीं? दुनिया में सर्वाधिक पढ़े जाने वाले विषयों में अपराध, यौनाचार, रहस्य, रोमांच, पराविज्ञान हैं। जब हूण, बर्बर आक्रमण कर राष्ट्र ही नहीं, मानवता के ख़िलाफ भी अपराध करते रहे तो हमने उन्हें लिखा और 'इतिहास' कहा। हिटलर, स्टॉलिन के युद्ध अपराध दर्ज़ किये और 'इतिहास' कहा। तो फिर मुंबई के 'विध्वंसक विश्व' ने जो कुछ किया, उसे दर्ज़ करने की कोशिश 'अपराध' क्यों मानी जाती है?

यह सच है कि अपराध पत्रकारिता में 'इस्तेमाल होने का ख़तरा' 100 के मुक़ाबले 99 होता है। यह बात हर पुलिस अधिकारी कहता पाया जायेगा कि "प्रेस भ्रष्ट है। माफिया को ग्लैमराइज करता है। माफिया को सूचना देता है। अपराधी को हीरो बनाता है।" सवाल यह उठता है कि क्या पुलिस पूरी तरह 'पाक-साफ' है? उस टोकरी में भी तो कुछ सेब ख़राब हैं। पुलिस वाले जब किसी माफिया सरगना से उसके विरोधी गुंडों को मुठभेड़ में मारने की 'सुपारी' लेते हैं, तो उसे क्या कहेंगे? माफिया सदस्यों को अदालत परिसर में हफ्तावसूली करने की छूट देने को क्या कहेंगे? जेल में बन्द अपराधियों को अस्पताल या अदालत लाते-ले जाते पेट व तन की भूख शान्त करवाने वालों के लिए क्या कहेंगे? चन्द सिक्कों के लिए माफिया को सूचनाएँ मुहैया करवाते पुलिसकर्मी के लिए क्या कहेंगे? 10 हथियार बरामद कर, 2 की जब्ती दिखा कर, 8 के लिए माफिया से पैसा और 2 के लिए सरकार से तमगे व इनाम लेने वालों को किस श्रेणी में रखेंगे? कुछ पैसों के लिए हत्या के जघन्य अपराध से हत्यारों को बरी करवाने के लिए मुकदमे की कमज़ोर नींव रखने वाले पुलिस अफसरों के लिए क्या कहेंगे? माफिया का धन उगाहने के लिए लोगों को मुठभेड़ की धमकी देने वाले अफसरों का क्या करना चाहिए? तमाम संसाधनों, ताकत, अच्छे वेतन, बढ़िया हथियारों से लैस पुलिस बल में समाज की सेवा का व्रत और देश से वफादारी की शपथ ली जाती है। कहाँ है वह व्रत और वफादारी की बातें? आरोप लगाना कितना आसान होता है, यह उनसे कोई पूछे।

यह पुस्तक लिखने का उद्देश्य उन लोगों के बारे में सूचना देना है, जो समाज के 'स्खलित नायक' हैं। यदि ये प्रतिनायक अपने साहस, बुद्धि, संगठन क्षमता, शौर्य, संसाधन जुटाने और उनके सही प्रयोग करने की योग्यता का इस्तेमाल समाज व राष्ट्र के उत्थान हेतु करते तो क्या नहीं होता हमारे पास; उनके पास। इन भ्रष्ट नायकों के परिवारों का दुख सामने लाने का प्रयास है। इन खलनायकों के कष्टों का खुलासा करने की कोशिश है, जो वे रक्त के दलदल में लगातार धँसते हुए भोगते हैं। उनके ये कष्ट सीधे-सीधे कहीं बयान नहीं हुए हैं। हर अध्याय में वे कथा व कथ्य के साथ अन्तर्निहित हैं। उन्हें खुद ही महसूस करना होगा।

हर अध्याय स्वयं में पूर्णता रखता है। उसका अगले अध्याय से सम्बन्ध ज़रूरी नहीं, दोनों एक-दूसरे के बिना स्वतन्त्र भी हैं। ऐसे में पुस्तक दरअसल एक पत्रिका सरीखी है। भाषा का प्रवाह बोलचाल की आम भाषा के पास-पास का

है। जो साहित्यिक दृष्टि से इसमें कुछ विशिष्टता तलाश करने की कोशिश करेंगे, उन्हें सम्भवतः निराशा ही होगी। क्षमस्व। मैं साहित्यकार होने की खुशफहमी नहीं पालता। बात की जलेबी तलने से परहेज करता हूँ। कहीं ऐसा लग जाये तो यह एक 'औघड़' का 'तन्त्र विद्या' में प्रवीण होने जैसा चमत्कार ही समझें।

मेरी यह निश्चित तौर पर मान्यता है कि जब तक भ्रष्टाचार है, माफिया रहेगा। नैतिक से राजनीतिक भ्रष्टाचार तक, माफिया के अंकुरण, उत्थान और विकसन के लिए हर पक्ष ज़िम्मेदार है। माफिया के खात्मे में राजनीतिक इच्छाशक्ति का अभाव तो रहेगा ही, चुनाव जीतना और सत्ता सुख हासिल करना अब राजनीतिकों का अन्तिम उद्देश्य है। इसकी पूर्णता के लिए माफिया का सहयोग उनकी पहली ज़रूरत होती है। भ्रष्ट समाज ही माफिया खड़ा करता है। अपनी छोटी-छोटी ज़रूरतों की पूर्ति के लिए बाहुबलियों का सहारा लेने वाले समाज को यह दंश तो झेलना ही होगा।

माफिया का अनर्थकारी द्वेषपूर्ण रवैया मुंबई के दामन पर बदनुमा दाग लगा गया। रक्त की होली उन्होंने खेली, खामियाज़ा भुगता नागरिकों ने। उनकी मुंबई बदनाम हो गयी। कभी कपड़ा उद्योग की काशी थी, भारतीय अर्थ-वित्त राजधानी थी, मनोरंजन की मक्का-मदीना थी, आज माफिया का मरकज है।

समाज के पहरुए बन कर दिलासा देने का ढोंग रचते वर्दी वालों को जब माफिया के हाथों खिलौना बन कर नाचते देखता, तो मन आकुल-व्याकुल हो उठता। धन का लोभ क्या वाकई ऐसा होता है? यदि ऐसा न होता, तो मुंबई में 12 मार्च 1993 को बम विस्फोट क्योंकर हो जाते? कस्टम्स और पुलिस विभाग के जयचन्दों का यह कहना कितना घृणित है कि 'बमकांड' से उनका कोई सरोकार नहीं। उन्हें पता न था कि 'चाँदी' व 'सोने' के नाम पर जो कुछ सरहद के भीतर लाया जा रहा है, वह मानवता को उजाड़ने वाला 'असलाह-बारूद' है। उन्होंने रिश्वत खाने का अपराध तो किया, बमकांड जैसा 'देशद्रोह' नहीं। तो क्या रिश्वत राष्ट्रद्रोह नहीं? ये मुखौटे हटते हैं तो कैसे लिजलिजे चेहरे सामने आते हैं।

माफिया के ख़िलाफ़ युद्ध का ऐलान करने वाले पुलिस अफ़सरों का अवाक् कर देने वाला एक और चेहरा है। मुठभेड़ों के नाम पर अमर नाईक सरीखे सरगना से लेकर पुरुषोत्तम जैसे निर्दोष एस्टेट एजेंट या छोटा राजन गिरोह के कथित प्यादे लखन भैया को गोलियों से भूनने वाले 'इंस्टेंट जस्टिस' में भरोसा करने वाले अफ़सरों का हुजूम। यह तो हमारे सामाजिक सुरक्षा तन्त्र को लगी 'आँकड़ों की

प्रेतबाधा' है। 'फलाँ ज़ोन में 'इतने' काऊंटर हुए, मेरे ज़ोन में कम कैसे?' का ईर्ष्याभाव छुटभैये डकैतों-चोरों तक को मार कर बड़े अफ़सरान से पीठ ठुकवाने का शगल बन गया। ठाणे में सात कथित गुंडे अप्रैल 2002 में मारे गये। देश के किसी थाने में कोई मामला दर्ज़ न मिला, तबसे ठाणे पुलिस की जान साँसत में है। क़ानून इन मोटी 'तोंद' और बड़े 'इगो' वाले बर्बर अफ़सरान का कभी 'रक्षक' था, अब चेरी है। इस हिंसा को भी कोई तर्कसंगत कैसे कह सकता है?

मुझे राजनीति से जुड़ी पत्रकारिता करने के लिए भी कहा गया। मैंने एक तर्क से उसे नकारा, 'इन राजनीतिकों का कोई ख़ुदा नहीं, ईमान नहीं। वे सोचते कुछ हैं, करते कुछ हैं, परिणाम कुछ और आता है। इन पर भरोसा कैसे करें? हमारे 'भाई' इनसे भले हैं, उसूलों के पक्के, ज़बान के सच्चे, जो बोलते हैं कर दिखाते हैं। ली सुपारी लौटाते नहीं, औरतों का अपमान नहीं, अमानत में खयानत नहीं।' इस तर्क के आगे हमेशा चुप रह जाने वाले मेरे साथियों-वरिष्ठों की नज़रें अब मुझे भेदती हैं, मैं शर्मसार हूँ। अपराध जगत ने अपने तमाम उसूल तोड़ दिये। उसे भी राजनीति का घुन लग गया।

हाँ, एक बात और... इस पुस्तक के लिए किसी और ने कोई प्राक्कथन नहीं लिखा है। कारण? एकमात्र यही कि किसी वरिष्ठ या सेवानिवृत्त पुलिस अधिकारी को मुंबई माफिया के सरगनाओं और सुपारी हत्यारों पर लिखे शब्द असल में स्तुतिगान सरीखे लगते। साहित्यकार पहले ही इस तरह के लेखन को बकवास करार देते हैं। पत्रकारों में ऐसा कोई नहीं जो इस पुस्तक के तथ्यों का विश्लेषण और आकलन कर इसके बारे में कुछ लिख सके। लिहाज़ा, यह सीधे आपके हाथों में है।

मेरा मन सदैव इन पथभ्रष्ट युवक-युवतियों के लिए क्रन्दन करता है, जिनका लक्ष्य प्रगति था। हृदय सदा उन परिवारों के अश्रु सागर से उपजे खारेपन से गलता जाता है, जिनके अपने घाव दे गये। रक्त से रची जा रही कथाएँ लिखना कोई अच्छी बात तो नहीं, लेकिन ज़रूरी भी है। चन्द सिक्के अपनी थैली में रख कर, थोड़ी देर बजा कर, उनकी खनखनाहट सुन कर प्रसन्न होने वालों के लिए हैं, ये लिखित शब्द। उनके लिए एक चेतावनी सरीखे : आपराधिक जीवन का एक ही अन्त है... अपमान और पीड़ा... अन्ततः... अकाल मृत्यु...

एक कहानी सुनते थे बचपन में। लोभी को मिलने वाले दंड की शिक्षा वाली कहानी। एक लोभी व्यक्ति एक पर्वत पर जाता है। कुछ दूर चलने पर उसे चाँदी

मिलती है। उसे देख लोभी सोचता है कि आगे स्वर्ण मिलेगा। आगे बढ़ने पर स्वर्ण मिलता है तो रत्नों की आशा में आगे बढ़ने पर जगमग-जगमग रत्न भंडार पा लेता है। अभी वह रत्न उठाने जा रहा होता है कि एक व्यक्ति उसके सामने आ खड़ा होता है। उसके सिर पर एक चक्र घूम रहा है, मस्तक से रक्त की धार बह रही है। वह पीड़ा से रो रहा है। लोभी कारण पूछता है तो चक्रधारी बताता है कि इस चक्र का स्वामी बन कर ही वह इन रत्नों का मालिक बन सकता है। लोभी तुरन्त चक्र अपने माथे पर ले लेता है। चक्र से मुक्त व्यक्ति सरपट भाग निकलता है। लोभी के शीश पर चक्र चल पड़ता है, रक्त बह निकलता है, चीत्कार गूँजने लगती हैं।

यह क्रम तब तक जारी रहेगा जब तक लोभ है। मुंबई माफिया भी ऐसे ही चक्रधारियों का संसार है। इस कुचक्र में कभी कोई 'लोभी' न फँसे, यही कामना।

तथास्तु।

सबका

**विवेक**

# माफिया

एक शब्द जिसने नौ सदियों का सफ़र किया, और आज भी सबसे अधिक इस्तेमाल होने वाले शब्दों में से एक है। एक ऐसा शब्द जिसके साथ न जाने कितनी-कितनी कहानियाँ जुड़ी हैं। जिस देश में यह शब्द पहुँचा, उसके साथ सैकड़ों-हज़ारों झूठी-सच्ची दास्तानें जुड़ती गयीं। इस शब्द के बारे में एक भ्रान्ति हमेशा रही है कि ये एक अंग्रेज़ी शब्द है और इसका सीधा सा मतलब 'संगठित अपराधी गिरोह' है। यह सच नहीं है। इसका सही अर्थ क्या है, यह तो वे ही जानते हैं, जिन्हें इसके मूल और उसके पीछे छुपी असली दास्तान की जानकारी है। इस शब्द के बारे में हमारे देश में जानकारी का गहरा अभाव है। इस बात को मैं शिद्दत से महसूस करता रहा। यही कारण है कि जब 'मुंबई माफिया' पर काम शुरू किया तो सबसे पहले 'माफिया' शब्द को भली प्रकार सामने रखने का भी ख़याल आया।

## माफिया

'क्या आप माफिया का मतलब जानते हैं?'

यह एक सवाल था जो एक व्यक्ति ने अचानक ही मुझसे पूछ लिया। यह सुन कर मैं कुछ अचकचा सा गया, कुछ ग़ुस्सा भी आया। मेरे चेहरे पर स्वाभाविक रूप से नाराज़गी के लक्षण भी उभर आये। मुझे लगा कि कोई कैसे मेरे ज्ञान को चुनौती दें सकता है। एक पत्रकार का सर्वज्ञानी अहंकार जाग उठा था। एक पत्रकार का झूठा दम्भ उसे कभी किसी से कुछ सीखने नहीं देता, वही प्रतिक्रिया मुझमें भी अचानक उभर आयी। एक सामान्य व्यक्ति मुझसे, एक अपराध संवाददाता से, यह पूछने का दुस्साहस कर रहा है कि माफिया का अर्थ क्या है? मैंने सोचा कि इसकी तो मैं चटनी बना दूँगा, मैंने पूरे विश्वास के साथ जवाब दिया–

'संगठित अपराधी गिरोह।'

'ये तो मैं भी जानता हूँ सर...'

'यही वह अर्थ है जिसे पूरी दुनिया जानती है।'

'नहीं, वह अर्थ जो माफिया का है।'

'यही वह अर्थ है...'

'नहीं, माफिया शब्द का यह सही अर्थ नहीं है...'

'तो क्या है?'

'मुझे नहीं पता है, इसीलिए तो आपसे पूछ रहा हूँ।'

'मैं बता तो रहा हूँ।'

'पर मैं वह अर्थ जानना चाहता हूँ, जो सही है... जो आप बता रहे हैं, वह तो मुझे भी पता है।'

'तो?'

'वही तो अर्थ है...'

'वो सही नहीं है...'

'तो आप ही सही बता दें...'

'वह तो मुझे भी नहीं पता है... बहुत पहले किसी ने मुझे बताया था लेकिन मैं भूल गया।'

'तो फिर आप मुझसे बार-बार वही बात क्यों पूछ रहे हैं जो आपको भी पक्के तौर पर नहीं पता है?'

'मुझे किसी ने कहा था कि माफिया का अर्थ असल में संगठित अपराधी गिरोह नहीं होता है। मैं इस शब्द का असली अर्थ तलाश रहा हूँ। आप एक क्राइम रिपोर्टर हैं, आपको तो ज़रूर मालूम होगा,' यह सोच कर मैंने पूछा।

'आपकी बात मेरी समझ में नहीं आ रही है।'

'माफिया शब्द कहाँ का है?'

'यह एक इतालवी शब्द है।'

'हाँ, तो वहाँ से यह शब्द पूरी दुनिया में पहुँचा है, हम भी इसका ख़ूब इस्तेमाल करते हैं, लेकिन हमें सच्चाई नहीं पता कि इस शब्द के पीछे की कहानी क्या है। मैं भी उसी की तलाश कर रहा हूँ। आप बता पाते तो मेरी तलाश यहीं ख़त्म हो जाती।'

उस दिन, उस व्यक्ति ने मेरे सर्वज्ञानी होने का अहंकार दमित कर, फिर मेरी ज्ञानपिपासा जगाने में जो भूमिका अदा की, उसके लिए कितना आभारी हो सकता हूँ। उसने मेरे दम्भ की किरचें बिखरा दीं। मुझे लगा कि न पढ़ने की, कम और काफ़ी कम पढ़ने की सज़ा मैं इस व्यक्ति के समक्ष भोग रहा हूँ। यह सब कितना ग़लत होता है।

मैंने अब माफिया शब्द की तलाश की तो अपने तरीके से पुस्तकालयों, शोध सामग्रियों, नयी-पुरानी पत्रिकाओं और अख़बारों की हज़ारों-लाखों कतरनों को खँगाला। मुझे जब पता चला कि माफिया असल में क्या है, तब तक मैं उन सज्जन को भी भूल चुका था, जो इस शब्द का असली अर्थ जानना चाहते थे।

'मोरते आल्ला फ्रांसिया इतेलिया एनेलिया'

इन इतालवी शब्दों के यदि पहले अंग्रेज़ी अक्षर लिखे जायें तो वे होते हैं, 'एम-ए-एफ-आई-ए'।

यही वह शब्द समूह है, जिसने दुर्दान्त संगठित अपराधी गिरोहों को पहचान देने वाले शब्द 'माफिया' की रचना की है। इस शब्द का आज विश्व की हर भाषा में 'संगठित अपराधी गिरोहों' के लिए ख़ूब इस्तेमाल हो रहा है लेकिन उसके बारे में जानकारी का ख़ासा अभाव है।

## ग़ुलामी से आज़ादी की ओर

यह सन 1282 से शुरू होने वाली एक सच्ची कहानी है। कहा जा सकता है कि यह माफिया का सच्चा इतिहास है। एक शब्द जिसने नौ सदियों का सफ़र

किया है। कभी 'इतालवी क्रान्तिकारियों' के लिए प्रयुक्त यह महान शब्द आज 'सड़कों पर एक-दूसरे का रक्त बहाने वाले धनलोलुप अपराध के दलदल में धँसे भ्रष्ट नायकों' के लिए होने लगा है।

उन दिनों फ्रांसीसी सत्ता की 'सिसली पर बड़ी मज़बूत पकड़' थी। तब आम इतालवी का जीवन बड़ा कठिन था। न नागरिक सुविधाएँ थीं, न भोजन पूरी मात्रा में मिलता था, ऊपर से ग़ुलामी का दंश। कुछ स्वाभिमानी, समाजसेवी, राष्ट्रभक्त लोगों ने मिल कर एक गुप्त संगठन खड़ा किया। इस बागी संगठन का मूल मन्त्र था—'मोरते आल्ला फ्रांसिया इतेलिया एनेलिया'।

इसका अर्थ है, 'फ्रांसीसियों की मृत्यु ही इटली की पुकार है।'

वक़्त के साथ सिसली ही नहीं, सम्पूर्ण इटली में इस संगठन की जड़ें जम गयीं। इसका एकमात्र ध्येय था विदेशी शासकों का जुए अपने काँधे से उतार फेंकने का सम्पूर्ण संघर्ष। पहाड़ियों और गुप्त अड्डों से संचालित हो रहा 'माफिया' फ्रांसीसी शासकों के लिए बड़ा सिरदर्द था। इस संगठन का उद्देश्य सिर्फ़ आज़ादी की लड़ाई न था बल्कि अपने लोगों की रक्षा, उन्हें भोजन-वस्त्र तथा अन्य सुविधाएँ दिलाना भी था।

प्रारम्भ में यह संगठन पालेर्मो के गाँव तथा आसपास के इलाकों में स्थापित हुआ। ग्रामीणजन ही इसमें सबसे पहले जुड़े। हर गाँव से एक व्यक्ति उस गाँव के 'माफिया परिवार' का मुखिया चुना जाता। इस मुखिया को 'केपोडेसिना' या 'केपो' कहते थे। केपो गाँव के तमाम परिवारों में से लोगों को माफिया के लिए ज़रूरी संख्या और महत्त्व के मुताबिक छाँटता था। ये सभी गोपनीय स्थान पर चले जाते। गुप्त ठिकाने की तरफ़ जाने के पहले हर एक को वफादारी, सहयोग और गोपनीयता की शपथ लेनी होती थी। यह शपथ कुछ इस प्रकार थी—

'मैं (नाम) अपने परिवार की रक्षा, अपने भाइयों की रक्षा के लिए, इस गुप्त संगठन में प्रवेश करना चाहता हूँ। 'मोरते आल्ला फ्रांसिया इतेलिया एनेलिया'। मेरा रक्त (अब एक चाकू से पहली अँगुली या हाथ काट कर रक्त निकाला जाता है), सभी सन्तों के रक्त और मेरे बच्चों की आत्माओं की कसम खाता (अब सलीब का एक निशान उसी रक्त से बनाया जाता है) हूँ कि इसके किसी रहस्य को कभी उजागर नहीं करूँगा तथा इसके आदेशों का पालन पूर्ण निष्ठा व प्रेम से करूँगा। मैं संगठन में जीवित प्रवेश कर रहा हूँ लेकिन मुत्यु के बाद ही इसे छोड़ूँगा।'

जब पर्वतीय क्षेत्रों में तमाम केपो मिलते, अपने बीच से एक प्रधान चुनते। उसे 'केपो दी टूट्टी केपी' कहा जाता था। वह सम्पूर्ण परिवारों का प्रधान हो जाता था।

माफिया के सदस्य फ्रांसीसी ठिकानों पर सशस्त्र हमले करते। वहाँ से धन, रसद, वस्त्र, गोला, बारूद-हथियार, ज़रूरी साधन-संसाधन हथिया लेते, अपने परिवार, बन्धु-बान्धवों-मित्रों के बीच उनका वितरण करते। तब यह एक पवित्र संगठन था, जिसमें हर ग्रामवासी का पूरा विश्वास था। वे पूरी गोपनीयता से छुपे हुए अड्डों में रहते, अपना काम बख़ूबी करते, अपने परिवारों की रक्षा करते। साथियों की रक्षा करते हुए आत्म आहुति उनके लिए छोटी बात थी। तमाम ग्रामवासी इन्हें सैनिकों का सम्मान देते थे। उन्हें तो स्वप्न में भी फ्रांसीसी ग़ुलामी से आज़ादी नज़र आती थी, बस शर्त यही थी कि वे अपने 'लड़ाकों और जंगजुओं' के बारे में पूरी तरह ख़ामोश रहें।

माफिया में शामिल होना जैसे किसी धर्म में प्रवेश करना था। यह सम्पूर्ण जीवन समर्पित करने का समाज से वादा था। यूँ कहें कि किसी भी धर्म-पन्थ-सम्प्रदाय में शामिल होने से कहीं उच्च स्तर का गहरा समर्पण भाव था। इसके कार्य से कभी कोई सेवानिवृत्त नहीं होता था। यह संगठन सदियों तक बना रहा। इसकी गोपनीयता बनी रही। सिर्फ़ सदस्य ही बाकी सदस्यों को पहचानते थे। पकड़े जाने पर कोई कभी यह नहीं मानता था कि वह संगठन का सदस्य है। कभी अन्य सदस्यों के नाम-पते उजागर नहीं करता था। इसका मतलब था शपथ भंग करना, जिसकी सज़ा थी–मौत।

सदियों तक चलते रहे इस संगठन में न जाने कितने प्रधान बदले, मुखिया आये, सैनिक गये, संगठन वहीं बना रहा, कभी अच्छी स्थिति में तो कभी बुरे हालात में। रसद-संसाधन लूटने के अलावा संगठन ने कई बार आसपास के देशों से गुपचुप खरीदकर गाँवों में बँटवाया। यह कालाबाज़ारी मानी जाती थी लेकिन आज़ादी के लड़ाकों के लिए नहीं।

इटली में यह संगठन सदा ताकतवर तथा सम्माननीय बना रहा। संगठन में इटली के सभी नागरिक नहीं होते थे, न ही संगठन के सदस्य अपराधी होते थे।

## उजाले से अँधेरे की ओर

'माफिया' शब्द का प्रथम प्रकाशन 1862 में पाया जाता है। ग्यूसेप्पे रिज्जूटो नामक लेखक ने एक नाटक 'आई माफिओसी डेला विसारिया' लिखा था। इसका अर्थ था 'विसार युग में माफिया।' यह नाटक पालेर्मो की जेल में एक गुप्त संगठित गिरोह के बारे में था।

सिसली में माफिया शब्द का अर्थ 'पुरुषोचित' होता है, न कि 'अपराधी।' इसका प्रयोग उन लोगों के लिए भी होता है जो अपराधी तो निश्चित तौर पर नहीं होते हैं। सिसली को वक्त-वक्त पर अनेकानेक आक्रमण और घुसपैठ झेलनी पड़ी थी। 9वीं सदी में अरब, 11वीं सदी में नॉर्मन, 12वीं सदी में फ्रांसीसी, 15वीं में स्पेनिपो के अलावा जर्मनों, आस्ट्रियनों और ग्रीक के हमले भी इस देश ने झेले हैं। ग़ुलामी और आज़ादी का अर्थ इसीलिए इतालवियों को किसी और देशवासियों के मुक़ाबले अधिक समझ में आता है। यही कारण था कि माफिया का उदय हुआ और वह आज़ादी से लड़ाई का एक सक्षम संगठन बना।

इसके ठीक उलट 'माफिया' शब्द का अमरीकी जो अर्थ लेते हैं, वह 'डॉन वीटो कास्कियो फेर्रो' के साथ अमरीका पहुँचा था। 1893 में डॉन वीटो सिसली में एक बैंकर इमेन्यूएले नोत्राबार्तोलो की हत्या के बाद फरार हुआ और न्यूयार्क जा पहुँचा था। 1920 में जब मुसोलिनी ने इटली से माफिया का सफाया करने की ठान ली, तब और भी कई संगठन सदस्य अमरीका जा पहुँचे।

द्वितीय विश्व युद्ध के दौरान अमरीका व मित्र देशों ने इटली को स्वतन्त्र कर दिया। तमाम मुसोलिनी विरोधी क़ैदी जेलों से रिहा हो गये। इनमें माफिया संगठन के सदस्य भी थे। इनमें से कई नये इटली के सत्ता केन्द्र में ताकतवर स्थानों पर जा पहुँचे। यहीं से राजनीति और संगठित गिरोहों के तालमेल का दौर प्रारम्भ हुआ।

अब माफिया ग्रामीण और पहाड़ी परिवेश से निकल कर, पवित्रता के बन्धन त्याग कर, महानगर सिसली के आपराधिक मायाबाज़ार में आ पहुँचा था। माफिया ने अन्य कुछ गुप्त संगठनों के साथ गोपनीय करार किये जो 'कमोरा' तथा 'एंड्रेनगेट्टा' नाम से पहचाने जाते थे। माफिया का तब भी भूमिगत संसार पर पूर्ण नियन्त्रण बना रहा।

सिसलीवासी माफिया की सबसे बड़ी ख़ूबी उनका लचीलापन रहा है। हर

हाल-स्थिति-परिस्थिति में वे बने रहना जानते थे। कई देशों की राष्ट्रीयता के छद्म आवरण ओढ़ना उन्हें बख़ूबी आता था।

माफिया की समस्या अब बाहरी नहीं रह गयी थी। वर्चस्व की ख़ूनी लड़ाई माफिया की सबसे बड़ी शत्रु बन गयी। 12वीं सदी का 'पवित्र माफिया' आज भी जीवित था लेकिन 'अपवित्र अपराधी संगठन' के रूप में। उनके 'केप्पो' अब बेहद अमीर थे लेकिन ग्रामीण इतालवी जब अपने लिए माफिया की सहायता चाहते तो 'दोस्ती और समर्पण का वह हाथ' पहाड़ियों से ग़ायब हो चुका था। वह तो शहर की चमक-दमक में धन बना रहा था। अब वहाँ 'माफिया' नहीं था, 'संगठित गिरोह' था।

# उजला मुंबई अँधियाला संसार

कल तक मायानगरी मुंबई में लोग बड़े गर्व से कहते थे कि यहाँ कभी अँधेरा नहीं होता, मुंबई कभी सोती नहीं, मुंबई से चमकीला दूसरा शहर नहीं, अब वे मुँह छुपाने को मजबूर हैं। कारण बन गये वे लोग जो अँधियाले संसार के स्वामी हैं। उनके साम्राज्य के पाए रक्त के दलदल में खड़े हैं। यह है मुंबई माफिया। कितने ही नाम हैं इस दुनिया के—भूमिगत संसार, विनाशक विश्व, रक्तजीवी विश्व, मुंबई माफिया, अँधियाला संसार, काली दुनिया, अंडरवर्ल्ड, रक्तपिपासू दुनिया, स्याह सायों का संसार...यह संसार रचने वालों और उनके जीवन में कितने-कितने मोड़ हैं, कितने-कितने कोण हैं, कितने-कितने जोड़ हैं, कहना मुहाल है...उनके मिथक और सत्य अपनी जगह फिर भी हैं। कोई उन तक कुछ अंश ही पहुँच ले तो काफ़ी होगा। इसका इतिहास खँगालने की कोशिश बेमानी साबित न हुई। हाजी मिर्ज़ा मस्तान से अली बुदेश तक का रक्तरंजित संसार कैसा है, कैसी करवटें लेता रहा, पूरे माफिया के इतिहास को आद्य से अद्यतन समेटने का प्रयास है।

## हिंसा का संसार

'तुमको और कोई काम नई है क्या? कोई और सब्जेक्ट नहीं मिला क्या पोथी लिकने कूं?'

'क्यों, इस विषय में क्या बुराई है?'

'पन अच्छा क्या है?'

'क्या नहीं है इस विषय में यह बताइए?'

'क्या है यह तो तुम सोचा होएंगा, तुम बोलो...'

'तो सुनिये, यहाँ पर मानव की प्रवृत्ति के सीधे और सच्चे दर्शन होते हैं जिसके बारे में हम और आप सोचते नहीं हैं। यहाँ हर सच बिल्कुल नंगा है, कोई गान्धारी यहाँ नहीं, जो सत्य अपने तरीके से देखती हो, और आँखों पर पट्टी बाँध कर अन्धे होने का ढोंग रचती हो।'

'क्या मतलब इसका?'

'मतलब ये कि यहाँ हिंसा है तो करुणा भी है, यहाँ अगर मौत का तांडव है तो जीवन का नृत्य भी है, अगर यहाँ झूठ है तो सत्य भी है, शत्रुता का लावा बहता है तो मित्रता का अमृत घट भी यहीं है, और यह तमाम अपने मुखर स्वरूप में यहाँ उपलब्ध है जो कहीं और है ही नहीं।'

'तुम्हेरे से बातों में जीतना एकदम मुश्किल काम है भाई। ये राइटर वाली बातें तो तुम ही जानो, पन अपुन को तुम्हेरा बात लगता माफिक। अपुन जो मालुमात होंएंगा तुमको सबी कुछ बताएंगा।'

उस हल्के से अँधियाले कमरे में... उन बुजुर्गवार से गिरोहों और उनके कामकाज समेत तमाम जानकारियाँ इकट्ठा करने के लिए मिला, तब यही बातचीत हुई थी। उन्हें ये ताज्जुब था कि एक जवान लड़का क्यों इस बीहड़ विषय में हाथ डाल रहा है? मेरे पास गिनाने के लिए सैकड़ों कारण थे।

## मायानगरी में महायुद्ध

वह 1980 का वक्त था जब मुंबई की तमाम सड़कें रक्त से लथपथ हुई जा रही थीं। यही वह वक्त था जब आज के मुंबई माफिया के बेताज बादशाह दाऊद इब्राहिम की किस्मत का सितारा बुलन्दी छू रहा था। क्या कोई कह सकता है कि किसी वक्त गोदियों में तैनात रहने वाले मुंबई पुलिस के हवलदार इब्राहिम कासकर के पाँच बेटों में से एक देशद्रोही कहलाने वाला है, राष्ट्र का सबसे बड़ा

गिरोह सरगना बनने वाला है, नशे व हथियार तस्करी से लेकर हफ्ताखोरी और भाड़े पर हत्या करने वालों की फ़ौज का मुखिया बन जायेगा।

क्या था आज का माफिया दाऊद उन दिनों? वही दाऊद जो इन दिनों 'इक़बाल सेठ', 'बड़ा भाई', 'डी', 'मुच्छड़' जैसे नामों से पहचाना जाता है, उन दिनों क्या था? इन दिनों जो दाऊद दो करोड़ रुपये की कीमत पर भाजपा अध्यक्ष रामदास नायक की हत्या करवाता है, उन दिनों क्या था? दरअसल उन दिनों, 70 के दशक में, किशोर दाऊद के इर्दगिर्द गोदी चोरों, अवैध शराब व तस्करी करने वालों का संसार फैला था। इनके बीच गरीबी और अभाव में पलता-बढ़ता दाऊद भी चन्द खुशियाँ ख़रीदने के लिए, थोड़े से सिक्के कमाने की गरज में, उनके जैसा होता चला गया।

पहले दाऊद ने गोदी में चोरियाँ शुरू कीं, जिसे 'काँटे' का काम कहते हैं। फिर उसने 'पलटी' का काम शुरू किया, जिसका मतलब होता है ग्राहक को असली और बढ़िया माल दिखाना लेकिन पैकिंग करके घटिया या नकली माल टिकाना। मस्जिद इलाके में एक फ्लाई ओवर ब्रिज के पास आज का डॉन दाऊद, उन दिनों तस्करी की महँगी विदेशी घड़ियाँ बेचता था। वह ग्राहकों को घड़ियों के बेहतरीन नमूने दिखाता, जैसे ही ग्राहक उससे सौदा पटाता और पैसा चुकाता, उसी समय पुलिस की तीखी सीटियाँ फ़िज़ाँ में गूँजतीं। चारों तरफ़ अफरा-तफरी और घबराहट का आलम छा जाता। अवैध माल खरीद रहा ग्राहक घबरा जाता, दाऊद हड़बड़ा जाता, एक डिब्बे में घड़ी ग्राहक को सौंप कर दाऊद चंपत हो जाता, घबराया ग्राहक पुलिस के पचड़े से बचने के लिए एक दिशा में सरपट दौड़ लेता।

जब ग्राहक सुरक्षित ठिकाने पर पहुँच कर ख़ुदा की ख़ैर मनाता और साथ लाया माल देखता तो दंग रह जाता। उसने जो ख़रीदा था, दरअसल वह उसके हाथों में न था। ये चमत्कार हुआ कैसे भला? असल में दाऊद का एक साथी सौदे की रकम चुकने के इन्तज़ार में होता था। जैसे ही पैसों का लेन-देन देखता, सीटियाँ बजाने लगता। इसका फायदा उठा कर दाऊद 'खेल' कर लेता।

यह भी कहा जाता है कि दाऊद गोदियों से चोरियाँ करता था। ये हरकतें करते-करते दाऊद का सम्पर्क तब तक मुंबई में संगठित अपराधी गिरोह बना चुके हाजी मस्तान के प्यादों से हुआ। गोदियों में तस्करी करने वाले तीन गिरोह उन दिनों थे। पहला हाजी मस्तान उर्फ़ हाजी भाई का, दूसरा करीम लाला उर्फ़ पठान भाई का, तीसरा वरदराजन मुदलियार उर्फ़ वरदा दादा उर्फ़ वरदा भाई

का। तीनों के अपने इलाके यूँ तो सत्तर के दशक तक नहीं थे, लेकिन धीरे-धीरे उनके बीच इलाके भी तय होने लगे। इन्हीं के बीच, दाऊद को अँधियारे संसार के नामी शिक्षकों से अपराध करने का प्रशिक्षण मिला। उसी दौर में अपराध जगत में दक्षिण मुंबई के डोंगरी इलाके में आलमजेब और अमीरजादा बन्धुओं का उदय हुआ। दाऊद भी तब तक एक प्रकार से हाजी मस्तान के 'सिपहसालार' की हैसियत तक पहुँच चुका था। उसका भी कार्यक्षेत्र डोंगरी था।

दोनों गिरोहों के बीच दुश्मनी पनपी और बढ़ती गयी। एक दिन यह दुश्मनी सड़क पर आ पहुँची। दाऊद और उसके साथियों ने अमीरजादा के एक करीबी साथी को धर दबोचा, उसे जबरन नचाया, रुसवा किया। यह बेइज़्ज़ती अमीरजादा को सहन न हुई। उसने दाऊद के बड़े भाई साबिर की हत्या करवा दी। यहाँ से गिरोह युद्ध का पहला ख़ूंरेजी दौर शुरू हुआ। हत्या के एक मुक़दमे में अमीरजादा बतौर आरोपी सत्र न्यायालय में पहुँचा तो नौसैनिक वेश में दाऊद के सुपारी हत्यारे ने भरी अदालत में गोलियों से उसे छलनी कर दिया।

यह मुंबई के इतिहास में पहला दिन था जब न्यायालय प्रांगण लहू स्नान कर गया। बदले में पठान गिरोह ने दाऊद के कुछ साथी मारे, प्रतिकार के लिए दाऊद ने उनके कुछ लोग मारे। रक्तपात का यह खेल उस दिन ख़त्म हुआ जिस दिन आलमजेब की हत्या हुई। कार में जाते आलमजेब का लगभग ढाई किलोमीटर पीछा कर दाऊद के साथियों ने एक पेट्रोल पम्प पर जा घेरा। बचाव के लिए आलमजेब के पास कोई तरकीब न थी। यहाँ पठान गिरोह भी ख़त्म हो गया।

अब दाऊद ने हाजी, करीम, यूसुफ और वरदा के गिरोहों में रहे तमाम छोटे-बड़े सिपहसालारों-फौजदारों और प्यादों को अपने साथ काम करने के लिए राजी किया। जो मान गया वह ज़िन्दा रहा। अब दाऊद मुंबई माफिया का बेताज बादशाह बना... एकमात्र... चक्रवर्ती... और सबसे ताकतवर भी। ऐसी ताकत के बारे में तो शायद कभी हाजी ने भी सोचा न होगा।

अब तक संगठित अपराध की दुनिया में ख़ूनखराबे से दूर रहने वाले सरदारों ने 'बाहुबल' का स्वाद चख लिया था। दाऊद के लिए ख़तरा बढ़ता जा रहा था। इसे दाऊद नज़रअन्दाज़ नहीं कर सकता था। उसने देश के बाहर पनाह लेने में भलाई समझी। वह 1986 में दुबई जा बसा। वह पहले से दुबई व अन्य खाड़ी देशों में तस्करी कर रहा था। यहाँ से मुंबई के संगठित अपराध जगत का एक नया दौर शुरू हुआ।

क्या कोई जानता है कि मुंबई में माफिया के बीज कब पड़े? क्या कोई जानता है कि इसे खाद-पानी किसने दिया? क्या कोई जानता है कि इस बाग़ की प्रथम उर्वरक भूमि कौन-सी थी?

## विषबेल का बीज

1960 में करीम लाला ने इस विष बेल का बीज सात द्वीपों की मायानगरी मुंबई में रोपा था। उसी समय खाद-पानी देने आये हाजी मस्तान, यूसुफ पटेल, वरदा दादा जैसे सरमायादार। इनके बीच कोई विवाद ख़ूनखराबे की हद तक नहीं पहुँचता था। उनका काम शराब, इलेक्ट्रॉनिक्स, घड़ियों, सोना-चाँदी, कपड़े इत्यादि की तस्करी था। वे रक्तपात नाम की चिड़िया जानते न थे। कोई समस्या आती, तो आपस में चर्चा कर सुलह-सफाई हो जाती।

जैसे-जैसे गिरोहों में नये ख़ून की आमद हुई, तो कमाई का जरिया बढ़ाने की गरज हुई, तो इलाकों पर अधिकार की गरज हुई। यहीं से गिरोहों के बीच भाईचारे, आपसी तालमेल व सामंजस्य-सौहार्द का दौर ख़त्म हो गया। आपसी लड़ाई ऐसी बढ़ी कि आये दिन मुंबई की सड़कों पर गोलियों की धाँय-धाँय और मरते हुए सिपहसालारों-प्यादों की चीखें गूँजने लगीं।

अफ़ग़ानिस्तान के एक पठान परिवार में पैदा हुआ युवा करीम लाला मुंबई पहुँचा। उसने गिरोह बनाया, जिसे नाम दिया—'पख़्तून जिगरा-ए-हिन्द'। इनका काम था वेश्यावृत्ति के अड्डे चलाना और उन्हें संरक्षण देना और मिल मज़दूरों व ज़रूरतमन्दों को क़र्ज देना। उसी वक्त हाजी मस्तान व यूसुफ पटेल ने गोदी चोरों की हैसियत से ऊपर उठ कर संगठित तस्कर संगठनों के सरदारों की हैसियत हासिल की। तब तक वरदा दादा भी मध्य मुंबई इलाके में धाक जमा चुका था। उसकी सायन-माटुंगा पर जबरदस्त पकड़ थी। वरदा अवैध शराब बनाने और पूरी मुंबई को बेखौफ पिलाने के लिए काम कर रहे विशाल गिरोह का एकमात्र सरदार था। उसने भी अपनी जड़ें धीमे-धीमे मुंबई की गोदियों तफ पहुँचाईं। यहाँ भी वह जम गया और तस्करी करने लगा।

## पहली सुपारी

60 के दशक में तस्करी का धन्धा ख़ासा फल-फूल रहा था। कपड़ों, सोने-चाँदी, इंपोर्टेड सामान जैसे टेप, घड़ियाँ उपभोक्ता सामग्री पर ख़ासतौर से विदेशी माल

के लिए भारतीयों के अन्ध-प्रेम व लिप्सा ने गिरोहों का ध्यान आकर्षित किया। उन्होंने बड़े पैमाने पर इनकी तस्करी शुरू की। इसके साथ ही विदेशी टीवी सेट, रेडियो, टू-इन-वन सिस्टम की माँग बढ़ी और तस्करी भी। वक्त बदला 70 व 80 के दशक में। तमाम गोदियों पर हाजी का नियन्त्रण था, वरदा का प्रभाव चेंबूर पर तो यूसुफ पटेल का कोलाबा इलाके में दबदबा कायम था।

अब तक तस्करी में भागीदार रहे यूसुफ और हाजी के बीच 'मतभेद' ऐसे हुए कि 'मनभेद' तक जा पहुँचे। उनमें स्वर्ण तस्करी सौदों में हुए लेन-देन पर उठा झगड़ा पहले गिरोह युद्ध का सबब बना। पहले तो यूसुफ और हाजी अलग हुए। मामला तब गम्भीर हुआ, जब नवम्बर 1969 में हाजी ने यूसुफ की सुपारी उठा दी। सुपारी लेने वाला करीम लाला था। यूसुफ पर करीम के बन्दों ने गोलियाँ चलाईं लेकिन वह बच गया। मुम्बइया अपराध जगत का यह पहला ज्ञात गोलीबारी का मामला माना जाता है। इसके बाद हाजी-यूसुफ ने सुलह कर ली।

हाजी मस्तान के पत्रकारों से मधुर सम्बन्ध होते थे। वह न केवल पत्रकारों के लिए हमेशा उपलब्ध रहता, गाहेबगाहे उनकी मदद भी करता था। वह 70 के दशक का प्रारम्भ होगा जब संसद तक में मिर्ज़ा का नाम सबसे बड़े माफिया के रूप में दर्ज़ हुआ। 1977 में मिर्ज़ा मस्तान को क्या सूझी कि एक दिन लोगों ने उसे जयप्रकाश नारायण के दरवाज़े करबद्ध-नतमस्तक खड़े पाया। उसके साथ यूसुफ पटेल था, तो और भी कई गुंडे-मवाली थे।

अब हाजी का कहना था वे सभी अपने जीवन के बदरंग दुःस्वप्नों को तज कर नये खुशनुमा रंग भरने जा रहे हैं। उन्होंने गिरोह भंग कर सामान्य जीवन जीने का फ़ैसला कर लिया है। जेपी ने यह सुना तो दंग रह गये। कानों पर भरोसा न हुआ। शरण में आये गुनहगार के गुनाह बख्शने का मौक़ा उन्होंने हाथ से जाने न दिया। जेपी ने सभी 'बिलावों' को कसम दिलाई कि वे क़ानून के दायरे में रहेंगे, गैरक़ानूनी काम नहीं करेंगे, किसी अपराधी या अपराध के मददगार भी न होंगे। सभी गुंडों ने भक्ति भाव से सिर झुका कर जेपी की बातें मान लीं।

तो क्या अपराध बन्द हो गये मुंबई में? दर्जनों बिलाव कह दें कि वे चूहे न खाएँगे तो ज़ाहिर है चूहों की बस्ती में अमन-चैन बरसना चाहिए। लेकिन ऐसा

होता नहीं। चूहे उन बिलावों पर शक करना नहीं तजते जो बरसों बैर ठाने रहे। बिलाव भी भूख मिटाने फिर मूषकों पर झपटते हैं। यही हाजी-पटेल एंड कम्पनी का भी हाल हुआ। चन्द दिनों बाद वे फिर सोने की जैकेट और शराब की बोतलें गिनने में मशगूल हो गये।

## ये कैसा 'हाजी'

वार्डन रोड पर सोफिया कालेज के करीब हाजी का शानदार बँगला था। इसमें हाजी भाई का 'दरबार' सजता, वहाँ मदद माँगने वाले दुखियारों की जमात हाथ जोड़े बैठती, मिर्ज़ा बादशाहों की तरह वहाँ विराजमान होता, एक-एक की गुहार सुनता, जो सम्भव मदद होती कर देता। वह उन्हें एक बुजुर्ग की तरह 'नेक बनो-एक बनो' जैसी नसीहतें देता, ख़ासतौर पर जब कोई पत्रकार उससे मिलने गया हो। मदद चाहने वाले वीआईपी भी होते थे। वे हमेशा बँगले के एक अलग कमरे में 'बैठाए' और 'अटेंड' किये जाते, अकेले, एकान्त में।

तेज़, चमकदार, सम्मोहक एवं भय पैदा करने वाली बड़ी-बड़ी आँखों के स्वामी हाजी के खिचड़ी बालों पर अदा से पहनी टोपी, ऊपर से नीचे तक श्वेत वस्त्रों की धज में भी वह सामान्य इनसान दिखता। लेकिन वो कितना असामान्य था, यह उन्हें पता है, जिन्होंने वह वक्त देखा है। मिर्ज़ा को यदि कोई 'स्मगलर' कह देता तो वह बुरी तरह ख़फा होता।

एक बार वरिष्ठ पत्रकार वीर संघवी ने हाजी से पूछने का साहस कर लिया कि अपराध जगत में उसकी भूमिका क्या है?

यह सुन कर हाजी ग़ुस्से से लाल भभूका हो गया, पहले से मोटी-बड़ी आँखें और चौड़ी हो गयीं, लगा अभी बाहर गिर पड़ेंगी, उसने ग़ुस्से में जवाब के बदले सवाल दागा, 'कौन कहता है कि मैं स्मगलर हूँ?'

'लेकिन आपने ही स्मगलिंग छोड़ने की शपथ ली थी।' संघवी ने याद दिलाया।

'मैंने कसम खाई थी कि कभी अपराध कार्य में लिप्त नहीं होऊँगा। मैंने ये कभी नहीं कहा कि मैंने पहले कभी ऐसा कुछ किया है। हर हिन्दुस्तानी को यह कसम लेनी चाहिए।'

तो यह थी हाजी की कसम...और यह थी उसकी शैली...हाजी ने ऐसा कह दिया, फिर परदे के पीछे से गिरोह संचालित करता रहा, ऐसा भी न था। कुछ अरसे में ही उसने लोक-लाज छोड़ दी। क़ानून से बँधे नागरिक का मुखौटा

उतार फेंका और खुलेआम अपराध व अपराधकर्म की वकालत करने लगा। वह पत्रकारों को भी अपने तस्कर होने के बारे में बताने लगा, अपने तस्करी तन्त्र व संगठित अपराध जगत से सम्बन्धित बातों का खुलासा करने में उसे अब हिचक नहीं होती थी। 1982 तक तो उसका मुलम्मा पूरी तरह उतर गया। वह खुल कर अपराध जगत से अपने सम्बन्धों पर बात करने लगा। पुरानी यादों के साथ एक बात और जोड़ना वह नहीं भूलता था–'मैंने वह सब छोड़ दिया है, पूरी तरह छोड़ दिया है।'

## ऐसा क्यों हुआ था भला?

'अब उधर पैसा नहीं है। बिल्डिंग लाइन में अब अच्छा पैसा है, ऊपर से कोई रिस्क भी नहीं।' मिर्ज़ा का जवाब मानने में कोई बुराई नहीं। यह सच भी है। पुलिस और विरोधी गिरोहों का डर 'स्मगलिंग' में था ही, नफ़े-नुक़सान का तय पैमाना भी न था। इसके मुक़ाबले 80 के दशक में स्थायी सम्पदा बाज़ार एक रुपया लगा कर ढाई सौ रुपये कमाने का सबसे अच्छा साधन था।

हाजी मस्तान की छवि आम लोगों के बीच दो तरह की थी।

एक–वह स्मगलर है।

दो–दरियादिल नेकबख़्त इनसान जो मदद माँगते हर हाथ को थाम लेता है। इस छवि को उसके 'कामों' ने ही बनाया, लेकिन स्थापित किया 'दीवार' फ़िल्म के नायक अमिताभ बच्चन की अदाकारी ने। इसने मिर्ज़ा को 'गरीबनवाज़' बना दिया। सलीम-जावेद लिखित पटकथा से हाजी पूरी तरह सहमत कभी न हुआ। उसका कहना था कि दीवार के नायक जैसा गुस्सैल और हिंसक वह कभी न था।

सच तो यह है कि कारोबारी सिलसिले में हाजी बेहद शान्त और ठंडे दिमाग़ से काम लेता था। वह पूरी ज़िन्दगी इससे ख़फ़ा रहा कि उसने वैसी कमाई न की जैसी दुबई वाले 'स्वर्णदाता आकाओं' की थी। वह भारत में 'स्थानीय प्यादा' भर था। जैसा खेल आज संगठित अपराध जगत में है, जैसी अहमियत और इज़्ज़त दाऊद और राजन की है, वैसा कुछ पाने के लिए सारा जीवन हाजी तरसता रहा।

## हाजी के विदूषक

फ़िल्मों और रुपहली दुनिया के प्रति हाजी सरीखा रुझान दाऊद का भी रहा। लेकिन इस चमकीले संसार ने हाजी को वह इज़्ज़त कभी न बख्शी जो आज अबू सालेम को भी हासिल है। तमाम कोशिशें करके भी हाजी को वह मुकाम न मिला, जो वर्तमान माफिया के फ़ौजदारों का है। उसने ट्रेजेडी किंग दिलीप कुमार का 'करीबी' बनने के लिए क्या नहीं किया। उनके साथ दावतों में जाने, बैठने और तस्वीरें खिंचवाने के लिए हाजी ने खूप प्रपंच किये। दिलीप कुमार भले ही ऐसे मौक़ों पर चुप्पी साधे रखते लेकिन हाजी से निश्चित दूरी भी रखते।

शायद हाजी के पास वैसा कठोर दिल न था जैसा अबू का है। वह 'हुक्म न मानने वालों की साँस बन्द कर दो' वाला युग न था। भले ही हाजी ने फ़िल्मों में ख़ूब पैसा लगाया लेकिन उसे हमेशा घाटा हुआ। कारण? उसकी 'रोशनी' से नहा कर काली दुनिया के दाग़ धोकर 'गोरा' बनने की चाहत से 'धोखेबाज फ़िल्मी लोगों' ने ख़ूब खिलवाड़ किया। हरेक ने इस दुधारू गाय को ख़ूब दुहा। यही कारण है कि उसके पैसों से वाहियात फ़िल्में बनती रहीं, उसका ख़ज़ाना छीजता रहा, लेकिन एक भी चालबाज को हाजी 'सबक' न सिखा पाया।

हाजी के करीबियों की सूची में फ़िल्मी विदूषक मुकरी का नाम सबसे ऊपर था। राजदरबारों के विदूषक भी चालाक होते थे, तो कुछ न कुछ अपना भला भी कर लेते थे। इस युग के विदूषक मुकरी के लिए सब कुछ बेहद आसान था। राजा भी था, राजधानी भी थी, ख़ज़ाना भी था, लुटेरे कम न थे, मुकरी भी उनमें शामिल हो गया। मुकरी ने हाजी के जीवन पर आधारित एक फ़िल्म शुरू की। मुख्य किरदार हाजी का, मुख्य भूमिका में ख़ुद हाजी कैमरे के सामने, कैमरे के पीछे मुकरी—'लाइट्स-कैमरा-एक्शन' कहते हुए। अच्छा ही हुआ कि बेहद निम्न कोटि की यह फ़िल्म कभी बन न पायी; अन्यथा पहले से पतित फ़िल्मी दुनिया के दामन पर ऐसा दाग़ लगता कि कोई कुछ न कर पाता।

मध्य 80 तक हाजी की आवाज़ में भी वह खनक न रही। सोने व शराब का अवैध बाज़ार एक तरह से ख़त्म होने को था। पीली धातु की चमक से सर्वाधिक आकर्षित रहने वाले भारत में नया युग आ रहा था। सोने पर प्रतिबन्ध ख़त्म हो रहा था, आयात आसान हो चला। शराबबन्दी में खासी ढील आ गयी,

मैखाने मज़े से गुलज़ार होने लगे, खुलेआम शराब परोसी और पी जाने लगी। 1985 आते-आते तो तस्करों का बाज़ार एकदम ठंडा हो गया।

## असली अग्निपथ

तब वायसी पवार नामक एक ज़िद्दी और ग़ुस्सैल पुलिस अफ़सर दृश्य पटल पर उभरा। उसने तस्करों पर 'आग' बरसानी शुरू की। कहते हैं कि उसकी असली 'भूमिका' देख अमिताभ अभिनीत फ़िल्म 'अग्निपथ' लिखी गयी। पवार ने वरदा दादा की ऐसी हवा निकाली कि वह मुंबई छोड़ भागा। करीम ने संन्यास लेना ठीक समझा। यूसुफ पटेल ने 'धन्धे' से किनारा कर लिया। मिर्ज़ा बचा जो चारों तरफ़ से पिसा। पुलिस एक पाट, तो दूसरा पाट अतिउत्साही, अवज्ञापूर्ण, अनुशासन से कोसों दूर, सरगनाओं-सिपहसालारों-फ़ौजदारों-जत्थेदारों की नयी पीढ़ी का था।

पहला गिरोह युद्ध यहीं से शुरू हुआ। इसकी शुरुआत आलमजेब और अमीरजादा भाइयों द्वारा शाबिर इब्राहिम के शरीर में एक पेट्रोल पम्प के बाहर गर्म सीसा भरने से हुई। शाबिर के भाई दाऊद ने कसम खाई कि आलम-अमीर का रक्त बहा कर बदला लेगा। चिंगारी मानो बारूद के ढेर में लगी थी। मुंबई जल पड़ा। चारों तरफ़ पटापट लाशें गिरने लगीं। इतने शव तो दो देशों के बीच युद्ध में उठाए और गिने जाते हैं, जितने तब मिले। मुंबई की रक्तरंजित सड़कें कराहने लगीं लेकिन किसी को कोई फ़र्क़ नहीं पड़ा। आग उगलने और जान निगलने का सिलसिला ज़ारी था।

हाजी, करीम और तमाम 'बड़ों' को धन्धे की फ़िक्र हुई। हिंसा तो अपराध जगत की सबसे बड़ी शत्रु है। हाजी वगैरह ने सभी युवा शत्रुओं को एक जगह इकट्ठा किया। ख़ूंरेजी से बाज आने की सीख देते हुए तमाम ऊँच-नीच समझाई। हाजी ने इन 'नये ख़ून-नये जोश' वाले बच्चों को समझाया कि ख़ूनख़राबे में पूरा धन्धा चौपट हो रहा है। उनके सामने सभी गऊ समान हो गये, मुंडी हिला दी, क़ुरान पर हाथ रखा, कसम खा ली, ठंडे-ठंडे घर लौट गये। लेकिन वैसा हुआ नहीं जो मस्तान ने चाहा। मस्तान को तब बड़ा बुरा लगा, जब कसम खाये लड़कों को हफ्ता भर भी न हुआ था कि मुंबई की निर्दयी सड़क ने एक लाश और उगल दी।

80 के दशक में जब लाला, हाजी और यूसुफ बुढ़ापे की ओर अग्रसर थे,

वे ख़ूनखराबे और दिन-रात की जांमारी से हलकान होकर सेवानिवृत्ति लेने के बारे में सोच रहे थे। उसी वक्त में पठान बन्धु और दाऊद संगठित गिरोह के सरदारों जैसे नये चेहरे उभरे। वे स्थापित हुए तो उनके मन में तस्करी की कड़ी मेहनत और ख़तरों के मुकाबिल धनकुबेरों तथा मटका-जुआ अड्डा चलाने वालों, चकला मालिकों इत्यादि से 'हफ़्तावसूली' (संरक्षण राशि) वसूलने का आसान ख़याल आया।

अब तक मुंबई में सम्पत्तियों के भाव बढ़ने लगे थे। राष्ट्र के अन्य हिस्सों, ख़ासकर उत्तर भारत के लोगों के भारी आगमन ने मुंबई में आवास के समीकरण गड़बड़ा दिये। 'माँग और आपूर्ति' के विख्यात अर्थशास्त्रीय सिद्धान्त के तहत 'अधिक माँग और कम आपूर्ति' के चलते सम्पत्तियों के भाव सातवें आसमान को छू गये। ज़मीनों के मालिकों, सम्पत्ति विकासकर्ताओं, भवन निर्माताओं, दलालों ने चाँदी की लहलहाती फ़सल काटनी शुरू की तो दाऊद और पठान बन्धुओं ने हिस्सा वसूलना शुरू किया। उसके बाद मिल मालिकों, बड़े कारोबारियों और फ़िल्मी हस्तियों की भरी हुई तिजोरियों पर इनकी निगाह गड़ गयी।

## 'डैडी' का आगमन

अब तक दाऊद की शक्ति में काफ़ी इजाफ़ा हो चुका था, लेकिन कहीं और भी कुछ पक रहा था। उसके कुछ वरिष्ठ सिपहसालार थे–बाबू रेशिम, रमा नाईक, पापा गवली, छोटा राजन, भाई ठाकुर। 90 के दशक में एक हिन्दूवादी दल के अधिनायकवादी छवि वाले वरिष्ठतम नेता के सहयोग से गिरोह सरगना अरुण गवली के गुरु बाबू रेशिम की हत्या हुई। अब रमा ने रेशिम का स्थान लिया। भायखला के फल-सब्ज़ी विक्रेता पिता गुलाब गवली पर हो रहे गुंडों के जुल्म और पुलिस के अत्याचारों से हैरान उसका कृशकाय बेटा अरुण गवली, रमा की शरण में आया। यहाँ से गवली के गिरोह सरगना बनने या 'डैडी' की दास्तान शुरू होती है।

रमा और भाई ठाकुर के बीच एक भूखंड को लेकर झगड़ा हुआ जो ख़ूनख़राबे तक गया। इसकी जानकारी दाऊद को मिली तो उसने मामला अपने हाथ में लिया। दाऊद ने ठाकुर का पक्ष लिया, रमा ग़ुस्से से बिफर पड़ा। वह दाऊद से जा भिड़ा और ख़ूब गाली-गलौज की। दाऊद ने उस दिन शातिर दिमाग़ होने का पूरा परिचय दिया। गिरोह में शक्तिशाली और लोकप्रिय सिपहसालार रमा

को ख़ुद या किसी साथी से मरवाने के बदले पुलिस को 'टिप' देकर रमा को 'मुठभेड़' में ख़त्म कराया।

रमा की मौत ने गवली को अन्दर तक झंझोड़ दिया। उसका भरोसा दाऊद से उठ गया। गवली ने कुछ विश्वस्त साथियों समेत अलग गिरोह बनाया। गवली गिरोह ने मध्य मुंबई के महालक्ष्मी, परेल, भायखला इत्यादि इलाकों में दबदबा कायम किया। यह 'डी-कम्पनी' की पहली बड़ी फूट थी। अब दाऊद के पास राजन, भाई ठाकुर, सुभाष ठाकुर, सुनील सावन्त उर्फ़ सावत्या बचे।

जब गवली मध्यवर्ती मुंबई में क़दम जमाने की ज़द्दोजहद में था, तभी दादर भाजी-पाला बाज़ार पर नियन्त्रण रखने वाले बापट गिरोह से उसकी सीधी भिड़ंत हुई। बापट गिरोह की कमान 'रावण' के नाम से काली दुनिया में कुख्यात अमर नाइक के हाथों में आ पहुँची थी। स्वीडन निर्मित स्वचालित फाइबर की 'ग्लॉक' पिस्तौलों से सदा लैस रहने वाले कांइयाँ प्रवृत्ति के अमर से शुरू हुआ गिरोह युद्ध पचासों जानें ले गया। इसका अन्त एक रहस्यमय मुठभेड़ में मारे गये 'रावण' के साथ हुआ।

अब तक अमर के मैकेनिकल इंजीनियर भाई अश्विन नाईक को समझ में आ गया था कि गिरोह की कमान सँभाले बिना कोई चारा नहीं। वकील वेश में डी-कम्पनी के एक निशानेबाज ने अश्विन को निशाना बनाया। जिस्म में कई गोलियाँ धँसीं लेकिन पुलिस की चुस्ती-फुर्ती से वह बच गया। सिर में लगी एक गोली ने उसे आठ माह तक 'कोमा' में रखा। ठीक होते ही उसने गिरोह की कमान सँभाली और कनाडा भाग गया। वहीं से अश्विन ने गिरोह संचालन किया, इलाज भी करवाया।

## रक्तरंजित राजनीति

80 के दशक के अन्त तक मायानगरी मुंबई के करीबी जिले ठाणे के मिलावटियों और नकलचियों के स्वर्ग उल्हासनगर में पप्पू कालानी नामक शातिर दिमाग़ लेकिन अपराधी प्रवृत्ति का युवक राजनीति में पैर जमाने लगा था।

कांग्रेस के सहयोग से निर्दलीय विधायक बने पप्पू पर बेहिसाब दौलत रखने, कर वंचना, हत्याओं, हफ्ताखोरी, शराब माफिया को पनाह देने जैसे कई इल्जामात लगे। उसके सीमा रिसॉर्ट पर 90 के दशक के आरम्भ में छापे मारे गये। वहाँ ऐसे वीडियो टेप, छायाचित्र व दस्तावेज़ मिले जिनमें कई राजनेताओं, मंत्रियों

और वरिष्ठ नौकरशाहों को बाज़ारू औरतों के साथ हमबिस्तर होते देखा गया। ये सबूत पप्पू ने 'काम निकालने' और 'बचाव कवच' बनाने के लिए रिसॉर्ट के कुछ विशिष्ट कमरों में कैमरे लगा कर जुटाये थे।

इस अवैध रिसॉर्ट को पुलिस और उल्हासनगर नगरपालिका ने विस्फोटक से जमींदोज़ कर दिया। पप्पू पर कार्रवाई तत्कालीन कांग्रेसी मुख्यमन्त्री सुधाकर राव नाईक के इशारे पर हुई थी ताकि फिर से पप्पू को उसकी औकात में पहुँचा सकें, साथ ही तमाम सबूत भी ग़ायब किये जा सकें।

## काली तारीख़

वक्त बीतता रहा...मुंबई की फ़िजाओं में गिरोहों की बन्दूकों से बरसते बारूद की गन्ध भरती रही...लहू बहता रहा...अनगिनत लाशें मिलती रहीं। ऐसे में एक दिन उत्तर प्रदेश के सबसे विवादास्पद धर्मस्थल अयोध्या में विवादित बाबरी ढाँचे को अतिवादी हिन्दुओं के हुजूम ने ढहा दिया। इससे उपजे दंगे ने देश-भर में हज़ारों जाने लीं, एक बार फिर हिन्दू-मुस्लिम सौहार्द को ठेस लगी। आईएसआई को मौक़ा मिल गया। उसने बदला लेने के लिए एक योजना बनाई। देश की आर्थिक राजधानी में बड़े पैमाने पर विध्वंस कर, मुस्लिमों की आहत भावनाओं और आक्रोश की अभिव्यक्ति का फ़ैसला लिया। इसके लिए आईएसआई को एक कठपुतली की तलाश थी। यह संहारक हाथ उसे दाऊद की शक्ल में मिला।

अब तक दाऊद के प्रमुख सिपहसालारों में शकील, सालेम और एजाज के नाम प्रमुखता से आ चुके थे। मार्च 1993 की बारहवीं तारीख़ हिन्दुस्तानी तवारीख का सबसे काला पृष्ठ बन गया। मुंबई के 12 ठिकानों पर 13 बमों के भयानक विस्फोटों ने मानवता के परखच्चे उड़ा दिये। इसमें 500 से अधिक निर्दोष लोग मारे गये, तकरीबन 2,500 ज़ख़्मी हुए, 150 करोड़ की सम्पत्ति और 2,000 करोड़ रुपये के कारोबार की हानि हुई। बमकांड से अँधेरी दुनिया में पहली बार धार्मिक समीकरण बने।

सुभाष सिंह ठाकुर उर्फ ससरी के बढ़ते क़दमों को रोकने के लिए दाऊद ने तीन बार उसे ख़त्म करवाने की कोशिश की। दाऊद की यह सशक्त हमलावर बाँह अलग हो गयी। दिल्ली हवाई अड्डे पर सुभाष, किशोर और बाबा सिंह समेत कुल पाँच लोगों की नाटकीय गिरफ्तारी के बाद जेजे हत्याकांड का यह आरोपी जेलों से अपनी सल्तनत पर क़ाबिज रहा।

राष्ट्रद्रोह के आरोपों में वांछित डी-कम्पनी के तमाम सिपहसालारों ने सपरिवार कराची में पनाह ली। यहाँ दाऊद ने नये नाम और चोले में इमारत निर्माण और सम्पत्ति ख़रीद-फरोख़्त का काम जमाया। उसके भाइयों-सिपहसालारों ने मुंबई में काम ज़ारी रखा।

## डी-कम्पनी टूटी

नाराज़-परेशान राजन ने गिरोह त्याग दिया। राष्ट्रद्रोहियों का साथी पुकारे जाने से इनकार कर उसने दाऊद के ख़िलाफ खुली जंग का ऐलान किया। राजन ने मलेशिया में मुख्यालय स्थापित कर डी-कम्पनी पर हमले शुरू किये। डी-कम्पनी के वित्त पोषकों पर कहर बन कर टूटा और कई उद्योगपतियों, बिल्डरों और प्रमुख हत्यारों को मार गिराया। इसमें राजन का साथ गुरु साटम ने दिया। राजन ने दाऊद को सबसे तगड़ी चुनौती दुबई के एक होटल से बाहर निकलते सावत्या को पांडू भाइयों के जरिए हत्या करके दी। बाद में पांडू भाइयों को दुबई में मौत की सज़ा दी गयी।

वक्त के साथ महाराष्ट्र में सत्ता परिवर्तन हुआ। शिवसेना-भाजपा सरकार ने डी-कम्पनी के ख़िलाफ संहारक कार्यवाई करने के निर्देश पुलिस को ज़ारी किये। एक नेता की गवली से राजनीतिक अनबन पर पुलिस ने उसके ख़िलाफ भी मोर्चा खोल दिया। उसके साथियों को मुठभेड़ों में मारा और गवली को कभी रासुका, कभी एमपीडीए के तहत जेलों में बन्द रखा।

## अली बाबा का आगमन

गिरोहों की शक्ति जहाँ क्षीण हो रही थी, वहीं अपराध जगत में नये समीकरण बने। बहरीनी पिता और भारतीय माँ की सन्तान नये गिरोह सरगना अली बुदेश उर्फ़ अली बाबा उर्फ़ बाबा बहरीन ने रक्त से लिथड़े शहर की गलियों में क़दमों की छाप बनाते प्रवेश किया। उपनगर घाटकोपर की एक दरगाह में बेहद गरीबी में पले-बढ़े और शिक्षित अली ने सुभाष गरिकापट्टी से दोस्ती निभाने के लिए अपराध जगत में पाँव रखा। जेल में बन्द सुभाष के इशारों पर उसका गिरोह चलाते हुए अली ने नया इतिहास रचा और परेशान गवली से गठबन्धन किया।

राजनीतिक संगठन अखिल भारतीय सेना (एबीसी) की स्थापना कर गाँधी टोपी पहन गवली ने राजनेता का चोला धारण कर लिया था। पुलिस ने उसे फिर भी बख़्शा नहीं। गवली के सम्बन्ध अली-सुभाष से डेढ़ साल में ही ख़त्म हो गये।

इस बीच कराची में छोटा शकील और एजाज पठान के बीच मतभेद बढ़ गये। दो बार जानलेवा हमलों से दुखी एजाज ने गिरोह से किनारा कर लिया और अफ़गानिस्तान के पेशावर इलाके में बसे अपने खानदान के पास सुकून भरी ज़िन्दगी जीने चला गया। अली ने शत्रु के शत्रु को अपना मित्र बनाया। लेकिन यह दोस्ती अधिक समय न चल सकी। एजाज वहाँ से दुबई चला गया और बेहद बुरे हाल में जीने लगा। वहाँ से उसका प्रत्यर्पण दाऊद के गुर्गों ने करवा दिया, वह मुंबई आ पहुँचा। जेल की सलाखों के पीछे रहा। उस पर मुंबई के 93 बमकांड के आरोप जो थे। जेल जीवन में वह ख़ासा शान्त रहा। उस दौरान उसे कई किस्म की गम्भीर बीमारियों ने घेर लिया, और एक दिन वह ख़ामोश मौत मर गया।

## संगीत का गुलशन उजड़ा

इधर संगीत के क्षेत्र में आपसी प्रतिद्वन्द्विता, गलाकाट स्पर्धा और बदले की भावना से गुलशन कुमार की अबू सालेम के इशारे पर हुई हत्या डी-कम्पनी को भारी पड़ गयी। पुलिस पंजे झाड़ कर गिरोह के पीछे पड़ी। भारी क्षति से दाऊद के भाईबन्द बौखला गये। उनके दबाव और दिन-रात की जलालत से तंग अबू ने गिरोह छोड़ दिया। वह दक्षिण अफ्रीका चला गया। यहाँ पहुँच कर उसने गिरोह बनाया और फ़िल्मी हस्तियों से हफ्तावसूली शुरू कर दी। अपराध जगत में अली बुदेश नामक धुरी के चारों तरफ़ सुभाष, एजाज और अबू मँडरा रहे थे। सन 2000 आते-आते दाऊद विरोधी यह खेमा भी बिखर गया।

एक वक्त ऐसा आया जब गिरोहों के शिराजे बिखरने लगे। डी-कम्पनी से एजाज और अबू बाहर चले गये। राजन का साथ गुरु साटम ने छोड़ दिया। गवली गिरोह की तो पहले ही हालत पतली थी। उसके सेनापति सदा पावले से लेकर छोटे-मोटे हफ्ताखोरों तक को पुलिस ने चुन-चुन कर मार गिराया। गवली पुणे के करीब एक गाँव में जिलाबदर हो कर दो साल तक रहा। वह दगड़ी चाल लौटा तो उसके तरकश में युवकों के लिए एक नया बाण था। वह एक करोड़ की लागत से जिमखाना बना कर वहाँ किशोरों और युवकों को बुलाने लगा। क्या गवली वापसी की बाट जोह रहा था?

दाऊद सपरिवार कराची में आईएसआई की निगरानी में है। उसकी हालत ख़ासी चिन्ताजनक है। शकील उसके साथ है। लेकिन उनकी समस्या यह नहीं है

कि वे गिरोह संचालन कैसे करें? उनके लिए कराची में आज़ादी की एक साँस भी दूभर हो गयी। इस बीच डी-कम्पनी में दाऊद की तानाशाही और परिवारवाद के चलते राजन और अबू सालेम सरीखे विश्वसनीय साथी भी साथ छोड़ ही चुके थे।

राजन तस्करी में मुब्तिला था लेकिन बैंकॉक में डी-कम्पनी के जानलेवा हमले के बाद वह यूरोप के किसी अज्ञात ठिकाने से गिरोह चलाने लगा। हमले में राजन का सबसे विश्वस्त साथी और सेनापति रोहित वर्मा मारा गया। डी-कम्पनी पर कराची में हमले के लिए आठ कोशिशें कर चुका राजन अपने चिर शत्रु से बदला लेने के लिए अधिक प्रतिबद्ध दिखाई देता रहा। यही कारण है कि वह सावधानीवश किसी को अपने ठिकाने की जानकारी नहीं होने देता था। खुफिया ब्यूरो के कुछ अधिकारियों से उसके सम्बन्ध बेहद अच्छे थे लेकिन उन्हें भी उसने ठौर-ठिकाने की भनक नहीं लगने देता था।

## नाना कम्पनी में फूट

लेकिन वह होता नहीं, जो चाहा जाये। राजन जब अपना साम्राज्य बचाने की ज़द्दोजहद में था, तभी उसके गिरोह में फूट पड़ी। सन 2001 में मुंबई माफिया की सबसे बड़ी ख़बर यही थी कि नाना कम्पनी में फूट पड़ गयी। राजन ने विश्वासघाती सिपहसालार गुरु साटम को ख़त्म करने का अभियान छेड़ा था। 2001 में हेमन्त पुजारी ने उन सबको मारा, जिनका गुरु से सम्पर्क था या उसे हफ्ता देते थे। बाद में कुछ ऐसा कि राजन के सेनापति गुरु साटम ने हेमन्त पुजारी, एजाज लकड़ावाला और टोपी को लेकर गिरोह से किनारा कर लिया। उसने अपने बूते हफ्तावसूली शुरू कर दी। इसी के चलते जुलाई 2002 के तीसरे सप्ताह में लकड़ावाला ने अपने नेपाल मुख्यालय से कुछ शूटरों को फ़िल्मी दुनिया में आतंक प्रेत नचाने भेजा। उन्होंने लॉरिन डीसूजा पर चेतावनी हेतु गोलीबारी की।

यह मुंबई माफिया में नये गिरोह के उदय का संकेत था। इस वक्त तक राजन के पास भरत नेपाली, विक्की मल्होत्रा और सन्तोष शेट्टी जैसे सिपहसालार और साथी ही बचे। इनमें भी सन्तोष नशा तस्करी कमान सँभाले था। वाकोला के वर्मा परिवार का एक लड़का मुंबई फ्रंट सँभालने के लिए तैयार किया।

राजन का सबसे ख़ास सिपहसालार ओपी सिंह जेल में बन्द था। कुछ लोग कहते हैं कि कुछ वित्तीय गड़बड़ियाँ करने की बात राजन को पता चलते वह भी गिरोह से अलग हो चुका था। बाद में ओपी को जेल में ही राजन के इशारे पर

डीके राव समेत कुल दो दर्जन लोगों ने क्रिकेट के बैट से पीट-पीट कर और गले में नायलोन की रस्सी से फन्दा बना कर हत्या कर दी।

भरत नेपाली भी गिरोह से अलग होकर थाईलैंड चला गया और सन्तोष तथा विजय शेट्टी के साथ मिल कर अपना अलग गिरोह चलाने लगा था।

## ओपी की हत्या

25 नवम्बर 2002 नाशिक जेल में बन्द ओमप्रकाश सिंह उर्फ़ ओपी की हत्या से अंडरवर्ल्ड के सूरमा भी भौंचक रह गये। भंडा फूटा तो पता चला कि कितनी बड़ी साजिश रची गयी, और पैसों का कैसा खेल हुआ। इस हत्या पर राजन ने 10 करोड़ रुपये जेल, पुलिस और राजनीतिक स्तर पर 'काम सुचारु रूप से' करने हेतु बतौर 'चिकनाई' खर्च किये। ओपी का राजन से गहरा विवाद था। ओपी उर्फ़ ओमप्रकाश का मुंबई के बीयर बारों के एक बड़े हिस्से पर मानो कब्ज़ा था और इनसे हफ्तावसूली करता था। वह बदले में इन्हें सुरक्षा कवच उपलब्ध कराता था।

26 जनवरी 2004 को नाशिक रोड केन्द्रीय जेल में हत्या के बाद हमेशा के लिए यह उभरता हुआ सरगना ख़त्म हो गया। उसकी हत्या में राजन का ही हाथ था, जिससे अलग होकर वह अपना गिरोह बनाने की कोशिश में था।

हत्या के लगभग 50 मामलों में वांछित किरण केशव डोकरे उर्फ़ बालू डोकरे नाना कम्पनी के तमाम काम देखता था। वह गिरोह की भारत व नेपाल कमान का मुखिया था। 1998 में मिर्ज़ा दिलशाद बेग की हत्या करने वालों में बालू का नाम प्रमुख था। कुछ अर्सा पहले मलेशिया में चाकुओं से बुरी तरह गोद-गोद कर उसकी हत्या की गयी। अब बालू भी अपराध के इतिहास का हिस्सा बन गया है।

रह गया अश्विन नाईक। वह बांग्लादेश-भारत सीमा पर सन्देहजनक गिरफ्तारी के साथ जेलों की ऊँची चहारदीवारियों के पीछे सुरक्षित रहा है। उसकी पत्नी नीता की हत्या अश्विन के इशारे पर हुई बताते हैं। उसे शक था कि नीता के अवैध रिश्ते उसके अंगरक्षक रहे एक कांस्टेबल से थे। इतना ही नहीं गिरोह के सदस्यों की तरफ़ से काफ़ी शिकायत पहुँची कि हफ्ते की रकम 'नीता ताई' के पास जाती है लेकिन ज़रूरत पड़ने पर उन्हें फूटी दमड़ी नहीं मिलती। नीता की हत्या का मामला अश्विन नाईक के सिर पर अधिक दिनों तक नहीं रहा, उससे वह सबूतों के अभाव में कुछ ही समय में बरी भी हो गया।

## अली पर आफत

मुंबई के लिए एक और बला अली बुदेश को इंटरपोल और अमरीकी जाँच एजेंसी एफबीआई ने ऐसा कसा कि उसके तमाम कसबल निकल गये। एफबीआई ने इंटरपोल को सूचना दी कि अली के सम्बन्ध इस्लामी आतंकी ओसामा बिन लादेन के अल कायदा नेटवर्क से हैं।

सन 2001 के अन्तिम दिनों में अली को बहरीन पुलिस और खुफिया एजेंसियों ने धर दबोचा। उससे तीन महीने तक पूछताछ की। इस बीच उसकी तमाम टेलीफ़ोन लाइनें काट दीं, सोने का कारोबार बर्बादी की कगार पर जा पहुँचा, मुंबई में उसका खेल ही ख़त्म हो गया। अब अली ख़ामोश है।

सुभाष सिंह ठाकुर उर्फ़ एसटी और किशोर गरिकापट्टी की हालत पतली है। उन्हें जेजे अस्पताल हत्याकांड में सज़ा हो चुकी है। एसटी को हाईकोर्ट ने फाँसी की सज़ा दी, किशोर को आजीवन कारावास। अब एसटी सुप्रीम कोर्ट में अपील कर इन्तज़ार कर रहा है कि किसी तरह सज़ा माफ़ हो जाये। कम से कम एसटी को मौत की सज़ा न मिले। बाद में किशोर छूट गया। वह मुंबई से ग़ायब हो गया। उत्तर प्रदेश के एक शहर में एक सांसद की सरपरस्ती में रहने लगा।

मुंबई माफिया के बेताज बादशाह दाऊद इब्राहिम के अलावा छोटा राजन, अरुण गवली, सुभाष सिंह ठाकुर, अली बुदेश भले ही सबसे उच्च स्थानों पर बैठे दिखते हैं, मुंबई का हफ्तावसूली का कारोबार असल में कुछ छुटभैये गिरोह सरदारों ने सँभाल लिया।

## गिरोहों का 'जय हिन्द'

इसके बाद काले संसार में ख़ासे फेरबदल हुए। छोटा राजन के सम्बन्ध भले ही भारतीय खुफिया एजेंसियों रिसर्च एंड एनालिसिस विंग (रॉ) व खुफिया ब्यूरो (आईबी) से हों, भले वो मुंबई का 30 फीसदी हिस्सा आज भी नियंत्रित करता हो, भले ही उसके ठिकाने का ठीक-ठीक पता किसी को न हो, गिरोह में दुआ-सलाम करने के लिए आज भी 'जय हिन्द' बोला जाता हो, लेकिन वह मज़बूत स्थिति में नहीं रहा। कहते हैं कि वह किसी अफ्रीकी देश में छुपा था। नाना कम्पनी में फूट का असली कारण राजन का सिपहसालारों को बहुत छूट देना था। इस आन्तरिक 'लोकतन्त्र' ने गिरोह को 'भीड़ तन्त्र' में तब्दील कर दिया, सिपहसालार

बेकाबू हो गये और सपने पूरे करने को बगावत कर दी।

पहले तो बंटी पांडे ने सिर उठाना शुरू किया। उसने अपने बूते ही कई लोगों से हफ्तावसूली की लेकिन वह अपना गिरोह न चला सका। उसने राजनीति में हाथ आजमाने की कोशिश की लेकिन पुलिस के सामने उसकी एक न चली। अन्ततः उसे पुलिस अधिकारियों ने वियतनाम में घेर लिया और गिरफ्तार करके भारत ले आये। वह मुंबई में जेल की सलाखों के पीछे है और लगभग चार दर्जन मामलों में कितने दिन जेल के पीछे क़ैद रहेगा, किसी को नहीं पता।

उसके पीछे-पीछे ही गिरोह सरगना सन्तोष शेट्टी भी पुलिस के हत्थे चढ़ा लेकिन बैंकॉक में। उसके साथ तब विजय शेट्टी उर्फ़ विजू भी था लेकिन वह किसी तरह बच निकलने में कामयाब रहा। कभी राजन का साथ देने वाला सन्तोष शेट्टी भी आर्थर रोड जेल में बन्द रहा। अपहरण के मुंबई और चित्तौड़ के दो अलग-अलग मामलों में उसे जमानत मिल गयी। अब वह मुंबई में ही क खुफिया ठिकाने में रहता है। विजय के पीछे भी पुलिस अधिकारी लगे हैं लेकिन वह ऐसा गायब हुआ कि दूसरी बार उसे घेरने की कोशिश भी कामयाब न हो सकी। वह पकड़ा तो गया लेकिन थाई पुलिस को अपनी पत्नी और रसूख के जरिए ऐसा उलझाया कि उसे छोड़ने पर मजबूर हो गये।

बंटी के अलावा एजाज लकड़ावाला समेत कई सिपहसालारों ने गिरोह त्याग दिया था। अब इनके जैसे छोटे-छोटे गुंडे गिरोह बना कर मुंबई में दबदबा स्थापित करने के इरादे से वह हर काम करने लगे, जो पहले कभी गिरोहबाज नहीं करते थे। वे अपनी हस्ती दिखाने के लिए बुरी तरह बेचैन थे। यही कारण है कि फ़िल्मी हस्ती लॉरेंस डीसूजा पर गोलीबारी के महज दो घंटे बाद ही लकड़ावाला ने फ़ोन कर मुंबई के कई व्यापारियों के सामने शेख़ी बघारी कि यह उसी का काम है, अगर पैसे न दिये तो लॉरेंस वाला हाल कर देगा।

ज़हीर ख़ान भी 'बड़ा भाई' बनने का ख़्वाब देखते हुए ऊपर चला गया। उसका आपराधिक गुरु कोई और नहीं बल्कि मुंबई माफिया का सबसे काइयाँ गिरोह सरगना सालेम था और उसने बग़ावत करने का मज़ा भी ज़हीर को सन् 2002 में ही चखा दिया।

मुंबई माफिया सन 2001 में एक नये किस्म की परेशानी से जूझ रहा था। एक तरफ़ बड़े स्तर के गुंडे और सिपहसालार सुरक्षित और निश्चिन्त अपने-अपने ठिकाने पकड़ कर बैठे थे, वहीं निचले स्तर के गुंडों और प्यादों को यह पता ही

नहीं चल रहा था कि वे असल में किसके लिए काम कर रहे हैं। राजनीति की तरह अपराध जगत में भी इन दिनों बड़ी तेजी से समीकरण बदले और अपनी सुविधा तथा वक्त की ज़रूरत के मुताबिक रिश्तों से लेकर काम तक में बदलाव आते रहे। इसका सबसे बुरा असर पड़ता रहा प्यादों पर जो जानते ही नहीं थे कि उस वक्त उनका 'बड़ा भाई' किसके साथ मिला हुआ है। अब किसी को यह समझ नहीं आता कि वे किस पर भरोसा करें, किस पर नहीं। पुलिस के पास भी मुंबई के अँधियाले संसार की साफ तस्वीर नहीं थी। इसी कारण गिरोहों द्वारा किये जा रहे अपराधों के बारे में पुख्ता तौर पर पता करने में परेशानी आती रही कि कौन-सा अपराध किस गिरोह ने किया या करवाया।

सन 2000 से अगले तीन सालों तक बड़ी उल्टी-पुल्टी ख़बरें माफिया के बारे में उड़ती रहीं। 2003 की जुलाई तक कहा गया कि हेमन्त ने डी-कम्पनी हेतु काम करना, तो फ़ज़लू ने राजन का साथ देना शुरू किया था। अब साफ़ है कि वे अपने स्तर पर काम कर रहे थे। ऐसी उठापटक से भी पुलिस के सामने बड़े संकट खड़े हो गये। कौन किस स्थान पर खड़ा है और कौन किसके साथ है, यह अभी भी पूरी तरह साफ़ नहीं हुआ है। एक वरिष्ठ अधिकारी कहते हैं, 'पता ही नहीं चल रहा कि कौन-किसके साथ है। कभी-कभी तो लगता है कि यह गिरोहों की रणनीति है। वे सिपहसालारों को बागी दिखा रहे हैं ताकि उनके ख़िलाफ मामले दर्ज न हों, या फिर वे दुश्मनों को छका रहे हैं।'

## टूट-फूट व बदलावों का दौर लाया 2003

सन 2003 आते-आते तो अपराध जगत महानगर मुंबई में तमाम तरह की परेशानियाँ झेलने लगा था। ऐसा इसलिए हुआ क्योंकि मुंबई में पुलिस की मुठभेड़ नीति, अर्थव्यवस्था खराब होने, भवन निर्माण कारोबार ध्वस्त होने, होटलों और शराबखानों की आय घटने, शेयर बाज़ार औंधे मुँह गिरने, मुंबई में नयी भर्तियाँ आसानी से न मिलने, आपसी प्रतिद्वन्द्विता के कारण गिरोहों को ख़ासी समस्या पेश आने लगी।

एक तरफ जहाँ माफिया के निर्विवाद नम्बर वन दाऊद का लम्बे समय से मुंबई पर राज था, वहीं उसके सबसे बड़े दुश्मन और मुंबई माफिया में नम्बर दो छोटा राजन ने भी उसके इलाकों में घुसपैठ शुरू कर दी। इससे वह दाऊद की पकड़ कमज़ोर कर रहा था। राजन कोशिश कर रहा था कि वह नाना कम्पनी

की गतिविधियाँ न केवल मुंबई बल्कि उत्तर प्रदेश, बिहार, झारखंड, राजस्थान, मध्यप्रदेश, छत्तीसगढ़, हिमाचल प्रदेश, दिल्ली जैसे राज्यों में भी विस्तार दे।

महाराष्ट्र राज्य खुफिया पुलिस के एक अधिकारी कहते हैं, 'हमें उत्तर प्रदेश, बिहार, उत्तरांचल, मध्यप्रदेश और दिल्ली से मुंबई माफिया की काफी सूचनाएँ और जानकारियाँ मिलीं कि वे इन इलाकों में कामकाज कर रहे हैं। इन राज्यों के अधिकारी हमसे गिरोहबाजों-अपराधियों की जानकारियाँ चाहते हैं, जो हम तुरन्त मुहैया करवाते हैं। उन्हें माफिया से जुड़े गिरोहबाजों, सुपारी हत्यारों, अपराधियों इत्यादि की तुरन्त जानकारी दी जाती है। उनकी कार्यशैली, हथियार और अन्य जानकारियाँ भी दी जाती हैं।'

वे आगे बताते हैं, 'दिल्ली में दाऊद गिरोह के सदस्य 1990 से काम कर रहे हैं। वहाँ उनकी काफी तगड़ी पकड़ है। राजधानी के अपराध जगत में दबदबा कायम करने के इच्छुक छुटभैये अपराधियों की बड़ी जमात उससे जुड़ गयी है। उन्हें लगता है कि डी-कम्पनी से न केवल संरक्षण मिलेगा, ज़रूरत पड़ने पर पीछे से सहयोग भी मिलेगा, साथ ही राजनीतिक आकाओं के जरिए तमाम परेशानियों का हल भी हासिल होगा। डी-कम्पनी दिल्ली और आसपास के इलाके में अपहरण भी करने लगा। हफ्तावसूली, हत्या की सुपारी लेने, सम्पत्ति विवाद निपटारे और हथियारों की ख़रीद-फरोख़्त जैसे अपराधों में भी लिप्त हो गये।'

एक सूत्र के मुताबिक इस दौर में दाऊद को छोटा राजन उत्तर भारत में भी तगड़ी चुनौती दे रहा था। नाना-कम्पनी के सदस्यों ने उत्तर प्रदेश और बिहार में दाऊद को तगड़े झटके दिये। इसके कारण आशंका बन गयी कि इन इलाकों में बड़े पैमाने पर ख़ूनी गिरोह युद्ध छिड़ जाये। पहले भी उत्तर भारत में गिरोहों के बीच रंजिशन सड़कों पर काफी रक्तपात हुआ। यह माना जा रहा था कि अब डी-कम्पनी और नाना-कम्पनी के बीच युद्ध हुआ तो सबसे बड़ा और रक्तरंजित होगा।

इस सूत्र के मुताबिक इसी दौरान इनके अलावा बहरीन में बैठे सरगना और दाऊद विरोधी सिंडिकेट के संयोजक अली बुदेश उर्फ़ बाबा बहरीन उर्फ़ अली बाबा ने जब बबलू श्रीवास्तव और फज़लू से हाथ मिलाया, वह भी इस इलाके में विस्तार कर गया। वह भी स्थानीय अपहरण उद्योग में शामिल हो गया और काफ़ी पैसा बनाने लगा।

यह भी पता चला है कि नाना-कम्पनी ने उत्तर प्रदेश के नौ बड़े व्यापारियों

और उद्योगपतियों का अपहरण कर रिहाई के बदले 25 करोड़ की भारी-भरकम राशि वसूली थी। इसे लेकर काफ़ी बखेड़ा खड़ा हुआ और उद्योगपतियों-व्यापारियों के प्रतिनिधि मंडल ने तत्कालीन मुख्यमन्त्री राजनाथ सिंह से भेंट कर उन्हें मुंबई माफिया सरदारों की लड़ाई में पिसने से बचाने की माँग की थी।

दाऊद और शकील के बीच हल्की तनातनी की ख़बरों के बीच, अब भी एक बात सत्य है कि डी-कम्पनी देश का सबसे शक्तिशाली और धनी गिरोह बना रहा। उसके बाद ही नाना-कम्पनी का नाम आता है। गवली गिरोह शान्त बैठा है। अली बुदेश गिरोह चुपचाप फ़ज़लू के सहयोग से काम करता रहा। नाईक गिरोह के सदस्य गिरोह सरगना अश्विन नाईक द्वारा जेल से भेजे सन्देशों के आधार पर नशे व हथियारों की तस्करी में लगे रहे।

यह भी बताया जा रहा था कि राजन के बैंकॉक अड्डे की खुफिया जानकारियाँ दाऊद तक पहुँचाने का काम गुरु साटम ने किया था। कुछ कारणों से वह राजन से नाराज़ था और अलग होने का मौक़ा तलाश रहा था। कहते हैं कि उसे डी-कम्पनी में शामिल करने के लिए दाऊद ने विश्वस्त सिपहसालारों, शरद शेट्टी और मुतप्पा राईन, का सहयोग लिया था। उन्होंने गुरु के सामने चारा डाला कि राजन के खात्मे के बाद वह गिरोह सरगना बनेगा। उसे डी-कम्पनी में भी वह ओहदा हासिल होगा जो ठीक दाऊद के बाद का माना जाता है। गुरु का यह सपना कभी पूरा न हो सका। मुतप्पा राईन तो बंगलूर जेल में एड़ियाँ रगड़ने लगा, शरद शेट्टी दुबई में राजन के साथियों की गोलियों का शिकार होकर 'अंडरवर्ल्ड' से 'ऊपर की दुनिया' जा पहुँचा।

अपराध जगत में चर्चा आम है कि शकील और दाऊद के भाइयों, नूरा, अनीस, मुस्तकिम में अनबन हो चली है। शकील के कामों के बीच अगर कोई भाई कुछ कहे तो शकील उन्हें साफ़ इनकार कर देता है। इसे डी-कम्पनी में फूट पड़ना माना जा रहा है। उसके कारण दाऊद भी शकील के प्रति कुछ नाराज़ चल रहा था।

कहा गया कि शकील से अनबन का नतीजा जो भी सामने आये, यह कोशिश ज़रूर होगी कि वह गिरोह से अलग न हो। शकील यदि अलग होगा तो निश्चित तौर पर तमाम गुर्गों और साथियों को लेकर जायेगा। ऐसा पहले भी राजन, सुभाष सिंह ठाकुर, एजाज पठान कर चुके हैं। इससे गिरोह को पहले भी काफ़ी नुक़सान सहना पड़ा है। न केवल गिरोह के तगड़े सिपहसालारों और प्यादों

से डी-कम्पनी ने हाथ धोए बल्कि बड़ी रकम और इलाके भी हाथ से गये थे। अपराध शाखा के एक अधिकारी कहते हैं कि शकील के बाहर जाने की स्थिति बनती है, तो उसे सम्भवतः जान से हाथ धोना पड़ेगा। ऐसी स्थिति में गिरोह के तमाम प्यादे डी-कम्पनी के साथ ही रहेंगे। इन हालात में डी-कम्पनी को नये सेनापति की तलाश होगी। वह पद अगर कोई भर सकता है तो गुरु साटम ही होगा। उनका आकलन सही था लेकिन ऐसा कभी हो न सका।

उन दिनों पुलिस अधिकारियों का कहना है कि दाऊद गिरोह में अन्दर ही अन्दर फूट पड़ने के संकेत भी मिले लेकिन खुले तौर पर जानकारी नहीं मिली। देश भर के आर्थिक हालात ऐसे बन चले थे, जिसमें गिरोहों के लिए वजूद कायम रखने लायक धन एकत्रित करने में भी मुश्किलात हो रही थी। दाऊद गिरोह में शकील ही सबसे ताकतवर बना रहा, जो दूसरी पंक्ति में है। एजाज पठान के अलग होने के बाद वह गिरोह का सेनापति बन गया। वह भी काफ़ी समय से विभिन्न विवादों में फँसता दिखा, जिससे गिरोह में उसके ख़िलाफ वातावरण बनने लगा था।

दुबई और कराची से एक साथ ऑपरेट करने वाले शकील का मुख्य कामकाज फ़िल्मोद्योग, उद्योगपतियों-कारोबारियों व बिल्डरों से हफ्तावसूली तथा फ़िल्मों व निर्माण कारोबार में वित्त पोषण है। यह बात और है कि डी-कम्पनी हथियारों एवं नशा तस्करी से बढ़िया कमाई कर रही है। यह सब अलग लोगों के हाथों में है। एक प्रकार से शकील अभी भी डी-कम्पनी के भारतीय कारोबार का मुखिया है।

गुरु साटम भी उसी की श्रेणी का अपराधी है लेकिन वह शकील से अधिक खूँखार और चालाक माना जाता है। सुपारी हत्यारों की सूची में उसका नाम सबसे ऊपर है। सुपारी पर हत्याओं की योजना बनाना और अंजाम देने में गुरु के बारे में पुलिस अधिकारी भी कहते हैं, 'वह एक क्रूर और चालाक हत्यारा है। उसमें मानवता नाम की चीज़ नहीं है। इसी कारण वह गिरोहों के लिए काफ़ी फ़ायदेमन्द साबित होता है।'

काली दुनिया में गिरोहों के बीच मची जंग और पुलिस मुठभेड़ के कारण नाईक गिरोह ने ख़ूनी खेल से किनारा कर लिया है। भले ही डी-कम्पनी सबसे आगे है, अश्विन नाईक भी गिरोह के साथ ऐसे स्थान पर खड़ा हो गया, जिससे उसे ख़ारिज नहीं किया जा सकता। अपराध जगत में आज पाँच गिरोहों में एक प्रकार से यह गिरोह कम हो गया। नाईक गिरोह के संस्थापक सरगना अमर

नाईक की पुलिस मुठभेड़ में मौत के बाद गिरोह काफ़ी परेशानी में चल रहा था। अश्विन के बुरी तरह घायल होकर अस्पताल में पड़े रहने से गिरोह सिर नहीं उठा पाया। बांग्लादेश सीमा पर अश्विन की गिरफ्तारी से गिरोह मुश्किल में आ चला। काफ़ी सदस्यों ने गिरोह से किनारा करने में भी कसर नहीं छोड़ी।

जेल में बन्द अश्विन स्वास्थ्य ठीक होने और अदालती मसले ख़त्म होने का इन्तज़ार करते हुए गिरोह संचालन यहीं से करता रहा। उसका गिरोह पाकिस्तान-अफ़ग़ानिस्तान सीमा के पठान गिरोहों से अच्छी हेरोइन, ब्राऊन शुगर, मेंड्रेक्स खरीद कर विदेश भेज रहा था।

पुलिस सूत्रों के मुताबिक अश्विन के ख़ास साथी कुमार पिल्लै ने श्रीलंकाई आतंकी गिरोह लिट्टे से सम्बन्ध स्थापित कर लिए थे। वह लिट्टे हेतु हथियारों की तस्करी करता ही रहा, बदले में उनसे नशा लेता रहा। इस प्रकार लिट्टे व गिरोह को दोहरा फायदा होने लगा। लिट्टे को बिना धन ख़र्च किये हथियार मिलने लगे, नाईक गिरोह को हथियार के बदले विश्व बाजार भाव से काफ़ी कम कीमत पर नशा मिलता रहा। ये नशा यूरोपीय व अमरीकी बाज़ारों में बेचने से गिरोह को अधिक फायदा हुआ।

पता चला कि एएन-कम्पनी पहले नशा तस्करी में मुंबई को सिर्फ़ ट्रांजिट पॉइंट के रूप में इस्तेमाल करता था। लेकिन इन दिनों ऐसा नहीं रह गया है। इसका कारण जहाँ पुलिस व कस्टम्स की सख़्ती थी, वहीं दाऊद और गवली से दुश्मनी भी एक कारण बनी। उन्हें हमेशा भय रहता कि विरोधी गिरोह माल की जानकारी खुफिया अथवा जाँच एजेंसियों को देकर धरपकड़ करवा सकते हैं।

नाईक गिरोह पाक-अफगान सीमान्त क्षेत्रों से नशा ख़रीद कर बैंकॉक भेजता रहा। नाईक गिरोह के लिए बैंकॉक नशा तस्करी का मुख्य ट्रांजिट पॉइंट बना रहा। यहाँ से दक्षिण अफ्रीका माल पहुँचाते रहे हैं। यह नशा मारीशस, डर्बन, जोहांसबर्ग जाता रहा है। यहाँ माल की डिलीवरी होती है और यूरोपीय बाज़ार में माल पहुँचाने वाले तस्करों से वहीं पैसा मिलता था। नाईक गिरोह का यूरोपीय गिरोहों से समझौता था कि वे माल की सुरक्षित डिलीवरी अफ्रीका में करेंगे। यहाँ माल पहुँचने पर उनकी ज़िम्मेदारी ख़त्म हो जायेगी और माल की कीमत यहीं मिलेगी। इसके बाद माल हॉलैंड होकर संयुक्त राज्य अमरीका और यूरोपीय बाज़ारों में जाता था।

एक सूत्र ने बताया कि अश्विन से गिरोह के लोग नाराज़ हैं क्योंकि वह

किसी को पैसे नहीं दे रहा था। अश्विन का कहना है कि हफ्तावसूली, सुपारी हत्याओं और अन्य तरीकों से धन की आमद बन्द है इसलिए वह किसी को पैसे देने में समर्थ नहीं है। गिरोह सदस्यों का मानना है कि जैसा पूर्व सरगना अमर करता था, वैसा ही वर्तमान सरगना अश्विन भी करने लगा। गिरोह के पास पैसों की कमी नहीं है।

कहा गया कि उन दिनों तो गिरोह के लिए मुखबिरों को सँभालना काफ़ी कठिन हो चला था। इसके अलावा उन पुलिस व कस्टम्स अधिकारियों की 'सेवा' भी नहीं हो पा रही थी, जो उनके काम करते रहे हैं या उन दिनों भी कर रहे थे। जिन गिरोह सदस्यों के ख़िलाफ अदालत में मुक़दमे चल रहे थे, क़ानूनी लड़ाई के लिए उन्हें भी पैसे न मिलने से ख़ासा संकट खड़ा हो चला था। वकीलों ने बगैर पैसे अधिक समय तक काम करने से इनकार कर दिया।

एक वरिष्ठ पुलिस अधिकारी के मुताबिक इसका नतीजा यह हुआ कि गिरोह में फूट पड़ गयी। गिरोह का महत्त्वपूर्ण धड़ा टूट गया। उस हिस्से ने शकील से हाथ मिला लिया। इस गुट में दिनेश मिठबावकर, उस्मान फकीरा, धनंजय शेट्टी, उमेश बने और मालावणकर थे। दिनेश और उस्मान खटाऊ हत्याकांड में जेल की सलाखों के पीछे थे जबकि बाकी गुंडे उमेश भंसाली हत्याकांड में गिरफ्तार होकर जेल में सड़ रहे थे।

मायानगरी मुंबई के गिरोहों की माया राष्ट्रीय ही नहीं है। गिरोह अब तक ग्लोबल हो चुके थे। एक तरफ़ जहाँ डी-कम्पनी के पाँव विश्व के दर्जन भर से अधिक देशों में जा पहुँचे, वहीं कई सरगना या सिपहसालार विदेशों से ही गिरोहों का संचालन करने लगे।

खुफिया ब्यूरो (आईबी), मुंबई पुलिस की अपराध शाखा, राज्य खुफिया पुलिस (सीआईडी) और अपराध जगत सूत्र खँगालने पर पता चला कि 'डी कम्पनी' का विश्व स्तर पर विस्तार सबसे अधिक है।

सन् 2000 के आरम्भ में दाऊद ने पाकिस्तान के शहर पेशावर के करीब खई में पनाह ली थी। उसका साथी बमकांड का प्रमुख खलनायक और सूत्रधार टाइगर मेमन कराची में ही बना रहा।

पता चला कि राजन ने बैंकॉक हमले के बाद वियतनाम में कुछ समय इलाज करवाने के बाद हॉलैंड की राजधानी एम्सटर्डम में पनाह ली। वह पहले मलेशिया में रहता था। उसके लिए पूर्वी एशियाई देशों में रहना और घूमना उसी तरह था,

जैसे कोई राज्य के विभिन्न शहरों में रोजाना कारोबार के सिलसिले में आता-जाता हो। इन दिनों तक उसके गिरोह के सदस्य सन्तोष शेट्टी, रवि पुजारी और यूसुफ बचकाना ही बचे हुए थे। वे भी वक्त के साथ उससे अलग होते चले गये।

सरगना अली बुदेश उर्फ़ बाबा बहरीन उर्फ़ अली बाबा बहरीन से गिरोह संचालन करता रहा। उसके खास दोस्त और सरगना एजाज पठान के साथ न होने से उसे परेशानी तो हुई, काम बन्द न हुआ।

कहा जाता है कि डी-कम्पनी का शूटर भरत नेपाली गिरोह से अलग होकर क्वालालंपुर रहने लगा। इन दिनों डी-कम्पनी का सिपहसालार कय्यूम दुबई से कामकाज देख रहा था। दाऊद का करीबी सिपहसालार और तस्कर मुतप्पा राई दुबई में था, जिसे खाड़ी देशों ने भारत वापस भेज दिया। उस पर बंगलूर अदालत में कुछ अर्सा पहले राजन गिरोह के गुंडों ने गोलीबारी की लेकिन बच गया। वह शरद शेट्टी का करीबी साथी और सहयोगी रहा है।

डी-कम्पनी की नकली करेंसी तस्करी कमान का प्रभारी गिरोहबाज आफताब बटकी कराची से ही तमाम कामकाज चलाता रहा। वह इन दिनों गिरोह के लिए नशे, हथियार और नकली करेंसी की तस्करी कर रहा है। इसी गिरोह का शकील लम्बू दुबई में था लेकिन पुलिस ने पिछले दिनों उसे मुंबई में गिरफ्तार दिखाया। डी-कम्पनी का ताहिर टकला उन दिनों कराची से ऑपरेट कर रहा था।

90 के दशक के अन्तिम वर्षों में विक्की गोस्वामी दुबई जेल में सड़ रहा था। उसके ख़िलाफ दुबई में मेंड्रेक्स बनाने का कारखाना चलाने और तस्करी का मामला था।

नाशिक जेल में फरवरी 2002 से बन्द ओमप्रकाश सिंह की हत्या से अंडरवर्ल्ड के सूरमा हकबका गये थे। 25 नवम्बर 2002 को नाशिक जेल के अधिकारियों ने सबको बताया कि ओपी दिल का दौरा पड़ने से मर गया। यह बात किसी के गले नहीं उतरी।

असलियत का नकाब झूठ के चेहरे से खिंचा तो बड़ा बदनुमा चेहरा नुमायां हुआ। 48 साल के ओपी को सरकार ने 24 नवम्बर 2002 को मृत बताया। जेल प्रशासन के विपरीत नाशिक पुलिस के एक वरिष्ठ पुलिस अधिकारी ने उसकी प्राकृतिक मृत्यु होने से उसी दिन इनकार कर विवाद की अग्नि भड़का दी थी। उनके मुताबिक ओपी के 'गेम' का आदेश राजन ने दिया था।

सूत्रों के मुताबिक ओपी का राजन से गहरा विवाद था। उसी कारण रवि

मल्लेश बोरा उर्फ़ डीके राव उर्फ़ आकाश और 12 गुंडों को मुंबई की आर्थर रोड जेल से स्थानान्तरित करवा कर ओपी को नाशिक जेल में मारा गया। ये भी सुना जाता रहा है कि राजन ने हत्या करने के लिए सन्तोष शेट्टी से भी कहा था। सन्तोष और राजन में उन दिनों करीबी थी।

यह भी कहा जाता है कि राजन ने पहले तो बागी सिपहसालार गुरु साटम को मरवाना तय किया था लेकिन उसके बदले ओपी को मार गिराया ताकि लोगों को सन्देश मिले कि गिरोह से बगावत कितनी भारी पड़ती है। उसका अगला निशाना हेमन्त पुजारी भी बन चला था।

2001 में ऐसे कई लोगों को राजन के सिपहसालर रहे हेमन्त का मामला भी अलग है। राजन ने साटम के खात्मे हेतु उसकी आर्थिक रीढ़ नष्ट करने की योजना बनाई थी। जो हेमन्त कल तक गुरु की जान का प्यासा था, अब उसकी मजबूरी हो गयी और गुरु से हाथ मिलाना पड़ा। उसके पीछे ख़ुद राजन पड़ गया था। संकेत मिले कि राजन का अगला निशाना हेमन्त बना हुआ है।

पुलिस का मानना है कि हेमन्त सन 2002 के मध्य तक राजन के लिए मैदान में डटा रहा जबकि बाकी गिरोह चुप्पी साधे रहे। गवली गिरोह लगभग ख़त्म हो चला। दाऊद, सालेम, बुदेश, नाईक, फ़ज़लू गिरोह भी ख़ामोशी से पुलिस के ठंडे होने और परिस्थितियाँ अनुकूल होने का इन्तज़ार करते रहे। राजन के 45 गुंडों को मुंबई पुलिस सन 2001 में मार चुकी थी, फिर भी गिरोह 'काम' में जुटा रहा।

राजन गिरोह की ओर मुंबई पुलिस ने इन दिनों निगाहें जमा रखी थीं। पुलिस हेमन्त पुजारी और उसके साथियों की सूची बना कर तलाश में जुटी थी। हेमन्त के साथ उसका ख़ास सहयोगी कुन्दन रावत भी है। वे 90 के दशक से अपराधकर्म में साथ हैं। खार में बिल्डर और कार चोर गिरोह के सरगना व डी-कम्पनी से गुप्त रूप से जुड़े शौकत सरकार की हत्या नवम्बर 1999 में हुई। जाँच में हेमन्त का नाम सामने आया। शौकत सरकार की हत्या ने पूरी मुंबई को दहला दिया था। इससे हेमन्त पुजारी की ख़ासी दहशत छा गयी थी। इस हत्याकांड से नाना कम्पनी को अपराध जगत में ख़ासी बढ़त मिली थी।

अधिकारी बताते हैं कि अवैध हथियारों की ख़रीद-फ़रोख़्त में हेमन्त पुजारी का ख़ासा दखल है। नाना कम्पनी के लिए वह शूटरों के इन्तज़ाम, उनके छुपने के अड्डों के साथ ही 'हत्या' की 'फूलप्रूफ' योजना बनाने का काम करता था लेकिन अब साथ न होने से गिरोह के कामकाज को काफ़ी झटका लगा।

बताया जा रहा था कि अरुण गवली ने 7 वर्षों की जेल, 2 साल के निर्वासन और 3 साल की चुप्पी के बाद इन दिनों संकट से उबरने की कवायद शुरू की। कथित हिन्दू हृदय सम्राट बाला साहेब ठाकरे और उनकी शिवसेना से प्रतिशोध लेने का मौक़ा गवली के सामने था। बताते हैं कि इस खेल में नेशनलिस्ट कांग्रेस पार्टी-इन्दिरा कांग्रेस (एनसीपी-इंका) का सहयोग भी 'गवली सेना' को मिला। गैर हिन्दूवादी दलों को पता था कि गवली की अखिल भारतीय सेना (एबीसी) विधानसभा चुनावों में उम्मीदवार खड़े करेगी तो इसका सबसे अधिक फायदा उन्हें ही होगा।

एबीएस को यह मौक़ा अच्छा लगा क्योंकि शिवसेना की सत्ता के दौरान गवली गिरोह के लगभग 350 गुंडे-सिपहसालार पुलिस मुठेभेड़ों में मारे गये थे। गवली को कई बार गिरफ्तार करके सताया, उसके घर में घुस कर दिनदहाड़े तीन गुंडे मारे, दो साल के लिए तड़ीपार किया। एबीएस की रैली फ्लॉप करवाने के लिए पुलिस समेत पूरी मशीनरी का ख़ासा दुरुपयोग किया। इनका बदला चुकाने के लिए गवली बेचैन था।

'एबीएस' का पूरा राजनीतिक कारोबार गिरोह के मुख्यालय भायखला स्थित दगड़ी चाल से संचालित हो रहा था। सरगना से राजनीतिक बने गवली ने जहाँ सामाजिक-राजनीतिक महत्वाकांक्षा पूरी कर, स्थापित होने की कसरत शुरू की, वहीं गिरोह की गतिविधियाँ ठंडी रखीं। माना गया कि सरकार चली जाने के बावजूद मुंबई पुलिस पर शिवसेना का प्रभाव बना रहा। यदि शिवसेना विधानसभा चुनावों में हारती, तो ही गवली गिरोह के लिए संकट से उबरने की स्थितियाँ बनतीं।

मुंबई पुलिस ने सन 2001 में कुल 95 गुंडे मारे लेकिन इस सूची में गवली गिरोह का एक सदस्य न था। इस स्थिाते पर अचरज न करने की दो बातें थीं। पहली यह कि पुलिस सरगर्मी शान्त होने तक गवली गिरोह ने चुप्पी साध ली। परम्परागत हफ्तावसूली छोड़ नये 'ग्राहक' तैयार करने पर ज़ोर नहीं दिया। इसके अलावा वर्तमान सरकार ने गवली के ख़िलाफ सख्त रवैया नहीं अपनाया, जिससे उसे ख़ासी राहत मिली।

अफ़सरों ने दावा किया कि उनकी सख्ती व कार्रवाई ने गवली गिरोह का ख़ात्मा कर दिया। इसी कारण यह गिरोह आपराधिक कार्यों में 90 के दशक जैसी तेज़ी नहीं दिखा पा रहा है। 1997 में एबीएस की स्थापना करने वाला गवली, यही कहता रहा कि सन 2000 में उसका गिरोह ख़त्म हो गया, उसका

कोई साथी आपराधिक गतिविधियों में नहीं है।

पूर्व पुलिस आयुक्त महेश नारायण सिंह इससे सहमत नहीं हैं। वे कहते हैं, 'जब तक गवली ज़िन्दा है, तब तक मैं यह नहीं कह सकता कि गिरोह ख़त्म हो चुका है। भले ही यह गिरोह सक्रिय न दिखे लेकिन उसके पास समर्थकों और विश्वासयोग्य साथियों की बड़ी 'बैटरी' मौजूद है। वे एकजुट होकर गिरोहबाजी में कभी भी सक्रिय हो सकते हैं।'

इन दिनों गवली पैंतरे बदल कर चल और बोल रहा था। उसका कहना था कि वह बदल चुका है। वह क़ानून की इज़्ज़त करता है, यही कारण है कि उसके साथी भी सुधर गये हैं। वो कहता है, 'सन 2000 और 2001 में हमारा आपराधिक गतिविधियों से बिल्कुल नाता नहीं रहा। सन 2000 में जिन 5 लोगों को पुलिस ने मारा और गवली गिरोह के लिए काम करने वाला बताया था, वह सच नहीं है, उन्हें राजनीतिक दुश्मनी के चलते मारा था।'

डी-कम्पनी से जुड़ा सरगना शरद शेट्टी दुबई में मारा गया। वह नशा तस्करी यूरोप समेत दक्षिण अफ्रीका के कई देशों में करता था। उसके जीते-जी न भारतीय पुलिस कुछ बिगाड़ पायी, न इंटरपोल गिरफ्तार कर पायी। नशा तस्कर और दाऊद का सिपहसालार व सहयोगी रहा शरद शेट्टी उर्फ़ अण्णा उर्फ़ बड़ा इडली को दुबई में अवैध कारोबारों में बीआर शेट्टी सहयोग दे रहा था। मुंबई में राज शेट्टी उसकी भारतीय कमान सँभाले था। शरद और मुथप्पा में उपजे विवाद ने माफिया समीकरण बदले थे। डी-कम्पनी के सरमायादारों के ख़िलाफ जंग के लिए मुथप्पा को पटाने की कोशिश में अली बुदेश ने काफ़ी कोशिशें कीं लेकिन नाकामयाब रहा।

सूत्रों के मुताबिक बीआर शेट्टी का दुबई के देहरा शहर में 'दुबई एक्सचेंज' नाम से मुद्रा विनिमय कारोबार है। उसका अल-ऐन में दवा कारखाना भी है। संयुक्त अरब अमीरात के तमाम देशों में उच्च स्तर पर उसके तगड़े सम्बन्ध हैं। कहते हैं कि वह खाड़ी देशों में इतना वज़न रखता है कि कोई भी काम चुटकियाँ बजाते कर लेता है। यही कारण है कि शरद नशा कारोबार में बीआर शेट्टी की मदद लेता था। कहा जाये कि वह बीआर शेट्टी पर इसके लिए निर्भर था तो अतिशयोक्ति न होगी।

राज शेट्टी मुंबई निवासी है। वह बीआर शेट्टी की मदद से नशा तस्करी करता है। मुंबई में राज के बीयर बार हैं। वह शरद का वित्त व्यवस्थापक था। शरद के

मुंबई समेत भारत के तमाम होटलों का प्रबन्धन राज के हाथों में था। वह शरद हेतु भारत से नशे की आपूर्ति करता था। उसका नशा कारोबार दक्षिण अफ्रीका और यूरोप के कुछ देशों में फैला है। अब यह सब राज ख़ुद के लिए करने लगा।

कहते हैं कि मुथप्पा का दुबई से काम शुरू करना शरद ने पसन्द नहीं किया। इस मामले में उनके बीच तनातनी हुई। जब मुथप्पा डी-कम्पनी की आँखों में रेत की तरह कसकने लगा तो उसे बाहर करना ठीक समझा। उसके फ़र्जी आव्रजन दस्तावेज़ों की बात शरद को पता थी। बीआर के जरिए फ़र्जी पासपोर्ट और वीज़ा आरोपों में गिरफ्तार करवाया और भारत भेज दिया।

इधर नवम्बर 2002 में भारतीय खुफिया एजेंसियों ने बड़ा सनसनीखेज रहस्योद्घाटन रपटों में किया कि नेपाल नरेश के साथ दाऊद की नेपाल कमान के प्रभारी जमीम शाह उर्फ़ जमील उर्फ़ जंबो शाह ने सम्पर्क बढ़ा लिए थे। उनके जरिए पिछले दो सालों से बन्द पड़ा अपना केबल नेटवर्क फिर शुरू करवाने की जुगत भिड़ा ली। इतना ही नहीं, उसे मिले एफएम रेडियो के लाइसेंस पर विरोधी टिप्पणियाँ दर्ज़ कर सरकार ने काम रोका था, उसे जंबो ने ठीक भी करवा लिया था। कहते हैं कि नेपाल के एक पूर्व प्रधानमन्त्री के अधिकार रद्द करवाने में भी जमीम का हाथ था।

कहते हैं कि अप्रैल 2003 में दुबई से अनिल परब उर्फ़ वांग्या उर्फ़ रॉबिन का भारत भेजा जाना इसलिए सम्भव हुआ क्योंकि उसने कुछ अर्सा पहले दाऊद का काम बन्द कर दिया था। वांग्या को मुंबई पुलिस ने 20 अप्रैल 2003 की रात सहार हवाई अड्डे पर हिरासत में लिया।

पुराने दौर के जीवित बचे गुंडों में वांग्या भी है। वांग्या दुबई में शान्तिपूर्ण लेकिन वैभवपूर्ण जीवन बिता रहा था। शरद की मौत ने उसके लिए दुबई में परेशानियाँ खड़ी कर दीं। वह दाऊद से अलग हो चुका था, राजन से दूरी बना ली थी, इसी कारण वह दुबई सरकार के लिए 'बोझ' बन चुका था। यही कारण था कि दुबई सरकार ने वांग्या को प्रत्यर्पित कर दिया। वांग्या छठा अपराधी था, जिसे अप्रैल 2003 तक दुबई सरकार ने देश निकाला दिया था।

तत्कालीन पुलिस आयुक्त रणजीत सिंह शर्मा ने कहा था, 'जब 1993 में बमकांड के बाद दाऊद गिरोह में धार्मिक आधार पर फूट पड़ी तो राजन के साथ काफ़ी हिन्दू गुंडे अलग हुए। इस समय भी शरद शेट्टी, सुनील सावंत और अनिल परब ही दाऊद के साथ थे। अनिल भी दाऊद से अलग हुआ तो उस पर दाऊद

की दुश्मनी की तलवार लटकने लगी थी।'

फरवरी 2003 में दाऊद के छोटे भाई इक़्बाल शेख़ इब्राहिम कासकर का भारत आगमन हुआ। दुबई सरकार ने उसे भारत की झोली में डाला। लोगों ने उसके भारत आने के पीछे कई कयास लगाये। यह साफ़ हो गया कि वह दाऊद की सम्पत्ति बचाने और वापसी का रास्ता बनाने के इरादे से आया है। दाऊद की बहन हसीना पारकर उर्फ़ हसीना आपा को सम्पत्ति का प्रबन्धन करने में परेशानी हो रही थी, इसलिए इक़्बाल को भेजा था।

बता दें कि बमकांड सूत्रधार दाऊद की दो सम्पत्तियाँ कुर्क़ करने के आदेश विशेष टाडा जज जेएन पटेल ने कुछ अर्सा पहले दिये थे। कुर्की आदेश वाली एक सम्पत्ति दक्षिण मुंबई की 33, पाकमोड़िया स्ट्रीट पर एक इमारत की दूसरी मंज़िल का दफ़्तर है, जिसका उपयोग दाऊद और अनीस करते थे। यह इमारत हाजी इस्माईल ट्रस्ट की है। इस इमारत में ट्रस्ट द्वारा एक गेस्ट हाउस चलता रहा है। दूसरी सम्पत्ति कुन्दत्ति गेस्ट हाउस है जो रहमतुल्लाह रोड पर स्थित 'अमीन बिल्डिंग' में है। इसमें दाऊद, मुस्तकिम, हुमायूँ और भतीजे सिराज के नाम हैं। सीबीआई ने सम्पत्तियों के आयकर प्रमाणपत्र, मनपा दस्तावेज़, नगर सर्वेक्षण विभाग के साथ कुछ दस्तावेज़ भी पेश किये। इनसे साबित करने की कोशिश की गयी कि ये सम्पत्तियाँ दाऊद की हैं। सीबीआई ने 'किराया नियंत्रक' का पत्र भी पेश किया, जिससे साबित होता है कि ये सम्पत्ति दाऊद की है।

दाऊद को भय था कि उसकी तमाम सम्पत्तियाँ जब्त करने की कार्रवाई भारत सरकार करेगी। बमकांड मामले में फैसले का वक्त जैसे-जैसे करीब आ रहा था, दाऊद परिवार के बमकांड साजिश में शामिल होने के कारण सीबीआई ने इंटरपोल से रेड कॉर्नर नोटिस जारी करवा रखे हैं। भारत वापस न आने पर सीबीआई उनकी सम्पत्ति जब्त करने के लिए अदालत में आवेदन कर सकती थी।

खुफिया सूत्रों के मुताबिक दाऊद हेतु पाक में जिस तरह ख़तरा बढ़ा, उसे सपरिवार बँधुआ मज़दूर जैसे रहना और आईएसआई तथा पीएमआई के इशारे पर नाचना पड़ रहा था, उससे वह परेशान हो चला था। पीएमआई ने दाऊद, अनीस व शकील को पेशावर के निकट ओरकाजाई में कुछ समय के लिए स्थानान्तरित किया। उनके परिवार जबरन कराची के क्लिफ्टन स्थित मोईन पैलेस में ही रखे। आईएसआई को भय था कि दाऊद और शकील पाकिस्तान से ग़ायब हो सकते हैं। परिवार साथ नहीं होंगे तो वे कहीं नहीं जा सकेंगे।

दाऊद लम्बे अर्से से दक्षिण अफ्रीका और यूरोपीय देशों में सुरक्षित अड्डे की तलाश में था। कहते हैं कि उसने तीन देशों में कुछ स्थानों का चयन भी किया, जहाँ उसे पहचाना नहीं जा सकता। यहाँ से वह आसानी से कामकाज कर सकेगा। ज़रूरत होने पर इन देशों के जरिए वह भारत लौटने की जुगत भिड़ा सकेगा। एक बार पहले भी दाऊद ने भारत सरकार के समक्ष वापसी के लिए आवेदन किया था लेकिन कुछ शर्तों के कारण इनकार हो गया। इसी बीच कराची और दुबई से संकेत मिले कि 1991 में जो इच्छा दाऊद ने जताई थी, उसे गति देने के लिए इक़बाल का आगमन मुंबई हुआ था।

इक़बाल के ख़िलाफ मुंबई में कोई बड़ा मामला लम्बित नहीं होने से अधिक समय तक पुलिस उसे जेल में नहीं रख पायेगी। वह जल्द ही जमानत पर छूट जायेगा और तमाम सम्पत्तियाँ चुस्त-दुरुस्त करेगा। इक़बाल के साथ पुलिस का व्यवहार कैसा रहता है, उसके ऊपर बाकी भाइयों के भी मुंबई आने के बारे में योजना तैयार की जायेगी। इक़बाल लौटा तो सब कुछ वैसा ही हुआ, जैसा गिरोह ने चाहा था। बस वह न हो सका, जो चाहा था। बाकी परिवार का लौटना।

इक़बाल के बारे में संकेत मिले कि मुंबई से विधानसभा चुनावों में खड़ा होगा। इसकी तैयारियाँ भी हुईं। यह ख़बर जैसे ही डी-कम्पनी में फैली, तमाम सिपहसालारों, फ़ौजदारों, जत्थेदारों और प्यादों के चेहरों पर रौनक छा गयी। पता चला कि उसके बचाव और जमानत हेतु करोड़ों रुपये जमा भी हुए थे। बाद में इक़बाल ने दाऊद के कहने पर चुनाव से हाथ पीछे खींच लिया था। जो एकमात्र कारण राजनीतिक हलकों में सामने आया, वो था कि एक पार्टी विशेष के नेता नहीं चाहते थे कि इक़बाल राजनीति में आये। इससे उनकी दुकानदारी ख़राब हो रही थी। इक़बाल की जीत तय थी, और उस पार्टी विशेष के लिए धर्मसंकट की स्थिति थी। उनका उम्मीदवार खड़ा करने से इनकार नहीं कर सकते थे। ऐसा करते तो मिलीभगत दिखती, जिसका व्यापक असर पूरे चुनाव अभियान पर पड़ता। उम्मीदवार खड़ा होता तो हारना तय था। इसका भी असर काफ़ी ख़राब होता।

इक़बाल की जिस तरह भारत वापसी हुई थी, उसके कारण डी-कम्पनी में सबकी हालत खस्ता थी। सारे प्यादे और सिपहसालार सोचने लगे कि दाऊद का जलवा ख़त्म हो चुका है। जब उसके भाई को इस तरह दुबई से बाँध कर मुंबई ला सकते हैं, तो उन्हें कभी भी ख़त्म कर सकते हैं। दाऊद-शकील के भी कुछ ही दिन बचे हैं। डी-कम्पनी में इन दिनों खंडित आत्मविश्वास दिख रहा था।

कराची से गिरोह सदस्यों को संकेत मिला कि इक़बाल सम्पत्ति कुर्क़ करने से बचाने, ठीक उसी तरह मुंबई 'भेजा' है, जैसे टाइगर मेमन के भाई याकूब मेमन को बजरिए नेपाल सपरिवार भेजा था।

एक वरिष्ठ पुलिस अधिकारी ने नाम न छापने की शर्त पर बताया, 'इक़बाल को जिस दिन मुंबई लाये थे, उसके एक दिन पहले 4 करोड़ रुपये जमा हुए थे। इसमें बिल्डरों ने सबसे अधिक योगदान दिया। लगभग 3 दर्जन बिल्डरों ने 5 से 10 लाख रुपये की रकम इक़बाल की क़ानूनी लड़ाई और जेल खर्चों हेतु डी-कम्पनी के एक सफेदपोश सिपहसालार के पास जमा करवाई। रकम का बड़ा हिस्सा आपराधिक मामलों की पैरवी करने वाले मुंबई के मशहूर वकील के पास पहुँचा।'

इधर इक़बाल का चक्कर चल रहा था कि फ़ज़ल-उर-रहमान उर्फ़ फ़ज़लू उर्फ़ चिंग-चांग उर्फ़ तनवीर डॉक्टर उर्फ़ अली उर्फ़ चन्द्रा मंडल उर्फ़ कट्टा ने फ़िल्मोद्योग पर आफत बन कर मँडराना शुरू कर दिया। उसने हफ्ते के लिए लोगों को धमकाना व गोलियाँ चलानी शुरू कर दीं। मुंबई माफिया में कल तक छुटभैये रहे फ़ज़लू को शिल्पा शेट्टी के परिवार ने अँधियाले संसार का सबसे चमकता सितारा बना दिया। मई 2003 के तीसरे सप्ताह में फ़ज़लू द्वारा अग्रवाल बन्धुओं को धमकियाँ देने का मामला मीडिया में ऐसा तूल पकड़ा कि रातों-रात फ़ज़लू पूरे देश में बड़े गिरोह सरगना जैसी हस्ती में तब्दील हो गया।

स्याह संसार के सायों के बीच यह अचरज भरी चीज़ थी कि फ़ज़लू जैसा गुंडा भी शिल्पा के लिए वसूली और मांडवली कर रहा है। अपराध शाखा अधिकारियों का मानना था कि फ़ज़लू ने राजन गिरोह के बागी एजाज लकड़ावाला से हाथ मिलाया था। दोनों मिल कर मुंबई फ़िल्मोद्योग में सेंध लगा रहे थे। पुलिस अधिकारी मानते हैं कि फ़ज़लू दिल्ली, उत्तर प्रदेश और बिहार में काम कर रही अपनी फ़ौज मुंबई में तैनात कर सकता था। उनके जरिए मुंबई में हफ्तावसूली शुरू करने की सम्भावना भी प्रबल थी।

उन दिनों मुंबई पुलिस की अपराध शाखा में तैनात एक वरिष्ठ अधिकारी ने बताया कि फ़ज़लू के लिए नये प्यादों की सहायता से काम करना इसलिए आसान है क्योंकि उनके चेहरे-मोहरे और काम करने से मुंबई पुलिस वाक़िफ़ नहीं। उन्हें विभिन्न राज्यों के सेल फ़ोन सिम कार्ड से सन्नद्ध किया जायेगा ताकि तुरन्त पता न चल सके कि वे कहाँ से फ़ोन कर रहे हैं। आमतौर पर फ़ज़लू विदेशी सिम कार्ड का इस्तेमाल शिकारों को धमकाने में करता है। वे कहते हैं,

'गिरोहबाज मुंबई में इसलिए काम करना पसन्द करते हैं क्योंकि यहाँ उत्तर भारत की तरह अपहरण करने का खतरा नहीं उठाना होता। यहाँ फ़ोन पर हफ्ते की धमकी देने से ही काम बन जाता है। इससे अपराधियों के लिए अपहरण के मुक़ाबले ख़तरा 95 फ़ीसदी कम होता है।'

जितने अपराध फ़ज़लू ने पूरे उत्तर भारत समेत दिल्ली में किये, उनसे सूत भर भी कम कोशिशें मुंबई में नहीं कीं। न केवल फ़ज़लू के साथियों ने मुंबई में अपहरण उद्योग स्थापित करने की कोशिश की बल्कि फिरौती का जाल बिछाने के भारी प्रयास किये। यह बात और कि उसे मुंबई के मशहूर मुठभेड़ विशेषज्ञों के कारण हाथ वापस खींचने पर मजबूर होना पड़ा।

अपराध शाखा के मुताबिक 1997 में फ़ज़लू और उसके साथियों ने बबलू श्रीवास्तव के लिए बिल्डर और उद्योगपति विश्वनाथ मितल का अपहरण नरीमन पॉइंट से दिनदहाड़े किया था। इसमें फ़ज़लू ने बुरी तरह मात खाई थी। पुलिस ने गिरोह के दो सदस्य गोलियों से भून दिये और दो को गिरफ्तार कर श्री मित्तल को रिहा करवा लिया था। इस मामले से जुड़े एक अधिकारी कहते हैं, 'फ़ज़लू चालाकी से काम कर रहा था। वह सीधे इस मामले में शामिल नहीं रहा। उसे पता चला कि योजना असफल हो गयी है तो चुपचाप बरास्ते बिहार, काठमांडू पहुँच गया।'

अधिकारी कहते हैं कि फ़ज़लू चालाक और शरारती गिरोहबाज है, वह तेजी से हफ्तावसूली की सौदेबाजी करता है और कम पैसों पर भी मान जाता है। इसके कारण लोग उसके ख़िलाफ शिकायतें दर्ज़ करवाने से बचते हैं।

इन दिनों मुंबई पुलिस ने दाऊद की आर्थिक रीढ़ कमजोर करने की योजना पर काम शुरू किया था। उसी का नतीजा हुआ कि दक्षिण मुंबई में 'सारा-सहारा काम्प्लेक्स' की जब्ती-कुर्की का खेल हुआ। दर्जनों नयी बेनामी सम्पत्तियाँ चिह्नित कर कानून के शिकंजे में फँसाने का खेल तत्कालीन पुलिस आयुक्त रणजीत सिंह शर्मा ने शुरू किया था।

इन नये गिरोहों के पास न अपने हथियार हैं, न उन्हें चलाने के लिए मज़बूत हाथ हैं, न खबरियों का तन्त्र है, न पैसे हैं, न उनके विश्वस्तरीय सम्पर्क हैं, न पुलिस और प्रशासन में सम्बन्ध हैं, न उनके राजनीतिक सरपरस्त हैं, वे तो बस अपने आकाओं की विचलित और स्खलित छवियाँ भर हैं, जिनके लिए अभी अपराध जगत में मुकाम पाना बहुत दूर की कौड़ी है। एक वरिष्ठ पुलिस अधिकारी कहते

हैं, 'इन छुटभैयों की चिन्ता में दुबले होने की ज़रूरत नहीं। ये जितने छोटे हैं, अँधियारी दुनिया में उनका जीवन उतना ही छोटा है, वे उतनी ही छोटी ज़िन्दगी जीने वाले हैं। अब माफिया में किसी दाऊद और राजन के बनने में काफ़ी वक्त लगेगा... शायद कोई कभी बने ही नहीं।' इन छुटभैये गिरोहबाजों के बारे में कोई नहीं जानता कि उनमें से कौन सँभालेगा अगले 'माफिया बॉस' की कुर्सी।

## थाईलैंड में कहर

इस बीच यह ख़बर भी सन 2011 में आयी कि सन्तोष शेट्टी और विजय शेट्टी ने मिल कर थाईलैंड के एक शहर में समन्दर के किनारे निर्जन स्थान पर बने एक बंगले में गिरोहबाज भरत नेपाली को पहले तो गोलियों से छलनी कर दिया, फिर उसकी लाश वहाँ समन्दर में मछलियों के चारे के तौर पर ठिकाने लगा दी।

इसके पीछे दो कहानियाँ हैं, पहली तो यह कि भरत चाहता था कि विजय को गिरोह से अलग कर दिया जाये, और इसके लिए वह विरोधी गिरोह से सौदा कर चुका था। यह जानकारी विजय को मिल गयी और उसने सन्तोष से कहा कि ये आदमी ख़तरनाक साबित हो सकता है और उसे जितनी जल्दी ठिकाने लगा देंगे, उतना अच्छा होगा।

दूसरी बात ये कही जाती है कि भरत नेपाली को एक नया नाम और पहचान के साथ किसी और देश में स्थापित करने के लिए यह ज़रूरी था कि उसकी मौत की ख़बर अच्छी तरह से भारतीय खुफिया एजेंसियों और पुलिस में स्थापित हो जाये। इसके लिए न केवल सन्तोष और विजय के आला दिमाग़ों ने यह खेल रचाया बल्कि उसका पूरा वीडियो भी तैयार किया ताकि लोगों के सामने वक्त पड़ने पर पेश कर सबूत भी दे सकें कि वाकई भरत मारा जा चुका है। सन्तोष ने इसके सबूत भी दिये। किसी से बातचीत की रिकॉर्डिंग भेजीं।

## कलम तोड़ने की कवायद

सन 2011 में छोटा राजन के लिए एक ऐसा वक्त आया, जब वह न जाने किस दबाव में यह बयान दे रहा था कि उसने मुंबई के अंग्रेज़ी सान्ध्य दैनिक मिड-डे के अपराध संवाददाता ज्योतिर्मय डे (जे डे) की हत्या करवाई है। पुलिस ने जिन लोगों को गिरफ्तार किया, उनमें एक अंग्रेज़ी दैनिक अख़बार एशियन एज की एक महिला पत्रकार जिग्ना वोरा भी थीं। उनके बारे में पुलिस ने दावा किया कि व्यावसायिक प्रतिद्वन्द्विता के चलते छोटा राजन के कान भरे, जिसके चलते

ही नाना ने यह कदम उठाया था। इस मामले में सबसे बुरी बात यह है कि कोई भी ऐसा सबूत अदालत में पुलिस पेश नहीं कर सकी, जिससे जिग्ना के ख़िलाफ मामला पुख्ता बनता। पुलिस ने उन्हें मोका में गिरफ्तार किया लेकिन जल्द ही अदालत ने उन्हें जमानत दे दी। महज तीन माह में ही वे जेल के बाहर आ गयीं। देश में यह पहला मामला था, जब मोका के तहत गिरफ्तार आरोपी इतनी जल्द जमानत हासिल कर ले। आज भी यह रहस्य है कि जे डे की हत्या के पीछे असली कारण क्या था। वह तो निश्चित तौर पर नहीं है, जो पुलिस बताती है। मेरी निजी राय में यह असम्भव है कि एक पत्रकार महज व्यावसायिक ईर्ष्या के कारण इतना बड़ा कदम उठाए। इस हत्याकांड में कुछ तो ऐसा है, जहाँ तक पुलिस पहुँच नहीं सकी है, या सम्भवतः पहुँचना नहीं चाह रही थी।

## सलाखों के पीछे डैडी

आज तक किसी गिरोह सरगना को पुलिस सज़ा नहीं दिला सकी थी लेकिन कमलाकर जामसांडेकर की हत्या के आरोप में सन 2012 में अरुण गवली को उम्र क़ैद की सज़ा अदालत ने सुनायी तो मुंबई पुलिस पर लगता आ रहा बरसों का यह लांछन भी धुल गया। यह बात और है कि अरुण गवली ने इस फ़ैसले के ख़िलाफ मुंबई हाईकोर्ट में अपील कर दी। गवली को सज़ा हो गयी। यह ज़रूर हुआ कि उसे कुछ समय के लिए अपने बेटे की शादी में शरीक होने के लिए मध्य 2015 में कुछ दिनों की पेरोल ज़रूर मिल गयी।

## सालेम पर सलाखों में हमला

जून 2013 में अबू सालेम पर तलोजा जेल में हुआ हमला कई मायनों में चौंकाने वाला हुआ। यह हमला लोगों के लिए खासा चौंकाने वाला था। इस हमले में एक पिस्तौल का इस्तेमाल हुआ था। सुपारी हत्यारे देवेन्द्र जगताप उर्फ़ जेडी ने यह असफल हमला किया था। अबू के हाथ में गोली लगी थी। उसकी जान बच गयी। उसे अस्पताल भेजा गया और वह कुछ समय में ठीक हो गया। अबू ने इस हमले के बाद पुर्तगाल के सुप्रीम कोर्ट में याचिका लगाई कि उसकी जान भारत में ख़तरे में है, अतः उसे वापस बुलाया जाये। इस मामले में सुनवाई जारी है और अबू जेल में ही सड़ रहा है।

## सालेम की शादी

8 जनवरी 2014 को अबू सालेम से मुंब्रा निवासी 27 साल की युवती सैयद बहार सामी उर्फ़ हिना ने चलती रेल में निकाह कर लिया। यह हुआ भी तो पुलिस की सुरक्षा में मुंबई से लखनऊ जाने के दौरान। एक मौलवी साहब ने सेलफ़ोन पर ही निकाह पढ़ दिया। जब इस पर एक अख़बार में ख़बर छपी तो हंगामा हो गया। पुलिस की मुस्तैदी पर एक बार फिर सवालिया निशान लगे। हिना ने मुंबई की टाडा अदालत में याचिका दायर कर दी कि सालेम से उसकी शादी की ख़बर से समाज में उसकी इज़्ज़त ख़राब हुई है। लिहाज़ा उसे सालेम से निकाह करने की इज़ाजत दी जाये। सालेम ने भी अदालत में इसे स्वीकार कर लिया। फिर क्या था, शादी हो गयी। जब मियाँ-बीवी राजी, तो क्या करेगा काजी? सवाल यह था कि यह शादी क्यों हुई है? नाम न छापने की शर्त पर जवाब एक पुलिस अधिकारी देते हैं। उनका कहना है कि अबू सालेम को कोई ऐसा मोहरा चाहिए था, जो कि उसकी दुनिया भर में फैली तमाम सम्पत्ति और कारोबार सँभाल सके। यह काम उसकी ब्याहता पत्नी करती है, जिसके ख़िलाफ़ कोई पुलिस केस न हो, तो इससे अच्छा कुछ हो ही नहीं सकता है।

## नशा तस्करी के युग का अन्त

14 अगस्त 2014 को देश के सबसे बड़े नॉन-रेसिडेंट नशा तस्कर इक़बाल मिर्ची की दिल का दौरा पड़ने से मौत हो गयी। इक़बाल मिर्ची को भले ही समाचार जगत में दाऊद का सिपहसालार बताया जाता था। भले ही उसे विश्व के एक बड़े नशा तस्कर के रूप में रेखांकित किया जाता था। भले ही उसे मुंबई पुलिस ने लन्दन में एक बार गिरफ़्तार करने में सफलता हासिल कर ली थी। सच तो यह है कि उसके ख़िलाफ़ नशा तस्करी का कोई मामला पुलिस साबित नहीं कर सकी है। इक़बाल की मौत जब हुई तो समाचार जगत ने ख़ूब सियापा किया कि अब तो दाऊद की नशा तस्करी कमान सँभालने वाला कोई बचा ही नहीं। सच तो यह है कि इक़बाल मिर्ची जो भी कामकाज कर रहा था, वह अपने बूते था। उसमें किसी और व्यक्ति या संगठन का कोई हाथ नहीं था। मुंबई में उसकी दर्जनों सम्पत्तियाँ पड़ी हैं। कभी किसी एजेंसी ने इन सम्पत्तियों को कुर्क करने की कोशिश नहीं की।

## गोवा में गिरफ़्तार गरिकापट्टी

14 फ़रवरी 2015 को किशोर गरिकापट्टी का अचानक गोवा से गिरफ़्तार होना, एक भूचाल आने सी ख़बर थी। माफिया जगत का हर बन्दा चौंक गया। किशोर को गिरफ़्तार करने का जो कारण पुलिस ने बताया था, वह बहुतों के गले से नीचे नहीं उतरा। गोवा में पिछले 10 सालों से छुप कर दिन गुजार रहा ख़तरनाक शार्प शूटर सुभाष सिंह ठाकुर का दिमाग़ कहलाने वाला श्याम किशोर गरिकापट्टी आज अचानक गोवा पुलिस के हत्थे चढ़ गया। श्याम किशोर को गोवा पुलिस ने अगले दिन मीडिया और प्रेस से रूबरू करवाया। उसका उर्फ़ नाम ब्लैक स्कोर्पियो बताया। श्याम को जेजे हत्याकांड में 7 साल की सज़ा हुई थी। पुलिस अधिकारियों का दावा है कि कभी डी-कम्पनी के लिए काम करने वाले सुभाष सिंह ठाकुर के साथी श्याम के ख़िलाफ मुंबई में डेढ़ दर्जन मामले चल रहे हैं। उसे 1993 बमकांड में भी सज़ा सुनाई जा चुकी है।

पुणे के मूल निवासी श्याम को गोवा पुलिस ने पणजी से 10 किमी दूर स्थित सालीगाँव के गोपनीय ठिकाने से रात को गिरफ़्तार किया था। गोवा के तत्कालीन एसपी कार्तिक कश्यप ने बताया कि श्याम यहाँ 8 सालों से पहचान छुपा कर रहता था। 1993 बमकांड में सज़ा होने के बाद वह जेल में था। सन् 2003 में वह कल्याण के हत्याकांड के सिलसिले में जमानत पाकर ग़ायब हो गया। पुलिस ने जब श्याम को पकड़ा तो उससे एक पिस्तौल और फ़र्ज़ी परिचय-पत्र भी मिले। श्याम की उम्र 50 साल हो चली है। इसके चलते उसकी सुरक्षा में पुलिस को खासी मुसीबत होगी।

## एक हत्या : गिरोह दो

11 सितम्बर 2015 की शाम लगभग 4:10 मिनट पर एक ख़बर आती है कि लगभग 10 मिनट पहले उल्हासनगर के केबल ऑपरेटर सचदानन्द कारिया को करीब से गोली मारने की दिल दहलाने वाली वारदात हुई है। बेख़ौफ़ सुपारी हत्यारों ने यह तक न देखा कि वहाँ सीसीटीवी लगा है और सचदानन्द को उसके ही दफ़्तर में घुस कर सबके बीच गोली मार दी। पूरी वारदात दफ़्तर के सीसीटीवी कैमरे में दर्ज़ हो गयी। पहले तो यही ख़बर आयी कि हफ्तावसूली का यह मामला अनूठा है क्योंकि रवि पुजारी गिरोह किसी की हत्या नहीं करता। वो हफ्तावसूली के लिए सरेआम हत्या न कर दरवाज़ों या कारों पर गोलियाँ चलाने या अधिकतम शिकार

को घायल करने की कोशिश करते हैं। इसका फायदा यह होता है कि शिकार ज़िन्दा भी रहता है, वो डर कर गुंडों को हफ्ता चुका भी देता है।

सीसीटीवी में दर्ज़ दृश्य में साफ़ दिखता है कि दो लोग सचदानन्द के दफ़्तर में घुसते हैं। उनमें से एक ने पतलून में खोंसा पिस्तौल निकाला तो सचदानन्द बचने की कोशिश करता है। हमलावर की पिस्तौल पकड़ने की कोशिश करता है। हमलावर उसे वापस कुर्सी पर धक्का देता है। उसके बाद हमलावर कुर्सी पर बैठे सचदानन्द पर गोली चलाता है। गोली उसके पेट में लगती है। वह कुर्सी पर गिरता है। हमलावर और गोलियाँ दागता है लेकिन निशाना चूकता है। उसके बाद हमलावर आराम से चले जाते हैं। घायल सचदानन्द दफ़्तर के बाहर निकलता है, जिसे कुछ कर्मचारी अस्पताल ले जाते हैं, जहाँ उसकी मौत हो जाती है।

इसके बाद मीडिया और प्रेस में यह ख़बर छा जाती है कि सरगना रवि पुजारी ने यह हत्या करवाई है। इसके कुछ ही देर बाद अचानक सुरेश पुजारी का फ़ोन स्थानीय अख़बारों और समाचार चैनलों के पत्रकारों को आता है। वह दावा करता है कि यह हत्या उसने करवाई है, न कि रवि पुजारी ने। सुरेश पुजारी उर्फ़ एसपी ने दावा किया कि सचदानन्द से उसने पाँच करोड़ रुपये हफ्ता माँगा था, जो देने में आनाकानी करने के कारण हत्या की है। उसने कहा कि जो उसकी बात नहीं मानेगा, उसका यही अंजाम करेगा।

इसी माह से स्वतन्त्र रूप से काम करने लगे एसपी ने हमले के एक हफ्ता पहले ही फ़ोन कर सचदानन्द से 5 करोड़ रुपये माँगे थे। सचदानन्द ने पुलिस को धमकी की लिखित शिकायत की थी। सचदानन्द के परिवार का आरोप है कि पुलिस ने शिकायत पर ध्यान नहीं दिया, जिससे यह हत्या हुई।

इस बीच यह जानकारी मुख़बिरों से मिली कि इस मामले में जिस सुरेश पुजारी को रवि पुजारी का भाई बताया जा रहा है, वह पूरी तरह निराधार ख़बर है। असल ख़बर यह है कि प्रसाद पुजारी उर्फ़ पीपी के साथ मिल कर नया गिरोह बना कर मुंबई में आतंक फैलाने और कमाई करने के चक्कर में सुरेश पुजारी उर्फ़ एसपी ने यह हत्या की है। जब पीपी को खोज निकाला और उससे फ़ोन पर चर्चा की तो उसने साफ़ तौर पर कहा कि सचदानन्द की हत्या सिर्फ़ हफ्ते के ही चक्कर में नहीं हुई है। वह असल में बतौर बिल्डर भी काम कर रहा था। वह नाना कम्पनी की काली कमाई इमारतें तामीर करवाने में कर रहा

था। हमें जब यह पता चला तो उससे एक निर्माणाधीन इमारत की कमाई का 5 फीसदी हिस्सा माँगा। उसने इनकार किया तो बता दिया कि छोटा राजन या कोई भी उसे बचा नहीं पाएगा। उसे ही नहीं, किसी को भी छोटा राजन बचाने की स्थिति में नहीं है।

इधर पुलिस अधिकारियों ने एक के बाद एक तीन जगहों पर छापामारी की और महज 15 दिनों में ही इस नयी पीपी-2 कम्पनी के 8 सदस्यों को गिरफ़्तार कर लिया। इस तरह पहले ही हत्याकांड के 8 आरोपियों की गिरफ़्तारी के साथ ही पीपी-2 कम्पनी का पूरा मोड्यूल ही ख़त्म हो गया। पीपी कम्पनी का सरगना प्रसाद पुजारी फ़ोन पर कहता है, 'एक मोड्यूल ख़त्म होने से पूरी कम्पनी ख़त्म नहीं हो गयी है। हमें न तो छोटा राजन से अब कोई हमदर्दी है, न हमें डी-कम्पनी से कोई लेना-देना है। हम यहाँ पैसे कमाने नहीं आये हैं। हम मुंबई की सफाई करने आये हैं।'

लीजिए, एक और 'जय हिन्द' वाला गिरोह सरगना आ गया।

## राजन की वापसी का राज

26 अक्तूबर 2015 को छोटा राजन की बाली में गिरफ़्तारी के बाद भारत वापसी के पीछे असलियत क्या है, यह भी आज तक रहस्यों के कोहरे में लिपटा हुआ है। कुछ लोगों ने इस गिरफ़्तारी का श्रेय पूर्व आईबी निदेशक और वर्तमान राष्ट्रीय सुरक्षा सलाहकार अजीत डोवाल को दिया। उनके मुताबिक यह बेहद शानदार खुफिया अभियान था। इसके लिए लोगों ने तो देश की खुफिया एजेंसियों को बधाइयाँ तक दीं। कहा गया कि छोटा राजन के ऑस्ट्रेलिया में होने की सूचना शकील तक पहुँचने की फर्ज़ी कहानी खुफिया तन्त्र ने गढ़ी थी। शकील के हत्यारे दस्ते ने उसके घर के आसपास तक पहुँचने की सूचना पहुँचा दी। डरा हुआ राजन इस खुफिया झाँसे में आ गया। इसके बाद उनके बीच थोड़ा-सा मोलभाव हुआ। अब तो राजन ख़ुद ही इंडोनेशिया के द्वीपीय शहर बाली जा पहुँचा। वहाँ उसकी गिरफ़्तारी का नाटक रचा गया। कुछ लोगों ने यह भी शक जताया कि राजन की भारत वापसी के पीछे गोपनीय व छुपा राजनीतिक एजेंडा है।

इन सबसे अलग गिरोहों का काला संसार कुछ और ही कहता है। यह जानकारी निकल कर आयी है कि बाली और विमल उर्फ़ विक्की नामक दो सगे भाइयों ने राजन के ख़िलाफ सन् 2015 की यह सबसे बड़ी और ख़तरनाक लेकिन असफल मुख़बिरी की है। बाली और विक्की पहले राजन के लिए ही काम करते

थे। वे दोनों नाना कम्पनी का फाइनेंस सँभालते थे। वे सिन्धी समुदाय से हैं। विद्याविहार के सौमैया कॉलेज के पास स्थित पेस्टनजी चॉल में रहते थे। यह जगह राजन के ठिकाने तिलक नगर जाने के रास्ते पर ही पड़ती है।

एक बात और पता चली है कि विक्की ने आयरलैंड में भी राजन के साथ काफ़ी वक़्त बिताया था। इनके बारे में एक और जानकारी है कि सन्तोष शेट्टी का दिमाग़ कहे जाने वाले विजय शेट्टी उर्फ़ बाला शेट्टी उर्फ़ विजू के भी सम्पर्क में ये दोनों हैं। दाऊद के खास सिपहसालार और सट्टा कमान के प्रभारी शरद शेट्टी की दुबई में हुई हत्या के लिए हथियार, धन, यात्रा और साजो-सामान की व्यवस्था की थी।

कुछ समय पहले किसी कारण से उनका राजन से अलगाव हो गया था। इसका फायदा शकील ने उठाया। उसने राजन का ठिकाना जानने के लिए बाली और विक्की को साथ लिया। इन दोनों ने राजन के साथ रहने वाले और उसका सारा निजी कामकाज सँभालने वाले मिताई को फोड़ा। उससे तमाम जानकारियाँ हासिल कीं। इस सूचना के आधार पर शकील ने एक हत्यारा दस्ता ऑस्ट्रेलिया रवाना किया।

किसी तरह यह जानकारी राजन तक पहुँच गयी कि शकील की ओर से कुछ ख़तरनाक हलचल शुरू हो गयी है। उसने भारतीय खुफिया एजेंसियों में अपने सम्पर्कों को फ़ोन खड़काया। उनके लिए यह सुनहरा मौक़ा था। तुरन्त यह मौक़ा उन्होंने लपक लिया। राजन को बाली आने के लिए तैयार किया। राजन के इस सफ़र की सूचना भी शकील को मिल गयी। उसने बाली हवाई अड्डे पर भी राजन को ठिकाने लगाने के लिए एक हत्या दस्ता तैनात किया। वे सफल हो जाते अगर राजन बिना पुलिस सुरक्षा में बाहर आता। राजन को तुरन्त खुफिया तरीके से सुरक्षित बाहर निकाल ले गये। शकील का दस्ता वहाँ मुँह टापता रह गया।

पता चला है कि बाली और विक्की मुंबई से ग़ायब हो गये हैं। विक्की का अन्तिम ठिकाना दुबई था। यह तय है कि राजन अब इन दोनों को भी छोड़ेगा नहीं क्योंकि दोनों के पासपोर्ट की तमाम सूचनाएँ भी उसके पास हैं। इनके आधार पर वह दोनों का पता-ठिकाना निकाल कर उन्हें सबक सिखाने में कोई कसर नहीं छोड़ेगा।

## अश्विन की गिरफ़्तारी

जनवरी 2016 में अश्विन नाईक की 50 लाख रुपये की हफ्तावसूली में गिरफ़्तारी ने फिर एक बार मुंबई में भूचाल खड़ा कर दिया। लगा कि पुलिस ने फिर सरगनाओं के ख़िलाफ़ कमर कस ली है। एक बिल्डर से यह रकम माँगी जा रही थी। पुलिस के पास शिकायत पहुँची। अधिकारियों ने बिल्डर से कहा कि वह रकम देने के लिए तैयार हो जाएँ जब रकम दी जा रही थी, उसी समय अश्विन को रंगे हाथों गिरफ़्तार कर लिया। इसके ठीक उलट अश्विन के वकीलों ने दावा किया कि बिल्डर के साथ भागीदारी में हुए सौदों की रकम लेने गये थे। पुलिस ने इस मामले को अलग ही रंग दिया है।

## दाऊद की गिरफ़्तारी सम्भव है?

पिछले दिनों एक बड़ी ही ज़ोरदार बहस...या कहें कि एक किस्म का ऑनलाइन, टीवी समाचार माध्यमों तथा अख़बारों के जरिए दाऊद को गिरफ़्तार कर देश वापस लाने का अभियान सा ही शुरू हो गया। इस बारे में सवाल दर सवाल खड़े हो रहे हैं। इस सवाल का एक ही जवाब है कि ऐसा होना अब तो असम्भव है।

इसके कई कारण हैं। पहला तो यही कि पाकिस्तानी हुक्मरान नहीं चाहेंगे कि वे विश्व बिरादरी में नकटे दिखें। यदि दाऊद या उसके परिवार का कोई सदस्य पाकिस्तान से भारत जीवित भेजा जाता है तो हिन्दुस्तान का पक्ष मजबूत होगा। पिछले कुछ समय से इस देश ने पाक को आतंकी देश घोषित करने के लिए जो मुहिम चला रखी है, वह रंग लाएगी। पाकिस्तान के तमाम राज फाश हो जाएँगे। उसकी वे तमाम जानकारियाँ बाहर आने लगेंगी, जिन्हें अब तक उसने बड़े जतन से छुपा कर रखा था।

दूसरा कारण यह है कि पाक खुफिया एजेंसी आईएसआई के अधिकारी दाऊद की गिरफ़्तारी और भारत आने का सपना कभी पूरा नहीं होने देंगे। ऐसा हुआ तो आईएसआई अधिकारियों के तमाम राज तथा ख़तरनाक मंसूबों की जानकारी खुल कर सबके सामने आ जाएगी। इसके पहले कि ऐसा कुछ हो, वे कोई भी बड़ा और घातक क़दम उठा सकते हैं।

तीसरा कारण यह है कि पाक सेना की खुफिया इकाई के लिए भी दाऊद की गिरफ़्तारी बड़ा सदमा साबित होगी। पाक सेना द्वारा भारत के ख़िलाफ़ चलाए

जा रहे छाया युद्ध के तमाम राज खुल कर सामने आने के डर से वे भी ऐसा कदम उठाएँगे, जो कोई सोच भी नहीं सकता है। दाऊद तक किसी के पहुँचने के पहले ही आईएसआई और पीएमआई उनके कुनबे व सिपहसालारों-प्यादों समेत उसका ख़ात्मा कर सकते हैं।

चौथा और बड़ा कारण यह है कि अब दाऊद, उसका परिवार या गिरोह का कोई भी सदस्य भारत के किसी भी आश्वासन पर कतई भरोसा नहीं करेगा। याकूब मेमन को भारत आने और मौत की सज़ा से छूट देने के वादे का टूटना डी-कम्पनी के लिए सब कुछ ख़त्म होने जैसा है। कराची से नेपाल होकर जब याकूब और उसका परिवार भारत पहुँचा था तो भारतीय खुफिया एजेंसियों ने यह वादा किया था। यही कारण है कि याकूब अपने साथ काफ़ी सबूत भी पाकिस्तान और दाऊद गिरोह के 93 बमकांड में शामिल होने सम्बन्धी लाया था। याकूब को फाँसी देना भारत की बड़ी कूटनीतिक और राजनीतिक भूल साबित हुई है।

दाऊद को भारतीय एजेंसियों या उसके दुश्मनों से बचाने के लिए कराची में उसके बंगले के बदले में एक बड़ी इमारत के कई फ्लैटों में से किसी एक में रहने की व्यवस्था की जाती है। पाक खुफिया एजेंसियों के अधिकारियों को डर है कि ओसामा बिन लादेन सरीखा घातक हमला दाऊद पर करने की कोशिश भारतीय खुफिया एजेंसियाँ कर सकती हैं या विरोधी गिरोहों के जरिए ऐसा दुस्साहस भरा कोई अभियान किया जा सकता है। ऐसी स्थिति में उसके एक विशाल अज्ञात इमारत के किसी फ्लैट में रहने पर स्थानीय सामान्य नागरिकों की हत्याएँ होने का डर बना रहेगा, जिसके चलते भारत या अमरीका भी ऐसा अभियान चलाने से बचेगा।

## कौन होगा डी-कम्पनी का अगला वारिस

ये संकेत अब साफ मिलने लगे हैं कि डी-कम्पनी का अगला वारिस छोटा शकील होगा। इसका सबसे प्रबल कारण यही है कि गिरोह में शकील को चुनौती देने वाली दूसरी कोई शख़्सियत दूर-दूर तक दिखाई नहीं देती है। यह भी कहा जाता है कि दाऊद का एक भी भाई इस योग्य नहीं है जो गिरोह की कमान सँभाल सके। सबसे बड़ी बात यह कि दाऊद ने अपने बेटे मोईन को खूंरेजी की इस दुनिया से बाहर ही रखा है। मोईन क़ुरान हाफिज है। वह पूरी तरह कारोबार

पर ध्यान देता है। शकील ही पूरे गिरोह की कमान सँभाल रहा है। उसके बाहर जाना गिरोह के किसी सिपहसालार या सदस्य के लिए सम्भव नहीं है। शकील को पाक खुफिया एजेंसियों का भी पूरा सहयोग मिल रहा है।

## गिरोह मुंबई के

जो नये गिरोहबाज इन दिनों मुंबई के काले संसार में रक्त की नयी धारा बहाने और पाँव जमाने की कवायद कर रहे हैं, उनके नाम और काम की फेहरिस्त कुछ बड़ी तो नहीं है, न ही उनके कारनामों की। वे बेहद छोटी-छोटी कारगुजारियों से धमक पैदा करने की कोशिश कर रहे हैं, जिससे लगता तो नहीं कि विनाशक और विध्वंसक गतिविधियों का वही दौर फिर लौट सकेगा। कुछ ऐसे ही बन्दों की जानकारियाँ आम हो रही हैं।

मुंबई में गिरोहों की वर्तमान स्थिति पर एक नज़र डालें। कौन-सा गिरोह किस स्थिति में है और क्या कर रहा है। उनका कार्यक्षेत्र क्या है और वे किस-किस कारोबार में लगे हैं। पुरानों और नयों के बीच इनके वर्तमान कामकाज और हालात की समीक्षा करते चलते हैं।

## डी-कम्पनी : सरगना–दाऊद इब्राहिम कासकर

डी-कम्पनी संगठित अपराधी गिरोहों में पहले नम्बर पर है। अब तक मुंबई में इसी गिरोह को सबसे तगड़ा और बड़ा माना जाता है। गिरोह की सदस्य संख्या काफ़ी अच्छी है लेकिन उसके सबसे बेहतर और मँजे हुए सिपहसालारों के गिरोह से अलग हो जाने के कारण गिरोह को काफ़ी तगड़ा झटका भी लगा है। जो विश्वस्त सिपहसालार पिछले कुछ समय में डी-कम्पनी से अलग हुए हैं, वे छोटा राजन, अबू सालेम, सुभाष सिंह ठाकुर और एजाज पठान हैं।

बमकांड के बाद राजन अलग हुआ क्योंकि गिरोह में उसका क़द बड़ा हो रहा था जो कि दाऊद को कतई पसन्द न था। उसे मरवाने की कोशिशें हुईं तो वह गिरोह छोड़ गया। राजन को लगा कि अब दाऊद हिन्दू विरोधी हो गया है। यह भी एक कारण था उसके गिरोह छोड़ने का। कैसेट किंग गुलशन कुमार दुआ की हत्या के बाद अबू सालेम पर भी दाऊद का दबाव बढ़ा तो वह भी गिरोह छोड़ कर निकल भागा। सुभाष सिंह ठाकुर तो काफ़ी पहले ही गिरोह से अलग हो गया था। उसे दाऊद के इशारे पर नेपाल में मारने की तीन कोशिशें की गयी थीं जिसको उसने अपनी चालाकी से खारिज कर दिया था।

कारोबार कराची से संचालित होता है। उसके साथ टाइगर मेमन, छोटा शकील, आफताब बटकी, फहीम मचमच जैसे सिपहसालारों के उप-गिरोह शामिल हैं। गिरोह मुख्य रूप से नशा और हथियारों की विश्व स्तर पर ख़रीद-फरोख़्त व तस्करी कर रहा है। क्रिकेट सट्टे पर नियन्त्रण रखता है।

## नाना कम्पनी : सरगना–राजन सदाशिव निखालजे उर्फ़ छोटा राजन

कुछ लोग इसे सीआर कम्पनी भी कहते हैं। नाना कम्पनी फिलहाल उत्तर-पूर्वी उपनगरों के घाटकोपर, चेंबूर, विकरोली, मुलुंड जैसे पुराने इलाकों पर नियन्त्रण रखे है। दूसरे नम्बर पर नाना कम्पनी ही है जो दाऊद गिरोह द्वारा बैंकॉक में सरगना छोटा राजन पर हुए जानलेवा हमले के बाद अस्तित्व बनाये रखने की लड़ाई लड़ रही है। फिलहाल यह गिरोह काफ़ी परेशानियाँ झेल रहा है।

बैंकाक में हुए हमले के बाद छोटा राजन उर्फ़ नाना किसी पर भरोसा नहीं कर रहा था। सच तो यह है कि वह किसी भी सिपहसालार से सीधे सम्पर्क में नहीं रहा। गिरोह से गुरु साटम, एजाज लकड़ावाला, बंटी पांडे जैसे सिपहसालार अलग हो गये, जिससे वह एकाकी रह गया। उसका साथ एकमात्र विक्की मल्होत्रा ही दे रहा था। यह भी पता चला कि सारे मामलों में बरी होने के बाद विक्की भारत से बाहर निकल गया। वह चूँकि सन् 2014 से दुबई जाकर रहने लगा और वहीं से कामकाज करने लगा, इसके चलते छोटा राजन को उस पर भी शक होने लगा कि वह छोटा शकील या दाऊद के सम्पर्क में आ चुका है। विक्की भी उसके लिए ख़तरा बन चुका है। लिहाजा राजन ने विक्की से भी दूरी बना ली।

अपराध जगत सूत्रों का कहना था कि नाना किसी यूरोपीय देश में छुपा हुआ था। कभी ख़बर आती कि वह ऑस्ट्रेलिया में है, तो कभी पता चलता कि वह स्विट्जरलैंड में डेरा जमाये है। वह अपने लोगों से ख़ुद ही फ़ोन लगा कर बात करता था। उसके नम्बरों की जानकारी किसी के पास नहीं थी।

रोहित वर्मा की बैंकॉक हमले में मौत के बाद उसको सबसे बड़ा झटका तब लगा जब उसकी हमलावर बांह की हैसियत रखने वाले गुरु साटम ने गिरोह से किनारा कर लिया। अब गुरु अपना गिरोह बना चुका है और पूर्वी एशियाई देशों में रहते हुए अपने गिरोह का संचालन कर रहा है।

नाना के एक और विश्वस्त सिपहसालार ओमप्रकाश सिंह उर्फ़ ओपी की दिल्ली में गिरफ्तारी के कारण गिरोह में भय पसर गया था। अवधूत बोंडे जैसे

सिपहसालार के पुलिस मुठभेड़ में मारे जाने से भी गिरोह की काफ़ी क्षति हुई है। एक बागी सिपहसालार ओपी सिंह को राजन ने ख़ास सुपारी हत्यारे डीके राव से जेल में मरवा दिया। सन् 2015 के अन्त में गिरफ्तार हुआ बाली में और भारत आ पहुँचा।

## राजन हुआ गिरफ़्तार

लीजिए, राजन भी गिरफ़्तार हो गया। उसकी गिरफ़्तारी ऑस्ट्रेलिया के शहर सिडनी से इंडोनेशिया के द्वीपीय शहर बाली के हवाई अड्डे पर 25 अक्तूबर 2015 को पहुँचते ही हुई। सारे देश में हंगामा हो गया। एजाज पठान के बाद विदेश में पकड़ा जाने वाला वह सबसे बड़ा भारतीय गिरोह सरगना है।

25 अक्तूबर 2015 को ख़बर तो यही आयी कि सीबीआई के अभियान की वजह से राजन की बाली हवाई अड्डे पर गिरफ़्तारी हुई थी। इस ख़बर की पुष्टि भारतीय गृह मन्त्रालय ने की। गृह मन्त्री राजनाथ सिंह ने भी इस ख़बर की पुष्टि एक प्रेस कॉन्फ्रेंस में कर दी। दावा हुआ कि ऑस्ट्रेलिया पुलिस ने राजन के बाली जाने की ख़बर इंडोनेशिया पुलिस को दी। इसके बाद राजन गिरफ़्तार हो पाया। दिल्ली पुलिस ने भी दावा कर दिया कि राजन की गिरफ़्तारी में उसका भी हाथ है। 55 साल के राजन पर मुंबई में 75 मामले दर्ज़ हैं। वह 27 सालों से फरार था, और 1995 में अदालत द्वारा भगोड़ा घोषित हो चुका है। बाली पुलिस के प्रवक्ता हैरी वियांतो ने ख़बर की पुष्टि के दौरान बताया कि राजेन्द्र सदाशिव निकालजे उर्फ़ छोटा राजन को सिडनी से बाली पहुँचने पर गिरफ़्तार किया। सीबीआई निदेशक अनिल सिन्हा ने भी पुष्टि करते हुए यही कहा कि कैनबेरा पुलिस ने बाली पुलिस को राजन सम्बन्धी सूचना दी थी। बाली पुलिस का कहना है कि राजन के ख़िलाफ़ भारत में हत्या के 15 से 20 मामले दर्ज़ होने की सूचना है। राजन कई बिल्डरों और दाऊद गिरोह के गुंडों की हत्या के मामलों में आरोपी है, अंग्रेज़ी अख़बार मिड डे के पत्रकार जे डे की हत्या में भी संदिग्ध आरोपी है।

इस बीच सीबीआई और मुंबई पुलिस का एक विशेष दल बाली पहुँचा। राजन की शिनाख़्त की। उसे एक विशेष विमान से लेकर यह दल पूरे सुरक्षा तामझाम में दिल्ली पहुँचा। इसके पहले राजन ने बाली में दो बड़े ही चौंकाने वाले बयान दिये। पहला यह कि मुंबई पुलिस के कुछ अधिकारी दाऊद के लिए

काम करते हैं, जिनसे उसे जान का ख़तरा है। उसे मुंबई न भेजा जाये। दूसरी माँग उसने यह रख दी कि उसके तमाम मामले दिल्ली की अदालत में एक ही जगह पर चलाए जाएँ। सीबीआई ने अचानक केन्द्र सरकार के कहने पर और महाराष्ट्र सरकार के सौंपने पर कुल 15 मामलों में राजन को प्रत्यर्पित करवाया।

मुंबई के तमाम वरिष्ठ पुलिस अधिकारियों का इसके कारण मुँह लटक गया कि राजन के सभी मामले सीबीआई को सौंप दिये हैं। भाजपा सरकार की नीतियों और अधिकारियों पर कसी नकेल के चलते, सुपर कॉप की श्रेणी वाले आईपीएस राकेश मारिया को बेइज्जत कर तबादला करने की कार्रवाई देखने के बाद किसी वर्तमान वरिष्ठ अधिकारी ने तो मुँह नहीं खोला, लेकिन सेवानिवृत्त पुलिस अधिकारियों ने केन्द्र व राज्य सरकार के इस कदम की कड़ी आलोचना की।

## कैसे हुआ राजन गिरफ़्तार

राजन की गिरफ़्तारी के पीछे कई कहानियाँ सामने आयीं। इनमें कुछ ऐसी हैं, जो किसी के गले सीधे तौर पर नहीं उतरती हैं। कुछ ऐसी हैं, जो बिल्कुल सही हैं।

पहली यह कि दाऊद और शकील के आगामी हमले के डर की वजह से राजन ने ख़ुद ही यह गिरफ़्तारी करवाई है।

दूसरी यह कि राष्ट्रीय सुरक्षा सलाहकार और पूर्व आईबी मुखिया अजीत डोवाल की योजना का यह गिरफ़्तारी भी एक हिस्सा है।

तीसरी यह कि मोहन कुमार नाम से पासपोर्ट लेना राजन को महँगा पड़ गया। इस नाम का रेड कॉर्नर नोटिस होने के कारण वह बाली में फँस गया।

चौथी यह कि सिडनी पुलिस को कुछ अर्सा पहले यह पता चल गया था मोहन कुमार के नाम से पासपोर्ट रखने वाला व्यक्ति असल में छोटा राजन नामक 'मुंबई का भाई' है, लेकिन उन्होंने सिडनी में उसे गिरफ़्तार करवाने के बदले उसके देश से बाहर निकलने तक इन्तज़ार किया। जब वह बाली के लिए रवाना हुआ तो इंडोनेशिया पुलिस को सूचना दे दी।

पाँचवाँ यह कि राजन के सिडनी में होने की जानकारी उसके ही खानसामे और एक विश्वसनीय व्यक्ति के जरिए शकील को मिल गयी थी। दो माह पहले से ही उसकी सिडनी में हत्या करने की योजना डी-कम्पनी ने बनानी शुरू कर दी थी। इसकी भनक छोटा राजन को मिल गयी थी कि उसका कोई खास व्यक्ति डी-कम्पनी ने फोड़ लिया है।

छठी यह कि जब राजन बाली हवाई अड्डे पर आव्रजन की पंक्ति में अपनी बारी का इन्तज़ार कर रहा था, तो उससे एक चूक हुई। उसने वहाँ पर मोहन कुमार के बदले हड़बड़ी में अपना असली नाम बता दिया, और वह पकड़ा गया।

सातवीं यह कि राजन के ही किसी खासमखास सिपहसालार या प्यादे की मुख़बिरी के चलते राजन की गिरफ़्तारी हुई है। उसने राजन के नकली पासपोर्ट की जानकारी सिडनी पुलिस को दी थी, जिसके बाद उसकी निगरानी शुरू हुई, अंजाम गिरफ़्तारी तक पहुँचा।

## क्या है सच

सच तो यह है कि डी-कम्पनी के हमले से राजन खासा भयभीत था, यह किसी से छुपा नहीं है। उसके बारे में सूचना शकील तक पहुँची थी, यह भी सच है। उसके एक प्यादे को 20 करोड़ रुपये में शकील ने तोड़ा था। उससे ही सिडनी का न केवल घर का पता बल्कि पासपोर्ट की पूरी जानकारी भी मिल गयी थी। इस बीच भारतीय खुफिया एजेंसियों ने उसे समझाया कि वह भारत लौट आये। देश विरोधी ताक़तों के ख़िलाफ़ वह साथ दे, बदले में उसे पूरी सुरक्षा दी जाएगी। उसके ख़िलाफ़ किसी मामले में पुख्ता सबूत मिलने से रहे। वह बरी हो जाएगा, जिसके साथ ही दुनिया के किसी भी देश में जाकर रहने के लिए आज़ाद हो जाएगा। तब तक उसे सीबीआई की निगरानी और अर्धसैनिक बलों की कठोर सुरक्षा में दिल्ली में ही रखा जाएगा। गिरते स्वास्थ्य और दिन-रात की परेशानी से बचने व इतने अच्छे प्रस्ताव को नज़रअन्दाज़ कर पाना राजन के लिए मुश्किल हो गया था। फिर क्या था, राजन की 'घर वापसी' 8 नवम्बर 2015 की देर रात हो गयी।

## एबी कम्पनी : सरगना–अरुण गुलाब राव गवली

गवली गिरोह काफ़ी हद तक सिमट चुका है लेकिन जान बाकी है। राजनीतिक तौर पर स्थापित होने की ज़द्दोजहद में लगा गवली काफ़ी कुछ गँवा चुका है। परेल से भायखला तक अधिकार रखने वाले गिरोहबाज के पास पूरा मिल क्षेत्र है। इस पर क़ब्जे हेतु 70 व 80 के दशकों में ख़ासा रक्तपात मुंबई में हुआ था। गिरोह के कई गुंडे आज तक फरार हैं। यह गिरोह सरगना दो साल का वनवास काटने के बाद मुख्यालय दगड़ी चाल में सन 2001 में आ पहुँचा।

अपने चाहने वालों और गिरोह के सदस्यों के बीच 'डैडी' नाम से पुकारे जाने वाला, खंडित छवि लेकर आया, यह गिरोह सरगना इन दिनों शक्ति जुटाने में लगा रहा। अपने शानदार अपराधी अतीत के भग्नावशेषों पर वह फिर अपराध का सुदृढ़ क़िला खड़ा करने की कोशिश करने लगा। उसके पास कोई बड़ा सिपहसालार बचा न था। सदा पावले जैसे लगभग सभी बड़े गुंडों और सिपहसालारों को एक ज़िद्दी राजनीतिक की सनक के चलते मुंबई पुलिस ने खोज-खोज कर छुपने के अड्डों से निकाला और गोलियाँ मार-मार कर मौत की नींद सुलाते चले गये।

गवली को कई ऐसे मामलों में पुलिस ने आरोपी बनाया, जिसमें उसका हाथ था ही नहीं, उसे आसानी से जमानत मिलती रही और वह बड़े मज़े में सभी मामलों में बरी होता रहा। एक राजनीतिक दल अखिल भारतीय सेना (एबीएस), जिसे लोग मज़ाक़ में 'अरुण भाई सेना' भी कहते हैं, का मुखिया बन बैठे इस गिरोह सरगना के सामने परेशानी ये है कि उसके पास पैसे कम हो चुके हैं, गिरोह का दबदबा भी; और आदमी भी ख़त्म हो चुके हैं।

यह बात और है कि गवली की पुणे में भी अच्छी पकड़ है। विगत तीन दशकों से दगड़ी चाल को अभेद्य क़िले के रूप में प्रचारित करने वाले गवली को तब सबसे बड़ा झटका लगा था, जब अपराध शाखा अधिकारियों ने ठीक गवली की ख्वाबगाह में घुस कर तीन गुंडों को गोली मार दी। सदा पावले जैसे जबर सेनापति की मुठभेड़ में मौत के बाद गिरोह लकवाग्रस्त स्थिति में जा पहुँचा। आज भी कमोबेश यही हाल है।

विधायक होने के बावजूद काफ़ी समय से जामशांडेकर हत्याकांड में सज़ा होने पर जेल की सलाखों के पीछे वक्त काट रहा है। उसके राजनीतिक दल एबीएस का संचालन अब पत्नी आसा गवली और बेटी गीता गवली कर रही हैं। यह गिरोह फिलहाल महाराष्ट्र की सीमा में ही कार्यरत है।

## एएन कम्पनी : सरगना–अश्विन नाईक

भाई अमर की मुठभेड़ में मौत के बाद गिरोह की कमान हाथ में लेने वाले, लेकिन उससे भी पहले गोलियों से छलनी होकर कोमा में पड़े रहे, और अब ठीक होकर व्हील चेयर पर बैठे-बैठे फरार होने का दुस्साहसी कारनामा कर गुजरे गिरोह सरगना अश्विन नाईक मुंबई माफिया का सबसे शिक्षित (इंजीनियर) व्यक्ति है।

गिरोह सरगना अश्विन नाईक उर्फ़ एएन सन 2001 के दौरान जेल में था, और उन दिनों काफ़ी बीमार रहा।

पुलिस ने दावा किया कि उसे बांग्लादेश सीमा से तब गिरफ्तार किया था, जब भारत से चुपचाप सड़क मार्ग के जरिए बाहर निकलने की कोशिश में था। गिरोह किसी बड़ी आपराधिक कार्रवाई में नहीं है। उसके काफ़ी सारे सिपहसालारों ने राजन, गवली या दाऊद गिरोह का दामन थाम लिया है।

मुखबिर बताते हैं कि गिरोह पंगु है, कुछ नहीं कर रहा है लेकिन बीच-बीच में ऐसी ख़बरें आ ही जाती हैं कि किसी बिल्डर को धमका कर हफ्तावसूली करने के मामले में कभी ख़ुद अश्विन तो कभी उसका कोई सहयोगी पुलिस ने गिरफ्तार कर लिया है। पुलिस अधिकारी दावा करते हैं कि यह गिरोह जितना भी–जिस भी हालत में बचा है नशा तस्करी और छुटपुट हफ्तावसूली में ही लगा है। गिरोह फिलहाल बुरी स्थिति में है। पुलिस अश्विन के पीछे पड़ी रही। उसे जनवरी 2016 में एक बिल्डर से हफ्तावसूली में गिरफ्तार कर जेल भेज दिया।

## एबी कम्पनी : सरगना–अली बुदेश

अली बाबा...बाबा बहरीन...एबी भाई...जैसे नामों से पुकारा जाने वाला यह गिरोहबाज खाड़ी देशों में दाऊद के ख़िलाफ सिंडिकेट की स्थापना कर चुका है। उसके एंटी डी-सिंडिकेट में फेरबदल होते रहते हैं लेकिन इतना तय है कि दाऊद के तमाम दुश्मन उसे येन-केन-प्रकारेण सहायता देते रहे हैं। इस गिरोह का एकमात्र ध्येय दाऊद का विरोध रहा है।

बबलू श्रीवास्तव, एजाज पठान, सुभाष सिंह ठाकुर-किशोर गरिकापट्टी के साथ काम कर चुके अली बुदेश के लिए तब थोड़ी परेशानी आयद हुई, जब उसका साथ सुभाष-किशोर जोड़ी ने छोड़ा। सबके साथ उसका ख़ास सौदा यही रहा है कि वे एक-दूसरे को कभी नुक़सान नहीं पहुँचाएँगे। इतना ही नहीं उसने राजन और गवली के साथ भी इसी तरह का सौदा किया था, जिससे एक वक्त में न केवल मुंबई में मज़े से काम करता रहा बल्कि देश के अन्य हिस्सों में भी वह आपराधिक गतिविधियाँ चलाता रहा है।

गवली, नाईक, सुभाष सिंह ठाकुर, एजाज पठान और उत्तर प्रदेश के सरगना बबलू श्रीवास्तव से गठजोड़ कर दाऊद को पटकनी देने का सपना देखने वाले और बहरीन निवासी अली बुदेश के ख़िलाफ कई मामले पुलिस में दर्ज़ हैं। उसके

समेत गिरोह के दर्जन भर गुंडे वांछित हैं। गिरोह अच्छी स्थिति में नहीं है। यह भी कहें कि गिरोह पूरी तरह ख़त्म हो चुका है तो अतिशयोक्ति न होगी।

## एपी कम्पनी : सरगना–एजाज पठान

कहा जाता है कि एजाज पठान ने पाकिस्तान में कुछ पठानी गिरोहों के साथ मिल कर दाऊद और उसके लाड़ले सिपहसालार छोटा शकील को मरवाने की काफ़ी कोशिशें की थीं लेकिन हर बार नाकामयाब रहा था। इसके मुक़ाबले शकील ने जो दो हमले उस पर करवाए थे, उनका काफ़ी असर एजाज पर पड़ा था और वह गिरोह से अलग होकर अब दुबई में रहने लगा था।

डी-कम्पनी से अलग होने के बाद वह पूरी तरह अली बुदेश के साथ रहा। एजाज के गिरोह की कमान उसका भांजा अनवर सँभाले रहा। अनवर कुछ समय पहले मुंबई अदालत से गोलियाँ चलाता एक मोटरसाइकिल पर बैठ कर फरार हो गया। वहाँ एक-दो बार अनीस ने उसे गिरफ्तार भी करवा दिया। वह छूटा भी लेकिन डी-कम्पनी की चालाकियों का शिकार होकर वह भारत प्रत्यर्पित हो गया।

आर्थर रोड जेल में एजाज चुपचाप रहा। बीमारी की वजह से जेल में उसकी मौत हो गयी। उसका गिरोह इसके बाद लगभग ख़त्म सा हो गया। उसका भांजा अनवर किसी तरह से गिरोह चलाये रखने की ज़द्दोजहद करता रहता है। उसकी गतिविधियाँ बड़े पैमाने पर प्रचारित नहीं की जा रही हैं।

## मिर्ची गिरोह : सरगना–इक़बाल मिर्ची

कोकीन, हेरोइन, ब्राऊन शुगर और मैंड्रेक्स का यह तस्कर विश्व के कई देशों की पुलिस का सिरदर्द बना रहा है। यह गिरोह दाऊद का सहयोगी रहा है। मिर्ची लन्दन के सबसे महँगे बँगलों में से एक का मालिक रहा है। भारतीय पुलिस की वांछित सूची में शामिल मिर्ची को लन्दन में गिरफ्तार करवाने के बावजूद मुंबई पुलिस सटीक सबूत पेश न कर सकी। अदालत में उसने पुलिस को न केवल पटकनी दी बल्कि सरकार को लाखों डॉलर की रकम बतौर हर्जाना भी चुकानी पड़ी। साल 2014 में ही दिल का दौरा पड़ने से उसकी मौत हो गयी।

## सीएस कम्पनी : सरगना–छोटा शकील

डी-कम्पनी के सेनापति का गिरोह नागपाड़ा, भेंडी बाजार, जेजे मार्ग जैसे परम्परागत क्षेत्रों पर आज भी पकड़ बनाये हुए है। अपने गुरु दाऊद के साथ

कराची में निवास कर रहा है। अब मुख्य रूप से गिरोह के नशा और हथियार तस्करी तथा बड़े स्तर के कारोबारी मामलों को ही 'हैंडल' कर रहा है। बीच में ऐसी भी ख़बरें थीं कि शकील ने बगावत कर दी है और इससे दाऊद बेहद परेशान हो चुका है।

ये बात भी अपराध जगत में कही जा रही थी कि शकील द्वारा अनीस को नुक़सान पहुँचाने की आशंका के कारण भी दाऊद परेशान रहा है। ऐसी बातों की पुष्टि कहीं से होने की सम्भावना नहीं होती है क्योंकि अब दाऊद तो किसी भारतीय मीडियाकर्मी या पत्रकार के बिल्कुल सम्पर्क में नहीं रहता है। छोटा शकील से ज़रूर सम्पर्क होता है लेकिन वह भी काम की ही बात करना पसन्द करता है।

यह ज़रूर है कि डी-कम्पनी में अब शकील का क़द इतना बड़ा हो चुका है कि वह लगभग अपने सरदार के समकक्ष जा पहुँचा है। पाक खुफिया एजेंसी आईएसआई का एक धड़ा उसका साथ देता है, उसे पसन्द करता है। पूरी दुनिया में उसने काफ़ी सम्पत्तियाँ ली हैं। इसके अलावा उसने नशा तस्करी के साथ ही कुछ और वैध-अवैध कारोबारों में निवेश किया है, जिससे उसे ख़ासा लाभ हो रहा बताते हैं।

## टाइगर गिरोह : सरगना–टाइगर मेमन

टाईगर मेमन अपनी पत्नी व कई रिश्तेदारों सहित मुंबई में 1993 का बमकांड करवाकर कराची भाग गया। तबसे वहीं छुपा है। उसका गिरोह आईएसआई के इशारे पर भारत में इस्लामी आतंकवादियों, आईएसआई एजेंटों और पूर्वी आतंकी गिरोहों को हथियार तस्करी व नशा कारोबार में लिप्त है। यह डी-कम्पनी का दूसरा सबसे ताकतवर उप-गिरोह है। उसकी ताकत खाड़ी देशों, नेपाल, बांग्लादेश, भारत में बरकरार है।

## बटकी गिरोह : सरगना–आफताब बटकी

कराची से ही गिरोह चला रहा यह तस्कर अब दाऊद गिरोह का उप-गिरोह है। आईएसआई व दाऊद के लिए वह नकली भारतीय करेंसी की तस्करी और फैलाव का काम कर रहा है। उसका नेटवर्क भारत, नेपाल, बांग्लादेश, तिब्बत, चीन, भूटान, खाड़ी देशों, मलेशिया, थाईलैंड तक विस्तारित है। इन देशों की कमजोर

कड़ियाँ तलाश कर भारतीय नकली करेंसी की तस्करी करवा रहा है। हर साल वह हज़ारों करोड़ रुपये की 500 व 1000 रुपये वाली भारतीय नकली करेंसी की तस्करी डी-कम्पनी और आईएसआई के इशारे पर करवा रहा है।

## वीजी कम्पनी : सरगना–विक्की गोस्वामी

मेंड्रेक्स बनाने के चक्कर में दुबई में गिरफ्तार हुआ विक्की गोस्वामी चुपचाप आठ सालों की क़ैद दुबई जेल से काट कर लन्दन निकल गया। इस दौरान उसकी पूरी सम्पत्ति और कारोबार हिन्दी फ़िल्मों की एक अभिनेत्री ने सँभाली।

बताते हैं कि विक्की ने दुबई सरकार के इस अलिखित नियम का फ़ायदा उठाया था कि यदि वह इस्लाम कबूल ले तो उसके अपराध माफ हो जायेंगे या उसके साथ नरमी बरती जायेगी। उसके ख़िलाफ दुबई में मेंड्रेक्स बनाने का कारखाना चलाने और तस्करी का मामला चल रहा था। इसकी सज़ा तो निश्चित तौर पर मौत थी लेकिन या तो इस्लाम कबूलने वाली बात सच होगी, या फिर दाऊद के दुबई के शेख़ों और सरकार में बैठी ताकतवर लॉबी की सहायता से वह महज आठ सालों बाद ही रिहा हो गया।

तब ये कहा जा रहा था कि वह दक्षिण अफ्रीका के किसी देश में पनाह लेगा लेकिन वह लन्दन जा पहुँचा और उसके साथ यह अभिनेत्री भी अधिकृत तौर पर विवाह करके उसके कई लाख के पॉश बंगले में रहने लगी। अब गिरोह वहीं से चुपचाप नशा तस्करी में लगा हुआ है। विक्की और ममता की कीनिया में गिरफ्तारी हुई। नशा तस्करी का आरोप लगा। साबित न हुआ। विक्की-ममता छूट कर गायब हो गये। विक्की फिर कामकाज में लग गया।

विजय आनन्दगिरी गोस्वामी उर्फ़ विक्की गोस्वामी का बचपन गुजरात के शहर अहमदाबाद के पुराने इलाके में ही बीता था। उसका पैतृक निवास अहमदाबाद के पालडी इलाके में लक्ष्मीकुंज सोसायटी के बंगला नं. 6 है। यहाँ विक्की का परिवार आज भी रहता है। परिवार कहता तो यही है कि उन्होंने विक्की से रिश्ते ख़त्म कर लिए हैं लेकिन अहमदाबाद में यह बात मानने के लिए न पुलिस तैयार है, न स्थानीय पत्रकार, न खुफिया एजेंसियाँ... और न ही मुख़बिर। विक्की बचपन से बेहद अमीर होने और शानदार जीवन जीने के सपने देखता था। उसकी लगातार यही कोशिश रही कि पैसों का अंबार लगा ले। कई काम किये लेकिन अच्छी कमाई नहीं हुई। अन्ततः वह गिरोहबाज बन गया।

जब विक्की के सम्बन्ध दाऊद गिरोह से हुए, तो उसे नशा तस्करी में कमाई की असीम सम्भावनाएँ दिखीं। उसने पैसों के खातिर यह ज़हर युवा पीढ़ी को बेचने का काला खेल शुरू कर दिया था। इक़बाल मिर्ची की मौत के बाद वह देश का नम्बर वन नशा तस्कर बन गया।

सन् 2015 के अन्तिम महीनों में दक्षिण अफ्रीकी देश कीनिया से बेहद चौंकाने वाली ख़बर आयी। ममता कुलकर्णी और उसके नशा तस्कर पति विक्की गोस्वामी पुलिस के शिकंजे में फँसने की जानकारी ने माफिया सरगनाओं और प्यादों की नींद हराम कर दी। विक्की को 14 दिनों की पुलिस हिरासत में अदालत ने भेज दिया। ममता पर देश के बाहर जाने पर रोक भी लग गयी। मोंबासा के राष्ट्रीय पुलिस कमांडर रॉबर्ट कितूर ने गिरफ़्तारियों पर मुहर लगा दी। उनके मुताबिक आरोपियों को अलग-अलग थानों में पूछताछ के लिए भेजा था। जाँच हुई कि कहीं ममता भी विक्की के नशा गिरोह को परोक्ष या अपरोक्ष मदद नहीं करती थी। स्थानीय पुलिस ने साफ किया कि ममता का इस गिरोह से ताल्लुक नहीं है।

विक्की के साथ तीन और लोगों को कीनिया के मोंबासा शहर के पोर्ट थाने के पुलिस अधिकारियों ने धर दबोचा था। पुलिस के मुताबिक विक्की और उसके साथियों के ख़िलाफ़ दर्ज़ मामले की संख्या 14 सीआरआईएम 716 है, जो 28 अक्तूबर 2014 को अमरीकी पुलिस स्टेशन में दर्ज़ हुआ था। इसमें उनके ख़िलाफ़ नशा तस्करी के आरोप दर्ज़ थे। न्यूयॉर्क की सदर्न डिस्ट्रिक्ट अदालत के जज गैब्रियल गोरेंस्टाइन ने एक आदेश जारी किया। इसके बाद कीनिया सरकार तक एफबीआई ने बजरिए अमरीकी दूतावास 10 नवम्बर 2014 को पहुँचाया। इसके बाद संयुक्त अभियान में चारों को पुलिस ने पकड़ा। अदालती आदेश में लिखा है कि इनकी तलाश अमरीकी पुलिस को है और उनके ख़िलाफ़ अमरीकी अदालत में मुक़दमा चलाना है।

विक्की ने पूरे गिरोह के बचाव हेतु कीनिया के सबसे मशहूर वकीलों गिकांडी नगीबूनी और क्लिफ ओंबेटा को पैरवी के लिए नियुक्त किया। क्लिफ ओंबेटा ने अदालत में जिरह करते हुए कहा कि इनके मुवक्किलों को निजी मुचलके पर अदालत को रिहा करना चाहिए। विक्की और उसके साथी कीनिया से अमरीका प्रत्यर्पण के लिए तगड़ी कानूनी लड़ाई लड़ने की तैयारी में दिखे। अदालत में सरकारी वकील सहायक निदेशक एलेक्जेंडर मुटेटी ने शपथपत्र

पेश किया, जिसमें बक्तश को संगठित गिरोह सरगना और नशा तस्कर गिरोह संचालक बताया। उसके भाई इक़बाल को मुख्य सहयोगी या चीफ़ लेफ्टीनेंट बताया। पुलिस ने दावा किया कि बक्तश का गिरोह अफ़ग़ानिस्तान, पाकिस्तान, मध्य पूर्वी और पूर्वी अफ्रीकी देशों के लिए नशा तस्करी करता है। विक्की को सरकारी वकील ने शपथपत्र में बक्तश गिरोह का मुख्य प्रबन्धक बताया। उसकी भूमिका बताई कि बक्तश गिरोह के लिए नशा बनाने और वितरण या बिक्री में मददगार है।

मुटेटी का कहना है कि आरोपियों को जमानत पर रिहा किया तो वे फरार हो जाएँगे। उनके ख़िलाफ़ इंटरपोल का रेड कॉर्नर नोटिस है। इससे सन्देश जाएगा कि हम इँटरपोल से सहयोग नहीं करते। यह उन सन्धियों का उल्लंघन होगा जो कीनिया-अमरीका के बीच हुई हैं।

कीनिया पुलिस के अधिकारी हामिसी मास्सा के मुताबिक 7 नवम्बर 2014 को नैरोबी काउंटी में 98 पैकेट हेरोईन जब्त हुई थी। हेरोईन इसी गिरोह की थी। इनसे पूछताछ करने और नशा बनाने व तस्करी की तफसील हासिल करने के लिए पुलिस ने 14 दिनों की हिरासत हासिल करने में सफलता पायी। श्री मास्सा ने दावा किया कि यह गिरोह विश्वस्तरीय नशा तस्करी में है। कीनिया व अमरीका के बीच नशा तस्करी में यह गिरोह महारत रखता है।

अमरीकी जाँच एजेंसियों ने नशा तस्करी के सभी आरोपियों, बक्तश अकशा अब्दल्ला, इब्राहिम अकशा अब्दल्ला (दोनों कीनिया निवासी), विजयगिरी आनन्दगिरी गोस्वामी उर्फ़ विक्की गोस्वामी (भारतीय) और गुलाम हुसैन शाहबख़्श (पाकिस्तानी) के प्रत्यर्पण की आधिकारिक माँग कीनिया सरकार के समक्ष रखी। इससे विक्की और ममता के लिए खासी समस्याएँ खड़ी होती दिखीं। विक्की के वकीलों ने अदालत में कहा कि इनके मुवक्किल के ख़िलाफ़ इंटरपोल रेड कॉर्नर नोटिस नहीं है, उन्हें तुरन्त जमानत पर रिहा करना चाहिए। सरकारी वकीलों ने अदालत में नोटिस की कोई प्रति जमा नहीं की, इसके चलते पुलिस का दावा सच नहीं माना जा सकता। अदालत ने पुलिस को रेड कॉर्नर नोटिस जमा करने के आदेश दिये।

विक्की और ममता के अलावा जिनके नाम सामने आये, उनमें एक बेहद ख़तरनाक है। बक्तश अकशा कीनिया के बदनाम नशा तस्कर इब्राहिम अकशा का बेटा है। इब्राहिम की कुछ समय पहले मौत हो चुकी है। बक्तश

अकशा अब्दल्ला पिता का कारोबार सँभाल रहा है। इनकी गिरफ़्तारी 9 नवम्बर 2014 को हुई थी। गिरफ़्तारी में मुख्य भूमिका निभाने वाले अमरीकी नशारोधी एजेंसी (डीईए) और मोंबासा पुलिस की थी। इस ख़तरनाक कार्रवाई में एफबीआई भी शामिल हुई थी। कई देशों में इनकी तलाश के बाद तीन महाद्वीपों में पूरी कार्रवाई अंजाम दी थी। बक्तश के भाई इब्राहिम को पहले ही पाक नागरिक गुलाम हुसैन के साथ पुलिस ने नशा तस्करी में गिरफ़्तार कर जेल में ठूँस रखा है।

डीईए के खुफिया एजेंटों ने कई महीनों की मेहनत के बाद गिरोह में घुसपैठ की थी। उनके एजेंटों ने नशे की कुछ खेप के सौदे गिरोह से किये। चार माह तक चले स्टिंग ऑपरेशन में सबके ख़िलाफ़ सबूत तैयार हुए। इसके बाद डीईए अधिकारियों ने मोंबासा पुलिस को सबूतों के साथ गिरोह की जानकारी दी और गिरफ़्तारी अभियान चलाने में सहयोग माँगा। मोंबासा पुलिस के मुताबिक विक्की के ख़िलाफ़ अमरीकी अदालत से गिरफ़्तारी वारंट पहले से जारी था। मोंबासा पुलिस ने वारंट के बारे में कहा कि वे इसकी तामील करने के लिए प्रतिबद्ध हैं। विक्की के ख़िलाफ़ पहले से इंटरपोल रेड कॉर्नर नोटिस जारी है।

## मचमच गिरोह : सरगना–शेख़ फहीम अहमद उर्फ़ फहीम मचमच

इस बातूनी गिरोहबाज की आज डी-कम्पनी में तीसरी स्थिति है। वह शूटरों को मौक़े पर शिकार को मार गिराने के लिए हथियारों की आपूर्ति करने में बड़ा माहिर माना जाता है। उसे गिरफ्तार करने का मौक़ा पुलिस को कभी नहीं मिला। उसने कभी ख़ुद एक गोली नहीं चलाई है लेकिन गिरोह में बड़ा नाम कमा चुका है। वह फिलहाल पाकिस्तान में छुपा है। फहीम मचमच को डी-कम्पनी ने शकील से लेकर फ़िल्मी कमान सौंपी है।

फहीम अपना गिरोह बना कर यह काम कर रहा है। 2003 के अन्त तक दुबई से ऑपरेट कर रहे फहीम को एक दिवसीय भारत-पाक क्रिकेट मैच सट्टे पर पकड़ बनाने के लिए दाऊद ने कराची बुलाया। अब वह कराची से गिरोह की भारतीय कमान पूरी तरह सँभाल रहा है। मुंबई में हफ्ताखोरी की कमान भी वही सँभाल रहा है। गाहेबगाहे उसकी धमकी से परेशान बिल्डर और कारोबारी पुलिस की शरण में जाते हैं, जिसके बाद उससे सम्बन्धित ख़बरें छन-छन कर बाहर आती हैं।

## लकड़वाला गिरोह : सरगना–एजाज लकड़ावाला

राजन से अलग होने के बाद एजाज लकड़ावाला ने गिरोह बना कर मुख्य रूप से फ़िल्मी हस्तियों से हफ्तावसूली के लिए धमकियाँ देनी शुरू कीं। बैंकॉक में उसकी हत्या का नाटक 2003 में मीडिया में ख़ूब चला। एजाज पर मई 2003 में हमले की अफवाह भी इतनी ज़ोरदार तरीके से उड़ी थी कि भारत सरकार को अपनी तरफ़ से बैंकॉक में छानबीन करनी पड़ी थी। कहा गया कि उसने फिर राजन का साथ देना शुरू कर दिया था। बाद में तमाम ख़बरें झूठी साबित हुईं। उसने नाना कम्पनी सन 2001 में छोड़ी थी। एजाज के ठिकाने की ठीक-ठीक जानकारी किसी को नहीं है।

जून 2004 में उसकी कनाडा में गिरफ्तारी की अफवाह ने पुलिस को ख़ासा तंग किया। उसके समेत दर्जन भर गुंडे वांछित सूची में हैं। फ़िल्म निर्माता-अभिनेता सोहैल खान को एजाज ने धमकाया था। उसके बारे में यह ख़बर आम है कि बैंकॉक में एक शॉपिंग मॉल के बाहर उस पर जानलेवा हमला हुआ था, जिसमें वह मर चुका है। इसकी पुष्टि कहीं से नहीं होती है। इसका एक अर्थ यह भी लिया जा सकता है कि वह नाम-पहचान बदल कर कहीं शान्ति से जीवन गुजार रहा है।

## पीपी कम्पनी : सरगना–बंटी पांडे

कभी अजय महाडिक का सहयोगी रहा बंटी सन 2002 में अजय की मौत के बाद नाना कम्पनी से जुड़ा। गिरोह के साथ अधिक समय तक नहीं रहा। सुना जा रहा है कि उसने शकील से हाथ मिलाया है लेकिन पुलिस पुष्टि नहीं करती। कहा जाता है कि उसने शकील से बालू डोकरे की हत्या की सुपारी ली थी। बंटी पांडे ने भी धोखा खाया। उसे भी मुंबई पुलिस के ही एक ख़बरी ने धोखा दिया। उसे भी पुलिस ने वियतनाम से गिरफ्तार कर मुंबई पहुँचा दिया। वह भी आर्थर रोड जेल में है।

## जीएस कम्पनी : सरगना–गुरु नरहरी साटम

राजन से अलग होकर अपना गिरोह बना कर हफ्तावसूली कर रहा है। सन 2001 के आसपास तो मुंबई अपराध जगत में तेजी से अपनी जगह बनाता जा रहा था। गुरु के किसी अन्य गिरोह से जुड़ाव की कोई जानकारी कभी सामने नहीं

आयी। वह पिछले कुछ समय से शान्त चल रहा है। यही माना जा रहा है कि वह पुलिस की गर्मी के कम होने का इन्तज़ार कर रहा है। पुलिस को भी पता नहीं है कि वह कहाँ है लेकिन सूत्रों का कहना है कि वो ऑस्ट्रेलिया में छुपा है। उसका गिरोह फिलहाल सक्रिय नहीं है।

## अबू गिरोह : सरगना–अबू सालेम

अबू सालेम फिलहाल तलोजा जेल में है। उसकी तीसरी पत्नी फ़िल्म तारिका मोनिका बेदी उर्फ़ फौजिया भी सजा काट कर रिहा हो चुकी है। दोनों को पुर्तगाल के शहर लिस्बन में पुलिस ने गिरफ्तार किया था। लिस्बन जेल में वे दोनों सजा पूरी करके रिहा हुए। दोनों को पुलिस भारत ले आयी। अबू पर कई मामले चल रहे हैं। जेल से ही कामकाज चला रहा है। बांद्रा से बोरीवली के बीच उसका इलाका आज भी कायम है।

## मंचेकर गिरोह : सरगना–अज्ञात

सुरेश मंचेकर (मृत) गिरोह का उल्हासनगर व कल्याण का इलाका आज भी उसके साथियों की पकड़ में है। मंचेकर दो साल पहले मुठभेड़ में भले मारा गया, कुछ ख़ास सिपहसालारों ने फरारी में ही गिरोह संचालन हाथों में ले लिया। सुरेश की माँ लक्ष्मी मंचेकर ने भी कुछ समय काम सँभाला।

## एसटी कम्पनी : सरगना–सुभाष सिंह ठाकुर उर्फ़ एसटी

जेजे हत्याकांड में सज़ा भोग रहा यह सुपारी हत्यारा 1993 के बमकांड और धार्मिक दंगों के बाद माफिया में धार्मिक विभाजन के चलते डी-कम्पनी से बाहर आया। उत्तर प्रदेश का यह कड़ियल जवान अपने सलाहकार किशोर गरिकापट्टी के साथ जेल में काफ़ी लम्बे अर्से तक बन्द रहा। उसे जेजे हत्याकांड में फाँसी की सज़ा सुनायी जा चुकी है, जिसके कारण बेहद परेशान रहा। जेल से गिरोह की गतिविधियों का अभी भी संचालन कर रहा है।

एसटी नाम से अपराध जगत में पहचाने जाने वाला यह सरगना काफ़ी समय तक अली के एंटी-दाऊद सिंडिकेट का सदस्य रहा है। बीच में ये अफ़वाहें भी फैली थीं कि उसने फिर डी-कम्पनी से हाथ मिला लिया। अपराध शाखा के कुछ अधिकारी इससे इनकार करते हैं।

एक सूत्र ने बताया कि एसटी फिलहाल नाना ग्रुप के साथ काम कर रहा

है। अभी भी यह निश्चित नहीं है कि गिरोह स्वतन्त्र काम कर रहा है या किसी के साथ मिल कर। इतना ज़रूर है कि गिरोह ख़ामोशी से किशोर गरिकापट्टी के इशारे पर काम कर रहा है।

## फ़ज़लू गिरोह : सरगना–फ़ज़ल-उर-रहमान उर्फ़ फ़ज़लू

बबलू गिरोह से जुड़ा रहा फ़ज़लू मूल रूप से बिहार के दरभंगा जिले का है। उस पर बिहार में भी हत्याओं के पाँच मामले हैं। अब वह अपना गिरोह चला रहा है और पूर्वी अफ्रीका या दुबई में उसके होने की सम्भावना है। वह मुंबई की फ़िल्मी हस्तियों को धमका कर हफ्तावसूली में लगा है। वह अपहरण के धंधे में भी है।

## एसएस कम्पनी : सरगना–सन्तोष शेट्टी

राजन का सहयोगी रहा सन्तोष पैसों के लेन-देन में कुछ मनमुटाव होने के चलते गिरोह से अलग हो गया। सन्तोष शेट्टी ने बैंकॉक में हुई एक ख़ास मुलाकात में यह कहा था कि वह नाना से इसलिए अलग हो गया क्योंकि दाऊद के सामने नाना झुक गया। नाना ने दाऊद से हाथ मिला लिया ताकि वह चैन की ज़िन्दगी बसर कर सके। सन्तोष में इस बात का ग़ुस्सा था कि उसने एक बड़े गिरोहबाज से नाना के लिए पंगा लिया, अब वही उनके सामने नतमस्तक हो गया। वह नाना कम्पनी के साथ नशा कारोबार करता था।

वह फ़र्जी डॉलर छापने और भारत भेजने में भी माहिर है। उसके बारे में पक्की सूचना नहीं है लेकिन कहते हैं कि वह इंडोनेशिया में छुपा रहा। एक वक्त ऐसा आया कि वह थाईलैंड में रह कर ऐसे काम करने लगा मानो वह भारत के ही किसी हिस्से से गिरोह चला रहा हो। मुंबई पुलिस के एक ख़बरी विजय पलांडे ने सन्तोष को ऐसा फँसाया कि थाईलैंड पुलिस के साथ मिल कर मुंबई पुलिस ने उसे धर लिया और गिरफ़्तार कर भारत ले आये। उसे आर्थर रोड जेल में रखा। दो साल सन्तोष ने बेहद ख़ामोशी से काटे। अपनी एक भी ज़ानकारी बाहर न जाने दी। न ही उसने कोई हलचल की। न किसी अपराधी या साथी-संगी से मिला। वह चुपचाप कानूनी लड़ाई लड़ता रहा। सन् 2015 में सितम्बर माह में एक दिन वह सभी मामलों में जमानत हासिल कर जेल के बाहर निकल गया। अब वह मुंबई में ही एक गोपनीय ठिकाने से कामकाज कर रहा है।

## भाईजी कम्पनी : सरगना–बबलू श्रीवास्तव

कल तक मुंबई के काले संसार में पैर जमाने की कोशिश कर रहा बबलू, अब उत्तर प्रदेश की जेलों को ही घर मान चुका है। जेल में वह किताबें लिख रहा है। अब तक दो किताबें लिख चुका है। वह इस कोशिश में है कि जेलों से ही आपराधिक साम्राज्य चलाता रहे। कभी दाऊद के साथ रहे बबलू ने पूरी तरह स्वतन्त्र होकर काम जारी रखा है। उसने मुंबई में अपहरण उद्योग स्थापित करने की बहुतेरी कोशिश की लेकिन हमेशा असफल रहा। देश के अन्य हिस्सों में उसका अपहरण उद्योग ख़ूब फला-फूला। भारत से नेपाल तक उसकी पहुँच ख़ासी अच्छी है। जेल में रह कर भी कई काम आसानी से करवा लेता है।

## आरपी कम्पनी : सरगना–रवि पुजारी

अँधेरी के छोटे से गुंडे श्रीकान्त देसाई उर्फ़ श्रीकान्त मामा के साथ रवि पुजारी ने अपराध जगत में कदम रखा था। मामा ने डी-कम्पनी का दामन थाम लिया। मामा की पुलिस मुठभेड़ में मौत के बाद गुरु साटम के साथ रवि हो लिया। वह गुरु के साथ राजन से अलग हुआ था। सूत्रों के मुताबिक राजन व गुरु के अलगाव में असली भूमिका रवि की थी। यह भी कहते हैं कि बैंकॉक में राजन पर जानलेवा हमले की योजना बना रहे शकील को सूचनाएँ रवि ने दी थीं। अब वह अपना गिरोह चला रहा है। उसने ही विलेपार्ले के दीपा बार में गोलीबारी करवाई थी। उसका मुख्य इलाका सहार, अँधेरी और विलेपार्ले है।

बिल्डरों और कारोबारियों के लिए वह बड़ी मुसीबत बन चुका है लेकिन इतनी बड़ी भी नहीं क्योंकि उसके साथी 50 लाख की माँग करते हैं लेकिन 50 हज़ार रुपये की हकीर रकम लेने को भी तैयार हो जाते हैं। वह दूसरों के हमलों और गोलीबारी का श्रेय ख़ुद लूट कर दहशत फैलाने की कोशिश करता है। कहते हैं वो विदेश में है लेकिन मुंबई पुलिस, ख़ासकर ठाणे पुलिस अधिकारियों का मानना है कि वो मुंबई के आसपास कहीं है। वह विदेशी सिम कार्ड बदल-बदल कर धमकाने में इस्तेमाल करता है। उसकी मुंबई के बिल्डरों, होटल उद्यमियों और ट्रांसपोर्टरों के बीच ख़ासी धमक बैठ चुकी है।

## नेपाली गिरोह : सरगना–भरत नेपाली

राजन के साथ भगवन्त सिंह ठाकुर उर्फ़ भरत नेपाली (43) के होने की ख़बर उन दिनों आम थी। वह गिरोह की हफ्ता कमान सँभालता रहा है। पहले सेना में ट्रक चलाता था और गड़बड़ियाँ करने पर सेना ने उसे निकाल दिया था। वह मूल रूप से है तो पहाड़ों का ही लेकिन उसका चेहरा कुछ नेपालियों जैसा दिखता था, इसलिए उसे गिरोहों में नेपाली कहा जाने लगा।

1993 में वह नाना कम्पनी में आया था। उसके ख़िलाफ हत्या के कई मामले दर्ज़ हुए हैं। वह राजन के मुख्य इलाकों घाटकोपर, विद्याविहार, सायन और चेंबूर पर क़ब्जा किये था। उसने गिरोह के लिए एक करोड़ रुपये के हथियार मँगाए थे, जो जवाहर लाल नेहरू पोर्ट ट्रस्ट (जेएनपीटी) गोदी पर 20 मई 2005 को जब्त हो गये, तबसे पुलिस की निगाहें उस पर जम गयी थीं।

इसकी मौत की कहानी पर भी मुंबई पुलिस, आईबी और रॉ के किसी अधिकारी को भरोसा नहीं है। वे कहते हैं कि सन्तोष शेट्टी बेहद चालाक गिरोह सरगना है। सम्भव है कि उसने भरत नेपाली की मौत का झूठा फसाना लिख कर अख़बारों और समाचार चैनलों के जरिए दुनिया के सामने परोस दिया ताकि नयी पहचान और नाम के साथ भरत नेपाली को वह दुनिया के किसी और कोने में सुरक्षित बसा दे। क्या जाने ये सच भी हो।

2015 अभी पूरी तरह ख़त्म हुआ भी नहीं था, प्रसाद पुजारी उर्फ़ पीपी ने फ़ोन पर सूचना दी कि बालाकृष्ण उर्फ़ बाला उर्फ़ विजय शेट्टी उर्फ़ विजू ने भरत नेपाली का पोटला बैंकॉक में किया था। सन्तोष और विजय के बारे में विरोधी गिरोहों को सूचना देने के शक में उसकी हत्या सुनसान बंगले में करने की बात पर प्रसाद ने मुहर लगाई।

## डीके कम्पनी : सरगना–डीके राव

राजन के सबसे करीबी गुंडों में से एक है। आज उसका गिरोह काफ़ी अच्छी स्थिति में है। जेल में ही वह ऐसे अपराधियों को साथ जोड़ता है, जिनका माफिया गतिविधियों में कभी नाम नहीं रहा हो। वह अमूमन डकैतों को अपने गिरोह से जोड़ता है। वह ख़ुद भी किसी वक्त डकैतियाँ ही करता था। उसने ओपी सिंह की हत्या की थी। डीके 1999 से जेल में है और अपना कामकाज सेल फ़ोन से

चला रहा है। पिछले दिनों उसके इस्तेमाल किये सेल फ़ोन के टुकड़े मुंबई पुलिस ने आर्थर रोड जेल की गटर से बरामद किये।

वह मुंबई में गिरोह की हफ्तावसूली कमान का प्रभारी है। वह कई बार हत्या के आरोप में भी गिरफ्तार हुआ है। नाना कम्पनी की सबसे ताकतवर और भरोसेमन्द हमलावर बाँह के रूप में तो वह पहचाना ही जाता है, गिरोह में एक तरह से उसका उप-गिरोह दूसरे स्थान पर आँका जाता है।

## विक्की गिरोह : सरगना–विक्की मल्होत्रा

राजन के साथ लम्बे अर्से से जुड़े विक्की ने गतिविधियाँ काफ़ी कम कर दी हैं। उसके बारे में अब अपराध शाखा में कोई पुख्ता जानकारी नहीं है। यह नहीं पता चल रहा था कि वो कहाँ है। लेकिन एक दिन अचानक पूरे देश में सनसनी फैल गयी, जब पूर्व आईबी निदेशक श्री डोवाल के साथ में दिल्ली के एक पंचतारा होटल से बाहर निकलते समय मुंबई पुलिस की अपराध शाखा के कुछ अधिकारियों ने विकी को धर दबोचा। विकी जेल में कई बरसों तक रहा। एक दिन जमानत हासिल कर ली और ग़ायब हो गया।

कतिपय भरोसेमन्द सूत्रों का कहना है कि विक्की इन दिनों चुपचाप अन्तरराष्ट्रीय कामों में लगा है। कुछ खुफिया एजेंसियों के साथ मिल कर वह अकेले दम ही काम कर रहा है। उसके साथियों के बारे में मुंबई पुलिस की अपराध शाखा के अधिकारी भी फिल वक्त तो अँधेरे में ही हैं। उसकी गतिविधियाँ और छुपने के अड्डे की जानकारी हासिल करने की जी-तोड़ कोशिशें मुंबई पुलिस द्वारा होती हैं लेकिन वह अब बेहद सावधझानी और चालाकी से ख़ुद को बचाये रखने के अभियान में लगा है।

यह जानकारी मिली है कि विक्की नवम्बर 2015 तक तो दुबई में ही पनाह लिए था। उसके दुबई में जा बसने के कारण ही राजन को विक्की पर शक बढ़ गया, जिसके चलते उसने अपने सबसे विश्वसनीय सिपहसालार से सम्बन्ध ख़त्म कर लिए। विक्की अब एक खुफिया एजेंसी के लिए काम कर रहा बताते हैं। वह कुछ समय सिंगापुर भी रहा था।

## एचपी कम्पनी : सरगना–हेमन्त पुजारी

हेमन्त (43) ने सन 2002 में नाना-कम्पनी से नाता तब तोड़ा, जब उसके दोस्त

ओपी सिंह की हत्या हो गयी। हेमन्त ने गायक उदित नारायण को फ़ोन कर हफ्ता चुकाने की धमकी दी थी। होटल मालिकों और बिल्डरों से हफ्ताउगाही में वह  माहिर है। हेमन्त को दुर्दान्त गिरोहबाज मानते हैं लेकिन अब वह कम सक्रिय है। मुठभेड़ों में कुन्दन सिंह रावत, नवीन शेट्टी, किशन राठौड़, रोहित सेठ जैसे कई साथियों को गँवा चुका है। प्रशान्त कठपालिया, राजेश नागवे, सुकेश शेट्टी, सुधीर शेट्टी, निखिल शेट्टी और उत्पल काटवा जैसों को पुलिस जेल में ठूँस चुकी है।

हेमन्त बहुत चालाक अपराधी है। राजन पर हुए बैंकॉक हमले के साथ ही ख़ुद भूमिगत हो गया। जब राजन बैंकाक से निकल भागा तो वो भी बाहर आ गया और हफ्तावसूली शुरू की। वह शिकार को सिर्फ़ दो चेतावनी भरे फ़ोन करता है, पैसे मिले तो ठीक, नहीं तो उसके साथी गोलीबारी कर देते हैं। शिकार मर गया तो बाकी पैसे देते हैं, शिकार न मरा तो उसके समेत सारे शिकार पैसे देते हैं।

हेमन्त ने सन 2003 में ग्रांट रोड स्थित होटल गोल्डन क्राउन के मालिक जयेश शेट्टी उर्फ़ जया और खार के आमन्त्रण बार के मालिक रत्नाकर शेट्टी व ठाणे के व्यापारी उदय शेट्टी की हत्याएँ करवाई थीं। कहते हैं कि हेमन्त सन 2003 में डी-कम्पनी के सिपहसालार विश्वनाथ शेट्टी उर्फ़ विशु से दुबई में मिला था। विशु अब दुबई में डी-कम्पनी का कारोबार सँभालता है। उसे जनवरी 2003 में शरद शेट्टी की मौत के बाद यह कमान सौंपी थी। खार मूल के निवासी हेमन्त के सिंगापुर में होने की बात कहते हैं।

## चिपलून गिरोह : सरगना–सलीम चिपलून

कभी डी-कम्पनी में रहा नागपाड़ा निवासी सलीम दुबई से गिरोह संचालित करता है। वह डी-कम्पनी में हफ्तावसूली करता था। दाऊद के कराची जाने पर सन 1993 में गिरोह छोड़ दिया। वह दुबई में फलों का कारोबार जमा कर बैठा है। अब वो धनिकों को हफ्ते के लिए धमकाता है। उसने कपड़े के कारोबार से जुड़े काफ़ी लोगों को धमका कर बड़ी रकमें वसूली हैं और फ़रवरी 2005 से काफ़ी सक्रिय

## रियाज गिरोह : सरगना–रियाज

इस गुंडे ने भी गिरोह बना लिया है। पिछले दिनों निर्माता सुनील दर्शन को धमकाने के कारण पुलिस की निगाहों में आया था। अधिक गतिविधियों में नहीं लेकिन एक-दो ऐसे काम किये हैं, जिसके कारण उसका नाम इस फेहरिस्त में जुड़ गया।

## केपी कम्पनी : सरगना–कुमार पिल्लै

कभी अमर नाईक गिरोह के सेनापति रहे और अब स्वतन्त्र गिरोह बना चुके इस सरगना के पास आज भी घाटकोपर से विक्रोली इलाके तक अच्छी पैठ है। वहाँ गोदरेज कम्पनी की ज़मीनों पर आज भी उसके साथियों ने बड़े पैमाने पर क़ब्जा जमा रखा है, जिन पर ढेरों गोदाम और दुकानें बना रखी हैं। ये किराये पर देकर मोटी रकम हर माह केपी कम्पनी कमाती है। नशा और नकली डॉलर की तस्करी में मुब्तिला यह गिरोहबाज लम्बे अर्से तक श्रीलंका के शहर कोलम्बो में रहता था। फिलहाल उसके सिंगापुर में होने की सूचना है।

## पीपी-2 कम्पनी : सरगना–प्रसाद पुजारी

16 साल की कच्ची उम्र में छोटा राजन के सबसे करीबी साथी और नाना कम्पनी के सेनापति रहे धर्मेन्द्र पांडे उर्फ़ रोहित वर्मा उर्फ़ बब्बू के मुरीद बन चले विक्रोली के किशोरवय प्रसाद पुजारी ने अब जाकर चुप्पी तोड़ी है। अक्तूबर 2015 में उल्हासनगर में एक केबल संचालक की हत्या के मामले में सुरेश पुजारी ने ख़ुद मीडिया प्रेस को फ़ोन करके बताया कि ये हत्या उसने पाँच करोड़ के हफ़्ते के लिए की है। बाद में पता चला कि इस मामले में असली दिमाग़ तो प्रसाद का था। एक भजन गायक का सुशिक्षित बेटा प्रसाद ख़ूंरेजी के धन्धे में पिछले दो दशकों से सक्रिय है। वह भी विदेशों में रह कर गिरोहों के साथ जुड़ा हुआ था। रोहित वर्मा के साथ वह तब तक जुड़ा रहा, जब तक कि सन् 2000 में बैंकॉक में राजन पर हमले के दौरान उसकी मौत नहीं हो गयी। प्रसाद को इस बात का अफ़सोस है कि छोटा राजन के लिए उसने न जाने क्या-क्या किया, रोहित ने तो अपनी जान दे दी, लेकिन उसके परिवार को, खासकर उसकी पत्नी सरिता को कुछ भी नहीं दिया। प्रसाद का दावा है कि वह अब छोटा राजन के पीछे पड़ा है और उसके सभी लोगों को वह ख़त्म करेगा। प्रसाद का दावा है कि उल्हासनगर के केबल संचालक की

हत्या राजन कम्पनी के पैसों से इमारतें तामीर करवाने के चक्कर में ही हुई है। उसके गिरोह के आठ सदस्यों की गिरफ़्तारी के बाद भी कई और सदस्यों के होने का दावा प्रसाद करता है।

काले संसार की कालिमा ख़त्म नहीं हुई है। उसकी काली सियाही में रक्त का रंग भरने कई-कई लोग आज भी चले आ रहे हैं। जब तक संसार में लोभ रहेगा, जब तक दुनिया में होड़ रहेगी, जब तक विश्व में गुस्सा रहेगा, तब तक मायानगरी मुंबई के रक्तपिपासुओं का मेला भी लगा ही रहेगा। इसे ख़त्म करना हो तो पहले सामाजिक उत्थान, शिक्षा, जेलों के बेहतर हालात और भ्रष्टाचार पर लगाम लगाना होगा। जब तक यह नहीं होगा, तब तक भूमिगत संसार पर रोक सम्भव नहीं होगी।

# कम्पनी सरकार

मुंबई माफिया का संगठन बेहद जटिल और विस्तारित है। किसी बड़ी विश्वस्तरीय कम्पनी की तरह ही। उसमें एक मुखिया है चेयरमैन की तरह ही, हर काम के लिए एक सीईओ या सीओओ है, उनके नीचे प्रबन्धक हैं, फिर उनके नीचे विशेषज्ञ हैं। ये खासियत किसी भी क्षेत्र की हो सकती है, फिर वह हत्या की हो, धन की धुलाई की, सट्टे की, हथियार ख़रीद-फरोख़्त की, रंगरूट जुटाने की ...कोई भी। सबकी अपनी ही अहमियत है। इस तरह से चलता है स्याह सायों का रक्तरंजित संसार।

## भाई बड़ा दिलदार है...

अबू सालेम के पीछे उस दिन हम भी भोपाल चले। इसी ट्रेन में। किसी तरह से अबू से मिल कर एक अदद साक्षात्कार लेना था। इंडिया टीवी के लिए यह एक चुनौती भरा काम इसलिए था, क्योंकि हर स्टेशन पर अबू की एक झलक का फुटेज बनाने के लिए दर्जनों वीडियो कैमरामैन जुटने थे। ऐसे में हरेक की इच्छा बात करने की तो होती ही है। स्लीपर क्लास में बोगी का एक हिस्सा पूरी तरह से पुलिस वालों ने अबू के लिए बन्द कर दिया। काँच और लोहे की खिड़कियाँ भी बन्द कर दीं।

जब भी ट्रेन किसी स्टेशन पर रुकती कुछ ख़ास चेहरे, अबू के डिब्बे के बाहर जमा हो जाते। ये चेहरे नये थे, लेकिन बार-बार वहाँ जमा होने के कारण पता चल रहा था कि वे भी उसी ट्रेन में सफ़र कर रहे हैं। यह भी लगने लगा था कि अबू के सुरक्षा घेरे के ये भी सदस्य हैं। ऐसे में सारी रात मेहनत करते हलाकान हो गये लेकिन काम नहीं हो पाया। अगले दिन सुबह भोपाल स्टेशन पर अचानक एक बन्दा प्रकट हुआ।

क्या भाई का इंटरव्यू मिला क्या?

यार ऐसी भीड़ में कैसे सम्भव है...

आपको लेने का है क्या?

क्या?

भाई से बात करने का है क्या?

मैंने उसे ऊपर से नीचे तक घूर कर देखा। एक ख़बर के चक्कर में पूरी रात काली हो चुकी थी। थकान से चूर था। ऐसे में ये बन्दा मज़ाक़ कर रहा था। मैं कुछ बोले बिना ही उधर भागा, जिस तरफ़ पुलिस दल अबू को साथ ले जा रहा था। भोपाल स्टेशन से अबू के साथ ही सीधे अदालत तक गये। वहाँ शाम तक अदालती कार्रवाई झेली। वापसी का कार्यक्रम तय न था। पता न था कि किस ट्रेन से जाने वाले हैं। अदालत में भी वह बन्दा मौजूद था।

भोपाल स्टेशन पहुँचे तो पता चला कि अबू के साथ पुलिस दस्ता किसी और ट्रेन से जा रहा है जो किसी और स्टेशन से जाने वाली है। वहाँ पहुँचे। ट्रेन आने में अभी दो घंटे का वक्त था। वही बन्दा एक जगह बैठा ठंडा सुड़कते दिखा। साथ में दो और बन्दे थे। मैं भी हाथों में पोहे का दोना लिए उसके पास जा पहुँचा। पोहा सामने करते हुए बोला–

लीजिए भाईजान...

खाया... अब्बी खाया...

तो सुबह आप क्या कह रहे थे?

भाई से बात करने के लिए...

हाँ... कैसे सम्भव होगा ये?

सब होएंगा... इदर टिरेन में नईं होएंगा... आपको मैं करवा के देता हूँ न... भाई बड़े दिलदार हैं... वो सबके साथ एकदम अच्छे हैं... मेरे कूं भी 40 हज़ार महीना देते हैं... अधिक लगता तो और भी देते हैं...

और आपका काम क्या है?

कुछ नईं... भाई का काम देखने का... उनके साथ आने-जाने का... कोई भी काम हो तो पूरा करने का... भाई का कपड़ा और सब कुछ सँभालने का... जो बोले वो करने का...

मैनेजर हैं?

कुछ बी समज लो...

कबसे हैं साथ?

भोत टाईम हो गया... कई साल...

कितने?

क्या बोलने का...

कुछ देर बातें और भी होती रहीं। बन्दे ने ढेरों बातें कीं। दो घंटे कब बीते पता न चला। ट्रेन आ गयी। पता था कि अबू किस डिब्बे में है लेकिन उससे बात सम्भव न थी। हम भी अब थोड़ा आराम से हो चले। एसी-थ्री का वेटिंग टिकट था। सीट आरक्षित न हो सकी थी। कैमरामैन के साथ मैं एक डिब्बे में चढ़ गया। वे भी कहीं गुम हो गये।

ट्रेन चल पड़ी तो हमने टीटी से बात की। उसने बताया कि एसी थ्री में तो गुंज़ाइश न थी, एसी टू में वह दो सीट दे सकता है। अन्धे को क्या चाहिए, एक आँख, यहाँ तो दो आँखें मिल रही थीं। हम तुरन्त राजी हो गये। उसने हमें दो सीट नम्बर बताते हुए कहा कि वहाँ जाकर बैठें, टिकट वहीं आकर बना देंगे, और बकाया रकम भी ले लेंगे। जब उन सीट पर पहुँचे तो पहले से वही बन्दा बैठा था।

आप?

खाना हुआ क्या?

अभी तो सीट का इन्तज़ाम हुआ है...

खाना बोला क्या?

नहीं... देखते हैं...

फिकर नईं भाय... बिरयानी आ रही है... सब मिल कर खाते हैं...

अरे नहीं... आप क्यों परेशान होते हैं?

परेशानी कैसी भाय? आप हमारे मेहमान हो.... आपके लिए परेशानी कैसी?

उसने फ़ोन उठाया, लगाया, इतनी धीरे से कुछ बोला कि हम समझ न सके। थोड़ी देर में एक बन्दा पहुँचा। उसके पास बिरयानी के चार पैकेट थे। हमें दिये, ख़ुद लिए, साथ खाये। उसके बाद घंटों बातें होती रहीं। पूरी बातचीत का लब्बोलुबाब इतना ही था कि अबू सालेम कितना दयानतदार है।

तो वह था अबू का एक मैनेजर। उसका बस यही काम था कि जब भी अबू कहीं बाहर जाये तो उसके आसपास रहना। उसके बताये काम करवाना। उसके आसपास मौजूद पुलिसवालों की तीमारदारी करना। खाने से लेकर कपड़ों तक, वाहन से लेकर सुरक्षा के अतिरिक्त इन्तज़ाम पर निगरानी उसी की थी।

## संगठन

गिरोह का काम कितना संगठित और सधा हुआ होता है, यह उस दिन और भी दिखा। गिरोहों का ढाँचा इतना बढ़िया बुना हुआ और कारगर तरीके से काम करता है कि कोई सोच ही नहीं सकता है। कई स्तरों के लोग होते हैं। सेना, पुलिस, कार्पोरेट के ढाँचे जैसा ही होता है कुछ-कुछ गिरोहों का संगठन भी। कैसा होता है गिरोहों का ढाँचा और कौन होते हैं इसमें, सब कुछ जान लें।

## सरदार या मुखिया

किसी वक्त छोटा-मोटा काम करने और गली में गुंडागर्दी करने वाले इस ओहदे तक पहुँचते हैं। बस इतना ही होता है कि जो वहाँ तक पहुँचते हैं, वे बेहद तेज़ दिमाग़ के स्वामी होते हैं। वे ख़ासे क्रूर होते हैं। हाजी मस्तान से दाऊद इब्राहिम तक, गिरोह के सबसे ऊँचे पायदान पर पहुँचे सरगना पूरी सल्तनत एक बादशाह की तरह चलाते हैं। उनका हुक्म ही सब कुछ होता है। जिसने तामील की, वह बन गया... जिसने हुक्मउदूली की वह गया काम से। ये किसी को माफ नहीं करते, गलती हुई नहीं कि साफ़ कर देते हैं। गिरोह उनके इशारों पर नाचता है।

## सलाहकार या गुरु

इनका काम सरदार और सेनापति को सही सलाह देना होता है। सुभाष सिंह ठाकुर के लिए जिस तरह किशोर गरिकापट्टी है, उसी तरह सही-गलत की पहचान करवाने की ज़िम्मेदारी इस ओहदेदार की होती है। उनकी बात आमतौर पर गिरोह का सरगना नहीं टालता है। वे असल में गिरोह सरगना का दिमाग़ होते हैं। ज़रूरी नहीं कि वो ख़ुद अपराध करे या किसी अपराध में शामिल हो। योजना तैयार करना या किसी काम के नफ़े-नुक़सान का आकलन करके तुरन्त बताने से गिरोह को ख़ासा फ़ायदा होता है।

## सेनापति

गिरोह में दूसरे नम्बर पर होते हैं। डी-कम्पनी के लिए जैसे एजाज पठान रहा, आज छोटा शकील है। अरुण गवली गिरोह में जैसे कभी सदा पावले था। गिरोह के मुखिया का सबसे ख़ास आदमी। अधिकांश आदेश उसी के जरिए आगे पहुँचते हैं। इसकी सलाह से ही गिरोह सरगना काम करता है। उसके नीचे तमाम और सिपहसालार होते हैं। अमूमन सेनापति का अपना गिरोह होता है। वह उसके इशारे पर काम करता है लेकिन मुख्य गिरोह के लिए ही।

## सिपहसालार

ये तीसरी पायदान का ओहदा है, जो गिरोह में काफ़ी महत्त्वपूर्ण होता है। बंटी पांडे की बात करें, हेमन्त पुजारी को लें, रवि पुजारी को देखें... ये सभी नाना कम्पनी में सिपहसालार रहे हैं। उनका काम है, सौंपी हुई ज़िम्मेदारी किसी भी हाल में पूरी करना। वे सेना के कर्नल जैसे ओहदेदार होते हैं। उन्हें अपने काम का पूरा अनुभव होता है और वे ख़ुद मैदान में उतर कर मारकाट मचाने के लायक भी होते हैं।

हत्या से हफ्तावसूली तक, हत्यारे जुटाने से हथियार की व्यवस्था तक, विरोधी की ख़बर निकालने से लेकर अदालत से आदमी बचाने तक, हर काम में ये पारंगत होते हैं। किसी-किसी को एक ख़ास काम में भी महारत होती है, तब भी वे गिरोह के लिए बड़े काम के होते हैं। हर एक के साथ उसका गिरोह होता है। उसके नीचे सुपारी हत्यारों और निशानचियों का दस्ता होता है। ये सिपहसालार के वफ़ादार होते हैं। उनसे ही धन लेते हैं, उनकी रक्षा व देखभाल सिपहसालार करता है।

## वित्त पोषक

एक गिरोह विशेष के पास न जाने कितने ही वित्त पोषक हो सकते हैं। इनका काम होता है कि गिरोह के किसी ख़ास काम के लिए धन की व्यवस्था करना। सोना-चाँदी की बड़ी खेप हो, नशा या हथियार का जखीरा हो, जहाँ चार पैसा बनता है, वहाँ धन लगाने वाले ये वित्त पोषक पहले रकम लगाते हैं। जब काम पूरा हो जाता है, वित्त पोषक को लाभ का एक हिस्सा मिल जाता है। यह पाँच से 25 फीसदी तक हो सकता है। ये सीधे गिरोह सरगना, सलाहकार या सिपहसालार से जुड़े हो सकते हैं।

वित्त पोषक होटल मालिक, डांस बार मालिक, जौहरी, हवाला कारोबारी, ट्रेवल एजेंट, मटका या सट्टा बुकी जैसे किसी भी रूप में हो सकते हैं। कई बार सुपारी हत्याओं के लिए भी ये वित्त पोषक धन का पहले प्रबन्ध करते हैं। जब सारा काम सही तरीके से निपट जाता है, उसके बाद जब पूरी रकम सरगना तक पहुँचती है, वित्त पोषक को उसका हिस्सा पहुँच जाता है। कई बार ये वित्त पोषक महज धन के लालच में गिरोहों से जुड़ते हैं, कभी इस मजबूरी में कि उन्हें गिरोह से धन न देने पर बुरे अंजाम की धमकी मिलती है, कभी सिर्फ़ इसलिए कि गिरोह सरगना आड़े वक्त में उसके काम आता रहा है या आगे सहयोग दे सकता है।

## वित्त सलाहकार

शरद शेट्टी उर्फ़ बड़ा इडली उर्फ़ शरद अण्णा का नाम किसने नहीं सुना है। वह जब तक जिया, डी-कम्पनी का वित्त सलाहकार रहा। इस ओहदेदार का काम होता है कि सरगना और सिपहसालारों को धन लगाने के उचित माध्यमों से अवगत करवाये। हवाला किसके जरिए, कितना और कब व कैसे करना-करवाना है, उसकी जानकारियाँ देना। किन देशों में हवाला करवाने में क्या दिक्कत होगी, क्या फायदे होंगे, किस देश में कैसे कारोबार में धन का निवेश करना चाहिए, वह सब कुछ बताता है। ज़रूरत पड़ने पर गिरोह के लिए ख़ुद भी वेल्थ मैनेजमेंट करता है। एक गिरोह में ऐसे कई बन्दे हो सकते हैं। आमतौर पर ये पूरा वक्त इसी काम से जुड़े होते हैं, कभी-कभी ये शराफत के चोले में रहने वाले नेता या कारोबारी भी होते हैं। वे बस चुपचाप मदद करके दुनिया व समाज के बीच भले बन रहते हैं।

## मैनेजर (प्रबन्धक)

पूरी तरह गिरोह के लिए काम करने वाले इस ओहदेदार का काम होता है गिरोह के लिए हर वह काम सँभालना, जिसका उसे आदेश मिले। सरगना, सेनापति और सिपहसालारों के पास अपने-अपने प्रबन्धक होते हैं। ये छुपने के अड्डे, खाने-पीने का सामान, हथियार-गोला-बारूद, धन, लड़की, सुपारी हत्यारे, कार चालक जुटाने जैसे कोई भी काम करने में माहिर होते हैं। गिरोह में इनकी संख्या काफ़ी होती है। वे पूरा वक्त बस यही काम करते हैं। उन्हें उसके लिए गिरोह से वेतन मिलता है। काम अच्छा हुआ तो मोटा इनाम भी।

## धन के धोबी

हर गिरोह में एक या दो नहीं, कई-कई धन के धोबी होते हैं। इनका काम है काले धन को सफेद बनाना यानी वैध करना। इसके लिए कई किस्म के काम किये जाते हैं। ये धन के धोबी गिरोहों के लिए सम्पत्तियों की ख़रीद करते हैं, उनकी बिक्री करते हैं, उससे जो धन आता है, उनका गिरोह के किसी कारोबार में निवेश करते हैं। रेस्तोरां या किराना दुकानों की शृंखला बनाते हैं, जिनमें अमूमन नकदी में ही कारोबार होते हैं। यहाँ हर दिन कुछ काली रकम डाली जाती है, उसके बिल बना देते हैं, हो गयी रकम सफेद। काला धन हवाला से विदेश जाता है, वहाँ रकम एक ऐसी कम्पनी में डाली जाती है, जो इंपेक्स (आयात-निर्यात) कारोबार में होती है, या फिर फोरेक्स (करंसी कारोबार) में, या किसी और किस्म के कारोबार दिखाती है। यह कम्पनी सॉफ्टवेयर बनाने के लिए किसी ऐसी कम्पनी को ठेका देती है, जिस पर भारत में गिरोह के ही लोगों का स्वामित्व होता है। अब कम्पनी एक सीडी भेज देती है, बदले में लाखों डॉलर की रकम भारत आ जाती है। धन के धोबियों को काम के हिसाब से 1 से 5 फीसदी तक रकम बतौर मेहनताना हासिल होता है। यह रकम क़रोड़ों में होती है।

## सेटलर

पुलिस, जज, गवाह, विरोधियों, शिकायतकर्ता इत्यादि से सेटिंग करने वाले ये लोग सेटलर कहलाते हैं। मोल-भाव करने की उनकी क्षमताएँ असीम होती हैं। बेहद विपरीत हालात में भी बिल्कुल ठंडे दिमाग से काम करने के धनी होते हैं। ज़बान के मीठे और पैसों के मामले में बड़े चीठे। इन बन्दों को ऐसे मामलों में

लगाया जाता है, जहाँ गिरोह के लोग फँसे हों या कोई ख़ास काम करवाना हो। ये कस्टम्स या पुलिस अधिकारियों को पैसे या किसी और लालच में फँसा कर गिरोह के लिए काम करने के लिए तैयार कर लेते हैं। किसी मुक़दमे की दशा-दिशा मोड़ देने की ताकत व समझ रखते हैं। आमतौर पर गिरोह के सिपहसालारों तक ही उनकी पहुँच होती है। जो गिरोह के सरगना तक पहुँचे हुए होते हैं, वे बहुत ही उम्दा और समाज के भद्रजनों में पहुँच रखने वाले रसूखदार लोग होते हैं।

## प्लानर

गिरोह के लिए ये काफ़ी अहम भूमिका अदा करते थे। इनका काम हफ्ता देने से इनकार करने वाले व्यक्ति की जान लेने, सुपारी पर किसी शिकार की हत्या करने, किसी से हफ्ते की रकम की उगाही करवाने जैसे महत्त्वपूर्ण कामों की योजनाएँ तैयार करना है। वे तय करते हैं कि किस शूटर या गिरोह के सदस्य से क्या काम करवाना है। कौन-सी कार इस्तेमाल होगी। वॉचर कौन होगा। पॉइंटर यानी चेहरापट्टी कराने वाला कौन होगा। किस रास्ते से जाना है, किस रास्ते से भागना है। किस तरह पूरी वारदात होनी है, यही योजना बनाने वाले प्लानर गिरोह में आज भी ख़ास जगह रखते हैं। ये गिरोह सरगना और सेनापति से सीधे जुड़े होते हैं। ये सिपहसालारों और गिरोह के अन्य सदस्यों के बीच कड़ी का काम भी करते हैं।

## शूटर

गिरोह में यही काम सबसे ख़तरनाक और अहम होता है। फिरोज कोंकणी से भरत नेपाली तक, मन्या सुर्वे से माया डोलस तक, जितने भी शूटर हुए हैं, उनकी गिरोह में सबसे अधिक इज़्ज़त होती है।

एक वक्त था, जब शूटर बेहद समझदार और पारंगत निशानेबाज़ होते थे। वे अमूमन टेलीस्कोपिक रायफलों का इस्तेमाल शिकार की हत्या के लिए करते थे। किसी इमारत की छत या खाली पड़े फ्लैट में कई-कई दिन निशाना लगाये गुज़ार देते थे। जब मौक़ा मिला–धाँय। एक गोली बाहर, एक जान बाहर।

इसके बाद दौर आया ऐसे निशानचियों का जो रिवॉल्वरों और पिस्तौलों से लैस होते थे। शिकार के पास पहुँचे, करीब से एक या दो गोलियाँ छाती या सिर पर मारीं, ख़ुद भी ग़ायब, शिकार की आत्मा भी ग़ायब।

इसके आगे ऐसा दौर आया जब एके 47 और 9 मिमी कार्बाइन आने लगीं।

इन्हें झाड़ू कहते थे। इनके शूटरों का बस एक ही काम होता था। शिकार की तरफ़ बन्दूक का दहाना मोड़ दो, घोड़ा दबा दो, सारी गोलियाँ एक ही बार में बाहर, शिकार की जान भी बाहर। ख़ुद भाग निकलो।

जब शूटरों पर मुंबई पुलिस का दबाव बढ़ा तो ऐसे लड़कों की नियुक्ति होने लगी, जो चन्द रुपयों के लिए किसी की हत्या कर सकते हों। उन्हें बस ये सिखाया जाता कि किस तरह गोली चलती है। वह भी खाली पिस्तौल या रिवॉल्वर से ही। फिर उन्हें काम वाले दिन ही हथियार में गोलियाँ डाल कर हाथ में थमा देते। वह गोलियाँ चला देता। शिकार मर गया तो ठीक, नहीं मरा तो ठीक। इन शूटरों की जान चली गयी तो भी ठीक, बच गये और पुलिस ने पकड़ लिया तो भी ठीक। गिरोह इनकी परवाह नहीं करता। चलो शूटर की दिहाड़ी के पैसे भी बच गये।

## पीआरओ

किसी कार्पोरेट में जिस तरह पीआरओ अथवा जनसम्पर्क अधिकारी होते हैं, ठीक उसी तरह गिरोह में हर महत्त्वपूर्ण शहर में एक या दो पीआरओ तैनात होते हैं। वे किसी ट्रेवल एजेंसी, पीसीओ, किसी कारोबारी सेटअप में काम करते हैं। इंटरनेट आने के पहले तक तो वे हर दिन सुबह और दोपहर में आने वाले तमाम अख़बार लाते रहे हैं, उसमें छपी पुलिस और गिरोहों से सम्बन्धित ख़बरें काटते रहे हैं, उन्हें काग़ज़ों पर चिपका कर फोटो कॉपी करके सरगना और सेनापति के विदेश स्थित घरों या दफ्तर में या किसी बताए हुए नम्बर पर फैक्स से भेजते रहे हैं। अब यह तरीका बदल गया है। यही काम अब भी होता है, लेकिन अब इसकी शक्ल ईमेल ने ले ली है।

ये पीआरओ ज़रूरत पड़ने पर अख़बारों व समाचार चैनलों के अपराध संवाददाताओं से सीधे सम्पर्क में रहते हैं। उनके सामने यही बताते हैं कि वे मुखबिर हैं। असल में वे गिरोह के लिए फ़ायदे की ख़बरें 'फिट' करते हैं। ज़रूरत पड़ जाये तो अख़बार या चैनल के मुख्यालयों में सीधे सम्पादकों तक से सम्पर्क करने का माद्दा रखते हैं। उन्हें ख़बरें सीधे देकर भी गिरोह का फ़ायदा करते हैं।

ऐसे एक पीआरओ से 90 के दशक में परिचय हुआ था। वह जफर था। कालबादेवी में कुरियर कम्पनी चलाता था। बरसों तक वह अली बुदेश का पीआरओ रहा। अली बुदेश का गिरोह शान्त हो गया, वह भी शान्त हो गया। नयी सदी के पहले दशक के मध्य में एक दिन अचानक पता चला कि उसके

दफ्तर में घुस कर कुछ लोगों ने चॉपर से हमला किया। उस पर कुल 86 वार किये। बचने का मौक़ा ही नहीं मिला। वह मौक़े पर ही मारा गया।

## ख़बरी

पुलिस, पत्रकार, कारोबारी, उद्योगपति, राजनेताओं, विरोधी गिरोह के सरगनाओं, सिपहसालारों और सदस्यों...सबकी ख़बरें गिरोह तक पहुँचने का काम ख़बरी करते हैं। इनका काम होता है समाज में घुल-मिल जाना और वहाँ से ख़बरें हासिल करना। ये कहीं भी मिलेंगे। जेल में, अदालत में, थाने में, किसी मजलिस में, फ़िल्मी दावतों में, फ़िल्म या टीवी धारावाहिक की शूटिंग में... कहीं भी हो सकते हैं। ये हर उस व्यक्ति की ख़बर सरगना, सेनापति, सिपहसालार, प्लानर तक पहुँचाते हैं। उनकी दी जानकारी के आधार पर हफ्ता वसूला जाता है। शिकार मारे जाते हैं। रकम हासिल की जाती है। लोगों को डराया और धमकाया जाता है। ये अगर न हों तो गिरोह के लिए काम करना ही असम्भव हो जाये।

और ये ख़बरी होते कौन हैं? कोई भी हो सकता है। आपके आसपास हर दिन घूमने वाला कोई फेरीवाला, घर के बाहर सड़क पर खड़ा हुआ खोमचे या ठेले वाला, बतौर चौकीदार आपकी इमारत या घर की चौकीदारी कर रहा शख़्स, होटल, रेस्तोरां या शराबखाने का बेयरा, किसी जौहरी की दुकान का सेल्समैन, डांस बार की बारबालाएँ, फ़िल्म के सेट पर काम करने वाले स्पॉट बॉय, कुरियर पहुँचाने वाले, कॉल सेंटर में काम करने वाले, टैक्सी और रिक्शा चालक...यह सूची बहुत बड़ी है। कुल मिलाकर यही कह सकते हैं कि आपके आसपास समाज के किसी भी व्यक्ति पर आप भरोसा नहीं कर सकते हैं। किस गिरोह का कौन मुखबिर होगा, आप पक्के तौर पर नहीं कह सकते।

मेरे एक अग्रवाल मित्र परिवार को लगातार धमकियाँ आ रही थीं। परिवार के हर सदस्य के सेलफ़ोन और घर व दफ्तर के हर लैंडलाइन टेलीफ़ोन पर ये धमकियाँ जारी थीं। दाऊद गिरोह का नाम लिया जा रहा था। सब बड़े हलाकान। मदद की आस में मेरे पास आये। उनकी बातें सुनीं। धमकाने वाले को हर सदस्य की जानकारी थी। हर कार का नम्बर और रंग पता था। बच्चों की स्कूल की वर्दियों के रंग तक उनकी जानकारी में थे। ये सूचनाएँ वही दे सकता था, जो हर दिन उस परिवार के आसपास हो। उनकी इमारत का एक चक्कर लगाया

तो पता चल गया कि किसका काम हो सकता है। ओशिवारा पुलिस थाने के मित्रवत वरिष्ठ पुलिस इंस्पेक्टर से मिला। सब कुछ बताया। उन्होंने इमारत के दो चौकीदारों को बुला कर हवाई जहाज़ बना दिया। पाँच मिनट में सब उगल दिया। इन दोनों ने ही योजना बनायी थी कि हफ्तावसूली करेंगे। एक छुटभैया उनकी दी सूचनाओं का फ़ायदा उठा रहा था।

## कार चालक

किसी भी गिरोह में कार चालक दो मामलों में बड़ी खास भूमिका अदा करते हैं। एक तो किसी हत्या के दौरान, दूसरा हफ्ते की रकम की वसूली के दौरान। हत्या के बाद हत्यारों को सुरक्षित रूप से वारदात स्थल से कार में बैठा कर पहले से तय स्थान तक पहुँचाने की ज़िम्मेदारी कार चालकों की होती थी। वे हर समय अपनी कार तैयार रखते थे। ये कार के इतने अच्छे जानकार होते हैं कि इंजन चालू होते ही उसकी कमियाँ और अच्छाइयाँ तुरन्त भाँप लेते हैं। सौ मीटर कार चला लें तो उन्हें पता चल जाता है कि कार में कितनी जान है। उनके कितने काम की है। व्हील बैलेंस है कि नहीं। स्टीयरिंग में प्लाई तो नहीं है।

और हाँ, एक ख़ास बात। गेट-अवे कार चलाने वाले चालकों की ख़ूबी ये है कि उनकी कार के इंजन को पेट्रोल की आपूर्ति करने वाले जेट का छेद मोटा कर देते हैं। निश्चित मात्रा से अधिक पेट्रोल जाते ही इंजन को भी गति ख़ासी तेज़ मिलती है। बस, यही तो चाहिए एक गेट-अवे कार चालक को। चन्द सेकंड में सुपारी हत्यारों को लेकर वे उड़नछू। ऐसे-ऐसे कार चालक हैं जो पीछे की तरफ़ से भी कार को सिर्फ़ बैकव्यू मिरर में देख कर ही 100 से 150 किलोमीटर प्रति घंटे की रफ्तार से मुंबई की सड़कों पर भी भगा सकते हैं।

90 के दशक में ऐसे ही एक चालक के साथ एक कार में बैठ कर गोरेगाँव से मसजिद बन्दर तक जाने का मौक़ा मिला था। उसने तो लोकल ट्रेन से भी जल्दी पहुँचा दिया। उसके बाद कभी हिम्मत नहीं हुई कि इस बन्दे के साथ कार में सफ़र करूँ। वह सुधर चुका था। एक परिचित की कार चलाता था। बस, कोफ्त हो गयी थी उसे अपने इस काम से।

अमूमन गेट-अवे कार चलाने वाले चालकों का यही हश्र होता है। वे काम छोड़ कर समाज में घुलमिल कर गुम हो जाते हैं। पुलिस मुठभेड़ों या विरोधी गिरोहों की गोलियों का निशाना बन जाते हैं। हफ्तावसूली की रकम लाने वाले

कार चालक भी उतने ही सधे होते हैं। गिरोह सरगना, सेनापति, सिपहसालारों, प्लानर जैसे महत्त्वपूर्ण ओहदे वालों की कारें चलाने वाले भी ऐसे ही होते हैं।

## वॉचर

इनका काम सुपारी वाले शिकार या विरोधी की हत्या के पहले और गेम के दौरान चारों तरफ़ निगरानी रखना होता है। कोई ख़तरा हो तो पहले ही निशानचियों को सावधान करना होता है। काम के दौरान कोई ख़तरा लगे तो सबको सतर्क करते हैं। इनका यही काम हफ्ते की रकम उठाने के पहले और बाद में होता है। ये हथियार हाथ में नहीं रखते हैं, न ही हथियार का इस्तेमाल करते हैं। वे आसपास के माहौल में बस एक मूक दर्शक बने लोगों के बीच दिखते हैं, लेकिन होते गिरोह के हत्यारे या हफ्ताखोर दस्ते का बेहद अहम हिस्सा हैं।

## हवाला ऑपरेटर

इनका काम होता है गिरोह की रकम देश या विदेश में बताई जगह पर हवाला करना। हवाला के एवज में इन्हें गिरोह से तयशुदा रकम मिलती है। ये जौहरी, ट्रेवल एजेंट, आयात-निर्यात कम्पनी जैसे किसी वैध कारोबार में लगे बन्दे होते हैं। वक्त पर ये सिर्फ़ फ़ोन पर भी रकम भेज देते हैं। उन्हें रकम बाद में भी मिल जाती है।

## रिक्रूटर

देश के किसी भी कोने से, किसी भी हालात में, ये गिरोह के लिए रंगरूट लाने का काम करते हैं। ये बेहद चालाक होते हैं। शक्लो-सूरत से बेहद सामान्य होते हैं। बातें करने में बड़े ही तेज़ और मीठे। काम का आदमी भाँप लेने में बड़े उस्ताद होते हैं। जेलों और अदालतों में सबसे अधिक ये पाये जाते हैं। उनका काम होता है गिरोह के लिए लगातार नयी भर्ती करते रहना। वे ऐसे परेशान युवक-युवतियाँ तलाशते हैं, जो गिरोह के लिए कोई काम कर सकें।

## लीगल एक्सपर्ट

अरुण गवली गिरोह के गणेश वकील का नाम कौन नहीं जानता है। क़ानूनी मसलों, मुद्दों और बिन्दुओं पर तो वह बड़े उस्ताद वकीलों और पुलिस अधिकारियों के भी कान काटता था। उसके जैसे कई-कई बन्दे गिरोह में होते हैं। वे पूरे देश में कहीं भी जा सकते हैं। देश के किसी भी पुलिस अधिकारी या अदालत में

गिरोह के साथियों के बचाव की व्यदस्था करते हैं। वे गवाह तोड़ते हैं। पुलिस वालों को साधते हैं। विरोधी पक्ष या सरकारी वकीलों को अपने पक्ष में करते हैं। न्यायाधीश तक पहुँचते हैं। उनका कुछ फ़ायदा कर, गिरोह का फ़ायदा करवाते हैं।

## अंगरक्षक

सरगना से निशानची तक, हर बन्दा साथ में अंगरक्षक रखता है। ये वक्त और ज़रूरत के हिसाब से हथियारबन्द होते हैं। अच्छे सेहतमन्द और लम्बे-तगड़े बन्दे तो इस काम के लिए उपयुक्त माने ही जाते हैं, हथियार चलाने और बिना हथियार के भी लड़ने की ताकत रखते हैं। किसी भी किस्म के वाहन चलाने के गुर जानते हैं। उनका काम ज़रूरत पड़ने पर साथ वाले की हमला होने पर रक्षा करना होता है। ज़रूरत पड़ने पर वे सीधे हमलावर और शिकार के बीच आ खड़े होते हैं, जिससे गोली या चाकू सीधे उन पर लगता है। ऐसे में कई बार अंगरक्षक ख़ुद भी मारे जाते हैं।

## ट्रेवल एजेंट

पासपोर्ट-वीज़ा से लेकर हर किस्म के यातायात के साधनों की किसी भी वक्त व्यवस्था करने में माहिर एजेंट गिरोह की जान होते हैं। इनके जरिए गिरोह अपने सदस्यों को हत्याओं और हफ्तावसूली के बाद मुंबई या देश के बाहर आने-जाने में मदद हासिल करते हैं। इसके द्वारा वे बिना किसी की नज़र में आये गिरोह सरगना या सिपहसालारों का शिकारों तक पहुँच आसान बनाने का काम करते हैं।

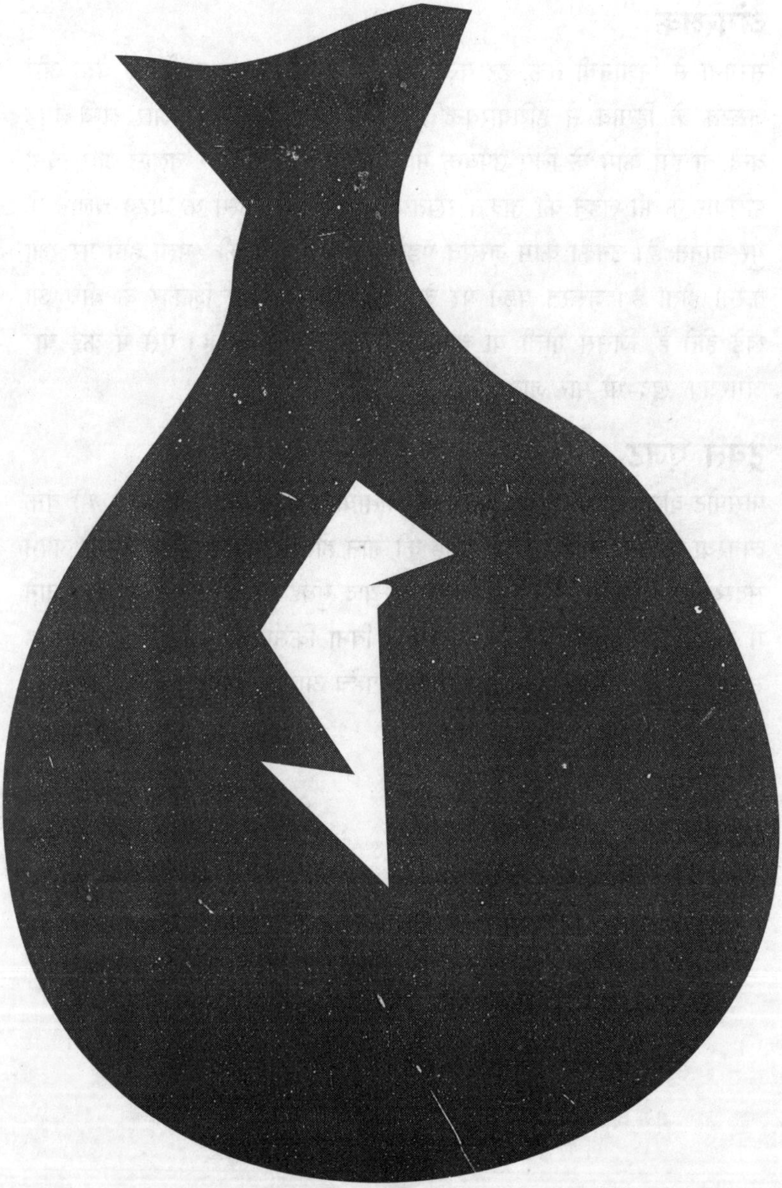

# नया माफिया: पुराना माफिया

हमारे बुजुर्ग आज की व्यवस्था देख आहें भरते हुए कहते हैं, 'भले ही वो गुलामी का दौर था, आज से बेहतर था। अंग्रेज़ चाहे जैसे थे, काम कायदे से करते थे।' जब मैं ऐसी बातें सुनता, लगता पुराने में ऐसा क्या है जो सभी उसकी तारीफ़ करते हैं? माफिया की जब बात हो, लोग यही कहते हैं कि पुराने माफिया की बात ही कुछ और थी। यह उनकी तारीफ़ नहीं बल्कि उस वक्त की तारीफ़ है। तब अपराधी भी होते थे तो उसूलों के पक्के, ईमान के मज़बूत। कोई ये नहीं कह पाता था कि फलां दादा ने उसे 'ज़बान दी और फिर गया'। ऐसा कभी नहीं होता था। आज ऐसा नहीं है। आज के अपराधी तो 'कहते कुछ और हैं, करते कुछ और।' उनकी बात पर अब कोई भरोसा नहीं करता। अपराध जगत में भी भारी अन्तर आ चुका है।

## ये फ़र्क़ कैसा?

'ये क्या हो गया है आजकल के लड़कों को...'

'क्या बात हुई?'

एक पुराने पुलिस अधिकारी से मिलें तो इस तरह की बातें गहरी साँसों के बीच उछलती हुई बाहर निकलना स्वाभाविक है। ऐसा ही उस दिन भी हुआ। वे एक ऐसे पुलिस अधिकारी हैं, जिन्होंने अपने वक्त में सबसे पहली 'सही' मुठभेड़ की थी। यह देख कर उनके हाथ-पाँव फूल गये थे कि उनके हाथों एक गुंडे की मौत हो गयी है। वे कहने लगे–

'क्या नहीं हुआ?'

'किसके बारे में कह रहे हैं आप?'

'गुंडों के बारे में। एक वक्त था जब वे गैंगवार करते थे तो ध्यान रखते थे कि कभी किसी को तकलीफ़ न पहुँचे। उनके कारण किसी की नाहक जान न चली जाये।'

'तो अब क्या हुआ?'

'अब तो किसी को कोई परवाह नहीं रही। टारगेट की ओर पिस्तौल की और गोलियाँ चलाना शुरू। ताकत और पैसों की हवस में कोई भला मानुस मर भी जाता है तो उनकी बला से।'

'यह तो वही कहावत है कि युद्ध और प्रेम में सब जायज़ है।'

'ऐसा वरदा-हाजी के ज़माने में नहीं था। उनके शूटर भी इस बात का ध्यान रखते थे कि जब किसी को गोली मार रहे हैं तो उनसे गरीबमार न हो जाये।'

'लेकिन वक्त बदला है...'

'इसका मतलब यह तो नहीं कि उसूल भी बदल जायें। इसी कारण नागरिकों के मन में आज संगठित गिरोहों के ख़िलाफ ग़ुस्सा दिखाई देता है। पहले वे नागरिकों के कामकाज और जीवन में बिल्कुल दखल नहीं देते थे, तो नागरिक भी उनके बारे में कोई ख़राब राय नहीं रखते थे।'

'ऐसा तो मुझे आपमें भी दिखाई दे रहा है...'

'दिखेगा ही। मैं भी उसी वक्त से अंडरवर्ल्ड देख रहा हूँ, तबके और आज के माफिया का अन्तर अब साफ़-साफ़ दिखता है।'

'यह फ़र्क़ क्यों आया भला?'

'आना ही था। अब न वैसे लोग रहे, न वो उसूल रहे। पैसों और ताक़त के लालच में इनसान ने हैवान को भी पीछे छोड़ दिया है।'

'क्या होना चाहिए?'

'होना कुछ नहीं चाहिए। अब तो बस एक ही रास्ता बचा है कि अपराधियों को चुन-चुन कर ख़त्म किया जाये। अब इनके मन तो नहीं बदले जा सकते हैं। कम से कम उन्हें ही ख़त्म किया जाये।

इस अधिकारी का ग़ुस्सा एकदम जायज़ था। फ़र्क़ इतना साफ़ और खाई इतनी गहरी थी कि उसे पाटना असम्भव है। गिरोहों के संसार में जो परिवर्तन आये, उन्हें समझना बेहद आसान था। जिस पुराने व्यक्ति से बात करें, वह आज के गिरोहों के तौरतरीकों की आलोचना करने से नहीं चूकता। उनके हिसाब से पुराने सरगना ही नहीं, प्यादे तक उसूलों पर चलते थे। क्या मज़ाक़ है! उसूल पर चलें तो भी क्या हिंसा को सही करार दिया जा सकता है? जवाब तो 'ना' में ही होगा लेकिन फ़र्क़ तो सामने ही है।

## नये-पुराने का फ़र्क़

हाजी से दाऊद तक माफिया का इतिहास देखें तो एक तथ्य साफ़ दिखाई देगा। मुंबई माफिया की शक्ति तब इतनी न थी, जितनी आज है। भला क्यों? कोई एक निश्चित वजह या जवाब किसी के पास नहीं। लोग जो भी बताते हैं, यदि समग्र रूप से देखें तो ही आज के भूमिगत संसार की पूरी तस्वीर बनती है।

## आपसी विवाद

पहली बात यह कि पुराने गिरोह आपस में लड़ते-भिड़ते न थे। विवाद हुए तो आपस में बैठे, कुछ कहा, कुछ सुना, कहीं थोड़ा दबाया, कहीं कुछ ख़ुद झुके, हाथ मिलाया, धन्धा चालू और काम ख़त्म। एक-दूसरे के जिस्मों पर 'चाँदमारी अभ्यास' का उन्हें शौक़ न था। नयी पीढ़ी ने इसका उलट ही किया। इसने शहर को एक नया सन्देश दिया, 'मुरव्वत शब्द हमारे शब्दकोश में नहीं। हम रास्ते में आया रोड़ा हटाते नहीं, नष्ट कर देते हैं।'

## इलाके

पुराना माफिया पैर पसारने में भरोसा नहीं करता था। उसका उसूल—'जितनी चादर—उतना पैर पसारो' था। यही कारण था कि हाजी, करीम, वरदा, यूसुफ

मुंबई की सरहद में सिमटे रहे। यहाँ तक कि ठाणे से आगे बढ़ने की न सोची। इसके ठीक उलट नये छोकरों ने नयी ज़मीन तलाशी, नये बीज बोये, धन की नयी और बेपनाह फ़सल काटी।

## सम्पर्क

तब एक शहर से दूसरे शहर में बात करने के लिए घंटों फ़ोन के पास बैठना पड़ता था। हाजी या करीम को वह सुख न था जो आज के छोकरों को हासिल हुआ। टेलीफ़ोन सेवा में चमत्कारी सुधार ने नये माफिया को गति दी। पूरी दुनिया से उनका सम्पर्क अंगुलियों के अगले पोरों के जरिए होने लगा। अत्याधुनिक तकनीक ने भूमिगत संसार को असली ताकत बख़्शी।

## कमाई

जो काम दुबई सिंडिकेट करता था, वह हाजी जैसे बड़े खिलाड़ी भी करने का कभी सपना नहीं देख पाये। यह बात व्यापारिक बुद्धि के तेज़-तर्रार छोकरों ने नहीं मानी। वे सीधे दुबई सिंडिकेट का काम हथिया गये। हाथ में आयी धन की ताकत का इस्तेमाल खाड़ी देशों के अलावा अमरीकी, यूरोपीय, अफ्रीकी, थाई, मलेशियाई, नेपाली, पाक, अफगानी सरकारों के नुमाइंदों की झोलियाँ भरने में किया। बदले में उन्हें न केवल सोना-चाँदी बल्कि नशा और हथियार तस्करी के नये दाम भी मिले जिससे बेतहाशा कमाई हुई।

## क्रूरता

यूसुफ पटेल पर हाजी ने हमला क्या करवाया, पूरे देश में ऐसी सनसनी फैली कि न जाने क्या हो गया। बरसों तक इस एक मसले का जिक्र हर ज़ुबां पर रहा। अब आलम ये है कि हर दूसरे-तीसरे दिन एक लाश मिले तो भी अचरज नहीं होता। इस क्रूरता ने भी आज के काले संसार को शक्ति दी।

## अवाम

पुराने वक्त में माफिया का उसूल था, 'आम आदमी को नहीं सताना।' ऐसा नहीं होता था कि हाजी-करीम-यूसुफ-वरदा के लोग अवाम को आतंकित करें या मारें-काटें। इससे अलहदा वर्तमान माफिया ने 'सांड़ों की लड़ाई में बाड़ के नुक़सान' को उसूल बनाया।

## कारोबार

पुराना माफिया ऐसे कारोबार में था जिससे आम इनसान का न लेना-देना था, न कोई तकलीफ़। शराब-सोना-इलेक्ट्रॉनिक्स-कपड़ा तस्करी उनका आधार था। नये माफिया का नया कारोबार हफ्तावसूली, सुपारी हत्या, सम्पत्ति पर क़ब्जा, विवाद निपटारा बने, जो सीधे आमजन को परेशानी में डालते हैं। नये उच्छृंखल माफिया के लिए पैसा सब कुछ है। कोई जिए या मरे, उसे फ़र्क़ नहीं पड़ता। पैसे के लिए वह निरपराधों-निर्दोषों का रक्त बहाने के लिए सदा तैयार है।

## अर्थपिशाचों का सहयोग

पुराने माफिया को कारोबारियों-उद्योगपतियों का वैसा सहयोग न मिला, जैसा नये को। अर्थपिशाचों की नगरी मुंबई में मज़दूरों और हड़तालों से निपटने के लिए थैलीशाह हाजी-करीम के पास जाते तो वे इस पचड़े में नहीं पड़ते थे। नये माफिया ने इस ओर देखा तो सिक्कों की चमक ने उसे बेतहाशा आकर्षित किया। मुद्राराक्षसों ने माफिया के सहारे ख़ूब धन कमाया तो उन्हें दिया भी ख़ूब।

## ज़मीन

पुराने माफिया के पास बिल्डरों-भूसम्पदा से मालामाल लोग भी न थे। हाजी के वक्त में जिसने गरीबों के झोपड़ों-चालों को ताकत के बल पर तुड़वाना चाहा, उन्हें कभी अपने मंसूबे पूरे करने का मौक़ा न मिला। वर्तमान माफिया के लिए ग़रीब का दुख कोई माने नहीं रखता। धमकाने और दो-चार हत्या से भी अगर झोपड़पट्टी खाली न हो पायीं तो बस्तियों में आग लगवाने जैसी हरकतें तक कीं। इसके एवज़ में ख़ासी रकम पीटी। मौक़े की ज़मीनों के मालिक बिल्डरों की मनचाही कीमत पर राजी कैसे न होते। भू मालिक की कनपटी पर रखी पिस्तौल सब करवाती है।

## मांडवली

कारोबारियों ने जब पुराने माफिया के जरिए आपसी विवाद सुलटाने की कोशिश की तो भी यह ध्यान रखा जाता था कि ताकत का इस्तेमाल न करना पड़े। क़र्जदार यदि चुकतारे में सक्षम नहीं होता तो उसे साहूकार-व्यापारी से समय दिलवा देते थे। नया माफिया 20 से 30 फीसदी कमीशन हासिल करने के लिए क़र्जदार के घर-सम्पत्ति के दस्तावेज़ हासिल कर बेघर करते देर नहीं करता।

## एजेंसियाँ

एक और नयी बात जो पुरानों के पास न थी, वह है खुफिया एजेंसियों का सहारा। आईएसआई का धन, योजना, प्रशिक्षण, सहयोग पुरानों के पास न था। यह सुख नयों को मिला तो वे दुनिया के किसी भी कोने में कोई भी काम करने में सक्षम हो गये हैं।

## आतंकवाद

आतंकवाद नामक चीज़ तब किसी ने न सुनी थी। हाजी-वरदा के ज़माने में आतंकी होते और उनकी मदद लेते तो वे भी ख़ूब कमाते। नये जमाने के प्रतिनायकों को अतिवादियों ने अपने फ़ायदे के लिए इस्तेमाल किया। अश्विन ने लिट्टे के साथ नशा-हथियार तस्करी की, दाऊद ने इस्लामी आतंकी बनने में कसर न छोड़ी।

## मनोरंजन की दुनिया

पुराने माफिया का भी मनोरंजन के संसार में पैठ करने का नयों जैसा ही इरादा था लेकिन तब और अब में ख़ासा फ़र्क़ है। तब फ़िल्म सिर्फ़ थिएटर में चलती थी और गाने इपी-एलपी पर आते थे। पुराने माफिया के लिए फ़िल्मों में निवेश अच्छा विकल्प न था। जिसने निवेश किया भी, उसने नुक़सान ही उठाया। नयों के लिए नया ज़माना संगीत का बड़ा बाज़ार लाया। टेपरिकॉर्डर क्रान्ति ने संगीत को जन-जन का बना दिया। वीडियो आने से फ़िल्में घर-घर में जा पहुँचीं। निजी चैनलों के जरिए मनोरंजन की आँधी आम इनसान के घरों में जा घुसी तो यह बाज़ार भी वैश्विक हो गया। पूरी दुनिया में हिन्दी फ़िल्में प्रदर्शित होने लगीं।

अब एक हिन्दी फ़िल्म के 80 से अधिक अधिकार खरीदे-बेचे जाते हैं, जिससे फ़िल्म की लागत पूरी न सही, 75 से 90 फ़ीसदी निकल जाती है। यहाँ नये माफिया का निवेश सुरक्षित है। ऊपर से मज़ा ये कि ख़ूबसूरत अभिनेत्रियाँ उनके पलँग गर्म करती हैं, भांड-विदूषक उनका मनोरंजन करते हैं, अभिनेता बैठकों की शोभा बढ़ाते हैं, निर्माता-निर्देशक नतमस्तक सेवा करते हैं।

## आज़ादी

पुराने वक्त के माफिया सरगनाओं के लिए समाज में कभी कोई परेशानी नहीं थी। उनके दुश्मन जाँच व खुफिया एजेंसियाँ भले थीं, उनके अपने संसार के लोग न थे। वे मज़े से समाज में खुलेआम अकेले ही घूमते थे। बड़ी से बड़ी महफिलों

और दावतों में एक कार चालक के साथ ही अकेले जा पहुँचते थे। उनके साथ हथियारबन्द अंगरक्षकों के दस्ते नहीं होते थे।

वक्त बीता और जब नया माफिया वजूद में आया, यानी कि दाऊद इब्राहिम और उसके बाद का, तो हर गिरोह सरगना और इसके सिपहसालार के लिए ये ज़रूरी हो गया कि वह अपने साथ कम से कम एक तो हथियारबन्द अंगरक्षक साथ रख कर ही चले। कई गिरोहबाजों के साथ तो पूरा दस्ता चलता। उनकी कार निकलती तो एक किलोमीटर पहले से ही उस रास्ते पर अंगरक्षकों की कारें तैनात होने लगतीं। भाई की कार के आगे और पीछे दो-दो या पाँच-पाँच कारों का काफिला चलता। उनमें ख़तरनाक हथियारों से लैस गुंडों की फ़ौज होती जो किसी भी बुरे हाल में उनकी रक्षा के लिए चौकन्नी रहती थी।

## राजनीति

और अन्त में सबसे अहमतरीन नुक्ता जो वर्तमान माफिया की असली ताकत है। पुराने वक्त में न केवल माफिया के सिद्धान्त थे बल्कि राजनीति भी कुचक्रों-प्रपंचों-षड्यन्त्रों से परे थी। सत्ता के भूखे राजनीतिकों ने जब बाहुबलियों का सहारा विरोधियों के खात्मे हेतु या सत्ता सुख हासिल करने में किया तो माफिया को संरक्षण दिया। यह सुविधा हाजी-वरदा को मिली होती तो वे कहाँ से कहाँ जा पहुँचते। उनके राजनीतिक सम्बन्ध और सम्पर्क तो बहुतेरे थे लेकिन उस तरह से कभी अपने कामकाज के लिए वे इन सम्बन्धों और सम्पर्कों का दोहन नहीं कर सके, जैसा कि नये माफिया सरगनाओं ने किया। दाऊद का कांग्रेस के कुछ नेताओं और कार्यकर्ताओं से तो अरुण गवली का शिवसेना के कतिपय नेताओं-कार्यकर्ताओं से जुड़ाव कोई रहस्य नहीं। समाजवादी पार्टी के कुछ नेताओं का दाऊद गिरोह से जुड़ाव कई बार अख़बारों की सुर्खियाँ बन चुका है।

# गैंग हुए ग्लोबल

मायानगरी मुंबई के गिरोहों की माया अब सिर्फ़ राष्ट्रीय स्तर तक नहीं रह गयी है, अब तो गिरोह 'ग्लोबल' हो चुके हैं। डी-कम्पनी ने विश्व के दर्जन भर से अधिक देशों में पाँव पसारे हैं, कई सरगना या सिपहसालार विदेशों से गिरोहों का संचालन कर रहे हैं। दाऊद के लिए कराची भले ही सुरक्षित है लेकिन विश्व भर में उसके लोग हैं। राजन ने यूरोप से आस्ट्रेलिया होते हुए बैंकॉक, मलेशिया और स्विट्ज़रलैंड तक, अपने लिए पनाहगाह खोजीं। अबू सालेम की दुनिया दक्षिण अफ्रीकी देशों में स्थापित है, जहाँ अपराध करना मानो गर्व की बात है। अली बुदेश बहरीन में बैठा है। अश्विन नाईक कनाडा से अमरीका तक में दनदनाता रहा। गिरोहों के सरगना या सिपहसालार विदेशों में इस प्रकार विचरण करते हैं, मानो 'वसुधैव कुटुम्बकम्' को वे ही चरितार्थ कर रहे हैं।

## घर से दूर : घर के पास

उस दिन भारी उमस थी। गर्मियों के दिन आमतौर पर मुंबई में ख़ासे ख़राब होते हैं। गर्मियों में बहते पसीने से हर वक्त नहाए, मुंबई की सड़कों पर घूमना, एक खोजी पत्रकार की मजबूरी है। वह दिन मेरे लिए बढ़िया था। उस दोपहर नरीमन पाइंट स्थित एक्सप्रेस टॉवर्स की पहली मंज़िल पर दफ़्तर में विराजमान था। रात भर की मेहनत के नतीजे लेकर लम्बा लेख तैयार करने के लिए शब्दों और वाक्यों से जूझ रहा था। इस वक्त आमतौर पर दफ़्तर में शान्ति होती है क्योंकि स्टाफ कम होता है। दो-चार उपसम्पादकों के जिम्मे लेखों और फीचर का काम चलता है। तमाम महिला उपसम्पादक भी प्रेस में पेज बनवा रही थीं। वहाँ शान्ति का स्तर कुछ अधिक ही था। काम करने में मन लग रहा था कि सामने रखे फ़ोन की घंटी बजी। कार्यालय सहायक को इशारा किया कि फ़ोन उठाये। उस वक्त मेरे लिए फ़ोन आने का सवाल ही न था। उसने फ़ोन उठाया, कुछ सुना और बोला–

'आप बोल कौन रहे हैं?'

उधर से कुछ कहा गया।

'क्यों मज़ाक़ करते हैं भाईसाहब आप भी... सही नाम बोलिए...'

फिर उधर से कुछ कहा गया।

'अब देखिए, मैं ऐसे तो विवेकजी को फ़ोन दूँगा नहीं... आपको सही नाम बताना पड़ेगा...'

'क्या हुआ? कौन है?'

अब तक मेरी उत्सुकता भी जाग गयी थी। उसने जवाब दिया–

'कोई आदमी है... ख़ुद को शकील बताता है... छोटा शकील... बोलता है दुबई से बात कर रहा है... आपसे बात करनी है...'

'लाइए मैं देखता हूँ...'

मैंने फ़ोन ले लिया।

'जी हाँ, फरमाइए?'

'शकील बोल रहा हूँ... कैसे हैं आप विवेक भाई?'

'आप जानते हैं मुझे?' मैंने अचरज से कहा।

'क्यों नहीं जानता हूँ... आपके लिखे समाचार हर सुबह मुझे मिलते हैं...'

'कैसे भला? हमारा अख़बार सुबह चार-पाँच बजे छप कर आता है... तुरन्त दुबई जाता नहीं...वहाँ तो अगले दिन पहुँचता है...'

'हमारे लड़के वहाँ से हर रोज़ फैक्स से आपकी न्यूज भेजते हैं... वही पढ़ता हूँ...आप तो उसकी बात करते हैं... मैं दुनिया के किसी भी कोने में रहूँ... हर सुबह मेरे पास न्यूज के फैक्स ज़रूर पहुँचते हैं...'

'दुनिया के किसी भी कोने में का मतलब?'

'यानी कि सिर्फ़ दुबई में ही रह कर अपना काम चलने वाला नहीं है...हमें कभी हालैंड भी जाना होता है, तो सिंगापुर, बैंकॉक, मलेशिया, नेपाल भी जाते हैं...'

शकील से मेरी यह पहली बातचीत थी। उसकी आवाज़ कई बार पुलिस रिकार्ड में सुनी थी इसलिए पहचानने में गलती न हुई। वही मँजी हुई सलीकेदार आवाज़ जो मुहावरेदार और लच्छेदार भाषा की रवानी के दम पर अलग पहचानी जाती है। इस चर्चा से एक बात मन में उठी कि आख़िरकार 'कम्पनियों' का कारोबार कितना विस्तार पा चुका है कि कथित 'सीईओज़' और 'एक्जीक्यूटिव्ज' पूरी दुनिया में घूमते हैं?

## रहने को घर नहीं, सारा जहाँ हमारा

सीबीआई के तत्कालीन संयुक्त निदेशक नीरज कुमार इस बारे में कहते थे कि अब संगठित अपराधियों की ओर से जो चुनौती मिल रही है, वह दरअसल उनकी 'बहुराष्ट्रीय नागरिकता' है। वे मज़े से पूरी दुनिया में घूमते हैं और क़ानून व्यवस्था कायम करने वाली एजेंसियों को चकमा देते रहते हैं। हमारे पास अपराधियों का पीछा करने के लिए उतनी आज़ादी नहीं है।

आईबी, मुंबई पुलिस की अपराध शाखा, राज्य सीआईडी और अपराध जगत के सूत्र खँगाले तो पता चला कि 'डी-कम्पनी' का वैश्विक विस्तार सबसे अधिक है। बमकांड के प्रमुख खलनायक और सूत्रधार टाइगर मेमन ने सपरिवार कराची में पनाह ली है। पहले दाऊद और परिवार दुबई में रहता था लेकिन बमकांड के बाद उसे भी कराची जाना पड़ा। डर था कि भारत सरकार उसे दुबई से प्रत्यर्पित करवा लेगी। जब शकील पर हमले का नाटक हुआ, पाक सरकार ने आईएसआई के जरिए दाऊद और शकील को चुपचाप यूरोप भेज दिया ताकि भारत सरकार पाकिस्तान पर कूटनीतिक और राजनयिक दबाव पैदा न कर सके या दाऊद पर

वहाँ कोई हमला न कर दे। उसके सभी भाई, जिनमें नूरा और अनीस भी हैं, यहीं रहते हैं। जब दाऊद-शकील लौटे तो पेशावर के करीब खई नामक एक स्थान पर एकान्तवास में भेज दिया।

अबू सालेम पहले दक्षिण अफ्रीका के शहर जोहानिसबर्ग में रहा, उसके बाद वह लन्दन का निवासी बना, फिर न्यूजर्सी होते हुए न्यूयार्क में भी ठौर पाने जा पहुँचा। एक गुप्तचर एजेंसी के मुताबिक सालेम को न्यूयार्क में बच्चा भी हुआ है। इसी कारण वह चुपचाप न्यूयार्क गया था।

पता चला है कि राजन ने बैंकॉक में हमले के बाद स्विट्जरलैंड होते हुए हालैंड की राजधानी एम्सटर्डम को पनाहगाह बनाया। वह मलेशिया में भी रहा है। उसके लिए पूर्वी एशियाई देशों में रहना और घूमना वैसी बात है, जैसे कोई राज्य के विभिन्न शहरों में कारोबारी सिलसिले में आये-जाये।

कभी छोटा राजन गिरोह का सदस्य रहा सन्तोष शेट्टी क्वालालंपुर में मुख्य अड्डा बनाये रहा लेकिन वह भी औरों की तरह एशियाई देशों में लगातार स्थान बदलता रहता है। बाद में उसने अपना ठिकाना थाईलैंड के शहर बैंकॉक को बना लिया, जहाँ से उसे मुंबई पुलिस अधिकारियों ने गिरफ्तार कर लिया। नाना कम्पनी का शूटर यूसुफ बचकाना भी अमूमन इन्हीं देशों में रहता आया है।

राजन के करीबी सिपहसालार रहे बागी गुरु साटम और हेमन्त पुजारी, एजाज लकड़ावाला, रवि पुजारी गिरोह से बाहर हैं। गिरोह से अलग होने तक तो गुरु, हेमन्त और रवि भी, जहाँ यूरोप अथवा मलेशिया में रहते थे, एजाज लकड़ावाला नेपाल से ऑपरेट करता रहा।

अली बुदेश बहरीन से गिरोह संचालित करता रहा है। अब वह शान्त बैठा है। उसके साथ काम कर चुके एजाज पठान ने दुबई में पनाह ली थी। वह कुछ अर्सा पहले तक पाकिस्तान के शहर कराची में था, जहाँ दो बार जानलेवा हमलों के बाद अफ़ग़ानिस्तान-पाकिस्तान सीमा पर अपने पठानी रिश्तेदारों के सुरक्षित वातावरण में चला गया था। अनीस के कारण एजाज को दुबई से गिरफ्तार कर भारत वापस भेज दिया, जहाँ आर्थर रोड जेल में बीमारी के कारण उसकी बेहद दर्दनाक मौत हुई।

डी-कम्पनी का शूटर भरत नेपाली क्वालालंपुर में रहा। उसके बाद भरत ने भी कई ठिकाने बदले। चूँकि वह राजन से अलग हो गया था, उसके लिए

ख़तरा भी बढ़ चुका था। उसने बाद में वियतनाम से बैंकॉक तक कई देशों में ठिकाने बनाये।

इसी गिरोह के लिए काम कर रहा कय्यूम दुबई से कामकाज देखता रहा है। दाऊद का करीबी सिपहसालार और तस्कर मुतप्पा राई दुबई में था, जहाँ से उसे भारत ने 2002 मध्य में प्रत्यर्पित करने में सफलता हासिल की। बताते हैं कि नाना कम्पनी ने उस पर बंगलूर अदालत में गोलीबारी की थी लेकिन वह बच गया। वह शरद शेट्टी का करीबी साथी है।

डी-कम्पनी के लिए तस्करी करने वाला आफताब बटकी कराची से कामकाज देखता है। उसका एक ठिकाना दुबई भी है। इसी गिरोह का शकील लम्बू दुबई में रहा है तो ताहिर टकला कराची में रहता है।

डी-कम्पनी से जुड़ा रहा है शरद शेट्टी। उसने अड्डा दुबई में बना रखा था लेकिन उसका नशा कारोबार तब तक यूरोप समेत दक्षिण अफ्रीका के कई देशों में निर्बाध जारी रहा, जब तक कि छोटा राजन के गुंडों ने उसे दुबई में इंडिया क्लब के अन्दर गोलियों से न भून दिया।

इक़बाल मिर्ची एक नामचीन नशा माफिया रहा है। उसके दाऊद से सम्बन्ध जगजाहिर हैं। वह लन्दन में लाखों पौंड के बँगले में रहता आया है। कहते हैं कि उसने दुबई में भी ठिकाना बना रखा था। इक़बाल वहाँ भी काफ़ी वक्त गुज़ारता रहा है। उसके पास सोमालियाई नागरिकता एवं पासपोर्ट भी रहे हैं। इनके प्रयोग कर वह दुनिया भर में घूमता रहा है। उसकी दिल का दौरा पड़ने से 2014 में मौत हो गयी।

मिर्ची का करीबी साथी दाऊद हैदर मडिया 1998 में एक जोहानिसबर्ग में देखा और पकड़ा गया था। वह नशा तस्करी में काफ़ी नाम कमा चुका है तथा दुनिया के कई देशों की पुलिस उसे तलाश रही है। अब वह गायब है।

विक्की गोस्वामी दुबई जेल में आठ साल काट चुका है क्योंकि उसके ख़िलाफ दुबई में मेंड्रेक्स बनाने का कारखाना चलाने और तस्करी के मामले में सज़ा हो गयी। वह रिहा हुआ तो दक्षिण अफ्रीका के किसी देश में पनाह लेने की सम्भावनाएँ दरकिनार करते हुए लन्दन के एक पॉश इलाके में लाखों पौंड का बँगला लेकर रहने लगा। बाद में वह कीनिया रहने लगा।

संजय खन्ना दुबई में बैठकर बबलू श्रीवास्तव का काम सँभालता है। बबलू को 1995 में सिंगापुर से इंटरपोल के रेड कॉर्नर नोटिस पर पकड़ा और प्रत्यर्पित

किया जा चुका है। वह भी पूरी दुनिया के देशों में इस तरह घूमता रहा मानो मुंबई के उपनगरों में आ-जा रहा हो।

22 मई 2005 को मलेशिया से चौंकाने वाली ख़बर आयी इसने न केवल मीडिया बल्कि महाराष्ट्र पुलिस और मुंबई माफिया में सनसनी फैला दी। ख़बर आयी कि सुरेश कृष्णकान्त शर्मा की कुआलालंपुर से 40 किलोमीटर दूर सेरेंदाह के करीब स्थित कामपुंग कोस्कान में बने एक फार्म हाउस में हत्या हो गयी है। बाद में पता चला कि वह तो छोटा राजन गिरोह के सबसे ख़ास साथियों में से एक बालू डोकरे था। पुलिस को जानकारी हासिल हुई कि बालू ने कुछ समय इंडोनेशिया में भी बिताया था। इसके सबूत लाश की पतलून में मिले पर्स ने उगले। उसमें बैंक ऑफ इंडोनेशिया से ज़ारी क्रेडिट कार्ड समेत कुछ छोटे-मोटे दस्तावेज़ व चिह्न मिले थे। बालू को जानने वाले बताते हैं कि वह नेपाल में भी काफ़ी समय रहा था है।

जहाँगीर शेख़ उर्फ़ जहाँगीर बंगाली, मो. अली उर्फ़ विक्रम परमार उर्फ़ छप्पनटिकली और सैयद जहाँगीर कल्बे उर्फ़ शहाबुद्दीन के बारे में यह आम है कि वे तीनों छोटा शकील उर्फ़ सीएस उर्फ़ छोटे हाजी के सबसे ख़ास साथी हैं। ये तीनों पिछले एक दशक से माफिया में सक्रिय हैं और डी-कम्पनी के लिए कामकाज देखते हैं। तीनों ने बांग्लादेश के जोसोर शहर में ठिकाना बनाया था। वहाँ जब गुलशन हत्याकांड के जेल से फरार आरोपी अब्दुल रऊफ मर्चेंट समेत डी-कम्पनी के 8 गुंडों की गिरफ्तारियाँ हुईं, तो तीनों घबरा गये और भाग निकले।

बांग्लादेश में छोटा शकील का रिश्तेदार आरिफ मिर्ज़ा बेग भी रहता था। वह पहले चीन गया, वहाँ से श्रीलंका गया, फिर पुलिस से पूरी सेटिंग कर मुंबई आ गया। पुलिस ने उसे मुंबई में गिरफ्तार दिखा दिया, इस तरह उसकी जान बच गयी।

## डी-कम्पनी का नया ठिकाना कीनिया

दिसम्बर 2012 में यह ख़बर आयी कि डी-कम्पनी ने नया ठिकाना एक अफ्रीकी देश कीनिया में बनाया है। दाऊद के बारे में यह आम है कि दक्षिण अफ्रीका में उसने कई किस्म के कारोबार खड़े कर लिए हैं। इनमें तेलकूप, सोने की खदानें, नशा कारोबार और आपराधिक गिरोहों को छोटे हथियारों की आपूर्ति करना है।

दक्षिण अफ्रीका से मादक पदार्थों की तस्करी की जानकारी तो विश्व के कई खुफिया और जाँच संगठनों द्वारा दी जाती रही है।

सब जानते हैं कि दाऊद पाक-अफ़गान फ्रंटियर के पठान गिरोहों से सबसे अच्छी किस्म के नशीले पदार्थ खरीद कर उनकी तस्करी पूरी दुनिया में करवाता है। 9/11 के बाद उस पट्टी पर अमरीकी सेनाओं का दबाव बढ़ा है। सीआईए और एफबीआई की ख़ास तौर पर इन इलाकों पर नज़र रहती है। नशा तस्करी में आने वाली अड़चनों के चलते उसने नया मोर्चा खोला। दाऊद के सिपहसालारों ने कुछ अफ्रीकी देशों से भी नशा तस्करी करना शुरू की। ये देश किसी भी कीमत पर पैसे कमाने को तवज्जो देते हैं। इसके चलते वहाँ विदेशी खुफिया व जाँच एजेंसियों और इंटरपोल के लिए काम करना मुश्किल होता है। यही कारण है कि कीनिया भी उनके लिए एक सुरक्षित ठिकाना बन चला। पूर्व आईपीएस अधिकारी वायपी सिंह कहते हैं कि इस तरह माफिया अपने लिए एक अच्छा बचाव का स्थान खोज पाया है। इन देशों में दाऊद ही नहीं अन्य अपराधियों को भी अच्छा समर्थन मिलता है। वे बेधड़क तमाम गतिविधियाँ वहाँ से संचालित करते हैं।

अपराध शाखा सूत्रों के मुताबिक़ नूरा इब्राहिम की रहमान डकैत द्वारा कराची में हत्या करने के बाद दाऊद के लिए ख़ासी परेशानियाँ खड़ी होने लगी थीं। उसका नशे और हवाला का कामकाज ध्वस्त होने लगा था। उसके बाद दाऊद के भाई अनीस और छोटा शकील ने कीनिया में वैध और अवैध व्यापार की व्यवस्था की।

वैध कारोबार की आड़ में डी-कम्पनी का नशे का धन्धा और उससे जुड़े लेन-देन के साथ हफ्तावसूली कारोबार भी शुरू हुआ। खुफिया सूत्रों के मुताबिक कीनिया से वैध कारोबार के नाम पर यूरोप, अमेरिका समेत कई अफ्रीकी देशों में भी नशा तस्करी हो रही है। अपराध शाखा के एक वरिष्ठ अधिकारी ने नाम न छापने की शर्त पर बताया, 'हमें यह तो पता है कि शकील और अनीस लगातार कीनिया जा रहे हैं लेकिन उनके बारे में पुख्ता जानकारी नहीं मिली कि उनके नकली पासपोर्ट किस नाम से हैं। एक बार यह जानकारी मिलते ही, उन्हें बजरिए इंटरपोल गिरफ्तार करवाने की कोशिश करेंगे। इनमें से एक भी हाथ आ गया तो तय है कि डी-कम्पनी का पूरा क़िला ही ध्वस्त कर देंगे।'

पता चला है कि अनीस और शकील इन दिनों अधिकांश समय कीनिया में बिता रहे हैं। वे यहाँ फ़र्जी नामों और पाक पासपोर्ट पर आते-जाते हैं। वे यहाँ से एशियाई देशों में आपराधिक गतिविधियाँ चला रहे हैं। अपराध शाखा सूत्रों के अनुसार पिछले कुछ महीनों से इंटरपोल और भारतीय खुफिया एजेंसियों के बढ़ते दबाव से खाड़ी देशों में डी-कम्पनी ने गतिविधियाँ कम कर दी हैं। वहाँ हवाला, क्रिकेट मैच फिक्सिंग और सट्टेबाजी, मनी लाँडरिंग जैसे कई काम बन्द किये हैं। हफ्तावसूली के लिए भी यहाँ से वीडियो कान्फ्रेंसिंग से भी धमकियाँ दी जा रही थीं, जिसे अब कीनिया से किया जा रहा है।

अपराध जगत सूत्रों के मुताबिक एक छोटे अफ्रीकी देश के दूतावास में डी-कम्पनी की मज़बूत पकड़ के कारण पूरा गिरोह मज़े से काली दुनिया के काले कारोबार आसानी से कर रहा है। सूत्रों का कहना है कि अमेरिकी गुप्तचर संगठन सीआईए के एजेंट डी-कम्पनी की हर हरकत पर निगाहें जमाये हैं।

मुंबई पुलिस के आला अधिकारी भले कीनिया से चल रहे काले कारोबार की अधिकृत पुष्टि नहीं करते, इतना ज़रूर कहते हैं कि यह जानकारी पुख्ता है। गिरोह की कराची व इस्लामाबाद से गतिविधियों में ख़ासी कमी आयी है। वे कहते हैं कि पाकिस्तान में लगातार दाऊद के लिए समस्याएँ न केवल बढ़ रही हैं बल्कि वह ख़ुद ख़ासी तकलीफ़ महसूस करने लगा है। वहाँ राजनीतिक और सुरक्षा के लिहाज़ से हालात बिगड़ते जा रहे हैं। देश-विदेश की तमाम खुफिया एजेंसियों की निगरानी इतनी बढ़ चुकी है कि लोगों से सम्पर्क करने में भी परेशानी आने लगी है।

## दिल्ली दलन में जुटे क्षत्रप

मुंबई पुलिस के भारी दबाव के चलते माफिया ने दिल्ली के अपहरण उद्योग पर शिकंजा कसा है। कल तक दिल्ली का करोड़ों रुपयों का अपराध जगत उत्तर प्रदेश और बिहार की निजी सेनाओं जैसे छुटभैये गिरोहों के हाथों में था। अब कमान मुंबई माफिया के हाथों में आ गयी है। डी-कम्पनी पहले से ही वहाँ स्थापित थी, राजन और अली ने भी पाँव पसारे हैं। अली को बबलू से भी सहयोग मिला। अली-बबलू का सबसे ख़ास सहयोगी फ़ज़लू रहमान पूरे गिरोह के साथ दिल्ली में पाँव पसारे। वे दोनों हाथ मिला चुके थे।

कुछ अर्सा पहले दिल्ली में बहरीन निवासी एनआरआई तैखत सिद्दिक अपहरण कांड में भारी फसाद छाया था। इस सिलसिले में अली-बबलू गिरोह के तीन गुंडों को पुलिस मार चुकी है। सिद्दिक को पुलिस ने गुंडों की पकड़ से आजाद करवा लिया। राजन के ख़ास साथी रहे ओपी सिंह के मार्च 2001 में दिल्ली से गिरफ्तार होने से यह पक्का हो गया कि उसके लोगों ने भी दिल्ली में डेरा डाल रखा है।

दिल्ली की बात हो, और रोमेश शर्मा की न हो तो, यह मामला अधूरा ही रह जायेगा। दिल्ली में दाऊद के लिए पकड़ बनाने का असली काम किसी ने किया तो वह रोमेश शर्मा ही था। रोमेश ने तो दिल्ली विधानसभा चुनावों में अपने उम्मीदवार उतार कर गिरोह की ताकत बढ़ाने का बड़ा ही नायाब नुस्खा निकाला था। वह तो रोमेश शर्मा की हरकतें ही कुछ ऐसी थीं कि पुलिस ने उसे वक्त के पहले धर दबोचा।

मुंबई पुलिस के वरिष्ठ अधिकारी मानते हैं कि सन 2000 से डी-कम्पनी की गतिविधियाँ दिल्ली में काफ़ी बढ़ीं। 23 मई 2000 में दिल्ली पुलिस ने डी-कम्पनी के एक गुंडे आफताब को गिरफ्तार किया। उसने बताया कि एक टाइल व्यापारी विजय तलवार से 25 करोड़ रुपये वसूलने के लिए भेजा गया है। एक पाकिस्तानी फाइनेंसर से मिल कर दुबई में कारोबार जमाने की कोशिश की जो असफल रही। पैसे वापस न मिले तो पाकिस्तानी फाइनेंसर ने आईएसआई से सम्पर्क किया। वहाँ से मामला दाऊद को सौंपा गया।

सन 2001 में डी-कम्पनी ने लोकप्रिय पॉप गायक दलेर मेंहदी पर मालवीय नगर में गोलियाँ भी चलाईं। अपराध जगत सूत्रों के मुताबिक 10 करोड़ रुपये चुकाने के लिए दी धमकियों का जब दलेर पर असर न हुआ तो दिल्ली में वेतनभोगी शूटरों के जरिए चेतावनी देने के लिए कुछ गोलियाँ चलवाईं। डी-कम्पनी का ही एक गुंडा दया शेट्टी मोरक्को में रहता है और दिल्ली की कमान सँभाले है।

अबू सालेम डी-कम्पनी से अलग हो गया लेकिन वह दक्षिण अफ्रीका से दिल्ली में हफ्तावसूली कर रहा था। उसके बारे में पता किया तो इतने देशों के नाम मिले, जहाँ वह रहा है कि यहाँ सारे नाम बताना भी सम्भव नहीं। लेख के अन्त में उन नामों की फेहरिस्त है, उसका आखिरी पड़ाव एम्सटर्डम था, जहाँ से पुलिस ने उसे गिरफ्तार कर भारत भेजा।

मुंबई पुलिस के मुताबिक दुबई या अन्य खाड़ी देशों में रहने वाले डी-कम्पनी के गुंडे दिल्ली के व्यापारियों और धनिकों को धमकाने के लिए रोमिंग सिम-कार्ड का इस्तेमाल कर रहे हैं।

मुंबई पुलिस के अधिकारी बताते हैं कि फ़ज़लू को दिल्ली पुलिस ने जुलाई 1997 में गिरफ्तार किया लेकिन जमानत पाते ही वह दुबई भाग गया। वहाँ से पूरे भारत में आपराधिक गतिविधियाँ संचालित करता रहा। 1998 में इरफान गोगा की दुबई में हत्या हो गयी। फ़ज़लू अब तक तो दुबई में स्थापित हो चुका था लेकिन गोगा की हत्या से उसे परेशानियाँ झेलनी पड़ीं। यह तकलीफ़ अधिक दिनों तक नहीं रही। यहाँ से वह मलेशिया गया। पुलिस अधिकारियों के मुताबिक फ़ज़लू ने अपना गिरोह 1998 में स्थापित किया था।

फ़ज़लू रहमान अन्य गिरोहबाजों से दो क़दम आगे निकल गया। उसने दिल्ली में एक अन्तरराष्ट्रीय बैंक के दो अधिकारियों को ching.chin.chong.007@hotmail.com ई-मेल एड्रेस से मेल भेजी और 50 लाख रुपये हफ्ता माँगा। जब उन्होंने इनकार किया तो फ़ज़लू धमकाने लगा। गिरोहबाज के भय से बैंक अधिकारी तबादला करवा कर सबकी नज़रों से ही ग़ायब हो गये।

मुम्बइया गिरोहों द्वारा दिल्ली के जिन लोगों को धमकियाँ मिलीं, उनमें जौहरी विजय खन्ना, वस्त्र व्यापारी अशोक जैन, इलेक्ट्रॉनिक्स व्यापारी जगदीश वंजानी शामिल हैं। एक सम्पत्ति दलाल वेद चौधरी ने आदित्य गुप्ता को ग्रीन पार्क इलाके का एक भूखंड 32 लाख रुपये में बेचा। जब उसके भाव गिरे तो गुप्ता द्वारा पैसे वापस माँगने पर चौधरी ने इनकार कर दिया। इसके बाद गुप्ता ने अनीस से मामला पटाने के लिए कहा था।

अनीस के एक रिश्तेदार और दुबई से ऑपरेट करने वाले सलीम छिपरू उर्फ़ सिकन्दर ने चौधरी को धमकाया कि पूरे पैसे 60 फीसदी ब्याज के हिसाब से वापस करे क्योंकि सम्पत्ति खरीदने में उसका पैसा लगा था। उन्हें सपरिवार हत्या की धमकियाँ दीं। चौधरी का बेटा जिस बाल भारती एयर फोर्स स्कूल में पढ़ता है, वहाँ के 13 वर्षीय एक छात्र की किसी ने गोली मार कर हत्या कर दी तो सिकन्दर ने फ़ोन पर चौधरी से कहा कि उसके लोग हर बार गलत निशाना नहीं लगाने वाले। यह सुनते ही चौधरी ने अपने बेटे को किसी और शहर के स्कूल में भर्ती करवाया। अपनी सुरक्षा कड़ी की। रकम चुकाई या नहीं, यह आज तक रहस्य बना हुआ है।

## पश्चिम से उत्तर की ओर

अपराध जगत अपना कामकाज भारत के उत्तरी हिस्से में भी ले गया। मुंबई में पुलिस की मुठभेड़ नीति, अर्थव्यवस्था खराब होने, भवन निर्माण कारोबार ध्वस्त होने, होटलों और शराबखानों की आय घटने, शेयर बाज़ार के औंधे मुँह गिरने, मुंबई में नयी भर्तियाँ आसानी से न मिलने, गिरोहों की आपसी प्रतिद्वन्द्विता बढ़ने से उत्तर भारत में ये गिरोह गये। वहाँ मुंबई माफिया ने तेज़ी से विस्तार किया।

एक तरफ़ जहाँ मुंबई माफिया के निर्विवाद नम्बर वन दाऊद का लम्बे समय से उत्तर भारत में कामकाज था, उसके सबसे बड़े दुश्मन और मुंबई माफिया में नम्बर दो राजन ने उसके इलाकों में घुस कर वार शुरू कर दिया। दाऊद की उत्तर भारतीय पकड़ को वह कमज़ोर कर रहा है। राजन इस कोशिश में है कि अपने गिरोह की गतिविधियों को न केवल उत्तर प्रदेश बल्कि बिहार, झारखंड, राजस्थान, मध्यप्रदेश, छत्तीसगढ़, हिमाचल प्रदेश, दिल्ली में भी विस्तार दे।

महाराष्ट्र राज्य खुफिया पुलिस के एक अधिकारी कहते हैं, 'हमें उत्तर प्रदेश, बिहार, उत्तरांचल, मध्यप्रदेश और दिल्ली से मुंबई माफिया के बारे में काफ़ी सारी सूचनाएँ मिली हैं कि वे इन इलाकों में कामकाज कर रहे हैं। इन राज्यों के अधिकारी हमसे गिरोहबाजों और अपराधियों की जानकारियाँ चाहते हैं जो हम तुरन्त मुहैया करवाते हैं। उनकी कार्यशैली, हथियारों और अन्य जानकारियाँ भी देते हैं।' वे आगे बताते हैं, 'दिल्ली में डी-कम्पनी के सदस्य 1990 से हैं। यहाँ उनका तगड़ा 'होल्ड' रहा है। राजधानी के अपराध जगत में दबदबा कायम करने के इच्छुक छुटभैये अपराधियों की बड़ी जमात उनसे जुड़ी। उन्हें लगा कि डी-कम्पनी से संरक्षण के अलावा ज़रूरत पड़ने पर पीछे से सहयोग भी मिलेगा, उनके राजनीतिक आकाओं से परेशानियों का हल भी हासिल होगा। डी-कम्पनी दिल्ली और आसपास अपहरण, हफ्तावसूली, सुपारी हत्या, सम्पत्ति विवाद निपटारे, हथियारों की ख़रीद-फरोख़्त जैसे अपराधों में लिप्त हो चली।'

नाना कम्पनी ने उत्तर प्रदेश और बिहार में डी-कम्पनी को तगड़े झटके दिये। इसके कारण इन इलाकों में बड़े पैमाने पर ख़ूनी गिरोह युद्ध छिड़ने की सम्भावना

भी बन गयी। पहले भी उत्तर भारत में गिरोहों की आपसी रंजिश में सड़कों पर काफ़ी रक्तपात हो चुका है। 90 के दशक में यह सम्भावना बन चली थी कि यदि डी और नाना-कम्पनी के बीच उत्तर भारत में युद्ध होता तो अब तक का सबसे बड़ा और रक्तरंजित होता।

एक सूत्र का कहना है कि दोनों गिरोहों के अलावा दाऊद विरोधी सिंडिकेट संयोजक अली ने बबलू श्रीवास्तव से हाथ मिला कर इस इलाके में काम शुरू किया था। वह भी स्थानीय अपहरण उद्योग में शामिल हो गया और ख़ूब पैसा बनाया।

यह भी पता चला कि राजन गिरोह ने 90 के दशक में उत्तर प्रदेश के नौ बड़े व्यापारियों और उद्योगपतियों का अपहरण कर रिहाई के लिए 25 करोड़ की राशि वसूली। इसे लेकर काफ़ी बखेड़ा खड़ा हुआ। उद्योगपतियों-व्यापारियों का एक प्रतिनिधि मंडल तत्कालीन मुख्यमन्त्री राजनाथ सिंह से मिला और मुंबई माफिया की लड़ाई में पिसने से बचाने की माँग की लेकिन श्री सिंह भी कुछ कर नहीं पाये। राजन बदस्तूर धनी व्यक्तियों से अपहरण कर वसूली करता रहा।

पता चला कि डी-कम्पनी ने राजन से अपने इलाके वापस छीनने के लिए लड़ाई छेड़ने की तैयारी की थी। मसाला महाराज अरुण गुप्ता अपहरण में राजन का हाथ था। उनके परिवार से गिरोह ने पाँच करोड़ रुपये माँगे। गुंडे अपहरण के बाद धमकियाँ देने और फिरौती वसूलने के लिए टेलीकान्फ्रेंसिंग से बात करते रहे। पुलिस को गुंडों के सही ठिकाने की जानकारी नहीं मिल पायी। उत्तर प्रदेश के बड़े पान मसाला उद्योगपति मोहित शुक्ला का अपहरण भी इसी तरह हुआ।

एक खुफिया अधिकारी कहते हैं, 'मुंबई में पुलिस के दबाव और उद्योग-व्यापार में धन की कमी से माफिया ने बिहार-उत्तर प्रदेश के अपहरण उद्योग पर शिकंजा कसा। करोड़ों रुपयों का अपहरण उद्योग उत्तर प्रदेश और बिहार के छुटभैये गिरोहों के पास कल तक था, सन 95 के बाद वह कमान मुंबई के संगठित गिरोहों के हाथों में चली गयी। डी-कम्पनी पहले से उत्तर प्रदेश-बिहार में स्थापित थी, राजन और अली बुदेश ने भी पाँव पसार लिए तो स्थिति बदल गयी। इससे गवली और अश्विन अलग ही रहे। अली को उत्तर प्रदेश के माफिया सरगना

बबलू से सहयोग मिला।' वे बताते हैं कि एक तरफ़ जहाँ उत्तर प्रदेश में नौ से अधिक अपहरणों से 25 करोड़ रुपये हथियाने वाले राजन ने बाकी गिरोहबाजों को काफ़ी पीछे धकेल दिया, वहीं आईएसआई की मदद मिलने के बावजूद दाऊद का पलड़ा हल्का पड़ता चला गया।

राजन की उत्तर प्रदेश घुसपैठ के पीछे मंशा गिरोह की आर्थिक हालत ठीक करना भी रही है। उसे गिरोह में नयी भर्ती के लिए उत्तर प्रदेश-बिहार की बेरोज़गार सेना से ढेरों युवक मिल सकते थे। इसकी पुष्टि उत्तर प्रदेश के तत्कालीन पुलिस महानिदेशक महेशचन्द्र द्विवेदी ने की थी कि कई इलाकों में डी-कम्पनी ने तेजी से पाँव पसारे।

खुफिया रपटें कहती थीं कि डी-कम्पनी ने आत्मघाती दस्तों की स्थापना के लिए यहाँ काम शुरू किया था। ये दस्ते बमों से लैस होते। इन्हें निश्चित ठिकानों पर जाकर लिट्टे या लश्कर-ए-तोयबा आतंकवादियों सरीखी कार्रवाई करनी थी।

सूत्रों के मुताबिक़ आजमगढ़ और बहराइच ज़िलों से काफ़ी तादाद में युवकों और किशोरों को यह काम करने के लिए भर्ती किया। इसके लिए दाऊद एक बार नेपाल भी जा चुका है। 90 के दशक में दाऊद नशा तस्कर तौफीक जलियांवाला की बेटी के विवाह में शामिल होने दुबई आया। उसी दौरान वह नेपाल गया। नेपाल आने का ख़तरा उसने सिर्फ़ इस वजह से उठाया ताकि उत्तर प्रदेश में गिरोह की पुनर्रचना सलीके से हो सके। इसकी ज़िम्मेदारी उत्तर प्रदेश के सिपहसालार इरफान को सौंपी जो शकील का कारिन्दा है।

इरफान ने कुछ अर्से में उत्तर प्रदेश के देवरिया, आजमगढ़, बहराइच, सुल्तानपुर, गोरखपुर, फैजाबाद का सघन दौरा किया। उसके यहाँ जाने और युवकों को भर्ती करने के समाचार खुफिया एजेंसियों ने समय-समय पर स्थानीय पुलिस को भेजे। डी-कम्पनी 600 किमी लम्बी खुली उत्तर प्रदेश-नेपाल सीमा का फ़ायदा उठाती है। गुंडे उत्तर प्रदेश में अपराध करके बचने के लिए नेपाल चले जाते हैं। यह बात मुंबई के अपराध जगत में किसी के गले नहीं उतरी कि डी-कम्पनी आत्मघाती हमले करना चाहती है। ऐसा एक भी मामला आज तक देखने में नहीं आया।

## गोवा में गरजीं बन्दूकें

मुंबई माफिया को गोवा भी माफिक आ गया। महाराष्ट्र के छोटे-छोटे शहरों में अड्डे बनाने के बाद गिरोहों को ऐसे स्थान की ज़रूरत थी, जहाँ बिना निगाहों में आये काम कर सकें। उनकी निगाह गोवा पर गयी। मुंबई पुलिस की अपराध शाखा के एक अधिकारी कहते हैं, 'निश्चित तौर पर गोवा मुंबई माफिया के लिए स्वर्ग है। गोवा के लोग लापरवाह, बिन्दास और बेखौफ जीते हैं। उन्हें किसी से लेना-देना नहीं। वे अपनी मस्ती में रहते हैं। पर्यटक उनकी ज़िन्दगी का प्रमुख अंग हैं। गुंडों के सिर पर सींग तो हैं नहीं कि पता चल जाये। गुंडों का वहाँ जाना, रहना और ऑपरेट करना बड़ी बात नहीं।'

गोवा में सबसे पहले नाना कम्पनी ने सुरक्षित पनाहगाह तलाशी। गोवा के मापुसा कस्बे में 22 सितम्बर 1998 को एक जौहरी को लूटने की कोशिश कर नाना कम्पनी ने जतलाया कि इस शान्त वातावरण में वे ज़हर घोलने आ पहुँचे हैं। यह कहना गलत होगा कि मुंबई माफिया के पहुँचने से गोवा के वातावरण में ज़हर घुला है। स्थानीय नशे के ज़हरीले जीवों का मुक़ाबला करने का साहस तो पुलिस में भी नहीं है। आख़िरकार यूँ ही गोवा के पूर्व मुख्यमंत्रियों पर तस्करों और अपराधियों को शह देने के आरोप नहीं लगते रहे।

गोवा में अपराधियों के दुस्साहस का एक नमूना देखिए। एक कांस्टेबल ने लूटपाट का नजारा देखा तो लुटेरों को रोकना चाहा। गिरोहबाजों ने कांस्टेबल पर गोलियाँ दाग दीं। वह घायल हो गया और गुंडे फरार हो गये।

बाद में महाराष्ट्र पुलिस ने गोवा सीमा पर मालेवाड़ी बस स्टैंड पर एक गुंडे कमलेश साटम को धर दबोचा। उसका साथी यूसुफ शेख़ फरार हो गया। पुलिस को सूचना मिली थी कि इन्होंने दाऊद के ख़ास साथी इस्माइल मलाबारी की हत्या की थी। इनकी हत्या का फरमान दाऊद ने जारी किया था। इसी कारण वे गोवा भागे थे। वहाँ भी वे बाज नहीं आये और गोवा से भागना पड़ा। गोवा पुलिस ने बताया कि दो वैन में भरे लगभग 10 गुंडे जौहरी को लूटने पहुँचे थे। कमलेश से पुलिस ने एक लाख रुपये के स्वर्ण आभूषण और हीरे, एक रिवाल्वर और कुछ गोलियाँ बरामद किये। पुलिस बताती है कि उन दिनों गोवा में राजन के गुंडे हर तरफ़ फैल चुके थे।

## गुजरात में बारूद

भले ही गाँधी जी ने गुजरात को कार्यक्षेत्र बनाया... अहिंसा की रणभेरी फूँक यहीं से दुनिया को 'अंहिसा का गाँधीवाद' थमाया... लेकिन उनकी आँखें मुँदते ही जो कुछ गुजरात में शुरू हुआ... यदि गाँधी जीवित होते तो यह सब देख आमरण अनशन शुरू कर देते। यह सच है कि अहिंसा का असर इनसानी रक्त पीने वाले हिंसा के पुजारी प्रेतों के नर्तन पर नहीं होता। गुजरात की राजनीति व कारोबार का आधार पूरी तरह गिरोह हैं तो फिर उन्हें भी भय कैसा।

गुजरात की समन्दर किनारे फैली पूरी पट्टी डी-कम्पनी का गढ़ है। कराची से यहाँ तक चन्द घंटों में नशा, हथियार, सोने-चाँदी की खेप जा पहुँचती हैं।

अहमदाबाद, जामनगर, कच्छ का पूरा इलाका दाऊद के इशारे पर नाचता है। अब्दुल लतीफ जैसे शराब तस्कर और हत्यारे भी दाऊद का दामन थामे रहे हैं। तटवर्ती पट्टी पर उसके सिपहसालार और सहयोगी करोड़ों रुपये के सामान, हथियार, गोला-बारूद और नशे की तस्करी करते हैं। दाऊद का तस्कर सिंडिकेट यहाँ से आईएसआई एजेंटों को भारत भेजता है।

गुजरात को आसिफ अबू बकर मंसूर उर्फ़ बाछे समेत 24 गुंडे चला रहे हैं। मिरजापुर में 16 दिसम्बर 2000 की दोपहर डी-कम्पनी के एक सुपारी हत्यारे ने टाडा बन्दी जयप्रकाश ठाकुर उर्फ़ बच्ची सिंह को गोलियों से भूना। दिनदहाड़े हुई इस वारदात ने स्थापित कर दिया कि गुजरात में मुंबई माफिया के पैर जम चुके हैं। हत्यारा टहलता हुआ गया। उसे पकड़ने की न लोगों ने हिम्मत की, न पुलिस तलाश कर पायी। ऊपर से तुर्रा ये कि अपराधियों को पकड़ने की बजाय पुलिस बयान देती है, 'हम नागरिकों को भरोसा दिलाना चाहते हैं कि उन्हें नुक़सान नहीं होगा। टाडा आरोपी की हत्या गिरोहों की दुश्मनी के चलते हुई। बच्ची सिंह को गोली मार दी लेकिन हत्यारे ने आम आदमी को नुक़सान नहीं पहुँचाया।'

तत्कालीन सहायक आयुक्त (अपराध) सुभाष त्रिवेदी का यह बयान एक पुलिस अधिकारी की बजाय बेबस इनसान की हिम्मतपस्त टिप्पणी है। लगा डी-कम्पनी का प्रवक्ता जनता को आगाह कर रहा है कि 'तुम लोग को तकलीफ़ नहीं देंगा, तुम अपना काम करो, हम अपना करेंगा।' ये वही सुभाष त्रिवेदी हैं जिन्होंने 1999 में बबलू या दाऊद से जुड़े 10 गुंडों को गिरफ्तार किया था।

तत्कालीन पुलिस महानिदेशक (खुफिया शाखा) आरएन भट्टाचार्य स्वीकारते हैं कि मुंबई के गिरोह महाराष्ट्र से खदेड़े गये हैं इसलिए गुजरात आने लगे हैं। वे कहते हैं, 'वे राज्य में पनाह लेने आते हैं, यहाँ से काम करने की कोशिश नहीं कर रहे।'

जबसे गिरोहों ने पूरी दुनिया को पददलित करना प्रारम्भ किया है, तबसे मुंबई पुलिस के लिए ही नहीं, भारतीय पुलिस के लिए भी एक नया सिरदर्द खड़ा हो गया है। इसके कारण न केवल अपराधों को सुलझाने में भारी मशक्कत करनी पड़ रही है बल्कि मुख्य आरोपियों को पकड़ कर अदालत के कठघरे में खड़ा नहीं कर पा रहे हैं। इससे अपराधियों को सज़ा नहीं मिल पाती है और मामले बस ऐसे ही अदालतों से ख़ारिज होते जा रहे हैं।

वह गुजरात ही है, जहाँ फ़ज़लू जैसा शातिर अपराधी काम करता रहा है, लेकिन मुंबई पुलिस को लगता है कि वह ऐसा अपराधी नहीं है, जिसके पीछे सिर खपाई की जाये। गुजरात पुलिस ने फ़ज़लू को गिरफ्तार करवाने के लिए सीबीआई की मदद से इंटरपोल के जरिए रेड कॉर्नर नोटिस जारी करवाया था। यह बात और है कि किसी ने इस अपराधी को गम्भीरता से नहीं लिया, जिसका प्रतिफल है कि वह दैत्याकार स्वरूप में आ गया, सबको धमकियाँ देने लगा, जानलेवा हमले करवाने लगा।

फ़ज़लू के ख़िलाफ 30 अक्तूबर 2000 को इंटरपोल ने रेड कॉर्नर नोटिस जारी किया। भारतीय पुलिस को पता था कि वह दुबई से ऑपरेट कर रहा था लेकिन उन्होंने कभी दुबई सरकार को उसके प्रत्यर्पण हेतु अनुरोध नहीं किया। सीबीआई ने अहमदाबाद की एक अदालत द्वारा हफ्तावसूली और अपरहण के एक मामले में गैर-जमानती गिरफ्तारी वारंट ज़ारी करने पर गुजरात पुलिस के कहने पर इंटरपोल को सूचित कर फ़ज़लू के ख़िलाफ रेड कॉर्नर नोटिस जारी करवाया। इस नोटिस के मुताबिक वह नेपाल, खाड़ी देशों या पाकिस्तान में हो सकता है।

शिल्पा शेट्टी के लिए प्रफुल्ल साड़ीज के मालिक अग्रवाल बन्धुओं से 2 करोड़ रुपयों की वसूली पर मचे बवाल के कारण अचानक ख़बरों में आ गया फ़ज़लू धीरे बांग्लादेश खिसक लिया था।

# गुजरात कमान में शरीफ और रसूल

यह बात मार्च 2006 की है। दाऊद का गुजरात पर अभी तक राज कायम होने की ख़बरें कम नहीं हुईं। पता चला कि गुजरात कमान का प्रभारी शरीफ खान और रसूल पार्टी को बनाया था। वे भले ही गुजरात का काम हाथ में रखते थे, उस समय कराची में छद्म नामों से आईएसआई की शरण में रहते थे। डी-कम्पनी में आने से पहले ये दोनों अब्दुल लतीफ के गिरोह में रहते हुए रक्तपात का खेल करते थे।

बता दें कि पिछले तीन दशकों से दाऊद गिरोह गुजरात में कार्यरत है। गिरोह का सरगना दाऊद इब्राहिम वहाँ सन् 1983 में गिरफ्तार भी हो चुका है। खुफिया अधिकारी मानते हैं कि अब्दुल लतीफ अब्दुल वहाब शेख़ की 1998 की मुठभेड़ में मौत के साथ ही गुजरात में दाऊद की ताकत कुछ कम हुई है। लेकिन काली दुनिया के सूत्र कहते हैं कि दाऊद दरबार से हर राज्य और काम के लिए पुराने के बदले कोई नया सिपहसालार तुरन्त नियुक्त हो जाता है।

अब्दुल लतीफ के बाद गुजरात का काम शरीफ खान के हाथों में गया। उसके अलावा कुछ ध्यान आफताब बटकी भी देता रहा क्योंकि इसी मार्ग का इस्तेमाल कर वह फ़र्जी करेंसी का कारोबार देख रहा है। यह बात और है कि गुजरात पुलिस के वरिष्ठ अधिकारी दावा करते हैं कि पिछले कुछ सालों में दाऊद की गतिविधियों पर काफ़ी हद तक लगाम लग चुकी है। लतीफ की देश के बाहर जाने की कोशिश के समय दिल्ली हवाई अड्डे पर हुई गिरफ्तारी को भी इसी कोशिश का नतीजा पुलिस अधिकारी करार देते हैं।

बता दें कि दाउद के आदेश पर शरीफ ने दो बड़े जघन्य हत्याकांड गुजरात में किये थे। अगस्त 1992 में ओढ़व इलाके में शरीफ ने नौ लोगों को एक साथ ही अपनी एके 47 रायफल से निकले पिघले सीसे का शिकार बनाया था। छोटा राजन के तीन आरोपित साथियों को जुलाई 1992 में मारने का मामला भी शरीफ पर ही बना है। यह हत्याकांड साहिबा बाग इलाके में हुआ था।

शरीफ के कराची भागने की भी अपनी ही एक कहानी है। कहते हैं कि लतीफ की मौत के बाद दाऊद के कहने पर बदला लेने की नीयत से शरीफ खान के छह साथियों का एक दस्ता एके 47 रायफलों व दस्ती बमों से लैस होकर निकला था। लेकिन यह दस्ता कोई कारनामा कर पाता उसके पहले ही

पुलिस की गोलियों का शिकार बन गया। शरीफ को साफ़ लगा कि उसके दिन करीब आ गये हैं और पुलिस उसे भी मार ही गिराएगी, तो वह देश छोड़ कर भाग निकला और आज तक बाहर ही है।

शरीफ कराची में डेरा डाले है। उसके साथ गुजरात का शातिर गिरोहबाज रसूल खान पार्टी है। रसूल के ख़िलाफ गुजरात के पूर्व गृह राज्य मन्त्री हरेन पंड्या और एटीएम केन्द्रों पर हुए कई बमकांडों के आरोप हैं। पुलिस अधिकारी कहते हैं कि रसूल और शरीफ ने कराची में दाऊद और आईएसआई के इशारे पर गुजरात के कई इलाकों में गोधरा के बाद आतंकी गतिविधियाँ करवाई थीं। उन्हें छोटा शकील का सहयोग भी इन कामों में मिलता रहा है।

गुजरात पुलिस के अलावा खुफिया ब्यूरो (आईबी) भी शरीफ खान और रसूल खान पार्टी के साथियों की धरपकड़ में लगे हैं लेकिन कोई उपलब्धि पिछले सालों में तो हाथ नहीं लगी है। इसका कारण यही है कि दाऊद गिरोह अब गुजरात के बड़े शहरों के बदले छोटे शहरों और गाँवों में शरण लेने लगा है। इन इलाकों के प्रभावी लोगों को भी अपना प्यादा और कारिन्दा बनाने में लगा हुआ है।

यह भटकते प्रेतों का संसार है। वे कभी भी, कहीं भी, कैसे भी पहुँच सकते हैं। उनके लिए कोई इलाका वीरान नहीं है, कोई इलाका अछूता नहीं है। जहाँ उन्हें धन दिखेगा, या जिस जगह सुरक्षित पनाह हासिल होगी, वे हर उस जगह पहुँचते हैं। दुनिया भर में पहुँचने के बाद, यदि उनके लिए चाँद या मंगल पर पहुँच सम्भव हो, तो एक दिन वहाँ से भी सनक के मारे ये स्याह साये मुंबई में रक्तपात का खेल रचाते नजर आयेंगे।

## सरगनाओं के विदेशी अड्डे

**अबू सालेम**–खाड़ी देश, संयुक्त अरब अमीरात, ओमान, कतर, पाकिस्तान, बहरीन, नैरोबी, शारजाह, स्विट्जरलैंड, अमरीका, पुर्तगाल, दुबई, अबू धाबी। फिलहाल मुंबई में सीबीआई की गिरफ्त में है।

**अली बुदेश**–बहरीन।

**अश्विन नाईक**–कनाडा, अमरीका, बांग्लादेश, श्रीलंका, ब्रिटेन। फिलहाल भारत में है।

**इक़बाल मेमन मिर्ची**–ब्रिटेन, संयुक्त अरब अमीरात, कई यूरोपीय, मध्य पूर्वी देश। सन 2014 में लन्दन में दिल का दौरा पड़ने से मौत।

**एजाज लकड़ावाला**–नेपाल, जिनेवा, बैंकॉक, थाईलैंड। विदेश में हत्या की सूचना, पुख़्ता ख़बर नहीं।

**गुरु साटम**–कुआलालंपुर, नेपाल।

**छोटा राजन**–हांगकांग, सिंगापुर, कीनिया, युगांडा, दक्षिण अफ्रीका, बैंकॉक, मलेशिया, थाईलैंड, न्यूजीलैंड, ऑस्ट्रेलिया, नेपाल, कुआलालंपुर, कम्बोडिया, सिडनी, श्रीलंका, इंडोनेशिया।

**छोटा शकील**–संयुक्त अरब अमीरात, पाकिस्तान।

**टाइगर मेमन**–पाकिस्तान, दुबई।

**दाऊद इब्राहिम**–संयुक्त अरब अमीरात, पाकिस्तान, अमरीका, ब्रिटेन, सिंगापुर, जिनेवा, दक्षिण अफ्रीका, दुबई व खाड़ी देश, श्रीलंका, नाइजीरिया, घाना, यूनाइटेड किंगडम, फ्रांस, जर्मनी, नेपाल।

**बबलू श्रीवास्तव**–सिंगापुर, मलेशिया, नेपाल, थाईलैंड, अमरीका।

**प्रसाद पुजारी**–सिंगापुर, हांगकांग, वियतनाम, अमरीका।

**सुरेश पुजारी**–सिंगापुर, हांगकांग, वियतनाम, अमरीका।

**कुमार पिल्लै**–श्रीलंका, सिंगापुर, हांगकांग।

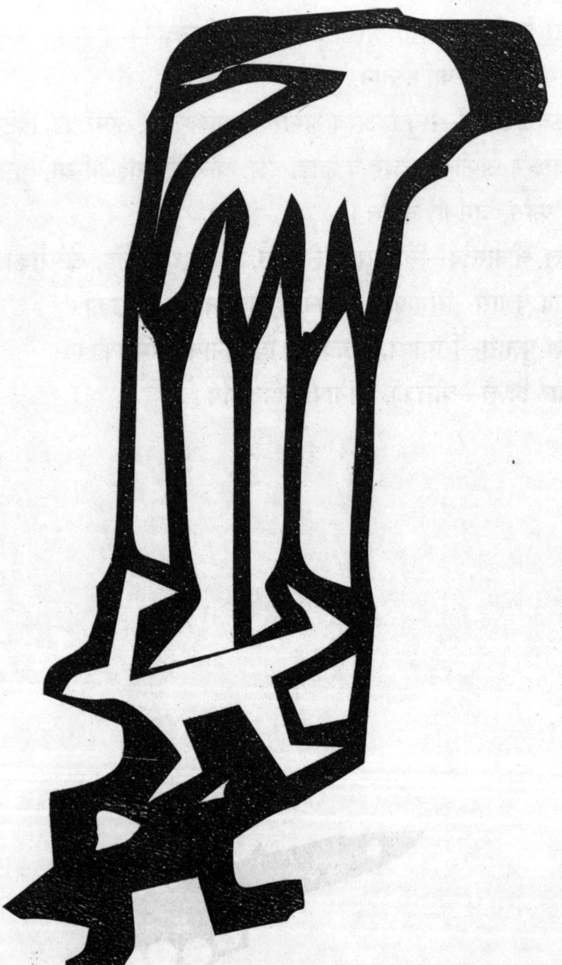

# नेपाल पर गड़े नख

पर्वत राज्य प्राचीन भारतवर्ष का एक छोटा-सा क्षेत्र था। राजधानी थी काष्ठमंडप। यहाँ राजनीति के कम खेल नहीं हुए। यहाँ के राजा ने चन्द्रगुप्त मौर्य की चक्रवर्ती सम्राट बनने में सहायता की थी। चाणक्य का स्वप्न पूरा करने का जरिया पर्वत राज्य नरेश पर्वतक बना था। यह पर्वत राज्य आज का नेपाल है, उसकी राजधानी काष्ठमंडप ही आज का काठमांडू है। अब नेपाल स्वतन्त्र राष्ट्र है जो पूरे विश्व में एकमात्र हिन्दू देश था। वह भी अब लोकतन्त्र में तब्दील हो गया है। पिछले दिनों भारतीय जाँच एजेंसी केन्द्रीय जाँच ब्यूरो (सीबीआई) ने दाऊद के नेपाल में एक टीवी नेटवर्क खरीदने के मामले में सरकारी स्तर पर विरोध करते हुए पड़ोसी देश के समक्ष माँग रखी कि उसके नेटवर्क को नेस्तोनाबूद किया जाये। इस पड़ोसी पहाड़ी देश पर दाऊद गिरोह का तीन दशकों से क़ब्जा है। कहने के लिए यह हमारा मित्र राष्ट्र है लेकिन वह शत्रु राष्ट्र पाकिस्तान की खुफिया एजेंसी आईएसआई, इस्लामी कट्टरपंथियों, आतंकियों और भारतीय माफिया का गढ़ बन चुका है। नेपाल में अब वह सब हो रहा है, जो मुंबई में पिछले कई दशकों से होता रहा है। मुंबई माफिया के लिए नेपाल विश्व निर्गम का सबसे बड़ा केन्द्र है। नेपाल में कई होटल मालिक, राजनेता और व्यवसायी गिरोहबाजों से जुड़े हैं। नेपाल की ख़ूबसूरत वादियों में गूँजते गोलियों के धमाकों और बहते रक्त के कारण तलाशें।

## रक्तरंजित नेपाल

16 अगस्त की सुहानी और भीगी-भीगी सी शाम में नेपाल की सीमा पर बहती गंडक नदी के किनारे बिहार के जंगलों में बसे उस छोटे से गाँव के मुखिया से चर्चा हो रही थी। बेतिया से मोटरसाइकिल पर यहाँ पहुँचना एक अनुभव था। ज़ोरदार बारिश के बाद गंडक पूरे उफान पर थी और गाँव के खेतों में पानी भर गया था। यहाँ तक मेरी पहुँच तस्करों द्वारा इस्तेमाल किये जा रहे मार्गों की तलाश को लेकर थी।

'आप इस काम के लिए यहाँ तक चले आये?'

'जी हाँ। यही तो काम है।'

'क्या आप जानते हैं कि इस समय आप कहाँ हैं?'

'भारत-नेपाल सीमा पर हूँ, यह बात नहीं जानता तो पहुँचता कैसे?'

'नहीं वह बात नहीं है...'

'तो?'

'इस इलाके के ख़तरों के बारे में कह रहा हूँ।'

'ओह! आप ही बता दें क्या ख़तरे हैं।'

'देखिए विवेक बाबू, आप जवान ठहरे और बाहर के आदमी। आपको पता नहीं है कि धनैया-सिस्ता के जंगलों में शेर-चीतों से अधिक हिंसक पशु इनसान है।'

'आप मुन्ना खाँ-सुल्तान खाँ की बात कर रहे हैं?'

'आप जानते हैं उन्हें?'

'नाम बड़ा सुन रखा है पिता-पुत्र का?'

'फिर भी आपने इस इलाके में काम करने के बारे में सोच लिया?'

'मैंने तो यह भी सुना है कि उनकी सल्तनत न केवल भारतीय सरहद के अन्दर चलती है बल्कि नेपाली सरकार भी उनका कुछ नहीं बिगाड़ पाती।'

'आपने सही सुना है।'

'ऐसा क्यों है?'

'पैसा बड़ी चीज़ है। वहाँ के भ्रष्ट अधिकारियों से मिल कर मुन्ना-सुल्तान ने नेपाली नागरिकता ले ली है। वे अपराध भारत में करते हैं, रहते नेपाल में हैं। अब उन्हें पकड़ने अपनी पुलिस जाये तो किस मुँह से?'

'कोई राजनीतिक सहयोग?'

‘है तो सही।’

‘क्या आप इस सिलसिले में मिर्ज़ा दिलशाद बेग का नाम सीधे-सीधे लेने में हिचक रहे हैं?’

‘मुझे पक्का नहीं पता कि मुन्ना-सुल्तान के मिर्ज़ा से सीधे सम्बन्ध हैं या नहीं लेकिन उनके बीच सम्बन्धों के बारे में इनकार भी नहीं कर सकते हैं।’

‘मुझे तो उनके सम्बन्ध भी इसी से होने की सूचना मिली है।’

‘हो सकता है।’

‘यह सब यहाँ रुकता क्यों नहीं?’

‘आप कितने दिन यहाँ हैं?’

‘एक-दो दिन रुकने का इरादा है...’

‘उतने वक्त में आप सब कुछ समझ जायेंगे।’

‘कैसे?’

‘आपको सब अपनी आँखों से देखने को मिलेगा, सब आप ख़ुद महसूस कर सकेंगे।’

मुखियाजी की बात सच निकली। हमारे वहाँ होने की ख़बर मुन्ना-सुल्तान तक जा पहुँची, धमकियाँ आ पहुँचीं, न माने तो गोलियाँ भी। जब वहाँ से हटे तो पता चला कि कुछ पुलिस अधिकारियों ने ही हमारी ख़बर उन तक पहुँचाई थी। हालात का जायजा लेने के चक्कर में वहाँ ख़ासी मशक्कत करनी पड़ी क्योंकि भारी बारिश के चलते रास्तों का ठिकाना न था, लोग बात करने को राजी नहीं, अधिकारी सहयोग के लिए तैयार नहीं। फिर भी काम किया। काफ़ी कुछ मिला।

## नेपाल में ‘डी’ राज

नेपाल में आज भी डी-कम्पनी की सल्तनत कायम है। यह बात डंके की चोट पर मुंबई के काले संसार में हर कोई कहता मिल जायेगा। पुलिस भी इससे इनकार नहीं करती। उनके अलावा अरुण गवली, अमर नाईक, अश्विन नाईक, राजन, सालेम जैसे अन्य गिरोह सरगनाओं ने भी नेपाल का इस्तेमाल अपने कामों के लिए किया। डी-कम्पनी नेपाल में मुकाम बनाये रख कर क्या करती है? दाऊद के लिए नेपाल में गिरोह का नेटवर्क रखना क्यों ज़रूरी है? यहाँ स्थापित रहने से डी-कम्पनी को क्या नफ़ा-नुक़सान है? क्या राजन ने दाऊद की सत्ता यहाँ से उखाड़ने की कोशिशें की हैं? क्या नेपाल के पूर्व मन्त्री बेग की हत्या का मामला

मुंबई माफिया के आपसी युद्ध का हिस्सा है? सवाल-दर-सवाल न जाने कितने सवाल हैं मुंबई माफिया के बारे में। कौन दे सकता है इनके जवाब?

नेपाल की ख़ूबसूरत वादियों में आने के बाद इनसान सिर्फ़ एक ही काम कर सकता है... वह है 'प्रेम'। इस वातावरण में अपराध करने की बात कोई कैसे सोच सकता है? लेकिन अब नेपाल में भी सब कुछ हो रहा है। पहले लोग मंत्रियों की ओर नज़र भी नहीं उठाते थे। उनके लिए राजा और उनके अलम्बरदार बेहद सम्माननीय होते हैं। अब उनकी भी हत्या होने लगी है। मिर्ज़ा बेग की हत्या हुई। आईएसआई के लिए परेशानी बढ़ गयी, डी-कम्पनी के वर्तमान सेनापति शकील के लिए आफत आ गयी। नेपाल में उसका सबसे बड़ा दोस्त और रहनुमा, दुनिया छोड़ गया। बेग का काम डी-कम्पनी और आईएसआई के प्रशिक्षित आतंकियों और जासूसों के लिए काम करना था।

मिर्ज़ा की हत्या 29 जून 1998 की रात को कपिलवस्तु इलाके में उसकी रखैल के घर के बाहर ख़ुद रोहित वर्मा ने की। रोहित 15 सितम्बर 2001 को डी-कम्पनी द्वारा बैंकॉक में राजन के खात्मे हेतु किये जानलेवा हमले में मारा गया। मिर्ज़ा को मारने के बाद राजन ने बड़े गर्व से कहा कि उसने भारत के शत्रु को नरक में पहुँचाया है। मिर्ज़ा आईएसआई का सहयोगी, दाऊद का साथी, भारत विरोधी था। उसकी मौत से कुछ सप्ताह पहले ही मिर्ज़ा के प्रत्यर्पण की माँग भारत सरकार ने की थी।

खूफिया सूत्रों का कहना है कि बेग पंजाब और कश्मीर में जाने वाले पाक प्रशिक्षित आतंकियों के लिए देवदूत सरीखा था। पासपोर्ट और वीज़ा से खेलने में वह माहिर था। पाक एजेंट और आतंकी बेग के पास नेपाल जाते, अपना पासपोर्ट उसके हवाले करते, बेग इन्हें अपने पास रखता, बदले में भारतीय पासपोर्ट देता, इनसे एजेंट-आतंकी आसानी से भारतीय सरहदों में आ पहुँचते थे। वह नेपाल सरकार की आँखों में धूल झोंक रहा था। नेपाल पुलिस के कई अधिकारी उसके खरीदे हुए थे, यह बात वह बड़े गर्व से कहता था। इसी से वह पाक व भारतीय आतंकियों को नेपाल में छुपाता था। इसकी जानकारी नेपाल आव्रजन अधिकारियों को महीनों नहीं होती थी।

बताते हैं कि मिर्ज़ा, शकील और उसके दो ख़ास सहयोगियों व सुपारी हत्यारों, ब्रजेश लंगड़ा और राजू भैया उर्फ़ राजू चिकना से सीधे सम्पर्क में था। उसकी अगस्त 1995 में दुबई में मारे गये डी-कम्पनी के ख़तरनाक सुपारी हत्यारे

सुनील सावन्त उर्फ़ सावत्या से भी गहरी दोस्ती थी। उसने दुनिया भर में नेपाल से पैसे भेजने के लिए हवाला नेटवर्क स्थापित किया। मिर्ज़ा के नशा तस्करी में शामिल होने सम्बन्धी सबूत मौजूद थे। यह भी कहते हैं कि वह संजय रग्गड़, नरेश जुक्कर और दिवाकर चूरी की नेपाल में हुई हत्याओं में शामिल था। ये तीनों डी-कम्पनी के ही शूटर थे। तीनों तब छोटा राजन की सरपरस्ती में काम करते थे। एक बात से नाराज होकर दाऊद ने उन्हें मरवा दिया।

सुनील सावन्त उर्फ़ सावत्या ने 1993 धमाकों के बाद नेपाल में रहने के लिए ठिकाना बनाया था तो अपना नाम अरुण सिंह रखा था। वह 2 सालों तक नेपाल में छुप कर रहा था। लेकिन 1995 में वह दुबई गया तो वहाँ राजन के सुपारी हत्यारों ने उसे ठिकाने लगा दिया।

नेपाल में राजन पर 3 बार हमले हुए। कहते हैं कि डी-कम्पनी के इशारे पर राजन को मारने की हर कोशिश में मिर्ज़ा का हाथ था। इसकी जानकारी राजन को हुई तो मिर्ज़ा को उड़ाने के लिए मन में ठान ली। सही मौक़े का उसे इन्तज़ार था जो मिल ही गया।

पश्चिमी नेपाल के कपिलवस्तु-चार निर्वाचन क्षेत्र से दो बार चुना गया मिर्ज़ा बेग नेपाल की राष्ट्रीय प्रजातन्त्र पार्टी का सदस्य था। मिर्जा मूल रूप से पूर्वी उत्तर प्रदेश के देवरिया जिले के गाँव भेलानी का निवासी था। मिर्ज़ा बेग को रात 9.30 बजे तब सात गोलियाँ मारीं, जब सिफल मुहल्ले के घर जा रहा था। हमलावर कार पार्क कर रहे मिर्ज़ा के कार चालक भुवन कुकी को भी गोलियों से भून गये। मिर्ज़ा ख़म ठोंक कर दावा करता था कि वह कभी चुनाव नहीं हार सकता। मिर्ज़ा हत्याकांड से इतना हुआ कि भारत में आईएसआई की गतिविधियों पर कुछ हद तक विराम लगा। नेपाल के जरिए होने वाली कार्रवाइयों में कमी आयी। भारतीय खुफिया एजेंसियों ने कई बार कहा कि उसके उप्र व बिहार के दर्जन भर सांसदों-विधायकों से सीधे सम्बन्ध थे। मिर्ज़ा से उन्हें सीधी मदद मिलती थी और कई फ़ायदे उठाते थे।

## नेपाल में मिर्ज़ा बेग ने आईएसआई की भी मदद की

राजस्थान और पंजाब सीमा पर बड़े सैनिक दबाव के चलते आईएसआई ने नेपाल के जरिए भारत में पैर पसारे। उत्तर प्रदेश पुलिस के तत्कालीन महानिदेशक केएल गुप्ता कहते हैं कि मिर्ज़ा बड़े पैमाने पर शस्त्र, नशा, नकली करेंसी भारत पहुँचाता था। वह भारत में अस्थिरता, आतंक और अराजकता का इन्तज़ाम करता था।

आईबी सूत्रों के मुताबिक कोयंबटूर बमकांड हेतु आरडीएक्स नेपाल से भेजा गया था। केन्द्र सरकार ने उप्र सरकार को निर्देश दिये कि भारत-नेपाल प्रत्यर्पण सन्धि के तहत मिर्ज़ा को भारत लाने की कोशिश करें। इंटरपोल से मिर्ज़ा के ख़िलाफ 'रेड कॉर्नर एलर्ट' नोटिस जारी करवाने की कोशिश हुईं। सीबीआई के डीआईजी नीरज कुमार ने 20 मई 1998 को उप्र के मुख्य सचिव योगेन्द्र नारायण से इस बारे में बात की। इसके बाद तराई के तमाम ज़िला पुलिस प्रमुखों को मिर्ज़ा के आपराधिक मामले भेजने के आदेश मिले।

मौत के तीन महीने पहले तक देऊबा सरकार में मिर्ज़ा विज्ञान-टैक्नालॉजी मन्त्री था। मिर्ज़ा 20 बरस पहले नेपाल गया लेकिन तस्करों के कैरियर के रूप में। जब उसने तस्करी से बढ़िया कमाई की तो नेपाली नागरिकता भी ले ली। अधिकारी कहते हैं कि मिर्ज़ा के जरिए ही पाँच वर्षों से भी कम वक्फे में आईएसआई भारत में गतिविधियाँ संचालित करने में सक्षम हो गयी थी।

भारत-नेपाल सीमा पर व्यापक धर्मान्तरण व मस्जिदों-मदरसों के जरिए मिर्ज़ा उप्र में गतिविधियाँ करता था। इनके लिए वह पानी की तरह पैसा बहाता लेकिन यह धन उसे कहाँ से मिलता था, यह किसी को नहीं मालूम पड़ा। भारतीय खुफिया एजेंसियों को पता था कि उसके पास धन कहाँ से आता था। उसने मौत से पहले छह सालों में ही सीमावर्ती इलाकों में लगभग 250 नयी मस्जिद और मदरसे बनाये, इतने ही नेपाल में भी। एक अनुमान के मुताबिक मिर्ज़ा के प्रयासों से महाराजगंज और सिद्धार्थनगर ज़िले में 52 मदरसे तथा 63 मस्जिदें बनीं।

एक पुलिस अधिकारी कहते हैं कि क़ानून के अभाव में मदरसों तथा मस्जिदों का निर्माण रोकने में वे अक्षम हैं। प्रतिक्रिया में हिन्दूवादी संगठनों ने इन इलाकों में शिशु मन्दिर स्थापित किये लेकिन धन और संसाधनों की कमी के कारण संख्या नगण्य रही। पुलिस दस्तावेज़ों में ग्राम तिलरहा के थाना मोहाना सिद्धार्थनगर के 'मदरसा अज्लमिअतुल इस्लामियां' को 'जमायते इस्लामी डेवलपमेंट बैंक, जद्दाह' से सिर्फ़ एक बरस में ही 2 लाख डॉलर की मदद प्राप्त हुई थी।

1994 से यहाँ 'नेपाली इस्लामिक युवा फ्रंट' सक्रिय है। फ्रंट के कृष्णानगर से छपे पर्चे राज्य पुलिस ने बरामद किये। पुलिस कहती है कि कृष्णानगर मिर्ज़ा बेग के कारण आईएसआई का अड्डा बना, जहाँ से पाक प्रशिक्षित आतंकी और एजेंट भारत भेजे जाते थे। मिर्ज़ा 1990 तक उ.प्र. से चोरी गये वाहनों को नेपाल में बेचता था। वह नशा भी भारत भेजता था लेकिन राम जन्मभूमि आन्दोलन के

बाद नेपाल सीमा पर आईएसआई की जड़ें जमाने में लग गया।

17 दिसम्बर 1996 को काठमांडू के मापालु होटल में पुलिस ने जो आरडीएक्स पकड़ा, 26 जनवरी 1997 को भारत में गड़बड़ी फैलाने के लिए था। 1994 में ही सोलिहवा स्थित मदरसे से हिजबुल मुजाहिदीन के तीन कार्यकर्ता पकड़े गये। 1997 में जिस कश्मीरी उग्रवादी को अहमदनगर पुलिस ने पकड़ा, उसने पूछताछ में कहा कि तीन साथियों समेत वह नेपाल से मिर्ज़ा की मदद से भारत आया था।

मिर्ज़ा का प्रत्यर्पण चाहने वाले भारत सरकार के एक बड़े अधिकारी ने कहा था, 'उसे प्रत्यर्पित कराना असम्भव है। नेपाल में सरकार की स्थापना के कुछ प्रमुख सूत्र उसके हाथ में हैं। उसके पास 'अंडरवर्ल्ड की अकूत दौलत' है। वह चाहे जितने सांसद खरीद सकता है। कम से कम इतना तो हुआ कि भारत सरकार ने अधिकृत तौर पर मिर्ज़ा के वांछित होने का दावा तो किया। यह भी कुछ कम नहीं।' विश्व हिन्दू परिषद का एक दल इस प्रत्यर्पण प्रक्रिया से पहले तत्काल गृहमन्त्री लालकृष्ण आडवाणी से मिला और बताया कि डी-कम्पनी और आईएसआई के पैसे तथा मिर्ज़ा के नेटवर्क से भारत-नेपाल सीमा पर कुकुरमुत्तों की तरह मदरसे उग रहे हैं।

मिर्ज़ा के ख़िलाफ उप्र में अनेक आपराधिक मामले दर्ज़ हैं, जिनके आधार पर प्रत्यर्पण मामला तैयार हुआ। सीबीआई और आईबी द्वारा तैयार रपटों में मिर्ज़ा के लिए साफ़ तौर पर कहा गया, 'आईएसआई प्रणीत गतिविधियों में हर तरह से शामिल होने का संदिग्ध।' रपटों में बताया गया कि मिर्ज़ा के सपरिवार हज जाने का तमाम ख़र्च आईएसआई ने उठाया था।

हालाँकि मिर्ज़ा का आपराधिक जीवन चिन्दी चोरी से शुरू हुआ था लेकिन जब नेपाल पहुँचा, उससे पहले ही जुर्म की दुनिया में ख़ासी शोहरत पा चुका था। यहाँ उसने अपने कद और रुतबे में विस्तार ही किया। नेपाल की सद्भावना पार्टी से उसे आपराधिक गतिविधियों के चलते निकाला गया। वह राष्ट्रीय प्रजातांत्रिक दल का सदस्य बना। धनबल-बाहुबल का धनी मिर्ज़ा दो बार मन्त्री बना। वह भारत-नेपाल सीमा स्थित कुबानगर से सांसद बना।

खुफिया रिपोर्ट कहती हैं कि उसने भारतीय अपराधियों, ख़ासतौर पर डी-कम्पनी के गुंडों को बरास्ते कृष्णनगर नेपाल में सुरक्षित अड्डों तक पहुँचाया और रखा। उसके डी-कम्पनी से ताल्लुकात तब पूरी तरह खुले, जब कई बमकांड आरोपियों को बजरिए नेपाल, दुबई और कराची भागने में मदद की। मोहम्मद

खालिक, सलीम कुत्ता, फिरोज वाहिद ज़फर और सफ़दरी जैसे आरोपियों को कई मौक़ों पर नेपाल में देखा गया।

खुफिया एजेंसियों का दावा है कि नेपाल के रास्ते भारत में आने वाले अवैध हथियारों का 75 फीसदी जखीरा कृष्णनगर होकर आता था। मिर्ज़ा के सिपहसालार उत्तर प्रदेश का कुख्यात अपराधी हरखान उर्फ़ गामा पूर्वी ने 26 जनवरी 1993 को मेनका टॉकीज में बम विस्फोट करवाया। गामा ने पकड़े जाने पर स्वीकार किया कि बम मिर्ज़ा ने उपलब्ध करवाया था। डी-कम्पनी का सुपारी हत्यारा भक्का भाई लम्बे समय तक मिर्ज़ा के लिए कत्लोगारत में लगा रहा।

मिर्ज़ा के बबलू श्रीवास्तव से गहरे ताल्लुकात रहे। मिर्ज़ा ने बबलू और उसके साथियों को नेपाल में पनाह दी। हर तरह से मदद भी की। बबलू के ख़तरनाक सुपारी हत्यारे एवं सिपहसालार बिक्रम पंत का दावा था कि मिर्ज़ा ने सहायक कस्टम्स आयुक्त एलडी अरोरा के हत्यारों को काठमांडू में पनाह दी थी।

भारत में अपहरण से लेकर हत्याओं की सुपारी लेने, विस्फोटकों-हथियारों की तस्करी करने वाले गिरोह के सरगना तक बबलू के नेपाल में दखल के बारे में किसी प्रमाण की ज़रूरत ही नहीं है। जेल में बन्द बबलू ने अपनी पुस्तक 'अधूरा ख़्वाब' में नेपाल में हो रहे अपराधों के तमाम राज फाश किये थे। इसमें दो तत्कालीन सांसदों मिर्ज़ा दिलशाद बेग और हृदयेश त्रिपाठी के नाम का कई बार ज़िक्र है।

## भारत-नेपाल सीमा इस्लामीकरण डी-आईएसआई के इशारे पर

गोरखपुर ज़ोन के तत्कालीन आईजी उदयन परमार ने भी स्वीकार किया कि पूर्वांचल की खुली सीमा ने नेपाल को आतंकवादियों, संगठित अपराधियों, नशा, वनोपज, सोना तथा फ़र्जी मुद्रा तस्करों तथा अपराधियों का स्वर्ग बनाया है। तत्कालीन राष्ट्रीय सुरक्षा सलाहकार और प्रधानमन्त्री के प्रमुख सचिव ब्रजेश मिश्रा एक दल समेत इसी सिलसिले में नेपाल गये और नेपाली प्रधानमन्त्री तथा गृहमन्त्री को भारत की चिन्ता से अवगत करवाया। आईएसआई और अपराधियों द्वारा नेपाल का दुरुपयोग रोकने के लिए कड़े कदम उठाने पर सहमति हुई।

कुल 1,664 किलोमीटर लम्बी भारत-नेपाल सीमा में 821 किलोमीटर की पट्टी उत्तर प्रदेश से जुड़ी है। गोरखपुर पुलिस द्वारा मुहैया आँकड़ों व तथ्यों से पता चलता है कि पूर्वांचल की 391 किलोमीटर लम्बी नेपाल से जुड़ी सीमा पर

महाराजगंज, सिद्धार्थनगर, बलरामपुर, श्रावस्ती और बहराइच सबसे संवेदनशील हैं। इसका हर इंच तस्करों व अपराधियों के लिए खुला है।

सीमा के दोनों तरफ़ जितने मदरसे हैं और बुरके में घूमती जितनी महिलाएँ दिखती हैं, यही महसूस होता है कि किसी इस्लामी देश के छोटे गाँव में आ गये हैं। इनके कुल 252 गाँवों में 66 मुस्लिमबहुल हैं। महाराजगंज ज़िले में मुस्लिम आबादी 14, बाकी चार ज़िलों में 25 से 40 फीसदी है। इनमें कुल 158 मस्जिदें और 146 मदरसे थे जबकि उनसे सटे नेपाली इलाकों में 102 मस्जिदें और 60 मदरसे थे। 10 पक्के और 78 हर मौसम में खुले अधिकृत सड़क मार्गों के अलावा तस्करों-अपराधियों ने 15 अवैध मार्ग बना रखे हैं।

नेपालगंज में आधी सदी पुरानी धामोजी मस्जिद-मदरसा का संचालक शिराजुल हसन अंसारी (45) बताता है कि नेपाली मुस्लिमों में शिक्षा के प्रति गहन जागरूकता आने से वे बच्चों को मदरसा भेजने लगे हैं। आईबी की सूची के मुताबिक अंसारी की मस्जिद आईएसआई का अड्डा है। इसके विस्तार एवं विकास हेतु आईएसआई ने बड़ी रकम ख़र्च की है।

पूर्वांचल के पास सिद्धार्थ नगर (बरहनी) के उस पार सिराजु-उल-उल्लूम सलफिया मस्जिद-मदरसा है। कृष्णनगर स्थित एक मस्जिद 'नो मैंस लैंड' पर बनाई-बसाई गयी है ताकि अपराधियों को पनाह लेने में सहूलियत हो। 30 मार्च 1999 को यहाँ मिर्ज़ा के सिपहसालार नौशाद अली (25) को आईएनबीपी ने चरस और 9 मिमी पिस्तौलों समेत सरहद पार जाते पकड़ा। वह छुपने के लिए मदरसों-मस्जिदों का इस्तेमाल करता है। कहते हैं कि नौशाद गुलशन हत्याकांड में मददगार था।

अपराधियों-आतंकियों के नेपाल में रहने का बड़ा कारण भारत-नेपाल के मध्य तालमेल का अभाव, एक-दूसरे पर सन्देह और आरोप लगाना है। भारतीय पुलिस अधिकारी कहते हैं कि नेपाली अफ़सर काम में अड़ंगे लगाते हैं। वे आईएसआई को संरक्षण देते हैं।

नेपाली अफ़सर आरोप लगाते हैं कि भारत में माओवादी आतंकियों को संरक्षण मिलता है। भारत ने कभी नेपाल सरकार के समक्ष वांछित अपराधियों की सूची और अपराधनामा नहीं पेश किया। वे कैसे सहयोग दें? ऐसा नहीं है कि सरकारें अपने स्तर पर अपराधियों को रोकने की कोशिश नहीं करतीं। भारत-नेपाल सीमा पुलिस की स्थापना उत्तर प्रदेश सरकार के 400 पुलिसकर्मियों की फ़ौज के साथ

हुई। इसका काम सीमावर्ती क्षेत्र पर निगरानी रखने और अपराधों को नियंत्रित करना था। 22 निगरानी चौकियाँ बनाईं लेकिन फ़ायदा नहीं हुआ।

## डी-कम्पनी की नेपाल में गतिविधियाँ

1991 से दाऊद के सम्बन्ध आईएसआई से होने की जानकारी उजागर हो गयी थी। उसका एक ख़ास सिपहसालार और नशा तस्कर मोहम्मद अहमद डोसा लम्बे समय से नेपाल के जरिए हवाला और तस्करी कर रहा है। दिल्ली पुलिस द्वारा 1993 में गिरफ्तार किये सुभाष सिंह ठाकुर से पूछताछ में भी यह तथ्य सामने आया था। आईएसआई जासूस मोहम्मद शरीफ ने गिरफ्तारी के बाद पूछताछ में डोसा के बारे में काफ़ी सूचनाएँ दीं। डोसा पाक पासपोर्ट पर काठमांडू आ चुका है, जिसमें उसका नाम 'यार मोहम्मद' है। डोसा के पास भारतीय और नेपाली पासपोर्ट भी हैं। उसका नेपाली पासपोर्ट कपिलवस्तु के पुरुषोत्तमपुर वीडीसी से बना है।

इन आरोपियों ने पूछताछ में कहा कि डी-कम्पनी ने नेपाल के होटल उद्योग को अपनी गतिविधियाँ संचालित करने के लिए आड़ बनाया है। वहाँ कई होटलों के मालिक डी-कम्पनी के प्यादे या फौजदार हैं। यह भी बताया कि एक अमरीकी नागरिक रीचर्ड डोयले टटले द्वारा संचालित होटल सोल्टी ओबराय के जुआघर में दाऊद की काफ़ी रुचि रही है। बताया गया है कि इस जुआघर का एक प्रबन्धक मोहन पांडे दाऊद के लिए हवाला करता था। काठमांडू के तीन बड़े जुआघरों पर नियन्त्रण रखने वाले भारतीय नागरिक राकेश वाधवा के सम्बन्ध श्री टटले से थे जो दाऊद से भी दोस्ती रखता है।

सूत्रों का कहना है कि एक पाक और एक नेपाली व्यापारी का होटल 'कमाली' (महाराजगंज, काठमांडू) भी डी-कम्पनी की आड़ के अलावा पाकिस्तानी दूतावासकर्मियों, आईएसआई एजेंटों और डी-कम्पनी के मिलन स्थल के तौर पर कुख्यात है। उस पर भारतीय खुफिया एजेंसियों की निगाह लगातार है। सावत्या-सुभाष नवम्बर 1991 के पहले कई बार वहाँ रहे। सावत्या जब वहाँ रहता तो उससे मिलने डी-कम्पनी के तमाम सदस्य और गुंडे जाते थे। कहते हैं कि सावत्या से नेपाल के पूर्व महाराज के छोटे भाई राजकुमार धीरेन्द्र की परित्यक्ता पत्नी राजकुमारी प्रेक्षा, उनकी चचेरी बहन रत्ना और सौतेला भाई पुष्प थापा भी मिलने आते थे।

प्रजवाल प्रधान की पत्नी श्रीमती अंजली शाह प्रधान के नाम पंजीकृत इस

कम्पनी से दाऊद का एक ख़ास साथी जमीम शाह जुड़ा है। यह भी सुना जाता है कि सलीम शाह का विवाह किसी प्रधान परिवार की लड़की से हुआ है। कहते हैं कि अंजली, सलीम की पत्नी है। कश्मीरी शाह परिवार का जमीम ऐसे खानदान से है जिसका नेपाल में ख़ासा रुतबा है। नेपाल सरकार में कभी संयुक्त सचिव रहे मोईन शाह और नेपाल हज समिति के अध्यक्ष तथा पूर्व ज़ोनल आयुक्त महबूब शाह इसी खानदान से ताल्लुक रखते हैं। मोईन का भाई सलीम और उसका बेटा जफर शाह तथा जया शाह भी दाऊद के सम्पर्क में बताये जाते हैं।

इसी तरह पूर्व प्रधानमन्त्री और भारत के अनन्य मित्र गिरिजा कोइराला से जमीम के करीबी रिश्ते थे। वे प्रधानमन्त्री होते हुए भी, कई बार जमीम शाह के आलीशान महल में जा ठहरते थे। वहाँ जमीम ने ऐशो-आराम की सुविधाएँ उनके लिए मुहैया करवाई थीं।

जमीम के एक घर में किराये पर रह चुके तत्कालीन मन्त्री विजय कुमार गच्छेदार ने नियमों में कुछ इस तरह से छेड़खानी की कि नेपाल के केबल कारोबार पर जमीम का बरसों तक एकाधिकार बना रहा।

दाऊद ने मुंबई बमकांड के बाद कई बार काठमांडू में सलीम के 411 970 नम्बर पर फ़ोन किये। फरीना शाह के काठमांडू बँगले में 410 904 नम्बर का फ़ोन रहा है। इस बँगले में डी-कम्पनी के सदस्य बमकांड के बाद रुके थे। फरीना शाह दरअसल डॉ. मोईन शाह और महबूब शाह के सम्बन्धी रसूल शाह की बेटी है। उसका बँगला दाऊद के लोगों ने किराये पर लिया था। बताते हैं कि यहाँ भी सावत्या जैसे कुख्यात गुंडों ने कई बार पनाह ली थी।

खुफिया सूत्रों का कहना है कि 1998 के अन्तिम दिनों में जमीम ने दाऊद और पाक तस्कर मोहम्मद बारिया (पासपोर्ट नम्बर एफ-657480) से मिल कर नशा तस्करी की योजना बनाई थी। इन्होंने मांट्रियल बन्दरगाह पर हशीश और हेरोईन और अफ्रीका में मेंड्रेक्स के जखीरे पहुँचाए। जमीम ने डी-कम्पनी के सहयोग से 18 टन हशीश की एक खेप डरबन भेजी जिसे अमरीका के अन्य ठिकानों तक पहुँचाया गया। खुफिया सूत्रों के मुताबिक जमीम अक्तूबर 1998 में अमरीका के मिनसोटा, शिकागो, अटलांटा, ह्यूस्टन और न्यूयॉर्क गया। उसने 8 नवम्बर 1998 को दक्षिण अफ्रीका की यात्रा भी की।

यह सूचना भी है कि एक केबल टीवी कम्पनी मेसर्स स्पेस टाइम नेटवर्क प्रा. लि. (काठमांडू) पर दाऊद का क़ब्जा है। इसमें दाऊद ने भारी पैसा लगाया है।

कहते हैं कि जमीम ने अमरीका के मोटोरोला कॉर्पोरेशन से नेपाल में सेलूलर टेलीफ़ोन कम्पनी स्थापित कर संचार कारोबार में उतरना चाहा। इसमें दाऊद पैसे लगाने के लिए तैयार था ताकि डी-कम्पनी के पास संचार नेटवर्क हो जाये। मोबाइल कम्पनी में उसके लोग खुफिया एजेंसी को उनके द्वारा किये टेलीफ़ोन तक नहीं पहुँचने देते। बारिया से जमीम का सम्पर्क जोहांसबर्ग में 10 नवम्बर 1998 को हुआ उन्होंने नशा कारोबार साथ करना तय किया। वे दक्षिण अफ्रीका से सम्भवतः 12 नवम्बर 1998 को निकले।

जमीम उर्फ़ जमील शाह उर्फ़ जंबो शाह काठमांडू से फ़र्जी आव्रजन दस्तावेज़ों पर जुलाई 1999 में बैंकॉक पहुँचा। नशा विरोधी एजेंसियों की निगाह में आने से बचने के लिए फ़र्जी पहचान पर वह घूमा। यहाँ से दुबई जाकर वह डी-कम्पनी के सिपहसालारों से मिला। स्पेस टाइम नेटवर्क के नाम मिली क़र्ज राशि के 30 करोड़ नेपाली रुपये का निवेश वह नशा तस्करी में करना चाहता था।

रामनगर (पश्चिमी चंपारण जिला, बिहार) का कुख्यात अपराधी शेख़ शरीफुद्दीन उर्फ़ शेख़ फकरुद्दीन शेख़ साहिब मिंया पत्नी समेत नेपाल के पारसा जिले के छापाकला गाँव में डेरा जमाये था। वह जमीम के साथ नशा तस्करी करता रहा है। जमीम का एक सहयोगी बदरे आलम कृष्णनगर (नेपाल गंज) में सहारा इंटरप्राइजेस नामक कम्पनी का मालिक है। सलीम का भाई नसीम शाह कपिलवस्तु जिले के चन्द्रौता गाँव में कालीन बनाने का कारखाना चलाता है। नसीम के मिर्ज़ा बेग से अच्छे ताल्लुकात थे।

सलीम और नसीम ने मिर्ज़ा की दाऊद से 1993 में दुबई में बैठक करवाई थी। नसीम की काठमांडू में सावन्ना ट्रेवल्स एंड टूर्स नामक कम्पनी भी है। नसीम और अबू बकर नड़वी साथ में नशा तस्करी करते रहे हैं। कपिलवस्तु ज़िले का निवासी बकर काठमांडू के इस्लामी एनजीओ 'हमरो सौगात' से जुड़ा है। उसके सम्बन्ध दुमरीगंज के (सिद्धार्थनगर, उत्तर प्रदेश) के अपराधी मुन्ना से हैं। ये नेपाल से अत्याधुनिक हथियारों की भारत को तस्करी में लिप्त हैं। मेहताबुद्दीन और नकीमुद्दीन उर्फ़ नसीर खान का 1994 में त्रिभुवन इंटरनेशनल एयरपोर्ट पर 132 किलोग्राम सोना पकड़ा गया। ये दोनों दाऊद के लिए स्वर्ण तस्करी करते हैं। नकीमुद्दीन और जमीम रिश्तेदार हैं।

दाऊद ने नेपाल में जिन टेलीफ़ोन नम्बरों पर लगातार सम्पर्क स्थापित किये, वे होटल अन्नपूर्णा (221 711), होटल करनाली (414 906), होटल काठमांडू

(418 494), बेग बाज़ार स्थित होटल रारा (222 436), कांतिपेठ स्थित होटल रारा (226 969), ज्ञानेश्वर के भूमा कर्की (227 644), तामेल के प्रभंजन सिंह (410 504) और नरेन्द्र बहादुर श्रेष्ठा (526 993) के हैं। इन्दिरा चौक पर हीरों व स्वर्ण आभूषणों की दुकान का मालिक श्रेष्ठा खाड़ी देशों में मज़दूर भेजने का काम भी करता है। कूपनडोले में शानदार बंगले का स्वामी श्रेष्ठा कूपनडोले गुरुद्वारा समिति के अध्यक्ष सरदार प्रीतम सिंह का करीबी है। ललितपुर स्थित हरीहर भवन के गणेश राज कांतिकर के नम्बर (526 993) पर भी दाऊद ने सम्पर्क किये जो फ़र्जी आव्रजन दस्तावेज़ बना है। दामोदर गौतम की मिल्कियत वाली पाक्षिक पत्रिका 'काठमांडू पोस्ट' के दफ्तर में 414 971 पर दाऊद ने कई बार सम्पर्क साधा था।

ख़ुद को दाऊद का रिश्तेदार बताने वाला अब्दुल मोमिन सिरपुर का निवासी इसाक मुखिया, मोहम्मद अजीज के घर में रहता है। इसाक का चाचा फैजल अहमद बीरगंज (ज़िला पारसा) में रहता है, जो कुख्यात तस्कर है। उसे भागलपुर में पुलिस ने 1977 में इमरजेंसी के दौरान गिरफ्तार किया था। उसका सिरपुर गाँव (बीरगंज) स्थित घर का टेलीफ़ोन नम्बर 22304 रहा है। मोमिन के साथियों में कटिया देवखाना का इमाम मियाँ, धोबिनी का फरमुल्लाह मंसूर, बीरगंज-3 का कजहर साहिब और सेमरबारी का मुजामिल मियाँ भी हैं।

बताया जाता है मोमिन नशा तस्करी में है। वह तालिबानियों के लिए नेपाल से मुस्लिम छात्रों को बहका-फुसला कर पाकिस्तान और अफ़ग़ानिस्तान भेजने का काम करता रहा है। मोमिन और उसके साथियों ने कई बार दाऊद के पूर्व सिपहसालार राजन के परिचित बीरगंज के मेयर विमल श्रीवास्तव की हत्या की योजनाएँ बनायीं लेकिन सफल नहीं हुए।

अमरीकी नागरिक रीचर्ड डायले टटले के साथ जुआघर में भागीदार और धुर दक्षिण और वामपन्थी आतंकियों से गहरे सम्बन्ध रखने वाले दामोदर शमशेर राणा को तत्कालीन राजकुमार ज्ञानेन्द्र का करीबी बताते हैं। दामोदर के भी सम्बन्ध दाऊद से बताते हैं। नया बाज़ार (बालाजू) निवासी इफ्तिखार भाई (टेली. 414 025) के सम्बन्ध सत्तार भाई से हैं। सत्तार भाई भारत में आपराधिक गतिविधियों के लिए गिरफ्तार हो चुका है। पाटन निवासी नाकिम भाई (टेली. 523 868) भी दाऊद के लिए नेपाल से तस्करी करता रहा है। जमीम से उसका जुड़ाव हथियार तस्करी और ख़रीद-फरोख़्त के कारण है।

नवम्बर 1994 में दरबार मार्ग स्थित दरबार ट्रेवल्स का मालिक नसीम अंसारी गिरफ्तार हुआ था जो दाऊद का सहयोगी बताया जाता है। बेग बाज़ार (काठमांडू) में कपड़े सिलने का कारखाना मालिक पाक नागरिक याकूब चौधरी (60) भी दाऊद के लिए काम करता है। काठमांडू के बाणेश्वर इलाके में स्थित उसके घर पर लगा टेलीफ़ोन 470 040 खुफिया निगरानी में रहा है। बीरगंज से ऑपरेट करने वाला दीपक मलहोत्रा से सोना, हथियार और इलेक्ट्रॉनिक्स उपकरणों की तस्करी दाऊद नेपाल से भारत हेतु करवाता है। सुभाष संघोई काकरबित्ता से यही काम करता है। जीतेन्द्र लाल श्रेष्ठा और रबिन्द्र लाल श्रेष्ठा भी नामी तस्कर हैं जो दाऊद की सहायता करते हैं।

आईबी की 90 के दशक के आरम्भ में पेश एक गोपनीय रपट में कहा गया है कि 'तीन दशकों तक चले पंचायत राज में स्वर्ण तस्करी ने नेपाल के तमाम उच्चभ्रू समाज में गहरी जड़ें जमा लीं। जब वहाँ बहुदलीय व्यवस्था हुई, यह काम बड़े पैमाने पर होने लगा। चूँकि वहाँ कोई महत्त्वपूर्ण उद्योग नहीं है, तमाम दलों के नेता तस्करों और व्यापारियों से ही पार्टी चन्दा हासिल करते हैं।' कहा जाता है कि नेपाली राजनीतिकों, नेपाली पुलिस तथा ज़िला प्रशासन अधिकारियों को स्वर्ण तस्कर हर माह लगभग 15 करोड़ रुपये बतौर संरक्षण राशि अदा करते हैं ताकि बेखटके काम करने दें। यही कारण है कि त्रिभुवन इंटरनेशनल एयरपोर्ट से भारतीय या विदेशी मुद्रा आसानी से किसी भी देश में ले जा सकते हैं, बदले में सोना लाकर भारत भेजा जाता है। रपट में नेपाल के 24 राजनीतिकों के सम्बन्ध डी-कम्पनी, आईएसआई या स्वर्ण तस्करों से बताये गये हैं।

अगस्त 1997 में डी-कम्पनी के सिपहसालार गुलशन हत्याकांड के प्रमुख आरोपी विक्रम वाही उर्फ़ विक्की का सिर नेपाल में और धड़ यूपी में मिला था। वह दुबई से मुंबई बजरिए काठमांडू पहुँचा, हत्याकांड को अंजाम दिया, उत्तर प्रदेश होते हुए काठमांडू गया और दुबई जाने की फिराक में था। उसका शव मिलने से एक दिन पहले नेपाल पुलिस ने विक्की की तलाश में एक होटल पर छापा मारा लेकिन चिन्हित कमरे में कोई नहीं मिला।

## एफएम चैनल पर डी का क़ब्जा

दाऊद के साथी जमीम ने नेपाल सरकार से एफएम चैनल लाइसेंस पाने में सफलता हासिल कर ली। भारतीय खुफिया एजेंसियों के मुताबिक जमीम ने नेपाल सरकार के समक्ष निजी एफएम रेडियो चैनल शुरू करने का प्रस्ताव रखा था। जमीम को

प्राथमिक तौर पर लाइसेंस हासिल भी हो गया था। खुफिया अधिकारी इससे बुरी तरह चिन्तित हो उठे। उन्हें इस एफएम रेडियो के भारत विरोधी प्रचार हेतु ही नहीं, अपराधियों और आतंकियों को गुप्त सन्देश भेजने का भय भी सता रहा है। इस अन्देशे से भारतीय अधिकारियों ने नेपाली प्रशासन को अवगत करवाया था। इसके बावजूद नये एफएम रेडियो लाइसेंस को लेकर सावधानी नहीं बरती गयी।

इस एफएम लाइसेंस के बारे में रॉ तथा आईबी ने केन्द्रीय गृह एवं विदेश मन्त्रालयों को रपट भेजीं। यह सुझाव दिया कि तुरन्त रोकथाम के लिए नेपाल सरकार पर दबाव डाला जाये। वही हुआ जिसका डर था, नेपाल सरकार में बैठे जमीम के ख़ैरख़्वाहों-हमदर्दों ने भारत की बात न सुनी। जमीम को लाइसेंस देने की मुखालफ़त कई राजनीतिज्ञों और अफ़सरों ने की लेकिन उसके इशारों पर नाचने वालों के सामने इस विरोध की बिसात ही क्या थी? नेपाल सरकार द्वारा जब लाइसेंस मिल गया तो जमीम रेडियो नेटवर्क के लिए ज़रूरी उपकरणों को चीन, जापान जैसे देशों से आयात करने की कोशिश में लगा। मजेदार बात है कि सरकार ने करोड़ों रुपये मूल्य के ये उपकरण सीमा शुल्क मुक्त कर दिये।

जमीम को नेपाली सरकार द्वारा दिये लाइसेंस पर पब्लिक अकाउंट कमेटी ने आपत्ति दर्ज़ करते हुए कहा कि जमीम ने यह नहीं बताया कि वह किस तरह के कार्यक्रमों का प्रसारण एफएम पर करेगा। यह न बताने पर सरकारी नुमाइंदों को लाइसेंस के फ़ैसले पर पुनर्विचार करना चाहिए। समिति ने जमीम के लाइसेंस पर नयी नज़र डालने के लिए काबिना के पास वापस भेज कर थोड़े वक्त के लिए भले ही भारत को चन्द साँसें उधार दीं, परन्तु यह स्थायी राहत नहीं थी।

एक आईबी अधिकारी कहते हैं, 'जब पहले से सरकार को जमीम के एफएम लाइसेंस जैसी सूचनाएँ देने पर भी राजनयिक-कूटनीतिक कोशिशें नहीं होती हैं तो जमीम सरीखों का मनोबल बढ़ता है। राजनीतिक इच्छाशक्ति की कमी और राजनयिक दुर्बलता के चलते नेपाल में दाऊद-आईएसआई गठजोड़ इतना विस्तारित हो चुका है। नेपाल में हम 'कुछ भी... ध्यान दें कुछ भी...' करने-करवाने में सक्षम हैं, कम से कम वहाँ तो सपोलों को दूध पीने से रोकना चाहिए।'

## जमीम ने नेपाल नरेश से मित्रता गाँठी

नवम्बर 2002 में भारतीय खुफिया एजेंसियों ने एक बड़ा ही सनसनीखेज रहस्योद्घाटन कुछ खुफिया रपटों में किया था कि नेपाल नरेश से दाऊद इब्राहिम के सिपहसालार जमीम शाह उर्फ़ जमील उर्फ़ जंबो शाह ने सम्पर्क बढ़ा लिए

थे। उन्हें वह कई तरीकों से लुभा रहा था, दो सालों से बन्द पड़े अपने केबल नेटवर्क वापस शुरू करवाने की जुगत में भिड़ा था। इतना ही नहीं, उसे मिले एफएम रेडियो के लाइसेंस पर जो विरोधी टिप्पणियाँ दर्ज़ करके काम रोक दिया, उसे भी ठीक करवाने की कोशिश जंबो शाह द्वारा की जा रही थी। कहा जाता है कि नेपाल के पिछले प्रधानमन्त्री के अधिकार रद्द करवाने के मामले में भी इसी जमीम का हाथ था।

जमीम स्थानीय केबल नेटवर्क 'स्पेस टाइम नेटवर्क' चलाता रहा है। उसका लाइसेंस नेपाल सरकार ने सन 2000 में रद्द कर दिया क्योंकि बार-बार कहने के बावजूद वह 85 लाख रुपये का बकाया आयकर नहीं चुका रहा था। नेपाल प्रशासन के इस क़दम से नाराज़ और उसकी बात न मानने वाले तमाम राजनीतिकों को सबक सिखाने के लिए जमीम ने नेपाल नरेश ज्ञानेन्द्र सिंह से सम्बन्ध बढ़ाए।

कहते हैं कि नेपाली प्रधानमन्त्री शेर बहादुर देऊबा से जमीम की कई मामलों को लेकर बुरी तरह ठन गयी थी। वह श्री देऊबा से ख़ासतौर पर इसलिए नाराज रहा क्योंकि उन्होंने ख़ुद पहल करके उसका केबल नेटवर्क चालू करवाने के प्रयास नहीं किये। जमीम को पहले मिल चुके एफएम रेडियो चैनल में भारत सरकार के कहने पर अड़ंगेबाजी लगाने वाली नेपाल सरकार से भी जंबो बदला लेने की फिराक में रहता था। खुफिया सूत्रों के मुताबिक राजा ज्ञानेन्द्र सिंह ने जब देऊबा सरकार को बर्खास्त किया और उनके तमाम अधिकार राजसात कर लिए, उसके कुछ देर पहले ही जमीम की उनसे लम्बी चर्चा हुई थी।

कहा गया कि राजा ज्ञानेन्द्र सिंह के पक्ष में हवा चलाने हेतु जमीम ने बड़े हवाई सपने दिखाए। उसने श्री देऊबा की बर्खास्तगी के पहले काठमांडू समेत नेपाल के कई हिस्सों में बैठकें, रैलियाँ और जलसे आयोजित किये और ज्ञानेन्द्र सिंह की खूबियाँ गिनायीं थीं। उसने लोगों को बताया कि राजा के पास अधिकार जाने से नेपाल को क्या-क्या फायदे होंगे।

भारतीय खुफिया सूत्रों के मुताबिक जमीम ने राजा ज्ञानेन्द्र सिंह को भरोसा दिलाया कि वह अपना बन्द नेटवर्क चालू कर उनके पक्ष में ज़ोरदार प्रचार करेगा। नेपाली जनता में उनकी छवि एक महान सुधारक, प्रशासक एवं तारणहार की बनायेगा।

बता दें कि जमीम ने इसी नेटवर्क के जरिए लगातार भारत विरोधी ख़बरें दीं। उसने लोकप्रिय भारतीय फ़िल्म सितारे ऋतिक रोशन के ख़िलाफ इसी नेटवर्क से मनगढ़न्त व झूठी ख़बर फैला कर बड़े पैमाने पर भारत विरोधी दंगा-फसाद

करवाया। भारत व भारतीयों के ख़िलाफ उसने हिंसा व द्वेष का माहौल खड़ा किया था जिसमें कई भारतीय मारे गये, कई बुरी तरह पिटे, उनकी सम्पदा लूटी गयी और वाहन जलाये गये थे।

भारतीय खुफिया एजेंसियाँ यह भी बताती हैं कि इसी जमीम के काफ़ी गहरे सम्बन्ध राजकुमार दीपेन्द्र से भी थे। जमीम ने ही उसे अपने फायदे हेतु नशे की लत लगाई तथा लगातार कोकीन भी सप्लाई करता रहा। इसी नशे की गिरफ्त में एक दिन दीपेन्द्र ने पूरे परिवार को राजमहल में गोली मार कर ख़त्म किया था।

खुफिया एजेंसियाँ बताती हैं कि जमीम डी-कम्पनी का नेपाल सीईओ बन गया लेकिन यह काम पहले नेपाली मन्त्री मिर्ज़ा दिलशाद बेग का था। जमीम का काम डी-कम्पनी हेतु नेपाल मार्ग से सोना, कोकीन, हशीश व हेरोइन की तस्करी करना रहा है। वह इस गिरोह के लिए दो दशक से अधिक समय तक काम करता रहा।

इस बारे में जो छानबीन भारतीय खुफिया एजेंसियों ने की, उसकी रपट भारतीय गृह मन्त्रालय को भी मिली। कोशिश की गयीं कि इस सिलसिले में और सूचनाएँ व सबूत जुटा कर नेपाली राजा के समक्ष उसे पूरी तरह बेनकाब कर डी-कम्पनी की भारत विरोधी साजिशों पर रोकथाम लगाई जा सके। कहा जाता है कि ऐसा होने के पहले ही पूरे खानदान का ही सफाया करवाने में यह गिरोह कामयाब रहा।

## दाऊद की नेपाल यात्राएँ

बताते हैं कि जुलाई 1993 में दाऊद ने चार दिनों के लिए काठमांडू यात्रा की। वह मिर्ज़ा से मुलाकात करके वापस गया। वह नेपाल की जामा मस्जिद में गया। वहाँ दिसम्बर 1993 में अपनी सँभावित यात्रा पर एक दफ्तर खोलने की इच्छा व्यक्त की। भारतीय खुफिया एजेंसियाँ बताती हैं कि दाऊद ने अगस्त 1997 तक काठमांडू के कई चक्कर लगाये। उसकी नेपाल आमद मिर्ज़ा की मौत के बाद होनी भी बताते हैं लेकिन पुष्टि कोई एजेंसी नहीं करती।

आईबी रपटों में बताया गया है कि दाऊद 1998 के बाद भी कम से कम छह बार नेपाल यात्रा कर चुका है। कहते हैं कि काठमांडू स्थित जामा मस्जिद की नयी इमारत के उद्घाटन पर 1994 में दाऊद दुबई और सऊदी अरब के कुछ विशिष्टजनों के साथ फ़र्जी नाम पर नेपाल गया था। नेपाल सरकार ने

दाऊद पर निगरानी का पुख़्ता इन्तज़ाम किया लेकिन वह जासूसों और मुखबिरों की आँखों में धूल झोंक कर बच निकला। कहते हैं कि वह 6 से 9 अप्रैल 1998 तक काठमांडू में रहा।

एक अन्य रपट के मुताबिक दाऊद ने मार्च 1998 में काठमांडू की यात्रा की। मिर्ज़ा बेग के एक साथी के घर दाऊद से मिलते-जुलते व्यक्ति को रॉयल नेपाल आर्मी के खुफिया अफ़सरों ने देखा। उसे मिर्ज़ा के साथ भी देखा गया। उसके घर के इर्दगिर्द जाल भी बिछाया लेकिन कुछ पुख़्ता निकला नहीं।

फ़रवरी 1998 में दाऊद के काठमांडू आने की अपुष्ट रपट हैं। इस यात्रा में उसने नेपाली प्रधानमन्त्री एसबी थापा और उनके मंत्रियों से मुलाकात करने की बहुतेरी कोशिशें कीं ताकि उसके तस्करी कारोबार को अबाधित चलने के लिए वह उन्हें 15 करोड़ रुपये दे सके।

एक अन्य ख़बर के मुताबिक दाऊद और शकील सितम्बर 1998 के पहले सप्ताह में नेपाल गये थे। दाऊद पाकिस्तान से पाक इंटरनेशनल एयरलाइंस की उड़ान से वहाँ पहुँचा जबकि शकील हांगकांग से आया था। कहते हैं कि शकील काठमांडू के ज्याठा इलाके में नेपाली चुनाव आयोग मुख्यालय के सामने स्थित नूरुल इस्लाम उर्फ़ गामा के घर में रहता है।

भाई नूरा फ़रवरी 1998 के अन्तिम सप्ताह में काठमांडू पहुँचा और होटल करनाली में रुका। नूरा ने 1999 अप्रैल के तीसरे सप्ताह में शेख़ लुकमान फारूखी के साथ यात्रा की। वह दुबई से कराची होकर आया था। नूरा के पास 'सरफराज अहमद' नाम से पाक पासपोर्ट था। कथित सरफराज के कराची से 20 अप्रैल 1999 को काठमांडू पहुँचने और तीन दिनों बाद कराची वापसी की पक्की जानकारी मिलती है। ये लोग सलीम मियाँ अंसारी के घर में रुके। वे चुनावों के मद्देनज़र खुम बहादुर खड़का, सलीम मियाँ अंसारी और बामदेव गौतम को पैसे देने आये थे।

## डी का नेपाल में कारोबार

कहा जाता है कि नेपाल के पर्यटन ढांचे का लगभग एक तिहाई हिस्सा डी-कम्पनी की मिल्कियत है। वहाँ सैंकड़ों होटलों, ट्रेवल एजेंसियों, रेस्तोरां, गेस्ट हाउस इत्यादि डी-कम्पनी के प्यादे चला रहे हैं। पर्यटन उद्योग के विभिन्न साधनों में आईएसआई एजेंटों को बतौर कर्मचारी रखवाने का काम दाऊद ने करवाया ताकि वे आसानी से नेपाल में रहें और भारत आने-जाने में कोई परेशानी न हो।

कहते हैं कि दाऊद से गहरे रिश्ते रखने वाले नेपाल की निजी हवाई सेवा कम्पनी गरुड़ एयरलाइंस के अध्यक्ष आरबी श्रेष्ठा ने कारोबारी हितों को ध्यान में रखते हुए कनाडा की वायुसेवा कम्पनी केन बोर्के एयर लि. के विक्रय महाप्रबन्धक के साथ समझौता किया था।

काठमांडू होटल के मालिक प्रदीप शमशेर राणा ने कुछ अर्सा पहले एयर नेपाल इंटरनेशनल लिमिटेड की स्थापना की। कहते हैं कि इसमें दाऊद ने एक लाख अमरीकी डॉलर का निवेश किया है। इस निजी वायु सेवा कम्पनी ने मलेशिया की ट्रांस माईल एयर सर्विस नामक कम्पनी से बोईंग 737-200 किराये पर लिया लेकिन तकनीकी समस्याओं से तुरन्त काम शुरू नहीं हो सका। इसी प्रदीप राणा से काठमांडू होटल खरीदने का ख़ासा चक्कर दाऊद के सहयोगियों ने चलाया था।

बताते हैं कि दाऊद का लाजिमपाट (काठमांडू) स्थित होटल ओरियंट स्टार में काफ़ी पैसा लगा। यह होटल अब होटल रेडीसन है। इसके मालिक देश की सबसे विख्यात ट्रेवल एजेंसी हिमालय ट्रेवल एंड टूर्स के स्वामी जीडी श्रेष्ठा और बीके श्रेष्ठा हैं। रिंग रोड (काठमांडू) स्थित चार सितारा शहंशाह होटल में भी दाऊद का पैसा लगा होने की बात कही जाती है।

डी-कम्पनी ने बुद्ध नीलकंठ इलाके के उत्तर में भालू खड़का क्षेत्र में सैकड़ों एकड़ ज़मीन खरीदी और पाँच तारा होटल बनाने का लाइसेंस सरकार से हासिल किया। इस परियोजना में डी-कम्पनी के लिए काम करने वाला नेपाल का कुख्यात तस्कर भारत गुरुंग शामिल है। वह नेपाली कांग्रेस के मनंग ज़िले से सांसद पल्टन गुरुंग का रिश्तेदार है। प्रिंस धीरेन्द्र के पूर्व एडीसी सेवानिवृत्त कर्नल भारत गुरुंग का भी इसमें कुछ हाथ बताते हैं।

यह भी जानकारी मिली कि नौबिसे के रामशरण सुबेदी और भारत गुरुंग की सहायता से डी-कम्पनी ने गोरखा, तहानु और रसुआ ज़िलों में खदानों से ताँबा निकालने का ठेका और मलेशिया में चाँदी खदानों के लाइसेंस लिए हैं। यहाँ से निकली चाँदी बरास्ते नेपालगंज अवैध रूप से भारत भेजी जाती है। नेपालगंज का व्यापारी मामराज अग्रवाल चाँदी तस्करी में डी-कम्पनी का विश्वसनीय माना जाता रहा है।

## डी-कम्पनी के नेपाली ठिकानों-सम्पर्क में राजघराना भी!

काठमांडू के कश्मीरी शाह परिवार के कई बंगलों और कारोबारी स्थानों पर दाऊद के सिपहसालार और प्यादे जमते हैं। इनमें फरीना शाह का घर भी है।

कश्मीरी मस्जिद के महासचिव इक़बाल शाह उन्हें अपने घर में पनाह देता है। सैयद ताहिर शाह उर्फ़ टापू सलीम शाह का नाम भी इस सूची में शुमार कर सकते हैं। सैयद निहाल शाह माईतिदेवी में एक रिक्रूटमेंट एजेंसी चलाता है और उसका बेटा मुंबई में वकालत करता है।

कई तस्कर डी-कम्पनी के नेटवर्क में हैं। इनमें काठमांडू के अनिल जटिया, बीरगंज के बशीरुद्दीन अंसारी, दीपक मल्होत्रा, फैजल अहमद रहमान मियाँ, हेम स्वर, आईएल प्रधान, इफ्तिखार भाई, कलीमुद्दीन खान, काठमांडू का कयामुद्दीन, उत्तर प्रदेश के सिद्धार्थगंज स्थित दुमराईगंज का मुन्ना, नसीरुद्दीन, पाटन का नाकिम भाई, प्रकाश स्वर, रविंद्र लाल श्रेष्ठा, जीतेन्द्र लाल श्रेष्ठा, सिराज अहमद फारुखी, सुभाष संगोई, वशी अहमद दीवान, मेहताबुद्दीन, राकेश टीबड़ेवाल के नाम प्रमुख हैं।

इन तस्करों की सूची में दीपक मल्होत्रा का नाम भी है, जो सोने और इलेक्ट्रॉनिक उपकरणों का नामचीन तस्कर है। वह नियमित रूप से पाकिस्तानी दूतावास में जाता है। एनसीपी (एमएल) के साथ उसके गहरे ताल्लुकात हैं। उसके सम्बन्ध खुम बहादुर खड़का, शरद सिंह भंडारी और आरके मैनाली से काफ़ी अच्छे हैं। दिल्ली में भी उसके काफ़ी अच्छे सम्पर्क और सम्बन्ध हैं।

सूची के मुताबिक़ लगभग 55 साल की उम्र और छह फुट लम्बा फैजल अहमद कुश्तीबाज है और पारसा ज़िले के वार्ड नम्बर 2 में आने वाले धोबिनी गाँव का निवासी है। उसे 1977 में इमरजेंसी के दौरान रासुका के तहत गिरफ्तार करके भागलपुर जेल में रखा गया था। उसका सिक्ता बाज़ार में भी एक घर है। वह एनडीपी का एक सक्रिय सदस्य भी है। उसके सिरपुर घर का टेली नम्बर 02-22304 है। उसके कुख्यात तस्कर आईएल प्रधान, दीपक मल्होत्रा के अलावा पाक दूतावास में तगड़े सम्पर्क हैं। भारतीय सरहद से मात्र दो किमी दूर धोबिनी जिले में फैजल द्वारा दान की गयी ज़मीन पर मस्जिद-मदरसा-मुसाफिरखाना का निर्माण हो रहा है। यह स्थान बिहार के पश्चिमी चंपारण जिले के सिक्ता बाज़ार से करीब लेकिन बीरगंज से 25 किमी और रक्सौल से 30 किमी दूर है।

हेम स्वर के बारे में खुफिया एजेंसियों का कहना है कि वह एनडीपी नेता नैन बहादुर स्वर का रिश्तेदार है और दीपक मल्होत्रा से जुड़ा है। इफ्तिखार भाई नया बाज़ार (काठमांडू) का निवासी है। कमालुद्दीन खान कपिलबस्तु के कृष्णा नगर में रहने वाला इस्लामिक वर्ल्ड एसोसिएशन का सक्रिय सदस्य है। मेहताबुद्दीन एक

कुख्यात स्वर्ण तस्कर है और टीआईए पर कई बार रंगे हाथों पकड़ा जा चुका है। नशा व हथियार तस्कर नाकिम भाई, जमीम का सहयोगी है। कृष्णनगर निवासी मिर्ज़ा बेग का जवाईं सिराज अहमद फारुखी भी डी-कम्पनी के लिए काम करता है। मिर्ज़ा बेग का भांजा अफ़जल डी-कम्पनी सदस्य है। फ़खरुद्दीन अहमद खान भैरवहा स्थित होटल शान्तनु का प्रबन्ध निदेशक है।

दाऊद को सहयोग देने वाले नेपाली कारोबारी भी कम नहीं। बनवारी लाल मित्तल, विनोद कुमार राठी, बदरे आलम, प्रमोद राणा, रतन अग्रवाल, रामवतार गोयल, रघु शाह, सिराज अहमद अंसारी, शफाकत अली, सुभाष, तबरक हुसैन खान, ताज मोहम्मद, विनोद कृष्णा के नाम प्रमुख रहे हैं। रतन अग्रवाल आदर्श नगर, बीरगंज में सनराइज सेंटर का मालिक रहे है। जयपुर का मूल निवासी सिराज अहमद काठमांडू में दरबार मार्ग पर नूर जेम्स तथा न्यू रोड पर स्थित एशिया जेम्स नामक दुकानों का मालिक रहे है। बैंकॉक में उसकी एक दुकान उसके भाई इबरार अहमद अंसारी द्वारा चलाई जाती रही है।

फ़र्जी भारतीय करेंसी तस्करी और चलाने वाला गिरोह बना कर दाऊद को सहायता पहुँचाने वाला अफाकत अली होटल क्लासिक और नेशनल टेंट हाउस बीरगंज, नमस्ते टीवी शॉप, रक्सौल बिहार का मालिक है। सरदार बग्गा सिंह आदर्श नगर (बिराट नगर) स्थित सनराइज एंपोरियम और बग्गा ट्रांसपोर्ट का मालिक है। तबरेक खान स्टार इंटरप्राइजेज (कृष्णा नगर) का मालिक है। ताज मोहम्मद बाग बाज़ार (काठमांडू) में चाँदनी होटल चलाता है। खुफिया एजेंसियों द्वारा स्थापित तथ्य है कि इस होटल का इस्तेमाल डी-कम्पनी और आईएसआई एजेंटों के लिए होता है। इस पर नेपाल पुलिस ने मिर्ज़ा बेग की हत्या के बाद 20 जून 98 को छापा मारा था। विनोद कृष्णा का काठमांडू में होटल शंकर है।

कई नेपाली अधिकारियों से डी-कम्पनी के सम्बन्ध हैं। इनमें टीआईए पर पूर्व मुख्य आव्रजन अधिकारी अब्दुल रईस खान का नाम है। वह डांग का सीडीओ और नेपाली गृह मन्त्रालय में अवर सचिव रहा है। कहते हैं कि पाक दूतावास ने उसे बोतल में उतारा था। लोकमान सिंह कर्की वित्त मन्त्रालय में विशेष सचिव था और जमीम का करीबी है। कहते हैं कि वह दाऊद से मिलने लन्दन और दुबई जा चुका है। 1998 में बैरवहा में पद पर रहे मोहम्मद शोहेब आजा काठमांडू निवासी कस्टम्स अधिकारी है। प्रेम बहादुर बिष्ट नेपाल पुलिस का पूर्व पुलिस उपअधीक्षक है।

नेपाल में राजनीतिक सहयोग भी डी-कम्पनी को बहुतायत से प्राप्त है। कपिलबस्तु में एनसीपी (यूएमएल) का नेता डॉ. अनवर खान इसमें है। एक बार चुनावों में कपिलबस्तु से खड़ा निर्दलीय उम्मीदवार अताउर रहमान उत्तर प्रदेश के बाहुबली राजनीतिक और गिरोह सरगना मुख़्तार अंसारी का रिश्तेदार है। उसके सम्बन्ध अबू सालेम से हैं। बिजय गजधर, नेपाली कांग्रेस का बीरेन्द्र कन्नूडिया, एनसीपी (एमएल) का नेता बामदेव गौतम, नोना कोईराला जमीम के सम्पर्क में है। एनसीपी महासचिव सुशील कोईराला पर मामराज अग्रवाल से चुनाव फंड में छह करोड़ रुपये लेने के आरोप लगे। सलीम मियाँ अंसारी एनसीपी (एमएल) का पूर्व मन्त्री है और पाक दूतावास में उसके गहरे सम्बन्ध बताते हैं।

इस्लामी अतिवादियों से सम्बन्ध होना डी-कम्पनी के लिए ज़रूरी है। दरबार मार्ग, काठमांडू स्थित मिल्लत-ए-इस्लामिया का अध्यक्ष अब्दुल रहमान इस सूची में सबसे ऊपर है। उत्तर प्रदेश के बहराइच ज़िले का मूल निवासी अब्दुल जब्बार मंजारी (35) 1981 में नेपालगंज आया और शौकत मार्ग पर कपड़ों की दुकान खोली। वह एनडीपी-टी पार्टी और नेपाल मुस्लिम समाज नामक संगठन का सक्रिय सदस्य है। नेपालगंज नगरपालिका का 1997 से सदस्य और मुस्लिम मदरसा का कोषाध्यक्ष है। काठमांडू निवासी कश्मीरी आतंकियों और आईएसआई एजेंटों से उसके गहरे ताल्लुकात हैं। नेपालगंज स्थित शिवसेना शाखा के ख़िलाफ नेपाली मुस्लिम युवकों को गोलबन्द कर रहा मंजारी 1997 में पाकिस्तान यात्रा कर चुका है।

कृष्णानगर के झंडानगर में मदरसा-ए-दारूल-उलूम का संचालक मौलाना अब्दुल मदनी दिसम्बर 1998 के तीसरे सप्ताह में कराची जाकर दाऊद से मिला। दुबई में वह नूरा का मेहमान बन चुका है। उसके इस्लामी गतिविधियों के प्रचार-प्रसार हेतु डी-कम्पनी से मिलने के बारे में खुफिया रपट कहती हैं। थामल, काठमांडू में अवैध गतिविधियाँ करने वाला कृष्णानगर मूल का मौलाना अबू बकर नड़वी अतिवादी मुस्लिम संगठन 'हमरो सौगत' का सदस्य है और नेपाली युवकों को लश्कर-ए-तैयबा में भर्ती करता है। वह दिसम्बर 1998 में दाऊद से मिलने मौलाना मदनी के साथ कराची व दुबई गया था।

काठमांडू के गाईरीधारा इलाके में किराये के मकान में रहने वाला मूलतः सुनसराय ज़िले का निवासी मोहम्मद असद फलाही नेपाली इस्लामिक युवा संघ का अध्यक्ष है। वह एनआईवायएस के मध्यवर्ती विभाग के दफ्तर का संचालन करता है और आईएसआई एजेंट है। नेपालगंज में नेपाल मुस्लिम इत्तेहाद संघ

का अध्यक्ष मौलाना असगर अली मदनी धोबिनी और छपक्यां (बीरगंज) में दो मस्जिद-मुसाफिरखाना-मदरसा के निर्माण में मशगूल है।

नेपालगंज की संस्था नेपाल मुस्लिम समाज विकास संघ का अध्यक्ष मोहम्मद बदरुद्दीन खान भी इस सूची में है। हसन हबीब अंसारी बिराट नगर में एआईवायएस कार्यालय का प्रभारी है। मास्टर हासिम अंसारी, राजबिराज की एक मस्जिद का प्रभारी और एक छोटे से बाज़ार का मालिक है। वह डी-कम्पनी और आईएसआई एजेंटों को पनाह देने के मामले में खुफिया निगरानी पर है।

काठमांडू की नेपाली जामा मस्जिद के अध्यक्ष राहत हुसैन खान के सम्बन्ध सैयद अब्दुल करीम उर्फ़ टुंडा से हैं। टुंडा एक खतरनाक आतंकवादी है, जिसे काठमांडू से ही भारतीय व नेपाली पुलिस ने गिरफ्तार किया था। एआईवायएस का उपाध्यक्ष ताहिर हुसैन अंसारी और सचिव जुल्फिकार अली अंसारी भी डी-कम्पनी की सम्पर्क सूची में नाम रखते हैं।

इनके अलावा नेपाल में डी-कम्पनी के लिए काम करने वाले कई लोगों की सूची खुफिया एजेंसियों के पास है। नेपालगंज का अश्फाक़ उर्फ़ इक़बाल, मिर्ज़ा बेग का रिश्तेदार अहमद फारुख, रूपेनदेही, पीपरवाहा का भोला दीवान, नेपालगंज का हरिशरण सरावगी, बीरगंज का लतीफ दाऊद, नेपालगंज का अपराधी माजिद मणिहार, बीरगंज का नूर मोहम्मद अंसारी, जोगबनी का जाहिर मियाँ इस सूची में हैं।

अबू सालेम से ताल्लुकात रखने वाले नदीम मुसलमीन, नौशाद मुसलमीन और रफीक मुसलमीन मिर्ज़ा के घर में मार्च 1999 में रहे हैं। बैरवहा निवासी नरेन्द्र शाह तेली सेंट्रल मीडिया कम्यूनिकेशन के नाम से किचापोखरी (काठमांडू) में एक टेलीफ़ोन बूथ (नं. 244 697) चलाता है। इसका इस्तेमाल डी-कम्पनी के लिए होता है।

कृष्णानगर के दिलीप यादव और काठमांडू के मोहसिन सितम्बर 1998 में दाऊद द्वारा संजय मानतोंडकर की हत्या के लिए मुंबई भेजे गये थे। मिर्ज़ा की हत्या में संजय का हाथ था। दाऊद उसे मार कर बदला लेना चाहता था। गुजरात के मेहसाणा आरडीएक्स तस्करी कांड में शामिल अब्दुल माजिद काठमांडू के अमर टंडन के घर 1997 में नेपाल पुलिस के द्वारा मारे छापे में फरार होने में कामयाब रहा।

## नेपाल का दुरुपयोग पाक व डी-कम्पनी द्वारा

पाकिस्तान किस कदर नेपाल का दुरुपयोग भारत विरोधी गतिविधियों के लिए करता है, उसकी एक मिसाल 1997 के प्रारम्भ में पाक दूतावास अधिकारियों से 30 किलोग्राम आरडीएक्स बरामद होना है। यही कारण है कि नेपाल में सिर्फ़ पाक राजनयिकों के ही सामान की पूरी तरह से जाँच हमेशा की जाती है। भारतीय दूतावास में जहाँ 75 अधिकारी हैं, पाकिस्तान ने 30 रखे हैं जबकि बांग्लादेश, भूटान, श्रीलंका, मालदीव मात्र 15 कर्मचारियों या अधिकारियों से ही काम चला रहे हैं। पाक ने जानबूझ कर बड़ा कर्मचारी दल नेपाल में रखा ताकि अवैध गतिवधियाँ बख़ूबी संचालित कर सके।

मुंबई बमकांड आरोपी, तस्कर और दाऊद का करीबी मोहम्मद डोसा को दुबई जाने का रास्ता नेपाल से ही मिला था। उतना ही नहीं, उसने नेपाल सरकार में ऐसा जुगाड़ बैठाया कि नेपाली पासपोर्ट भी हासिल कर लिया था। भारत सरकार को यह पता चला तो नेपाल के समक्ष विरोध दर्ज़ किया लेकिन अभी तक मोहम्मद डोसा वही पासपोर्ट इस्तेमाल कर रहा बताते हैं।

नेपाल में अपराधियों को स्थानीय निवासी प्रमाण-पत्र हासिल करने के लिए मात्र 10 हज़ार नेपाली रुपये ख़र्च कर दो सप्ताह का ही इन्तज़ार करना होता है। बाद में पासपोर्ट बनवा लेना कितना मुश्किल काम बचा रह जाता है? भ्रष्ट नेपाली अधिकारियों की सेवा का लाभ बहुतेरे माफिया सदस्यों ने उठाया है।

भारत अपने शत्रुओं को सुविधाएँ देने के लिए कैसी मूर्खताएँ कर सकता है, उसका एक सफल उदाहरण नेपाल के हिमालय बैंक और पाकिस्तान के हबीब बैंक का गठजोड़ है। हिमालय बैंक ने तीन बार स्टेट बैंक ऑफ इंडिया से कहा कि उसके साथ भागीदारी कर ले लेकिन हर बार इस भारतीय बैंक ने इनकार कर दिया। अन्ततः हिमालय बैंक के लोग हबीब बैंक से जा मिले।

अब भारतीय खुफिया एजेंसी कहती हैं कि यह गठबन्धन आईएसआई के लिए पैसों की आवाजाही के लिए एक सरल, सुगम, सस्ता और सुरक्षित माध्यम बन गया है। कई बैंक खातों पर आईबी और रॉ की नज़र रहती है। नेपाली गृह मन्त्रालय के एक वरिष्ठ अधिकारी बीरेन्द्र कुमार का कहना है कि उन्होंने पाक बैंक को 20 फीसदी भागीदारी ही दी है। भारत जब भी किसी खाते की जानकारी चाहता है, हम उसे उपलब्ध करवाते हैं। अब भारतीय अफ़सर क्यों उलटी-सीधी बातें बना रहे हैं? हमने भागीदारी का पहला प्रस्ताव तो उनके सामने ही रखा था।

दाऊद और आईएसआई के साथ मिल कर कई पाक राजनयिकों ने भारत विरोधी गतिविधियों को नेपाल से अंजाम दिया है या आज भी जारी रखे हुए हैं। उनके बारे में पूरी जानकारियाँ खुफिया एजेंसियों ने हासिल कर रखी हैं लेकिन उनके सिर्फ़ नाम ही हम यहाँ दे रहे हैं। इनमें से अधिकांश नेपाल से या अपने पदों से स्थानान्तरित अथवा पदोन्नत किये जा चुके हैं। ये सभी नेपाल में किसी न किसी पद पर रखे गये थे।

काठमांडू स्थित आईएसआई केन्द्र का मुखिया अदनान जावेद, आईएसआई की लाहौर इकाई का प्रभारी और पाकिस्तान वायु सेना का विंग कमांडर एजाज हुसैन मिन्हास, अब्बास अहमद, कर्नल जमील हैदर, सूबेदार दुलाब गुल, अब्दुल कादिर, राजा जलील, मोहम्मद अरशद चीमा, खुर्शीद अनवर, काजी एम. अजहर, सुल्तान मोहम्मद, जफर मलिक, नूर मोहम्मद मट्टो, लाल खान, मोहम्मद खलीली, अब्दुल वारिस, मोहम्मद असलम जिया, जफ़र अब्बास शाह, जिया अंसारी, फ़िदा हुसैन, मोहम्मद यूनुस रज़ा, मोहम्मद खालिद, मोहम्मद अब्दुल सत्तार, मुनव्वर हुसैन, मोहम्मद यूसुफ, रब नवाज, मोहम्मद यूनुस, मोहम्मद नाजिर, मोहम्मद लाल खान और नूर मोहम्मद के नाम हैं। इनमें से कई तो महज कार चालक, सुरक्षा रक्षक, चौकीदार, अंगरक्षक, वायरलेस ऑपरेटर, टेलेक्स ऑपरेटर, प्रेस एंड कल्चर विंग प्रभारी जैसे पदों पर काम करने वाले रहे हैं।

मोहम्मद सबूर को नेपाल सरकार ने गलत गतिविधियाँ करने के कारण देश निकाला दे दिया था। उसकी भारत व नेपाल विरोधी गतिविधियों का काफ़ी लम्बा-चौड़ा चिट्ठा तैयार हो गया था।

तारिक अली का नाम नेपाल में काफ़ी बदनाम है कि वह भारत के साथ ही साथ नेपाल को भी विघटित करने के लिए आतंकी गतिविधियों को बढ़ावा देता रहा है। उसके ग्रेटर नेपाल नामक एक अतिवादी संगठन से सम्बन्ध रहे हैं। राधेश्याम लेकली, प्रह्लाद हमागाईं, रमाजी बिष्ट, फणींद्र जैसे अतिवादियों के साथ तो वह पूरे समय सम्पर्क में रहा ही, गोरखा एक्सप्रेस के राजन कर्की जैसे भारत विरोधी पत्रकारों का भी वह गहरा दोस्त हुआ करता था और उन्हें भारत के ख़िलाफ ऊलजुलूल जानकारियाँ हमेशा दिया करता था।

नेपाल में पाक दूतावास का फर्स्ट सेक्रेटरी रह चुका तारिक हुसैन भारतीय इस्लामी और सिक्ख आतंकियों को फ़र्जी पाकिस्तानी आव्रजन दस्तावेज़ मुहैया करवाता रहा है ताकि वे पाकिस्तान जाकर विध्वंसकारी गतिविधियों का प्रशिक्षण

ले सकें और उसके सम्बन्ध नवाजसिंह अली उर्फ़ लतीफ पहलवान तथा मोहम्मद शफी धोबी सरीखे आईएसआई एजेंटों से रहते थे।

## आतंकियों व गिरोहों ने किया दोहन नेपाल का

नेपाल का इस्तेमाल सिर्फ़ माफिया ही बतौर शरण स्थल और कार्य केन्द्र नहीं करता रहा है, कश्मीरी, पंजाबी और पूर्वी राज्यों के आतंकी संगठनों के लिए भी यह शान्त सुरम्य नदियों का हिन्दू राज्य बेहद सुरक्षित पनाहगाह बना रहा है। सिख आतंकियों के लिए तो नेपाल मानो निर्वासित जीवन की राजधानी बन चुका था। विभिन्न सिख आतंकी संगठनों ने नेपाल का प्रयोग विदेशों से धन, हथियार तथा अन्य सामग्री की भारत तक आवाजाही हेतु बख़ूबी किया। बड़ी वारदातों को अंजाम देकर वे शरण लेने नेपाल ही भाग जाते थे। नेपाल की मीलों लम्बी खुली हुई सीमा के कारण हमेशा अपराधियों एवं आतंकवादियों के लिए नेपाल सबसे सुरक्षित ठिकाना माना जाता है।

मई 1996 में खालिस्तान ज़िन्दाबाद फोर्स (केएफजेड) का आतंकी मोहिंदर पाल सिंह खालसा नेपाल के शहर बीरगंज में पकड़ा गया। उसने बताया कि लम्बे समय से बीरगंज केएफजेड का ठिकाना है।

सितम्बर 1996 में आईएसवाईएफ का पूर्व अध्यक्ष अमरजीत सिंह और उसके साथी लखबीर सिंह को काठमांडू स्थित त्रिभुवन इंटरनेशनल एअरपोर्ट पर तब पकड़ा गया जब वे कराची से लौटे ही थे।

जुलाई 1996 में बब्बर खालसा इंटरनेशनल का खूँखार आतंकी कँवर पाल सिंह उर्फ़ बिट्टू बैंकॉक से भारत प्रत्यर्पित किया तो बरास्ते काठमांडू।

अगस्त 1997 में खालिस्तान कमांडो फोर्स (पंजवाद गुट) का खूँखार आतंकी भूपिन्दरा सिंह भिंडा पकड़ा गया नेपाल में। उसने मार्च 1997 में पंजाब के मोगा ज़िले में स्थित भागपूरना गाँव के मन्दिर में नरसंहार किया था। उसके मुताबिक पाकिस्तान में बैठा परमजीत सिंह पंजवार उसे नेपाल में ही आदेश देता था। पंजवार के पाकिस्तान भागने की राह भी बरास्ते नेपाल ही थी जिसकी व्यवस्था केएफजेड कार्यकर्ता भाग सिंह ने की थी।

11 फ़रवरी 1998 को भाग सिंह भी भारत-नेपाल सीमा पर अजमेर सिंह नामक एक आतंकी के साथ पकड़ा गया। भाग सिंह उसे नेपाल में शरण देने ले जा रहा था। पूछताछ से यह भी पता चला कि नेपाल में उसने जगतार सिंह

पंजोला को स्थापित किया था। पाकिस्तान में बैठे पंजोला के आकाओं ने भूपिन्दर सिंह भिंडा का स्थान लेने को भेजा था।

15 नवम्बर 1998 को नेपाली अधिकारियों ने केएफजेड के मुखिया व आतंकवादी रणजीत सिंह उर्फ़ नीटा को काठमांडू के टेकू इलाके में स्थित वैलव्यू होटल से गिरफ्तार किया था। उसके पास से 20 किलो आरडीएक्स, टाईमर तथा बम बनाने के लिए आवश्यक उपकरणों का जखीरा बरामद हुआ। ये हथियार-गोला-बारूद उसे पाक राजनयिकों ने काठमांडू में ही सौंपे थे। उनके नाम एजाज हुसैन मिन्हास (काउंसिलर) मोहम्मद अरशद चीमा, (फर्स्ट सेक्रेटरी काऊसिलर) और आसाम सबूर (यूडीसी) बताये गये थे।

आईएसआई द्वारा प्रशिक्षित इस्लामी आतंकवादी अजीजुद्दीन शेख़ जून 1999 में नेपाल में पकड़ा गया था। उससे पूछताछ में पता चला कि छोटा शकील द्वारा नेपाली मदरसों का इस्तेमाल एके 47 जैसी संहारक रायफलों समेत अत्याधुनिक असलाह-बारूद छुपा कर रखने के लिए बड़े पैमाने पर किया जा रहा है। इन हथियारों को नेपाल में इसलिए जमा किया जा रहा है ताकि ज़रूरत पड़ने पर मुंबई भेजा जा सके। अजीजुद्दीन शेख़ ख़ुद भी डी-कम्पनी के लिए काम करता है।

इन मामलों से यह पूरी तरह साबित होता है कि नेपाल का इस्तेमाल आईएसआई भारत विरोधी गतिविधियों के लिए कर रहा हैं। वह खालिस्तान समर्थक, बब्बर खालसा इंटरनेशनल के संयोजक तथा काठमांडू के मायालू होटल मालिक जोगासिंह, केसीएफ (केडीएफ-पंजदार गुट) सदस्य भाग सिंह, काठमांडू में रेस्तरां मालिक व आतंकी मानीत सिंह और सुजान सिंह, बीरगंज जा बसे केजेडीएफ सदस्य मंजीत सिंह उर्फ़ गोतडी, अमरजीत सिंह और सतपाल उर्फ़ एसपी ने नेपाल में खालिस्तान समर्थक आतंकियों का तगड़ा नेटवर्क स्थापित कर लिया था।

अक्तूबर 1997 में जम्मू एंड कश्मीर इस्लामिक फ्रंट (जेकेआईएफ) के छह अतिवादियों को काठमांडू में तब पकड़ा गया, जब वे कराची की उड़ान से पाकिस्तान जा रहे थे। फ़र्जी दस्तावेज़ों के सहारे शुरू हुई उनकी उड़ान जेल में जाकर ख़त्म हुई। ये दस्तावेज़ पाक दूतावास स्थित एक ट्रेवल्स एजेंसी कार्यालय से तैयार करवाए गये थे। एक बार तो पाक दूतावास ने एक पत्र जारी किया था जिसमें कहा गया था, 'मोहम्मद सैफ खान पाक नागरिक हैं, जिसका पासपोर्ट गुम गया है, लिहाज़ा उसे वापस जाने दिया जाये।' नेपाल पुलिस को जब यह

पता चला, भारत की जानकारी में भी यह क़िस्सा आया, पाकिस्तान को शिकायत की गयी लेकिन कुछ होना तो था नहीं। कोई ख़ुद के ख़िलाफ़ क्या कार्रवाई कर सकता है भला?

21 मई 1996 में दिल्ली के लाजपत नगर बमकांड में 25 लोग मारे गये। सप्ताह भर में ही जेकेआईएफ के 4 सदस्य धरे गये, जिनमें बिलाल बेग और जावेद कीरवाल का नाम भी था। उनके पास से 20 किलो आरडीएक्स भी मिला। उन्हें दिल्ली पुलिस को बाद में सौंप दिया गया। उनके सम्बन्ध नेपाल सरकार में गृह एवं शारीरिक प्रशिक्षण मन्त्री दिलशाद बेग से होना पाया, जिसके ख़िलाफ़ उत्तर प्रदेश के गोंडा और गोरखपुर ज़िलों में स्वर्ण तस्करी व गोलीबारी के 8 मामले दर्ज़ थे। मिर्ज़ा की कार से एक बार 7 एके 47 रायफलें भी बरामद की गयी थीं, जब वह ख़ुद नेपाल के कृष्णानगर से भारतीय सीमा में उत्तर प्रदेश के महेन्द्र नगर जा रहा था।

खुफिया एजेंसियों की रपटों से यह साफ़ पता चलता है कि आईसी 814 अपहरण की योजना बनाई आईएसआई ने थी, अंजाम हरकत-उल-मुजाहिदीन (एचयूएम) ने दिया, व्यवस्थाएँ डी-कम्पनी ने कीं और करवाई थीं। एचयूएम पहले हरकत-उल-अंसार (एचयूए) के नाम से पहचाना जाने वाला आतंकवादी संगठन है।

नेपाल ने कभी भी यह ठीक नहीं समझा कि एक चुस्त-दुरुस्त खुफिया संजाल स्थापित करे। इसका खमियाजा सबसे अधिक भारत को ही भुगतना पड़ रहा है। भारत ने जब पुलिस प्रशिक्षण के मामले में नेपाल से हाथ झटकारा तो उन्होंने ब्रितानी सुरक्षा एजेंसी एमआई-5 से सम्पर्क किया और भागीदारी हासिल कर ली।

यह सब कुछ समय ही चला होगा कि चालाक पाकिस्तानी अफ़सरों ने नेपाल से कहा कि पाकिस्तान नेपाली पुलिसकर्मियों एवं अधिकारियों को प्रशिक्षण देने के लिए तैयार है। यह प्रस्ताव रख कर उसे नेपाल सरकार से स्वीकृत करवा लेने वाला कोई और नहीं बल्कि पाक विदेश सेवा का पूर्व महासचिव अकरम जकी था।

## शिल्पा शेट्टी को धमकाने वाला उदय शेट्टी नेपाल में गिरफ्तार

सूरत के प्रफुल्ल साड़ीज के मालिक पंकज और नारायण अग्रवाल को फ़िल्म तारिका शिल्पा शेट्टी के फँसे पैसों की वसूली के लिए धमकियाँ देने के मामले में फ़ज़लू रहमान गिरोह के शूटर उदय शेट्टी उर्फ़ अर्जुन को नेपाल की राजधानी काठमांडू में 22 जनवरी 2009 की दोपहर में 4 साथियों समेत नेपाल पुलिस ने गिरफ्तार किया।

नेपाल में काठमांडू पुलिस के सीनियर एसपी उपेंद्र आर्यल के मुताबिक उदय शेट्टी और उसके दो साथियों को छत्तीसगढ़ के एक युवक का नेपाल बुला कर अपहरण करने और उसके पिता से फिरौती माँगने के मामले में गिरफ्तार किया था। उदय के साथ गिरफ्तार गुंडों में प्रह्लाद महंत (25), बिकास कर्की (29), बिश्णु जीसी (30) और ताशी गुरंग (24) थे, जो नेपाल निवासी हैं। इनसे पुलिस ने एक मारुति कार, दो मोटरसाइकिलें, एक पिस्तौल, आठ गोलियाँ, 8,11,735 रुपये नकद बरामद किये थे।

इनसे पूछताछ में पता चला कि उदय शेट्टी सन 2003 तक फ़ज़लू के लिए काम करता रहा। उसने शिल्पा शेट्टी के पक्ष में फ़ज़लू के कहने पर प्रफुल्ल साड़ीज के मालिक पंकज और नारायण अग्रवाल को दो करोड़ रुपये चुकाने के लिए धमकाया था। इस मामले में शिल्पा शेट्टी की माँ सुनंदा शेट्टी और पिता श्री शेट्टी को सूरत पुलिस ने ग़िरफ्तार किया था। उन्हें लम्बे समय तक इस माम़ले में जेल की सलाखों के पीछे रहना पड़ा था। इस मामले में उदय शेट्टी फरार था और उसे सूरत पुलिस तबसे ही तलाश रही थी।

शिल्पा ने सन 1998 में साड़ी का विज्ञापन किया था। उनका आरोप था कि उन्हें पूरे पैसे काम करने के बाद भी नहीं चुकाए गये थे इसलिए उनके पैसों की माँग की जा रही थी। यह बात और है कि शिल्पा के माता-पिता लगातार इन आरोपों से इनकार करते आये हैं कि किसी गिरोह को उन्होंने पैसों की उगाही के लिए सुपारी दी थी।

उदय शेट्टी सन 2003 के बाद नेपाल के एक माफिया सरगना अमर टंडन के लिए काम करने लगा था। यह गिरोह धनिकों के बच्चों का अपहरण करके फिरौती वसूली का काम नेपाल से ही करता था। उसके गिरोह पर अब तक अपहरण व फिरौती वसूली के 50 से अधिक मामले नेपाल में दर्ज़ हो चुके हैं। उदय पहले ठाणे ज़िले के उपनगर कल्याण में रहा करता था।

अमर टंडन 2008 में ही नेपाल में गिरफ्तार हो चुका है। उसका गिरोह काठमांडू और तराई इलाकों में सक्रिय था।

इस गिरोह ने कारोबारी महेश मुरारका, शिवा सरावगी, पवन अग्रवाल, अनित्या गुरंग, उमेश गार्गा, दिलीप अग्रवाल, स्मित शेरचान और डॉ. आशुतोष जैसे कई लोगों का अपहरण कर फिरौती वसूली थी। गिरोह ने 27 करोड़ रुपये फिरौती में वसूले, जिसमें से महेश मुरारका ने सबसे बड़ी रकम 7.7 करोड़ रुपये

गिरोह को दी थी। गिरोह ने सिर्फ़ दो बन्धकों, ईश्वर दत्त पांडे और टीका राम आर्यल को ही छोड़ा। नीरज काक्शापति और बाबू राजा रावल का अपहरण भी उदय और उसके साथियों ने नेपाल में किया था। इसके लिए गिरोह को रावल ने 1.5 करोड़ और नीरज के परिवार ने 50 लाख रुपये चुकाए थे।

## नेपाल में डी के 3 सिपहसालारों की बबलू-बुदेश द्वारा हत्याएँ

भारत के ख़िलाफ गतिविधियों में लगे आईएसआई के एजेंट और दाऊद गिरोह के सिपहसालारों माजिद मणियार, परवेज़ टांडा उर्फ़ शौकत बेग और जमीम शाह की हत्याओं के मामले में एक नया ही कोण सामने आ रहा है। अब तक यही कहा जा रहा था कि छोटा राजन या भरत नेपाली ने ये हत्याएँ की हैं, लेकिन ख़ुद अली बुदेश का तो कहना है ही कि इन हत्याओं में उसका और बबलू श्रीवास्तव का हाथ है। नेपाल पुलिस ने एक युवक को जमीम शाह हत्याकांड में गिरफ्तार किया, जिसने कबूल भी किया कि हत्या में बबलू श्रीवास्तव उर्फ़ भाईजी का हाथ है।

ये तमाम हत्याएँ बबलू-बुदेश गठबन्धन का ही काम है, जिसमें निर्देश तो बबलू की तरफ़ से आते थे, योजना बनाने और धन की उपलब्धता अली बुदेश बहरीन में बैठ कर देखता था। बबलू के ही प्यादे इस काम में इस्तेमाल किये जाते रहे हैं क्योंकि नेपाल में बबलू का नेटवर्क आज भी काफ़ी तगड़ा है।

मकसद क्या हो सकता है दाऊद को अपना दुश्मन बनाने के पीछे? दाऊद के इन अहम सिपहसालारों की हत्या करने के पीछे? तो छोटा राजन की तरह ही बबलू-बुदेश गठबन्धन का भी यही कहना है कि जिसे भी उन्होंने मारा है, वे सभी आईएसआई-डी गठबन्धन के लिए काम करते थे। वे भारत को नुक़सान पहुँचा रहे थे। लेकिन यह देशप्रेम दिखावे का ही है। असल में बबलू-बुदेश गठबन्धन को दाऊद गिरोह से पुरानी दुश्मनी निकालनी है, इसलिए वे लगातार एक-एक करके डी-कम्पनी के इन सबसे मजबूत पायों को गिराए जा रहे हैं।

अली बुदेश का कहना है कि नेपाल आईएसआई-डी गठबन्धन की पूरी सफाई करने के बाद उनका रुख भारत की तरफ़ होगा।

यह बताया जा रहा है कि अभी भी नेपाल में डी-कम्पनी के लिए काम करने वाले नसीम शाह, सलीम शाह, ताहिर शाह, यूनुस अंसारी, सलीम अंसारी, मुमताज अंसारी सरीखे सिपहसालार मौजूद हैं। लेकिन कुछ ही महीनों में एक-एक

करके तीन बड़े सिपहसालारों की जिस तरह हत्याएँ हुईं, डी-कम्पनी के ये पुराने कारिन्दे भी नेपाल में कामकाज सँभालने में घबरा रहे हैं।

## अब्दुल माजिद सिद्दिकी उर्फ़ माज़िद मणियार

*हत्या की तारीख–5 अक्तूबर 2009*

*हत्या स्थल–कमरा नम्बर 104, होटल लाली गुरांस, न्यू रोड, नेपालगंज*

हत्या का तरीका–भारतीय सीमा में पूर्वी उत्तर प्रदेश के सिद्धार्थ नगर जिले से लगे नेपाली शहर नेपालगंज में माजिद मणियार की हत्या हुई। उसे कुछ लोगों ने फ़र्जी करेंसी की बड़ी डील का लालच देकर बुलाया था। हत्यारे कमरा नम्बर 105 में छुपे हुए थे। जब माजिद 104 में आया तो 105 से हत्यारे पहुँचे, उसे 38 मिमी की रिवॉल्वर से 3 गोलियाँ मारीं और चले गये। माजिद की पीठ, सीने और सिर में एक-एक गोली लगी थी। यह जगह भारतीय सीमा से महज 200 मीटर दूर है। इस मामले में आज तक नेपाल पुलिस किसी को भी गिरफ्तार नहीं कर पायी है। कहते हैं कि माजिद की हत्या के लिए भारत से सिर्फ़ 2 लोग बाइक से गये थे, उसी से वापस भी आ गये। हमलावरों ने कमरे अजय सिंह और बिजेन्द्र सिंह के नाम पर लिए थे। वे हिन्दी बोलते थे और उन्होंने बताया था कि वे नेपाल घूमने आये हैं। हत्या के दिन शाम को दोनों हमलावरों ने अपने कमरे में शराब मँगाई और फिर पाँच बजे होटल से गये तो लौटे ही नहीं। रात को होटल में भारत से एक फ़ोन आया कि कमरा नम्बर 104 में एक शव पड़ा है। ताला लगे कमरे को पुलिस की निगरानी में खोला गया तो अन्दर से माजिद का शव मिला था। हत्यारों ने यह रिवॉल्वर पहले समीर डायग्नोस्टिक सेंटर के बाहर लोहे के एक बड़े से साइन बोर्ड के पास पेड़ के खोखल में छुपाया था बाद में बरामदगी के डर से किसी और अपराधी को बेच दिया बताते हैं। माजिद का शव बाँके शहर के सहाबा क़ब्रिस्तान में दफ़नाया गया।

## अन्य तथ्य

माजिद उत्तर प्रदेश के बहराइच मूल का था। वह नेपाल में पिछले 2 दशकों से नेपालगंज की न्यू रोड पर ही बाघेश्वरी टोला के एक घर में रहता था।

माजिद फ़र्जी करेंसी का नेपाल में सबसे बड़ा गिरोह चलाता था। उसने हथियारों की आपूर्ति और आतंकियों को मदद करने के लिए तो जैसे अपना घर खुला रखा हुआ था। मिर्ज़ा दिलशाद बेग का पुराना वफ़ादार था और दिलशाद

की हत्या के बाद वह खुल कर आईएसआई और दाऊद के साथ मिल कर तमाम काम करने लगा था। उसे फ़र्जी करेंसी सप्लाई करने पर न केवल ख़ुद अच्छी आय होती थी, बल्कि आईएसआई से अच्छा कमीशन भी मिलता था।

भारतीय पुलिस पिछले दो दशकों से उसे तलाश रही थी। उसके पीछे मुंबई पुलिस भी लम्बे अर्से से थी क्योंकि उसके द्वारा भेजी फ़र्जी भारतीय करेंसी बड़े पैमाने पर मुंबई पहुँच रही थी।

हत्या के दो साल पहले माजिद को नेपाल पुलिस ने भी एक बार फ़र्जी करेंसी कारोबार चलाने के मामले में गिरफ्तार किया था लेकिन सबूतों के अभाव में वह रिहा हो गया था।

एक अनुमान है कि अब तक माजिद अकेला ही भारत में 200 करोड़ रुपये मूल्य की फ़र्जी भारतीय करेंसी भेज चुका था।

माजिद का नेपाल के श्रावस्ती जिले के भिंगा शहर में भी घर था।

माजिद पहले भारत से चोरी हुए वाहनों को नेपाल में बेचने का काम ही करता था।

माजिद के सम्बन्ध नेपाल में पाक दूतावास के तमाम लोगों से बेहद अच्छे थे।

माजिद के ख़िलाफ भारत में 23 मामले दर्ज़ थे।

माजिद के ख़िलाफ इंटरपोल ने रेड कॉर्नर नोटिस भी भारतीय पुलिस के कहने पर जारी किया था।

माजिद का नकली करेंसी नेटवर्क उत्तर प्रदेश के बहराइच, सिद्धार्थ नगर, गोरखपुर, महाराजगंज, श्रावस्ती, कुशीनगर, बलरामपुर जिलों में फैला हुआ था।

माजिद के गुर्गे नकली डॉलर का कारोबार श्रावस्ती, आगरा और वाराणसी में भी करते रहे हैं।

नवम्बर 2008 में एक गिरोह से जब फ़र्जी करेंसी मिली थी, तब भी माजिद का नाम ही सप्लायर के रूप में सामने आया था।

सिद्धार्थ नगर की स्टेट बैंक ऑफ इंडिया डुमरियागंज शाखा के मैनेजर सुधाकर त्रिपाठी की 29 जुलाई 2009 को पुलिस ने 1.82 करोड़ के नकली भारतीय करेंसी की बैंक चेस्ट से बरामदगी के बाद पूछताछ में माजिद का नाम खुल कर सामने आ गया था। तभी से भारतीय पुलिस माजिद के पीछे हाथ धोकर पड़ी हुई थी।

पाकिस्तान से आयी फ़र्जी करेंसी को वह दो तरह से भारत में खपाता था। एक तो उसने गोरखपुर और आसपास के ज़िलों के बैंक अधिकारियों को भारी

रकम का लालच देकर अपने साथ मिला लिया था। उनके जरिए बैंक चेस्ट से असली करेंसी निकाल कर नकली भर देता था। इस तरह बिना किसी की नज़र में आये फ़र्जी करेंसी भारतीय बाज़ारों में पहुँच रही थी। दूसरा तरीका उसने यह इस्तेमाल किया था कि नेपाल गंज में एक दफ्तर ही खोल लिया था। इस दफ्तर में अगर कोई व्यक्ति जाये और 20 फीसदी रकम एडवांस में जमा करवा दे तो उसे 6 लाख रुपयों के एवज में 10 लाख रुपये की फ़र्जी करेंसी नेपाल या भारत के किसी भी कोने में वह सप्लाई देता था। यदि रकम 10 लाख से कम होती तो वह नेपाल सीमा तक पार करवाने की जिम्मेदारी पर 40-60 के हिसाब से ही नकली करेंसी देता था।

माजिद ने नेपाल सीमा के गाँवों में तो यह हालत कर दी थी कि लोगों ने मेहनत का काम करना ही छोड़ दिया था। वह आम आदमी को भी 5 या 10 हज़ार रुपये की नकली करेंसी दे देता था। लोग इतनी कम रकम की नकली करेंसी लेकर आराम से पैदल ही चलते हुए भारतीय सीमा में आते थे और नकली करेंसी चला कर 2 से 4 हज़ार रुपये एक दिन में कमा कर वापस घर लौट जाते थे। इस तरह से माजिद ने हज़ारों लोगों को नकली करेंसी के अपने काले कारोबार में जोड़ लिया था।

माजिद का बेटा जावेद उर्फ विक्की मणियार बहराइच में ही यूपी पुलिस के हत्थे चढ़ गया था। उसके बताने पर ही पुलिस को माजिद के बारे में तमाम जानकारियाँ हासिल हुई थीं। उसके पास से लाखों रुपये की फ़र्जी करेंसी मिली थी।

यूपी पुलिस के एसपी लालजी शुक्ला की अगुवाई में विक्की की गिरफ्तारी 2 अगस्त 2009 को हुई थी, जिससे भारत-नेपाल के तराई इलाके में चल रहे फ़र्जी करेंसी के सबसे बड़े गिरोह का भंडाफोड़ हुआ था।

यह भी कहा जा रहा था कि बेटे जावेद सिद्दिकी उर्फ़ विक्की को यूपी पुलिस के फंदे से बचाने के लिए माजिद खुफिया एजेंसियों के साथ सौदेबाजी कर रहा था। वह चाहता था कि अगर उसके बेटे को रिहा कर देते हैं तो बदले में वह आईएसआई और दाऊद के पूरे नेपाल नेटवर्क की जानकारियाँ भारतीय एजेंसियों को देगा। विक्की पर पुलिस ने राष्ट्रीय सुरक्षा कानून लगा दिया था। विक्की ने ही भारतीय पुलिस अधिकारियों के सामने यह स्वीकार किया था कि दाऊद और जमीम द्वारा नेपाल में चलाए जा रहे नकली करेंसी के काले कारोबार में नेपाल के राजकुमार पारस बीर बिक्रम शाह का भी हाथ है।

विक्की ने यह भी बताया कि नेपाल में नकली करेंसी के सौदागर सिंगापुर डॉलर को 'कॉफी', ऑस्ट्रेलियाई डॉलर को 'मछली', अमरीकी डॉलर को 'अचार' और भारतीय रुपये को 'चप्पल' कहते हैं। यह जानकारी पुलिस को विक्की मणियार ने दी थी। उसने बताया कि '5 नम्बर की चप्पल' यानी कि '500 का भारतीय नकली नोट' होता है और '10 नम्बर की चप्पल' यानी कि '1,000 का भारतीय नकली नोट' होता है।

विक्की ने यह भी बताया था कि उसे पाक एजेंटों नसीम शाह और सलीम शाह से नकली करेंसी मिलती थी। उसने यह भी बताया कि पाक बैंक नोट प्रिंटरी में ही यूएस डॉलर भी छापे जाते हैं। वह भारतीय फ़र्जी करेंसी का कारोबार मुंबई, कोलकाता और चेन्नई तक करता था क्योंकि ये बड़े शहर पर्यटक स्थल होने से यहाँ आये विदेशियों के लिए नकली और असली में फ़र्क़ करना मुश्किल होता है। यह काम इसीलिए यहाँ आसानी से चलता रहता है। विक्की ने यह भी बताया था कि नेपाल व भारत के पाक दूतावास के अधिकारी भी इस काम में आईएसआई को मदद करते हैं।

विक्की ने बताया कि भारत-नेपाल सीमा पर उत्तर प्रदेश और बिहार में चलने वाली बसों और ट्रकों के मालिक, चालक, कंडक्टर और क्लीनर भी नकली करेंसी के कारोबार में महत्त्वपूर्ण भूमिका अदा करते हैं। उत्तर प्रदेश में काठमांडू-नेपालगंज-रुपाईडिहा मार्ग पर चलने वाले वाहनों से यह काला कारोबार बड़े पैमाने पर चल रहा है। आमतौर पर यह काम रात को चलने वाली बसों में होता है। इसके लिए महिलाओं का बहुतायत से इस्तेमाल किया जाता है। उनके कपड़ों के अन्दर ख़ास पाकेट बना कर नकली करेंसी छुपाई जाती है।

विक्की को रुपाईडिहा में 28 अगस्त 2009 को पकड़ा था। उससे 500 रुपये कीमत वाले 5,000 नोट मिले थे।

विक्की पर 2.5 हज़ार रुपये का इनाम भी था।

विक्की ने यह भी बताया कि नेपालगंज के संजय सोनी, राजू हलवाई, इब्राहिम के अलावा उत्तर प्रदेश के बलरामपुर ज़िले के ललिया गाँव के निवासी राजमणि उर्फ़ राममणि भी माजिद को इस काले कारोबार में मदद देते हैं। उसने बताया कि वह तो नकली करेंसी का यह खेल अपने घर में बचपन से ही देख रहा है। वह भी राजू हलवाई और हनीफ के जरिए इस कारोबार में उतरा है।

## हत्यारा कौन?

पहले तो यह ख़बर आयी कि माजिद मणियार की हत्या में आईएसआई ख़ुद ही शामिल है क्योंकि उसे डर हो गया था कि नेपाल सरकार उसका प्रत्यर्पण कर देगी और माजिद उनके सारे राज उगल देगा। माजिद की हत्या के मामले में एक कोण यह भी सामने आया कि पैसों के बँटवारे के चक्कर में उसी के गिरोह के एक व्यक्ति ने गोलियों से भून दिया था। बाद में ख़बर आयी कि छोटा राजन ने देशभक्ति के अपने पुराने राग को अलापते हुए यह हत्या प्यादों से करवाई है। अब यह जानकारी सामने आयी है कि बबलू-बुदेश की जोड़ी ने इस हत्या को भी अंजाम दिया था। यह बात और है कि बबलू-बुदेश के पास ऐसा करने का कारण क्या था, उसके बारे में कोई जानकारी सामने नहीं आ रही है। खुफिया एजेंसियों का कहना है कि बबलू-बुदेश की दाऊद से निजी तौर पर दुश्मनी है, जिसके चलते वे नेपाल में डी-कम्पनी और आईएसआई का नेटवर्क नेस्तोनाबूद करने पर आमादा हैं।

# परवेज़ अहमद सैयद उर्फ़ परवेज़ टांडा उर्फ़ शौकत बेग

*हत्या की तारीख–25 दिसम्बर 2009 की दोपहर 3 बजे*

*हत्या स्थल–बुटवल के एक गैराज में कमांडर जीप ठीक करवाते समय*

हत्या का तरीका–बुटवल की एक मस्जिद में नमाज पढ़ कर अपने 6 हथियारबन्द साथियों और पत्नी के साथ परवेज़ खराब हुई कमांडर जीप ठीक करवाने के लिए एक गैराज में गया। वहाँ पर एक युवक आया। उसने 38 मिमी की एक रिवाल्वर निकाली, बेहद करीब से कनपटी पर सिर्फ़ एक गोली दागी, जब तक कोई कुछ समझ पाता, परवेज़ के प्राण पखेरू उड़ चुके थे, युवक वहाँ से भाग चुका था। कहते हैं कि परवेज़ को यह पता चल गया था कि भारतीय पुलिस के कुछ अधिकारी उसकी तलाश में बुटवल आ पहुँचे हैं। वे उसे कभी भी गिरफ्तार कर सकते हैं। वह बुटवल से भागने की फिराक में था। इसी के कारण वह अपनी ख़राब जीप ठीक करवाने पहुँचा लेकिन पहले से ही उसकी ताक में बैठे युवक ने गोली मार दी। जिस बाइक से हमलावर आया था, वहीं छूट गयी थी।

## अन्य तथ्य

मिर्ज़ा दिलशाद बेग का पुराना वफ़ादार परवेज़ टांडा 3 दर्जन मामलों में भारतीय पुलिस के लिए वांछित अपराधी था। उसके नाम के साथ टांडा शब्द इसलिए जुड़ा

हुआ था क्योंकि वह उत्तर प्रदेश के टांडा इलाके का निवासी था। वह बजरिए नेपाल भारत में पाक से आये आतंकियों को न केवल घुसाने का काम करता था, उन्हें पैसे, नेपाली पासपोर्ट तथा अन्य दस्तावेज़ भी मुहैया करवाता था। हथियारों, फ़र्जी करेंसी, वाहनों की चोरी जैसे कामों में भी परवेज़ को महारत हासिल थी। वह आईएसआई और डी-कम्पनी के लिए नेपाल में तमाम गतिविधियाँ देखता था। सूत्रों के मुताबिक वह पंजाब की एक जेल से फरार हो गया था और तबसे ही नेपाल में अड्डा बना रखा था। उसके ख़िलाफ कई बैंक डकैतियों के आरोप भी हैं।

परवेज़ टांडा पर 50 हज़ार रुपये का इनाम भारत सरकार ने घोषित कर रखा था।

परवेज़ की 36 मामलों में भारतीय पुलिस को तलाश थी। इसमें हत्या के 5 और डकैती के 16 मामले थे। ये मामले फैजाबाद, गोरखपुर, देवरिया, बरेली, अम्बेडकर नगर इत्यादि में दर्ज़ थे।

तत्कालीन एडीजी (अपराध व कानून-व्यवस्था) ने बताया कि सन 2006 में परवेज़ ने बरेली में एक व्यापारी की हत्या करके 3 लाख रुपये नकद लूट लिए थे। उसका एक साथी बाद में मुठभेड़ में मारा गया था। एक साथी गिरफ्तार हुआ था लेकिन परवेज़ फरार होने में कामयाब रहा। तत्कालीन एसपी (अम्बेडकर नगर) आरके स्वर्णकार के मुताबिक परवेज़ के ख़िलाफ सन 2006 के डकैती मामले के दर्ज़ होने के बाद से ही वह राज्य में कहीं दिखाई नहीं दिया।

उत्तर प्रदेश और दिल्ली पुलिस द्वारा गिरफ्तार कई आतंकियों ने पहले भी परवेज़ का नाम ही लिया था कि उसकी मदद से ही वे भारत पहुँचे हैं। पाक आईएसआई एजेंट अब्दुल जब्बार उर्फ़ सिकन्दर को लखनऊ के चारबाग इलाके में 16 दिसम्बर 2008 को उत्तर प्रदेश एटीएस ने गिरफ्तार किया। कराची के मीठाधार इलाके का निवासी है जब्बार। उसने बताया कि परवेज़ ने ही उसे नकली दस्तावेज़ों के आधार पर सिद्धार्थ नगर ज़िले के जरिए भारत में प्रवेश दिलाया है। तत्कालीन डीआईजी (एटीएस) यूपी पुलिस राजीव सभरवाल के मुताबिक परवेज़ का नाम बतौर आईएसआई एजेंट ख़ुद जब्बार ने लिया था। जब्बार ने बताया था कि वह परवेज़ से नेपाल के शहर तौलियावां में मिला था। वह कराची से क़ाठमांडू ख़ुद ही पहुँचा था। परवेज़ ने जब्बार और आईएसआई के लिए काम कर रहे पाक सेना के मेजर उमेद राणा से फ़ोन पर बात करवाई थी। परवेज़ ने ही जब्बार को नकली करेंसी भी दी थी। भारत आने के बाद अम्बेडकर नगर

ज़िले के टांडा में स्थित परवेज़ के घर में जब्बार कुछ दिन रहा भी था। यहाँ से वह लखनऊ गया था। तभी से परवेज़ की तलाश पुलिस को थी।

परवेज़ की हत्या के मामले में नेपाल के रोपन ज़िले के तत्कालीन पुलिस मुखिया सीएल जोशी ने बताया था कि तौलियावां-बुटवल हाईवे के पास स्थित होटल में परवेज़ गिरोह में आपसी रंजिश के चलते मारा गया है। श्री जोशी के मुताबिक परवेज़ उत्तर प्रदेश के अम्बेडकर नगर जिले के हयातपुर गाँव का मूल निवासी था। वे कहते हैं कि भारत मूल के 'मदेशी गिरोह' ने परवेज़ की हत्या की ज़िम्मेदारी ली है। इस गिरोह का कहना है कि भारत विरोधी गतिविधियों के कारण ही परवेज़ की हत्या उन्होंने की है। वे बताते हैं कि परवेज़ असल में 'तराई कोबरा' नामक एक गिरोह का मुखिया था जो नेपाल के तराई इलाकों में सक्रिय था।

खुफिया सूत्रों के मुताबिक परवेज़ के आतंकी गिरोह हरकत-उल-जिहाद अल-इस्लामी (हूजी) से भी गहरे सम्बन्ध थे।

परवेज़ अपराध की दुनिया में सन 1989 में आया था। वह पहले माफिया सरगना बबलू श्रीवास्तव उर्फ़ ओमप्रकाश अग्रवाल के लिए काम करता था। उसके साथ में तब नेपाल का पूर्व मन्त्री और कुख्यात गिरोह सरगना मिर्ज़ा दिलशाद बेग भी जुड़ा हुआ था। जब बबलू ने दाऊद का साथ छोड़ा तो मिर्ज़ा ने दाऊद का दामन नहीं छोड़ा। बबलू और दिलशाद अलग हुए तो परवेज़ ने दिलशाद के साथ जाना पसन्द किया था। तबसे ही बबलू की नज़र में परवेज़ खटक रहा था। जब दिलशाद बेग की हत्या काठमांडू में की गयी थी, तबसे परवेज़ ने भी अपना अधिकांश समय काठमांडू में ही बिताना शुरू कर दिया था क्योंकि उसे डर था कि बबलू गिरोह कभी भी उसे मार सकता है।

## हत्यारा कौन?

पहले तो यह ख़बर आयी कि आईएसआई ने इसलिए उसे मार गिराया है क्योंकि भारतीय पुलिस अधिकारी उसे गिरफ्तार करने के काफ़ी करीब थे। उन्हें डर था कि वह तमाम राज फाश कर देगा, इसके कारण उसे मार गिराया। फिर यह ख़बर आयी कि छोटा राजन ने ही उसे अपने प्यादे के जरिए उसे मार गिराया है। लेकिन अब यह बात सामने आ रही है कि बबलू-बुदेश जोड़ी का ही यह कारनामा भी था।

## जमीम शाह उर्फ़ जंबो उर्फ़ जमील उर्फ़ गुरुंग

*हत्या की तारीख–7 फरवरी 2010, दोपहर 2.55 बजे*

*हत्या स्थल–काठमांडू का लाजिम पेठ इलाका*

हत्या का तरीका–हमलावरों ने एक पिस्तौल और रिवॉल्वर से कुल 6 गोलियाँ चलाईं, जिनमें से जमीम की गर्दन, सिर, सीने और हाथ में एक-एक गोली लगीं, एक गोली कार के काँच पर लगी, और एक गोली ड्राइवर के पैर में लगी थी। जब जमीम की कार होटल याक एंड येती में मालिश करवाने के बाद पहुँची तो भारी भीड़भाड़ वाली सड़क पर जाम लगा था और वह फँस गया। उसी समय बाइक पर सवार दो युवक आये, दो हथियारों से गोलीबारी की और फरार हो गये। जमीम को महाराजगंज के त्रिभुवन यूनिवर्सिटी टीचिंग हॉस्पिटल में 3.45 बजे मृत घोषित कर दिया।

## अन्य तथ्य

जमीम का सोने-चाँदी से होकर नशा तस्कर-सौदागर से होते हुए फ़र्जी करेंसी तस्कर तक का सफ़र बड़ा ही चौंकाने वाला रहा है। खुफिया एजेंसियों के मुताबिक दाऊद गिरोह के लिए वह पहले नशे की तस्करी करता था। पाकिस्तान से गुजरात के तटों तक पहले तो नशे की खेप पहुँचाई जाती हैं। कैप्स्यूलों में हेरोइन और कुछ अन्य रसायनों को भर कर बाकायदा दवाओं के डिब्बों में पैकिंग करने का काम गुजरात में ही होता था। गुजरात से सड़क मार्ग से नेपाल भेजी जाती थीं। नेपाल से यह नशा दक्षिण अफ्रीका भेजने का पूरा काम जमीम ही देखता था। सूत्रों के मुताबिक जमीम ने नकली आयुर्वेदिक दवा कम्पनियाँ भी इस कारोबार को चलाने के लिए खड़ी कर रखी थीं। सूत्रों के मुताबिक एक कैप्स्यूल की कीमत गुजरात में 10 रुपये आती थी जबकि वह दक्षिण अफ्रीका में डेढ़ से दो डॉलर की कीमत पर बिकता था। जमीम के बारे में बताया जाता है कि वह मूल रूप से सोने की तस्करी करता था। सन 1992 में दाऊद, मोहम्मद डोसा और हाजी अहमद द्वारा कराची से भेजी गयी सोने की 168 करोड़ रुपये की एक बड़ी खेप काठमांडू में पकड़ी गयी थी। जमीम के सम्बन्ध दाऊद गिरोह के लिए फ़र्जी करेंसी कारोबार के प्रभारी आफताब बटकी से भी थे।

जमीम को फ़र्जी करेंसी की आपूर्ति पाकिस्तान, बैंकॉक, दुबई और कोलम्बो से होती थी।

जमीम की हत्या में कुल पाँच लोग शामिल थे। इनमें एक महिला भी थी। एक पुलिस अधिकारी सब इंस्पेक्टर प्रकाश क्षेत्री का नाम भी इस हत्याकांड की जानकारी पहले से रखने वालों में आया है। इस मामले में प्रकाश क्षेत्री को पुलिस गिरफ्तार कर चुकी है। मो. वकार सैयद, गुड्डू सिंह उर्फ़ रॉबिन और दादू के नाम बब्बू के अलावा पुलिस को पता चले हैं जो कि जमीम हत्याकांड में शामिल थे। नुवाकोट निवासी श्रीकृष्णा पौडेल, राजू लामा और किशोर खड़का के नाम भी संदिग्धों के तौर पर सामने आये। श्रीकृष्णा पौडेल के बारे में कहा गया है कि उसने हथियार रखने, बब्बू को छुपाने, बाईक को ठिकाने लगाने और हमलावरों को नेपाल के बाहर भगाने में मदद की है। वे लोग पहले नेपाल आर्म्ड पुलिस फोर्स के पूर्व डीआईजी ज्ञानेन्द्र राज राय के घर का निचला हिस्सा किराये पर लेकर रहते थे, हत्या के दो सप्ताह पहले वे गोंगाबू इलाके में रहने चले गये थे।

नेपाल पुलिस ने इस सिलसिले में बाणेश्वर के एवरेस्ट कम्युनिकेशन सेंटर के मालिक रोशन कुमार पांडे से भी पूछताछ की थी क्योंकि बब्बू को यहीं से दो सिम कार्ड बेचे गये थे। पुलिस के मुताबिक उसने रॉबिन की पत्नी को 8 हज़ार रुपये भी अपने बैंक खाते से भेजे थे। पुलिस का दावा है कि बब्बू असल में कपिलवस्तु जिले के कृष्णानगर इलाके के बड़ेनी गाँव का निवासी दीपक शाही है। उसकी पत्नी और 2 बच्चे वहीं रहते हैं। वह सिमेंट और रेत का छोटा-मोटा कारोबार करता है। ठाकुरी समुदाय के बब्बू के बारे में कहते हैं कि उसके पास कभी भी कोई सेल फ़ोन नहीं रहता था। उसके भारत और नेपाल के पुलिस वालों से गहरे सम्बन्ध हैं। हत्यारों में से एक मोहम्मद बकर सैयद लाल रंग की यमाहा क्रक्स बाइक चला रहा था।

यह भी एक चौंकाने वाली बात सामने आयी है कि आईसी-814 का अपहरण होने से पहले काठमांडू हवाई अड्डे पर जमीम भी थोड़ी देर के लिए उसके अन्दर गया था। यह बात और है कि इस तथ्य के बारे में आज तक भारतीय खुफिया एजेंसियों ने भी मुँह सिल रखा है।

जमीम भी कश्मीर के उसी इलाके का मूल निवासी है जहाँ का आईसी-814 का एक अपहर्ता मुश्ताक लात्राम था।

मिर्ज़ा दिलशाद बेग की तरह ही दाऊद गिरोह, आतंकियों व आईएसआई एजेंटों को नकली पासपोर्ट, वीज़ा, सुरक्षित पनाहगाह और पैसे मुहैया करवाने का काम जमीम भी कर रहा था। वह उन्हें काम ख़त्म होने के बाद नेपाल पहुँचने

पर पाकिस्तान, बांग्लादेश या बैंकॉक भगाने में भी मदद करता था।

जानकारी मिली है कि दाऊद इब्राहिम से नेपाल के पूर्व मन्त्री सलीम अंसारी को मिलवाने वाला भी जमीम ही था। सलीम का बेटा यूनुस अंसारी 80 लाख रुपये की फ़र्जी भारतीय करेंसी और 3 किलोग्राम हेरोइन के खेप के साथ पकड़ा गया था। उससे यह भी पता चला था कि भारतीय नकली करेंसी सिर्फ़ पाकिस्तान में ही नहीं छपती है बल्कि हांगकांग में भी छापी जा रही थी।

एक नेपाली साथी और दो पाक नागरिकों समेत यूनुस अंसारी की गिरफ्तारी 1 जनवरी 2009 को काठमांडू में हुई थी। वह राष्ट्रीय जनता दल का अध्यक्ष था।

जमीम की हत्या 4 फरवरी 2010 को होनी तय थी। वह नेपाली संसद के पास ही स्थित राष्ट्रीय वाणिज्य बैंक (आरबीबी) में एलसी खुलवाने के लिए गया था। बैंक के अन्दर भारी तादाद में हथियारबन्द पुलिस बन्दोबस्त होने के कारण हत्यारे वापस आ गये। उन्हें डर था कि यदि यहाँ वे हत्या नहीं कर पायेंगे तो जमीम चौकन्ना हो जायेगा और फिर उसे आईन्दा दिनों में मारना असम्भव हो जायेगा।

जमीम का बड़ा सा बंगला कमल पोखरी में ही है। उसके बँगले के ठीक पीछे पाँच मंज़िला इमारत में नेशनल डेंटल हास्पिटल है। इसकी पाँचवीं मंज़िल से जमीम के घर की तमाम हलचल आसानी से देखी जा सकती हैं। जाँच में यह बात सामने आयी है कि इसी अस्पताल का एक कर्मचारी हमलावरों से मिला हुआ था। वह हमलावरों को जमीम के बारे में हर ख़बर देता था। हत्या के दिन भी उसके 4 अंगरक्षकों और एक ड्राइवर के साथ निकलने की ख़बर भी सम्भवतः इसी ने दी होगी।

पता चला है कि जिस 38 मिमी रिवॉल्वर का इस्तेमाल परवेज़ टांडा हत्याकांड में हुआ था, उसी का इस्तेमाल जमीम हत्याकांड में भी हुआ है।

## जमीम हत्याकांड में लखनऊ-कराची-बांग्लादेश त्रिकोण

नेपाल के अख़बार हिमालीनी में प्रकाशित एक ख़बर के मुताबिक जमीम शाह हत्याकांड का मुख्य योजनाकार लखनऊ जेल में बन्द बबलू श्रीवास्तव को ही माना गया। उसके साथ अली बुदेश भी था। इनके तार जोड़ कर कई-कई कयास लग रहे थे। जाँच कर रही पुलिस को अचानक एक सुराग मिला और मामला लखनऊ जेल से होते हुए कराची जा पहुँचा था।

नेपाल के तत्कालीन सूचना व संचार मन्त्री शंकर पोखरेल के एक बयान से स्थानीय पत्रकारों का ग़ुस्सा बढ़ गया क्योंकि उन्होंने कहा कि जमीम शाह हत्याकांड से पत्रकारिता क्षेत्र का कोई सम्बन्ध नहीं है। वे तो यह भी कह गये कि नेपाल में पत्रकारों या समाचार जगत से जुड़े लोगों के अधिकांश हत्याकांडों में पत्रकारिता के बदले उनका अतीत या कोई और कारोबार ज़िम्मेदार होता है।

तत्कालीन प्रधानमन्त्री गिरिजा कोइराला से संचार मन्त्री विजय कुमार गच्छेदार तक पूरा नेपाली मन्त्रिमंडल जमीम के रुतबे-रुआब और धन से ऐसे प्रभावित थे कि कोई उसके ख़िलाफ एक शब्द तक नहीं बोलता था, हाथ डालने की हिम्मत तो दूर।

जमीम हत्याकांड में त्रिलोक सिंह उर्फ़ बब्बू को पुलिस ने बतौर साजिशकर्ता सामने पेश किया। यह भी बताया कि लखनऊ जेल से बबलू ने जमीम की हत्या का आदेश जारी किया था। जमीम शाह पर गोली चलाने वाला मोहम्मद वकार कभी डी-कम्पनी में था।

जमीम हत्याकांड के त्रिलोक के मोबाइल फ़ोन की जाँच में एनसेल के एक नम्बर 9808471438 पर कई बार बातें होना पायीं। जमीम हत्याकांड के दिन ही इसी नम्बर से लखनऊ जेल में बन्द बबलू के मोबाइल नम्बर 91-9956099682 पर कई फ़ोन हुए थे। वह नम्बर बांग्लादेशी नागरिक मुक्कलेसु जामन का निकला। जाँच अधिकारी एक बांग्लादेशी नागरिक के जमीम हत्याकांड में सम्बन्ध सामने आने पर कुछ सतर्क हो गये। मुक्कलेसु जामन ने इसी दिन बबलू और त्रिलोक के अलावा एक पाक टेलीफ़ोन नम्बर 0092-3008235567 पर भी फ़ोन किया था।

मुक्कलेसु जामन उस समय काठमांडू के नया बानेश्वर स्थित एवरेस्ट होटल में रुका हुआ था। जामन पहले भी नेपाल आता रहा है। उसका पासपोर्ट नम्बर सी-1814525 था। जमीम हत्याकांड के ठीक पहले ही 10 दिनों के लिए पर्यटक वीज़ा पर वह नेपाल आया था। मुक्कलेसु जामन ने भारत के दो नम्बरों 0091-8808744351 तथा 0911-8127835175 पर भी कई कॉल किये थे।

जब तक नेपाल पुलिस उसके बारे में कुछ पता कर पाती, तब तक वह नेपाल से बाहर भी निकल गया। उसके बारे में बांग्लादेश दूतावास से बस यही पता चला कि उसका वहाँ का पता क्या है और वह पर्यटन के लिहाज़ से नेपाल आया था।

## हत्यारा कौन?

पहले तो यह ख़बर आयी कि दाऊद और आईएसआई से जमीम की ठन गयी थी क्योंकि वह अख़बार की आड़ में काठमांडू में ही फ़र्जी भारतीय करेंसी छापने की मशीनें लगाने की कोशिश में जुटा था। इसके लिए आईएसआई और दाऊद ने बहुत कोशिशें भी की थीं लेकिन जमीम को डर था कि नेपाल में अगर सीधे छपाई करता है तो उस पर कभी भी भारतीय एजंसियां हाथ डाल सकती हैं। इसके कारण उसने छपाई के काम को चालू करने में देरी करनी शुरू कर दी थी। इस बात से नाराज़ होकर ही जमीम को डी-आईएसआई गठबन्धन ने मौत की नींद सुला दिया। यह भी कहते हैं कि आईएसआई को लगने लगा था कि नेपाली माओवादियों के जरिए आसानी से भारतीय नकली करेंसी को खपाया जा सकता है तो फिर जमीम की उन्हें ज़रूरत ही नहीं है। फिर एक भारतीय चैनल में एक अज्ञात व्यक्ति ने फ़ोन किया, उसने कहा कि भरत नेपाली बोल रहा है और वह छोटा राजन से अलग हो चुका है। उसने ही डी-आईएसआई गठबन्धन के इस नेपाल सीईओ को ख़त्म किया है। अब यह जानकारी सामने आ रही है कि इस मामले में गिरफ्तार हुए एक युवक ने काठमांडू में पुलिस को बयान दिया है कि यह काम असल में बबलू श्रीवास्तव ने किया है। बबलू श्रीवास्तव के जेल में बन्द होने के बावजूद यह काम अंजाम देने के पीछे असल में काफ़ी समय से ख़ामोश बैठे अली बुदेश का दिमाग़ चला बताते हैं।

## नेपाल में डी का नकली करेंसी अड्डा

नकली करेंसी के काले कारोबार में नेपाल का नाम सबसे ऊपर इसलिए है क्योंकि वहाँ दाऊद और आईएसआई को बेहद आसानी होती है। नेपाल-भारत सीमा का खुला होना, बेहद गरीबी, भ्रष्ट राजनीतिक और अफ़सरशाही के कारण यहाँ किसी भी किस्म का अपराध करके बचे रहना अपराधियों के लिए बड़ा आसान है।

खुफिया एजेंसियों का दावा है कि नेपाल सरकार के मौन समर्थन से ही दाऊद का गिरोह हथियार व नकली करेंसी पाकिस्तान से भारत में भेज पाता है।

नकली करेंसी कारोबार के 6 सबसे तगड़े नेपाली गिरोहों में सेंध लगाने में सन 2009 में भारत को कामयाबी मिली थी। इस दौरान तकरीबन 2 करोड़ रुपये मूल्य की भारतीय नकली करेंसी उत्तर प्रदेश में बरामद हुई थी, वह भी मात्र 2 महीनों में।

नेपाल के पूर्व मन्त्री सलीम मियाँ उर्फ़ सलीम अंसारी के बेटे यूसुफ अंसारी की गिरफ्तारी नेपाल के तहाछल गाँव स्थित उसके घर से 2 जनवरी 2010 को की गयी जिससे नकली करेंसी के एक बड़े गिरोह पर लगाम लगाने में कामयाबी मिली थी।

अक्तूबर 1999 के बाद से नेपाल पुलिस ने फ़र्जी करेंसी के 3 मामले बनाये थे। 15 अक्तूबर को 5 लोग गिरफ्तार किये, 100 रुपयों वाली 24 हज़ार की नकली करेंसी पकड़ी। पाक दूतावास के एक सहायक सचिव असीम सबूर के घर से 2 जनवरी 2000 को 50 हज़ार रुपये की नकली करेंसी पकड़ी। असल में एक दिन पहले गिरफ्तार हुए 3 युवकों, सत्य नारायण, गिरीश चन्द भल्ला और कृष्ण बहादुर श्रेष्ठा ने बताया था कि उन्हें नकली करेंसी असीम सबूर से हासिल होती है।

## यूनुस के कराची सम्बन्ध

नेपाली अख़बार हिमालीनी में प्रकाशित एक खोजी रपट के मुताबिक भारतीय नकली करेंसी कारोबार और नेपाल में दाऊद के करीबी यूनुस के पास काले धन की धुलाई का काम भी था। उसे पुलिस ने बड़ी मुश्किल और मेहनत के बाद गिरफ्तार करने में सफलता हासिल की थी। वह नेपाली जेलों में रहते हुए भी डी-कम्पनी का काला कारोबार चलाता था।

जेल में ही यूनुस पर जानलेवा हमले पर ख़ासा हंगामा हुआ था। हमलावर भारतीय अपराधी मनजीत सिंह गिरफ्तार हुआ। यूनुस का हमलावर भी कभी डी-कम्पनी में ही था। यूनुस और उसके परिवार का आरोप था कि जेल में उसकी हत्या की योजना भारतीय खुफिया एजेंसियों ने तैयार की है। यूनुस भी एक समाचार चैनल का मालिक था। वह मीडिया की आड़ में गैरकानूनी काम करता था।

यूनुस जेल गया फिर भी बरास्ते नेपाल भारतीय नकली करेंसी का ख़तरनाक खेल नहीं रुका। भारतीय खुफिया एजेंसियों के मुताबिक तब यूनुस ही नेपाल में नकली करेंसी का सबसे बड़ा सरगना था। उसकी गिरफ्तारी से नकली करेंसी का काम कुछ दिन शान्त रहा, फिर उसी तेज़ी से चालू हो गया। इस बार फ़र्क़ सिर्फ़ इतना आया कि रास्ता बदल गया।

भारतीय खुफिया एजेंसियों ने नेपाल पुलिस को कुछ सूचनाएँ दीं, और

नकली करेंसी के कई बड़े ज़खीरे जब्त किये। अब पता चला कि नकली करेंसी कारोबारियों ने बस रास्ता बदला है। पहले माल कराची या लाहौर से सीधे काठमांडू आता था, अब कराची से बैंकॉक, दुबई जैसे किसी देश होकर नेपाल पहुँच रहा है।

नकली करेंसी लाने वालों के मोबाइल फ़ोन के सीडीआर निकाले तो पता चला कि मोबाइल काला कारोबार अब सुंधारा व आसपास इलाकों से हो रहा है। पुलिस ने जाँच का दायरा बढ़ाया तो पता चला कि सुंधारा केन्द्रीय कारागार में इसका केन्द्र है।

अब नेपाल पुलिस के सीआईबी दस्ते ने केन्द्रीय कारागार पर छापा मारा और यूनुस से दो सिमकार्ड और एक मोबाइल फ़ोन बरामद किया। एक एनटीसी का पोस्टपेड नम्बर 9851081529 व दूसरा एनसेल का प्रीपेड नम्बर 9808584597 थे। इन नम्बरों की जाँच हुई तो सामने आया कि यूनुस व कराची निवासी नकली करेंसी कारोबारी से पाक नम्बरों 3458283314 व 3219242208 पर कई बार बातें होती थीं।

यूनुस की गिरफ्तारी के बाद भी उसका नकली करेंसी का काम रुका नहीं। पाक से नकली करेंसी के तस्कर टेक बहादुर कार्की, वीरगंज निवासी वीरेन्द्र साह, मोतिहारी का मोख्तार अंसारी, इसामुद्दीन मियाँ, बारा रामपुर टोकनी निवासी आफताब आलम अंसारी, चोकट महतो और पाल्पा देवीनगर निवासी विनोद खत्री को भी पुलिस ने दबोचा। ये सभी यूनुस के लिए काम करते थे।

यूनुस की गिरफ्तारी के समय भी कराची से नकली करेंसी की खेप लाने वाले पाक नागरिक मोहम्मद इक़बाल, मोहम्मद सज्जाद, नेपाली नागरिक मोहम्मद अतीक अहमद और भारतीय नागरिक राजेश गुप्ता गिरफ्तार हुए थे।

यूनुस के नकली करेंसी कारोबार में पाक, भारतीय या नेपाली नागरिक ही नहीं, काठमांडू में पाक दूतावास के बड़े अधिकारी भी मददगार थे।

यूनुस के नकली करेंसी कारोबार की जाँच कर रहे दस्ते को कई अहम सुराग मिले, जो स्थापित करते हैं कि नेपाल स्थित पाक दूतावास के अधिकारी सक्रिय हैं।

काठमांडू में पाक दूतावास के एक कर्मचारी पर हुए हमले में जाली करेंसी की तस्करी का सिलसिला माना गया था। उस पाक कर्मचारी की यूनुस से दोस्ती के भी कुछ प्रमाण पुलिस को मिले लेकिन राजनयिक कारणों से नेपाल पुलिस न तो उसे गिरफ्तार कर पाई, न ही उसके बारे में जानकारियाँ बाहर दे सकी।

हिमालीनी अख़बार में ही प्रकाशित एक और ख़बर के मुताबिक यूनुस फ़र्जी पासपोर्ट पर नेपाल से बाहर निकल भागने की योजना बना रहा था।

लम्बे समय से जेल में रहने के कारण यूनुस की आर्थिक स्थिति कमजोर हो चली थी, जिससे वह परेशान था। उसने पाक सरगनाओं के साथ पुराना कारोबार शुरू करने की योजना बनायी।

नेपाल पुलिस ने यूनुस को 31 दिसम्बर 2008 को 50 लाख की हिन्दुस्तानी नकली करेंसी समेत काठमांडू में होटल ब्लू बर्ड से जब पहली बार पकड़ा तो उसके पहले ही दो पाक नागरिक गिरफ्तार हो चुके थे। उनके ही बताने पर यूनुस की गिरफ्तारी सम्भव हुई थी। उससे भारी मात्रा में नशा भी मिला था। राजनीतिक और माओवादी सम्बन्धों का फायदा उठा कर उसने नशे का मामला बनने ही नहीं दिया। नकली करेंसी का मामला उस पर साबित हुआ और अदालत ने 7 साल की सज़ा सुना दी जो अपील करके उसने तीन साल की करवा ली थी।

यूनुस ने फ़र्जी पासपोर्ट पर सिंगापुर होते हुए दुबई जाने की योजना तैयार की थी। वहाँ पर उसे पाक खुफिया एजेंसी के एजेंट मिलते जो कराची पहुँचने में मददगार साबित होते।

राजनीति में दखल बनाये रखने के लिए यूनुस ने माओवादियों को ऊँची रकम देकर छोटी बहन ऊषा किरण अंसारी को सांसद बनवा दिया था।

बताते हैं कि आईएसआई के एजेंटों ने यूनुस को नकली करेंसी के मामले से बिना सज़ा मिले ही छुड़ाने के लिए ख़ूब पैसा ख़र्च किया लेकिन भारत के दबाव और लगातार कानूनी दखल के कारण वह बच न सका।

पुलिस के मुताबिक जब वह दुबारा पकड़ा गया, तब भी नकली करेंसी का हिसाब-किताब कर रहा था। इस बार वह 35 लाख की नकली करेंसी के साथ पकड़ा गया। यूनुस के साथ उनके अंगरक्षक काशीराम अधिकारी, पाक नागरिक मोहम्मद इक़बाल और मोहम्मद सज्जाद भी गिरफ्तार हुए थे।

## यूनुस की पहली गिरफ्तारी

नेपाल पुलिस के तत्कालीन प्रवक्ता गणेश केसी के मुताबिक भारत से सूचना मिलती रही है कि यूनुस भारतीय नकली करेंसी की तस्करी में लिप्त है। इसकी पुष्टि नहीं हो पा रही थी, जिससे उसे पकड़ने में सफलता नहीं मिल रही थी।

पहली बार यूनुस के बारे में पुख्ता सुराग तब मिला था, जब सितम्बर 2009 में मध्यप्रदेश में नकली करेंसी समेत 2 लोगों को गिरफ्तार किया। उसमें एक नेपाली नागरिक अतिक मोहम्मद और भारतीय नागरिक राजेश गुप्ता था।

उनके मुताबिक यूनुस ही नहीं युवराज पारस शाह भी इस खेल में शामिल हैं। यह जान कर पूरे नेपाल और भारतीय एजेंसियों व सरकार में सकते की हालत बन गयी थी।

गिरफ्तार आरोपियों के बयान मध्यप्रदेश पुलिस ने केन्द्र सरकार को भेजे और नेपाल में यूनुस की गिरफ्तारी के लिए इंटरपोल से रेड कॉर्नर नोटिस जारी करवाने का आग्रह किया।

नेपाल पुलिस ने यूनुस के ख़िलाफ जाँच शुरू की तो धीरे-धीरे उसके राज फाश होने लगे। पुलिस ने ललितपुर ताछिखेल में यूनुस के घर पर छापा मारा और हिरासत में लेकर पूछताछ के लिए काठमांडू के नागपोखरी इलाके के एक गुप्त ठिकाने पर ले जा कर रखा। एक दिन की पूछताछ में ही यूनुस टूट गया और उसने पाकिस्तान से लेकर भारत तक के तमाम खुलासे कर दिये। अब उसे आधिकारिक रूप से गिरफ्तार कर काठमांडू महानगरीय पुलिस को सौंप दिया।

घटनाचक्र फिर घूमता है। एक सुबह पाक एयरलाइंस से एक पाक नागरिक काठमांडू के त्रिभुवन विमानस्थल पर उतरा, जिसके पास 3 सूटकेस थे। कराची की लानी कालोनी के निवासी मोहम्मद इक़बाल ने तीनों सूटकेस वहीं कस्टम्स में यह कहते हुए जमा कर दिये कि उनमें रखे सामान पर सीमा शुल्क लगेगा, वह ये रकम फिलहाल जमा करने की स्थिति में नहीं है। सीमा शुल्क बाद में जमा करके सूटकेस ले जायेगा। इक़बाल के काठमांडू आने की ख़बर पहले से पुलिस को मिल चुकी थी। उसके स्वागत में खुफिया एजेंसी का एक दस्ता पहले से वहाँ मौजूद था। इक़बाल का पीछा हुआ।

इक़बाल सीधा ठमेल स्थित प्लेनेट गेस्ट हाउस गया, जहाँ उसके नाम पर कमरा नम्बर 204 पहले से बुक था। पुलिस ने उसे धर दबोचने के बदले निगरानी जारी रखी। इक़बाल की हर हरकत पर निगाह रखी जा रही थी। इसकी जानकारी इक़बाल को नहीं थी। पुलिस अधिकारी चाहते थे कि इक़बाल के साथ उसके गिरोह के कुछ और लोगों को भी पकड़ा जाये। यही नहीं, वह जहाँ आता-जाता है, जिनसे मिलता है, जिनसे फ़ोन पर बातें करता है, तमाम तफसील भी मिलती रहे ताकि उसका पूरा जाल ही नष्ट कर सकें।

अचानक कराची से एक और पाक नागरिक मोहम्मद सज्जाद काठमांडू आता है, वह भी प्लेनेट गेस्ट हाउस पहुँचता है। वहाँ 304 नम्बर के कमरे में रुकता है। पुलिस के मुताबिक मोहम्मद और इक़बाल एक ही गिरोह के सदस्य थे, एक ही कारोबार में थे, बस पुलिस की आँखों में धूल झोंकने के लिए वे अलग-अलग आये थे।

अब इक़बाल विमानतल पर स्थित कस्टम्स कार्यालय जाता है, तीनों सूटकेस लेता है, और गेस्ट हाउस वापस पहुँचता है। इस दौरान दोनों ने कई बार नेपाल और पाकिस्तान फ़ोन किये। घंटे भर बाद दोनों कमरा नम्बर 304 में थे। वहाँ थोड़ी देर में नेपाली नागरिक काशीराम अधिकारी पहुँचता है। काशीराम के पास नेपाली सिमकार्ड और 10 हज़ार नेपाली करेंसी थी।

काशीराम जब रात 11 बजे बाहर निकला तो उसके हाथ में इक़बाल के लाए तीन में से एक सूटकेस था। काशीराम सूटकेस लेकर त्रिपुरेश्वर की ब्लूबर्ड होटल के पास कार से उतरता है। अपने कमरा नम्बर 611 में जाता है। पुलिस उसके कमरे में जा पहुँचती है और उसे धर दबोचती है। सूटकेस में गोपनीय स्थान पर 25,44,500 रुपये की नकली करेंसी निकलती है।

अब पुलिस अधिकारी उसके साथ रेड प्लेनेट होटल के कमरा नम्बर 304 में पहुँचते हैं। वहाँ मोहम्मद को पकड़ते हैं, जिससे एक सूटकेस मिलता है। उसमें से 3.7 किलो हेरोइन मिलती है। अब पुलिस दस्ता कमरा नम्बर 204 के दरवाज़े पर दस्तक देती है। कमरा खाली है। इक़बाल ग़ायब था। पुलिस दस्ते को लगा कि इक़बाल को किसी तरह से छापेमारी का सुराग लग गया है और वह फरार होने में कामयाब रहा है तो वे परेशान हो जाते हैं। जब काठमांडू के ठमले इलाके में इक़बाल उनकी गिरफ्त में आ जाता है, तब जाकर यह ऑपरेशन पूरा होता है।

अलग-अलग पूछताछ में इन सबसे यूनुस अंसारी के बारे में ख़ूब जानकारियाँ सामने आती गयीं और वह फँसता चला गया। काशीराम ने बताया कि उसे तो सूटकेस लाने के लिए यूनुस ने कहा था। उसमें क्या है, यह तो वह जानता तक नहीं था। काशीराम तो यूनुस का अंगरक्षक था।

ब्लूबर्ड होटल के कमरे नेपाल कुश्ती संघ के नाम से बुक थे, जिसका अध्यक्ष यूनुस था। ये कमरे प्रति माह 10 हज़ार रुपये के हिसाब से 1 दिसम्बर 2008 से ही यूनुस ने बुक करवाये थे। इनमें से एक कमरा यूनुस ख़ुद इस्तेमाल करता

था। काशीराम के सेल नम्बर 9849377638 और यूनुस के 9851110492 के बीच महज 12 घंटे में 14 फ़ोन हुए थे।

## नकली नोट छपाई मलेशिया-सिंगापुर में, नेपाली नेता शामिल

नेपाली अख़बार हिमालीनी के मुताबिक आईएसआई ने नकली भारतीय करेंसी की छपाई मलेशिया और सिंगापुर में करवानी शुरू की ताकि पाकिस्तान का नाम सामने न आये। इस काम में डी-कम्पनी के अलावा अब आईएसआई ने पूर्वोत्तर के आतंकी गिरोहों, नक्सलवादियों और तस्करों का इस्तेमाल भी करना शुरू किया था। पहले नकली करेंसी की छपाई लाहौर के अलावा पाकिस्तान के कुछ और इलाकों में होती थी।

संयुक्त अरब अमीरात और नेपाल इसके प्रमुख मार्ग हैं। यह जानकारी आतंकी अब्दुल करीम टुंडा और यासीन भटकल से पूछताछ में सामने आयी है। टुंडा व भटकल ने नकली करेंसी का पूर्वोत्तर के आतंकी गिरोहों को आईएसआई द्वारा खुल कर मुफ्त में ही बाँटने की जानकारी दी है।

आईएसआई ने हज़ारों करोड़ की नकली करेंसी की तस्करी के लिए भारत-नेपाल सीमा पर व्यापक जाल विकसित किया। नकली करेंसी की तस्करी का एक केन्द्र नेपाल के बांके से बिर्तामोड तक बना हुआ है। काठमांडू सदा से नकली करेंसी वितरण का प्रमुख केन्द्र है। नकली करेंसी पाक दूतावास के लिए राजनयिक कार्गो में काठमांडू पहुँचती है। यहाँ से बारा, बीरगंज, भैरहवा, धनुषा, कंचनपुर, बिर्तामोड, काकडभिठा और बिराटनगर जैसे शहरों व कस्बों में एजेंटों द्वारा भेजी जाती है।

नकली करेंसी थाईलैंड से भी काठमांडू आती है। चार नेपाली नेताओं के नाम भी नकली करेंसी कारोबार में सामने आ चुके हैं, जिसमें से एक बीरगंज का है।

यूनुस पर हमले को राजनीतिक रूप देने की नाकाम कोशिशें बहुतेरी हुईं। इसमें भारतीय खुफिया एजेंसियों को बदनाम करने के लिए भी यूनुस और डी-कम्पनी ने पूरी ताकत झोंक दी थी। इस घटना की जाँच समिति ने कुछ और ही खुलासा किया। नकली करेंसी का तस्कर यूनुस अंसारी 31 दिसम्बर 2009 से ही जेल में बन्द था।

जमीम शाह हत्याकांड की जाँच समिति ने यूनुस पर जेल में हमले को

उसके वैश्विक आपराधिक गिरोहों से साँठगाँठ को जिम्मेदार माना। इस रपट के मुताबिक नेपाल में आईएसआई के साथ मिल कर दाऊद के लिए यूनुस काम करता था। यूनुस की गिरफ्तारी के बाद आईएसआई और दाऊद के लिए बरास्ते नेपाल नकली करेंसी के कई तस्करों की गिरफ्तारी हुई।

जेल में यूनुस जो फ़ोन इस्तेमाल करता था, उसकी निगरानी और रिकॉर्डिंग से नकली करेंसी के दो दर्जन तस्करों को पकड़ने में कामयाबी मिली। रपट के मुताबिक इन गिरफ्तारियों से पाक सरगनाओं को लगा कि यूनुस का जिन्दा रहना ख़तरा बन चुका है इसलिए उसे ठिकाने लगाने का आदेश ख़ुद डी-कम्पनी से ही आया था।

सुरक्षा मामलों की संसदीय समिति के समक्ष तत्कालीन नेपाल पुलिस प्रमुख आईजीपी रमेश चन्द ठकुरी पेश हुए और बताया कि नकली करेंसी, नशा व हथियारों की तस्करी गिरोह के सरगना यूनुस के सम्पर्क कराची, सऊदी अरब, दुबई तक हैं। उसी के कारण यूनुस पर हमला हुआ था।

डीआईजी (नेपाल पुलिस) रविंद्र प्रताप शाह के नेतृत्व में गठित जाँच समिति ने इसके पीछे नकली करेंसी कारोबार के पाक आकाओं को ज़िम्मेदार माना।

## नकली करेंसी सरगना यूनुस फिर गिरफ्तार

26 जनवरी 2014 को नेपाल के पूर्व मन्त्री सलीम अंसारी के बेटे यूनुस अंसारी को दो साथियों समेत नकली भारतीय करेंसी गिरोह चलाने के आरोप में काठमांडू पुलिस ने गिरफ्तार किया। उस पर दाऊद से सम्बन्धों के भी आरोप लगते रहे हैं। यूनुस ऐसे ही आरापों में तीन साल की सज़ा काट चुका है। वह जुलाई 2013 में काठमांडू सेंट्रल जेल से छूटा था। 26 जनवरी 2014 को फिर यूनुस अंसारी को उसके दो साथियों समेत काठमांडू के नजदीक ललितपुर जिले के नाखीपोट स्थित आवास से गिरफ्तार किया तो 35 लाख रुपये की नकली करेंसी मिली। वह जनवरी 2010 में भी गिरफ्तार हुआ था। मार्च 2011 में जेल के भीतर एक भारतीय गुंडे ने उस पर गोलियाँ बरसाई थीं, जिसमें वह बच गया था।

## नेपाल में हत्याएँ-हमले

**जमील खान की हत्या**—एक भारतीय अपराधी जमील खान की हत्या भी 1996 में नेपाल में भारतीय माफिया के कारिन्दों ने की थी। वह दिल्ली की पटियाला अदालत में अपराधी बब्बू त्यागी की हत्या करके फरार हुआ था।

**आईएसआई एजेंट पर नेपाल में गोलीबारी**–7 अप्रैल 2012 को नेपाल में आईएसआई के एक एजेंट खालिद मसूद पर जानलेवा हमला हुआ। इसमें सन्तोष शेट्टी के सेनापति डॉन विजय शेट्टी का नाम सामने आया। दोपहर तकरीबन चार बजे बीरगंज इलाके में तीन हमलावरों ने खालिद की कार रोकी और जबरदस्त गोलियाँ दागनी शुरू कर दीं। कुछ गोलियों ने खालिद को छलनी कर दिया। हमलावर वहाँ से भाग निकले। खुफिया सूत्रों का कहना था कि खालिद आईएसआई का एजेंट था और बरास्ते नेपाल जाली करेंसी की खेप भारत भेजता था। इस हमले में खालिद बुरी तरह घायल हुआ, उसे पास के ही एक अस्पताल में भर्ती किया, बाद में उसे एक हैलीकॉप्टर के जरिए काठमांडू के बड़े अस्पताल में इलाज के लिए भर्ती किया था।

**शौकत बेग की हत्या**–बुटवल निवासी शौकत बेग भी इसी प्रकार भारतीय गिरोहबाजों की गोलियों का शिकार बना था। वह भी नेपाल में डी-कम्पनी का एक प्यादा था। पूर्व प्रधानमन्त्री और भारत के सबसे करीबी नेता के रूप में दुनिया भर में पहचान रखने वाले सूर्यबहादुर थापा को शौकत बेग का काफ़ी करीबी माना जाता था। वे जब भी बुटवल जाते शौकत के घर चाय पीने ज़रूर रुकते थे।

## नेपाल से जुड़ी नकली करेंसी जब्ती

सन 2007 में दिल्ली पुलिस की स्पेशल सेल ने डिफेंस कॉलोनी में कमल किशोर चड्ढा को तीन लाख रुपये की नकली करेंसी के साथ पकड़ा था। मुंबई निवासी कमल किशोर दो दशकों से दाऊद से जुड़ा हुआ था। वह दुबई और नेपाल जाता रहा है। उससे बरामद तीन लाख रुपये डी-कम्पनी से ही मिले थे। कमल किशोर तब उत्तर भारत में नकली करेंसी कारोबार सँभाल रहा था।

मुंबई पुलिस की अपराध शाखा ने 4 लोगों को पाक में छपी नकली भारतीय करेंसी के जखीरे समेत धर दबोचा, जो कि 45 लाख रुपये की नकली करेंसी बाज़ार में उतार चुके थे। ये 1.30 लाख रुपयों की नकली करेंसी की खेप का सौदा सीपी टैंक इलाके में कर रहे थे, तभी पकड़े गये। गिरोह का मुखिया इस्माइल है जो सीमा पार से नकली करेंसी नेपाल लाता था, नेपाल में राजेश और विकास को देता था, वे नकली करेंसी देश के अलग-अलग हिस्सों में फैलाते थे।

बीएसएफ के तत्कालीन कमांडेंट एचसी भरोट के मुताबिक भगोड़े अपराधी मुन्ना खाँ, मुरारी पहलवान, रामचन्द्र चौहान, राधे यादव वगैरह नेपाल में रहते हैं और सीमावर्ती इलाकों में नकली करेंसी के कारोबार में लिप्त हैं।

नकली करेंसी तस्करी हेतु अपराधी बिहार के पश्चिम चंपारण, किशनगंज, कटिहार, सीतामढी, मधुबनी एवं बिहार के नेपाल से जुड़े सीमावर्ती ज़िलों का उपयोग करते हैं।

नेपाल से उप्र व बिहार के सीमावर्ती इलाकों में नकली करेंसी, हथियारों और नशे की तस्करी, अपहरण-फिरौती जैसे अपराधों पर लगाम लगाने के सिलसिले में नेपाल के तत्कालीन वित्तमन्त्री बाबूराम भट्टराई ने साफ़ किया था कि सीमावर्ती इलाकों में आपराधिक गतिविधियों पर रोकथाम के लिए भारत-नेपाल एक क्षेत्रीय समन्वय समिति बनायेगा।

नेपाल के शहर काठमांडू के त्रिभुवन अन्तरराष्ट्रीय हवाईअड्डे पर एक करोड़ की भारतीय नकली करेंसी के साथ एक व्यक्ति पकड़ा जा चुका है। वह नेपाल के बारा जिले का निवासी था।

22 फरवरी 2012 को नेपाल में पाक प्रायोजित नकली भारतीय करेंसी तस्करी का एक और सबूत मिला। पुलिस ने काठमांडू विमानस्थल से एक पाक नागरिक महबूब अली सुल्तान को 35 लाख नकली करेंसी के साथ पकड़ा गया। त्रिभुवन विमानस्थल पर पाकिस्तान सहित दुबई व थाईलैंड से आने वाले विमानों के यात्रियों की जाँच मुस्तैदी से होने के चलते वह पकड़ा जा सका। महबूब नकली करेंसी की खेप कराची से बहरीन ले गया, वहाँ से काठमांडू आया ताकि उस पर कोई शक न कर सके। सूटकेस के नकली तले में 1 हज़ार और 500 रुपये की नकली करंसी छुपी थी।

नेपाल के नारायणी वीरगंज पुलिस ने 1.75 लाख रुपये की नकली भारतीय करेंसी बरामद कर असराफुल शेष, करण गिरी और मोहम्मद जहरुद्दीन को गिरफ्तार किया। तत्कालीन एसएसपी सर्वेन्द्र खनाल के मुताबिक अधिकांश करेंसी के एक ही नम्बर थे। उनसे 1,000 के 25 और 500 के 299 नकली नोट मिले थे।

## लखनऊ में आईएसआई एजेंट से मिली नकली करेंसी

देश के बड़े हिन्दी दैनिक अख़बार प्रभात ख़बर में प्रकाशित समाचार के मुताबिक 25 जुलाई 2013 को लखनऊ एटीएस ने खुफिया ब्यूरो से मिली जानकारी के

आधार पर नकली करेंसी के बड़े तस्कर इमरान उर्फ़ सलमान को गिरफ्तार किया। एटीएस के मुताबिक वह आईएसआई एजेंट है, उसका काम नेपाल से नकली करेंसी लाने और खपाने का था। एटीएस ने दावा किया कि इमरान ने करीब 20 करोड़ रुपये की नकली करेंसी की तस्करी की थी। वह आतंकवादी संगठन लश्करे तोएबा के लिए आतंकियों की भर्ती और भारतीय सेना की जासूसी का काम भी करता था। आईएसआई के आका नेपाल में उसके लिए नकली करेंसी और अन्य सामान का बन्दोबस्त करते थे।

उत्तर प्रदेश के तत्कालीन एडीजी (कानून-व्यवस्था) अरुण कुमार के मुताबिक एटीएस को सूचना मिली थी कि नेपाल में नकली करेंसी के बड़े तस्करों की गिरफ्तारी के बाद वीरगंज इलाके से इमरान अहमद तेली उर्फ़ मुन्ना ने नकली करेंसी की तस्करी शुरू की है। जनवरी और जून 2013 में इमरान के भेजे 50 व 30 लाख रुपये की नकली करेंसी के जखीरे पकड़े गये। इसके बाद वह भारत आ गया और विभिन्न राज्यों में ठिकाने बदल कर रहने व नकली करेंसी की तस्करी करने लगा।

इमरान के लखनऊ से नेपाल जाने की सूचना खुफिया ब्यूरो से एटीएस को मिली तो एटीएस ने 12वीं पास इमरान को कैसरबाग बस स्टेशन पर धर दबोचा। पूछताछ में इमरान ने बताया कि वह बिहार के चंपारण का निवासी है। वह 2006 में चाचा व बहनोई के साथ नेपाल में लौंग-इलायची का कारोबार करता था। उसमें नुक़सान होने पर दो साल बाद वह नकली करेंसी तस्कर साजिद अंसारी उर्फ़ साजिद मास्टर के सम्पर्क में आया। वह 5 फीसदी दलाली पर नकली करेंसी की आपूर्ति में लग गया। जब वह नेपाल में यूनुस अंसारी और उसके गिरोह के सम्पर्क में आया तो वह सीधे तस्करी ही करने लगा।

दिसम्बर 2009 में नेपाल में इमरान की मुलाकात जेल में बन्द पाक नागरिक असलम से हुई, जिसने उसे पाकिस्तान की आईएसआई और डी-कम्पनी के कुछ बन्दों से मिला कर उसे सीधे करेंसी का तस्कर ही बना दिया था।

इमरान ने बताया कि वह जनवरी व फरवरी 2010 में नेपाली पासपोर्ट पर पहली बार बरास्ते बांग्लादेश, दूसरी बार बरास्ते नेपाल 15 दिनों के लिए कराची गया था। पाकिस्तान में उसे नकली करेंसी के बड़े तस्कर असलम चौधरी ने 85 लाख रुपये दिये थे।

इसके बाद इमरान का सम्पर्क आईएसआई के कुछ आकाओं और पाक गिरोह सरगना इरशाद चौधरी उर्फ़ भाई साहब, असलम शेरा, रज्जालक मरफानी, जमील भट्टी आदि से हुआ। अब उसे आईएसआई से नकली करेंसी सीधे मिलने लगी, जिन्हें भारत भेजने लगा।

इमरान के मुताबिक आतंकी गिरोह लश्करे तोएबा के लिए भारत में रंगरूट चुनने और उन्हें जिहादी बनने के लिए पाक प्रशिक्षण शिविरों में भेजने के लिए भी उसे कहा गया। यही नहीं भारतीय सेना के ठिकानों की जासूसी कर वहाँ की सूचनाएँ पहुँचाने के लिए भी आईएसआई ने ही उसे लगाया था। यह सारा काम वह नेपाल के जरिए ही करता था।

## बॉक्स 1

**डी-कम्पनी के सहयोगी इस्लामी संगठन**

अल हीरा एजुकेशनल सोसायटी, नेपाल
इकरा मॉडल अकादमी
इत्तेहादुल मुसलमीन
इमाम अहमद बिन हंबाल सेंटर
इस्लामिक मिशन टू नेपाल
इस्लामिक युवा संघ (अब नेपाल इस्लामिक संघ)
ऑल नेपाल अंजुमन ए इस्लाह
ऑल नेपाल मुस्लिम इत्तेहाद एसोसिएशन
जमात अहले हादित
जमायत मिल्लत ए इस्लामी
तौहीद सेंटर, कृष्णानगर
नेपाल प्रगतिशील मुस्लिम संघ
नेपाल मुस्लिम एजूकेशनल सोसायटी
नेपाल मुस्लिम जमात
नेपाल मुस्लिम वेलफेयर एसोसिएशन
नेपाल मुस्लिम संघ
नेपाल मुस्लिम समाज सेवा संघ
नेपाल वर्ल्ड इस्लामिक कौंसिल

बज़्मे अदब

मजलिस ए तेहफूज खातमी नबूवत नेपाल

मुस्लिम एकता संघ

मुस्लिम सेवा समिति

वर्ड्स असेंबली ऑफ मुस्लिम यूथ, नेपाल

समाज कल्याण समिति

स्टूडेंट एजूकेशन फाऊंडेशन, नेपाल

हमरो सौगत

## बॉक्स 2

**डी-कम्पनी के मिलन स्थल**

- अजीजिया होटल-रेस्तरां, बाग बाज़ार, काठमांडू।

- कबाना रेस्तरां, जामा बाज़ार के तल मंज़िल पर स्थित है।

- कश्मीरी मस्जिद गेस्ट हाउस, काठमांडू।

- चाँदनी होटल, बाग बाज़ार, भक्तपुर मिनी बस पार्क के करीब का मालिक मोहम्मद रहीम और सैयद करीमुद्दीन शाह हैं। इसका संचालन ताज मोहम्मद नामक एक बिहारी मुस्लिम करता है जो सीतामढ़ी का निवासी है।

- ताज होटल, बाग बाज़ार जो कि पांडे नामक एक प्रबन्धक की देख-रेख में चलता है।

- तिबतन (मुस्लिम) गेस्ट हाऊस, काठमांडू के किलमाटी इलाके में स्थित है।

- तिबतन गेस्ट हाउस, पहले यह मुस्लिम तिबतन गेस्ट हाउस था। काठमांडू के छत्रपति इलाके में स्थित है। उसका मालिक सैयद अनवर शाह है।

- नेपाल इस्लामिक युवा संघ का काठमांडू स्थित दफ्तर।

- नेपाल मुस्लिम इत्तेहाद संघ का बाग बाज़ार स्थित दफ्तर।

- बिस्मिल्लाह रेस्तरां, बाग बाज़ार, काठमांडू का मालिक एक बिहारी मुस्लिम अलाउद्दीन खान है जो लगभग 20 साल पहले पाकिस्तान से काठमांडू आया था और नेपाल की नागरिकता हासिल कर ली।

- बैकरी कैफे, महाराज गंज, काठमांडू।

- मुग़ल दरबार रेस्तरां, जामा बाज़ार की पहली मंज़िल पर स्थित।

- शान्तनु होटल, भैरवाहा।

- शालीमार रेस्तरां, थामेल।

- शेरपा होटल, चार तारा होटल जो कि दरबार मार्ग पर स्थित है।

- शौकत अब्दुल कादिर कश्मीरी का घर जो थामेल इलाके की एक दुकान का मालिक भी है।

## बॉक्स 3

### डी-कम्पनी के नेपाल में तस्करी क्षेत्र

**बिराट नगर**–एनआईवायएस के डॉ. अब्दुल गफूर, नजरुल हुसैन अंसारी फलाही, व्यापारी और तस्कर बिनोद कुमार राठी यहाँ डी-कम्पनी की तस्करी कमान सँभालते हैं।

**काठमांडू**–कुख्यात तस्कर आईएल प्रधान, इस्लामी आतंकवादी अब्दुल करीम उर्फ़ टुंडा का घांतानगर निवासी साथी निजाम बख्श, पूर्व उप पुलिस अधीक्षक प्रेम बहादुर बिष्ट, व्यापारी, सैयद नसीम शाह, कृष्णनगर-बैरवहा का कुख्यात तस्कर तोजेंद्र गौछन, कपिलवस्तु जिले के जंडानगर में स्थित मदरसा दारूल उलूम का संस्थापक मौलाना अब्दुल्लाह मदनी, कृष्ण नगर के निवासी सिराज अहमद फारुखी और मौलाना अबू बकर नड़वी, कृष्ण नगर में स्टार एंटरप्राइजेज का मालिक तबर्रक हुसैन खान, बैरहवा में वाही रेडियो सर्विस नामक दुकान का मालिक और भारत के नौतनवा गाँव में घर का मालिक वसीम अहमद दीवान यहाँ पर दाऊद के सहयोगी माने जाते हैं।

**बीरगंज**–नेपाल मुस्लिम इत्तेहाद संघ का उपाध्यक्ष मौलाना असहर अली मदनी, तस्कर और व्यापारी बदरुद्दीन अंसारी, बीरगंज का व्यापारी मनोज कुमार अग्रवाल, बीरगंज के आदर्श चौक के सनराइज सेंटर का मालिक रतन लाल अग्रवाल, हरिशंरण सरावगी, नेपालगंज में इस्लामी कार्यकर्ता मोहम्मद बदरुद्दीन खान और इसी शहर के भागेश्वरी टोले का निवासी मुनीरुद्दीन अंसारी ने बीरगंज में डी-कम्पनी की तस्करी कमान सँभाल रखी थी।

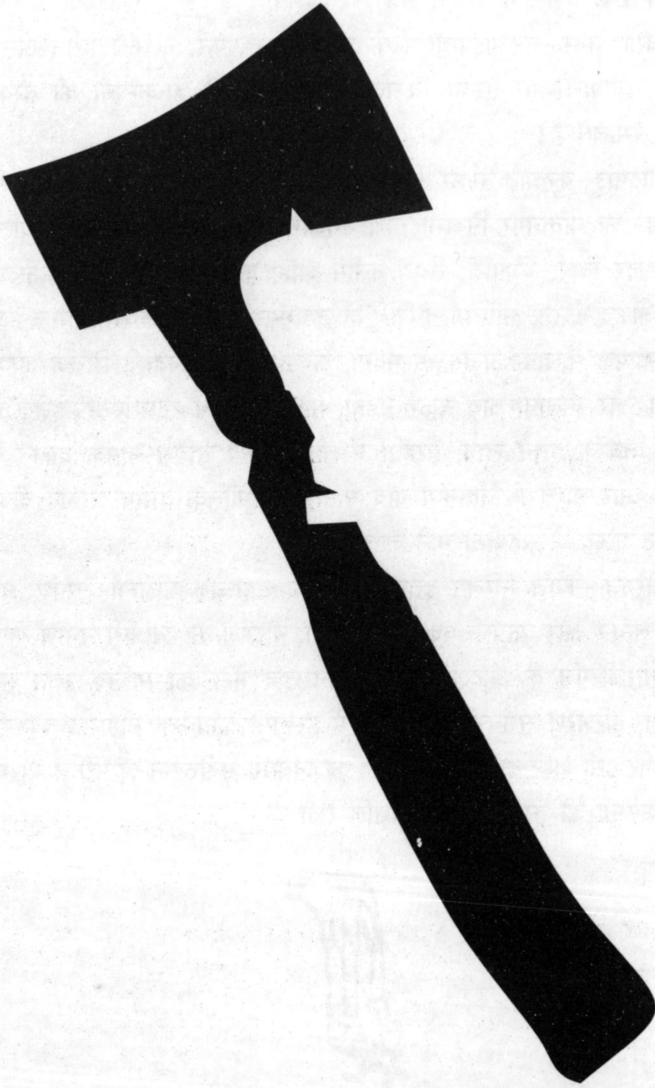

# दूसरा अंडरवर्ल्ड यानी जेल!

मुंबई ही नहीं बल्कि महाराष्ट्र की तमाम जेलों पर भारतीय संविधान और उनके नुमाइंदों का राज होने की बात जो करता है, वह क्या तो ख़ुद को मूर्ख बना रहा है या अवाम को बेवकूफ बनाने की कोशिश कर रहा है। सच तो यह है कि महाराष्ट्र की सभी जेलों की 'ब्रांडिंग' हो चुकी है। हर जेल में एक गिरोह विशेष की सत्ता कायम है। सबसे अधिक जेलों पर गवली गिरोह का राज है। इसका कारण यह है कि गवली को अलग-अलग वक्त पर कई जेलों में रखा गया जबकि डी-कम्पनी और राजन के साथियों को एक या दो जेलों में ही रखते हैं। ये जेलें न सिर्फ़ गिरोहों की सुरक्षित पनाहगाह हैं बल्कि अय्याशी के अड्डे भी बनी हुई हैं। जेलों की ऊँची-ऊँची दीवारों के पीछे ढेरों राज दफन हैं। यहाँ कुछ राज फाश करने की कोशिश करते हैं। स्वागत है, स्याह सायों के संसार के दूसरे अंडरवर्ल्ड में... यानी जेलों में। इसे वैकल्पिक भूमिगत संसार के रूप में भी लें तो अतिशयोक्ति न होगी।

## आर्थर रोड में एसटी

'एसटी से मिलना चाहते हैं?'

'क्या बात कर रहे हैं? क्या ये सम्भव है? वह तो जेल में है।'

'तो क्या हुआ, भाई के लिए कोई प्राब्लम नहीं है।'

'कैसे होगा यह सब?'

'करना कुछ नहीं है, आपके लिए सब इन्तज़ाम मैं कर दूँगा।'

'ठीक है, यह तो ज़रूर करना चाहूँगा।'

एक मुखबिर ने जब सूचना दी कि एसटी उर्फ़ सुभाष सिंह ठाकुर से जेल की हदों के अन्दर मुलाकात सम्भव है तो मेरे लिए उत्तेजित और रोमांचित कर देने वाला क्षण था। मेरे ज़ेहन में सैकड़ों सवाल थे जो सुभाष सिंह से पूछने थे। मैं उस दिन का बेसब्री से इन्तज़ार करने लगा जब मुखबिर मुझे तमाम जानकारियाँ देता।

एक दिन उसका फ़ोन आया। उसने बताया कि जिस जगह एसटी बन्द है, वहाँ एक होटल में मुझे जाकर ठहरना होगा, वहाँ का कमरा और टेलीफ़ोन नम्बर मुखबिर को बताना होगा, वहाँ एक व्यक्ति मुझे लेने पहुँचेगा, उसके बाद मैं जेल के एक तय दरवाज़े तक पहुँचाया जाऊँगा और मुझे बिना काग़ज़ी खानापूर्ति करवाये ही अन्दर ले जायेंगे।

इस ख़तरनाक और मुश्किल 'मिशन' के लिए सम्पादक महोदय ने हामी भर दी। समाचार सम्पादक बेहद उत्तेजित थे कि वह मौक़ा कब हासिल होगा, जब यह शानदार ख़बर मिलेगी कि देश की सबसे सुरक्षित जेलों में से एक का पूरा रक्षा कवच भेद कर उनका एक नुमाइन्दा अन्दर पहुँचेगा और इतने मशहूर क़ैदी का इंटरव्यू रिकॉर्ड करेगा।

अफ़सोस कि वह दिन कभी न आ सका। जिस दिन इस काम पर निकलना था, मुंबई में गुलशन कुमार की हत्या हो गयी। जाना मुल्तवी हो गया... और मन के सवाल अनुत्तरित रह गये जो एसटी से पूछने थे। अब कुछ नये सवाल पैदा हो गये जो जेल की सुरक्षा और गिरोहों के संसार पर थे।

लोग कहते हैं कि गया वक्त लौटता नहीं... लेकिन मेरे लिए तो लौटा, और बख़ूबी वापस आया। एसटी से मेरी मुलाक़ात हुई... और जेल में ही हुई... लेकिन वह मुंबई की आर्थर रोड जेल थी। निश्चित तौर पर याद नहीं कि वह दिन कौन-सा था।

उस दिन सुबह से ही उत्तेजना थी कि जेल में एसटी से मिलना है। वह मिला। एकदम शान्त चित्त, कुलाबा के बड़े सूती कपड़ों के शोरूम से खरीदे महँगे झक्क सफेद पैंट-शर्ट के साथ सफेद जूते पहने हुए, सिक्खों की तरह एक पटका बड़े-बड़े बालों को छुपाने के लिए बाँधे हुए, बड़ी-सी साफ़-सुथरी और करीने से कटी हुई दाढ़ी में। उसकी सज-धज देख कर मैं चकित हो गया। नये सवाल मन मथने लगे।

जेल में ये साधन किसी को कैसे मिल सकते हैं भला?

क्या ये ठाठ-बाट होते हैं अन्दर?

क्या कोई चक्कर चलता है अन्दर?

क्या वाकई इन क़ैदियों को हवालात में दुख होता है?

जहाँ लोग ऐसे रहते हैं तो सीधा सा मतलब है कि जेलों में सरकार की नहीं गिरोहों की सल्तनत चलती होगी?

जब यह सिलसिला आगे बढ़ाया तो मन में उठते हर सवाल का जवाब मिला—'हाँ।'

## जेल या पनाहगाह?

चाहे वे मुंबई की जेल हों या देश के किसी और कोने में, लगता है अपराधियों को सुधारने के लिए नहीं बल्कि सुरक्षित अड्डे बनाये हैं। जेलों की ऊँची-ऊँची दीवारों के पीछे अपराधी जेल प्रशासन और पुलिस मिलीभगत से अपराध करते-करवाते रहते हैं। कोई नहीं जानता कि वहाँ क्या गुल खिलाए जा रहे हैं। ऐसा लगता है कि कोलंबिया के सबसे बड़े नशा तस्कर पाब्लो एस्कोबार ने जिस तरह अपने लिए आलीशान जेल बनाई और उसमें रह कर दुनिया भर को ठेंगा दिखाता रहा, वैसे ही हालात हमारे देश के भी हैं।

जेलों में अपराधियों के पास टीवी, नर्म-मुलायम गद्दे और तकिये, बेहतरीन भोजन, पीने के लिए पसन्दीदा शराब व सिगरेट, पहनने के लिए पसन्दीदा ब्रांड के हर रोज धुले और इस्तरी किये कपड़ों जैसी सुविधा के तमाम साधन मौजूद हैं। मोबाइल फ़ोन तो सख्त ज़रूरत का सामान है जो उनके पास जेलों में होता ही है। ये हथियार भी रखते हैं। कई बार तो जेल में उनसे मिलवाने बतौर मुलाकाती शिकारों को लाया जाता है। यहाँ से फ़ोन पर धमकियाँ देकर शिकार से हफ्तावसूली तो अपराधी करते ही हैं, कई बार उनके पास रात को जा भी पहुँचते हैं।

जेलों के पीछे अपराधी तब तक रहना पसन्द करते हैं जब तक उनके ख़ास दुश्मन ज़िन्दा हों या उनके ख़िलाफ जारी मुक़दमा ख़त्म न हो जाये। उन्हें पता है कि उन्हें सज़ा होने से रही क्योंकि चश्मदीद गवाह जान जाने के डर से अदालत में पलट जायेगा। कोई सबूत उनके ख़िलाफ सही साबित नहीं होगा।

## एजी कम्पनी की यरवदा जेल

गवली इस व्यवस्था का फायदा लम्बे अर्से तक उठाता रहा है। वह पुणे की यरवदा जेल में लगभग 10 बरस रहा और बाहर आने के लिए तैयार ही न था। अदालत ने उसे जमानत दी लेकिन उसने जमानती रकम यह कहते हुए नहीं भरी कि पुलिस झूठी मुठभेड़ में मार देगी। एक बार जमानत किसी व्यक्ति ने भर दी। उसने कहा, 'यह मेरे दुश्मनों की साजिश है ताकि मैं बाहर आऊँ और वे मेरी हत्या (!) करवा सकें।'

जब अपराध शाखा के अधिकारियों ने एक कथित मुठभेड़ में उसके सबसे पुराने शत्रु अमर नाईक को मार गिराया, तब जाकर कहीं गवली ने 50 हज़ार रुपये की राशि चुकाई और जेल की सलाखों को दुआ-सलाम कर बाहर आया। इस दौरान गवली का कारोबार जेल के भीतर से चलता रहा। उसके गुंडों का एक पाँव मुंबई में, तो दूसरा पुणे में होता था। एक प्रकार से गवली का दूसरा मुख्यालय पुणे की यरवदा जेल था।

## भायखला जेल में डैडी कम्पनी

यह एक स्थापित तथ्य है कि यरवदा जेल में सिर्फ़ गवली गिरोह के सदस्यों को रखा जाता है। मकसद है कि वे अन्य गिरोहों के साथ रहेंगे तो कुछ न कुछ समस्या पैदा करेंगे। आपसी रंजिश का लावा अगर जेल में फूटा तो अधिकारियों की काली कमाई ख़त्म हो जायेगी। इसी कारण कुछ अर्सा पहले तक गवली गिरोह का मुख्यालय भायखला जेल था।

गिरोह के कई सदस्यों को जेल के भीतर से व्यापारियों और उद्योगपतियों के साथ पकड़ा भी गया जो हफ्ते के लिए गवली दरबार में मिलने ले जाये जाते थे। जेल में अधिकारियों की नाक के नीचे इस प्रकार हफ्ताखोरी का खेल चल रहा हो और उन्हें ख़बर न हो, यह कैसे सम्भव है?

## औरंगाबाद जेल में गवली

गवली काफ़ी समय तक औरंगाबाद जेल में रहा। पुलिस ने उसे 1995 में जयंत जाधव हत्याकांड की साजिश रचने का आरोपी बनाया। पुलिस ने गवली को जेल में साजिश रचने तथा सुपारी हत्यारों से हत्या करवाने के आरोप में गिरफ्तार किया लेकिन आरोप सिद्ध करने में नाकाम रही।

पुलिस ने गवली पर नरीमन पाइंट पर हुए नट्टू देसाई हत्याकांड का आरोप लगाया जिसे अदालत में साबित नहीं किया जा सका। 1998 में शिवसेना शाखा प्रमुख सुभाष डामरे हत्याकांड भी गवली पर तभी 'थोपा' गया, जब वह जेल में था।

गवली के वकीलों ने पुलिस की तमाम कोशिशों की धज्जियाँ उड़ा दीं। उनका कहना था कि जेल में सरकारी निगरानी में रहते हुए गवली साजिश कैसे रच सकता है? उसे अमली जामा कैसे पहना सकता है? वह जेल की सलाखों के पीछे है तो गिरोह के सदस्य वहाँ कैसे पहुँचेंगे? अदालत ने वकीलों की दलील को तरजीह दी।

एक दशक से अधिक जेलों में रहे गवली को कई बार पुलिस ने हत्या या हफ्ताखोरी का आरोपी बनाया लेकिन अदालत से हर बार साफ़ बच गया। उसके पास एक तर्क हमेशा होता था कि जेल प्रशासन की निगरानी में वह ऐसे कारनामे कैसे अंजाम दे सकता है?

अदालत में पुलिस यह मान नहीं पाती थी कि जेल प्रशासन के भ्रष्ट आचरण से यह सम्भव है...और गवली को हर बार राहत मिल जाती। अदालत का कहना है कि यदि कोई अपराध के समय जेल में है तो उसके ख़िलाफ साजिश रचने के लिए सीआरपीसी की धारा 120-बी लागू नहीं हो सकती।

अक्तूबर 2004 में चिंचपोकली से बतौर निर्दलीय उम्मीदवार चुनाव जीतकर विधायक अरुण गवली तलोजा जेल में भी बेहद सतर्क रहता है। वह अंडा सेल में अपनी कोठरी की सफाई होते समय भी दीवार से पीठ लगाये खड़ा रहता है। वह सफाई करने वालों पर हर वक्त नज़र गड़ाए रहता है। कहीं कोई हमला न कर दे।

## आर्थर रोड जेल में साधु शेट्टी

कभी डी-कम्पनी में सुपारी हत्यारे रहा साधु शेट्टी डी-कम्पनी की जेल के रूप में कुख्यात आर्थर रोड जेल में काफ़ी समय बन्द रहा। उसने भी जमानत मिलने के बावजूद लम्बे अर्से तक राशि नहीं भरी और सलाखों के पीछे रहा। यहाँ वह न

केवल दुश्मनों से बचा था बल्कि आसानी से हफ्ताखोरी कर सकता था। जब तमाम मामले ख़त्म हो गये, जेल की ऊँची दीवारों से बाहर निकलना चाहिए था, तब भी वहीं रहना पसन्द किया। इसके लिए साधु ने पुराना तरीका इस्तेमाल किया। अपने गिरोह के कुछ सदस्यों से उसने एक झूठी लड़ाई जेल के अन्दर की। जेल प्रशासन ने उसके ख़िलाफ दंगे और मारपीट का मामला दर्ज़ किया। अब नये मामले में जेल के अन्दर ही वह बना रहा।

साधु शेट्टी को अदालत या जेल के अन्दर मारने के लिए डी-कम्पनी ने 5 प्रयास 1996 तक किये। इनमें से 4 पहले ही पता चल गये, जिससे गोलीबारी की नौबत न आयी। लेकिन 8 नवम्बर 1996 को एके 56 से एक हमला सत्र अदालत के बाहर साधु, बोंडे व माने पर हुआ। हमले में बोंडे-माने समेत 8 लोग घायल हुए, जिसमें पुलिसकर्मी भी थे। इन मामलों में डी-कम्पनी के चार सदस्यों को पुलिस ने गिरफ्तार भी किया।

## अंडा सेल में डीके

छोटा राजन गिरोह का सिपहसालार डीके राव भी अंडा सेल में रहा। उसके साथ नाना कम्पनी के ही दो दर्जन से अधिक सदस्यों को रखा था। उनकी सुरक्षा में डीके सदा सुरक्षित रहता था। जब डीके को कहीं जाना होता तो उसके साथ इस सुरक्षा घेरे के कुछ सदस्य होते थे।

डीके राव के बारे में भी यह कहा जाता है कि एक वक्त में उसने भी आर्थर रोड जेल में एक बड़ी दावत दी थी। यह दावत इस खुशी में दी थी कि एक अदालत ने उसे हत्या के एक मामले में बरी कर दिया था। वह जेल से छूटा नहीं क्योंकि दूसरा मामला जारी था। यह बात और है कि उसने सिर्फ़ नाना कम्पनी के बन्दों को ही इस दावत में शरीक होने का न्यौता दिया था।

## मंजनू का अंडा सेल

मुस्तफा मंजनू को अंडा सेल में जेल प्रशासन ने रखा। उसे वहाँ की तनहाई पसन्द न आयी। उसे जेल प्रशासन ने बैरक में भेज दिया। वहाँ भी बमकांड आरोपी ही थे। मज़े थे, अपना टीवी था, सेल फ़ोन था, गद्दे, खाने-पीने की पूरी व्यवस्था थी, सेवा करने वाले तीमारदार थे, हँसी-ठट्ठा करने के लिए संगी-साथी थे। और क्या चाहिए जीवन में? और खर्चा? पाँच लाख भी महीने का लगे तो क्या फ़र्क़ पड़ता है। बाहर रहें तो सब मिला कर उसका पाँच से दस गुना ही ख़र्च होगा।

## बागी भी आर्थर रोड जेल में

डी-कम्पनी के बागी सिपहसालार एजाज पठान के ख़िलाफ उन दिनों कुल 52 मामले थे, वह आर्थर रोड जेल मे बन्द था। एक ऐसा इलाका, जिसे यार्ड नम्बर 10 कहते हैं, उसे बेहद ख़ास लोगों का हिस्सा माना जाता है। उसका अपना 10 गुणा 10 आकार का कमरा था, जिसमें अपना ही शौचालय था। और उसे ये शानदार कमरा क्यों मिला था?

## डी-कम्पनी की आर्थर रोड में सरकार

कतिपय सूत्रों के मुताबिक भारतीय खुफिया एजेंसियों और पुलिस को सहयोग करने के कारण यहाँ पर याकूब मेमन, इसा मेमन, सलीम कुत्ता, मुन्ना गुप्ता सरीखे बमकांड आरोपी ही थे। वहाँ नहाने के लिए गरम पानी तक था। पीने के लिए भी साफ़ पानी। खाना बनाने की अलग से व्यवस्था। यहाँ तक कि होटलों से भी टिफिन मँगाने पर कोई रोक-टोक नहीं। उनकी सेवा में कोई न कोई कच्चा क़ैदी होता ही था। कभी एक, तो कभी चार से पाँच तक भी। कौन रोकेगा भला उन्हें। सबके पास अपने सेल फ़ोन थे। बस इतनी ही ज़रूरत होती थी कि बैटरियाँ चार्ज होकर बाहर से आती थीं। उनके लिए बिजली के सॉकेट न थे।

एहतेशाम उर्फ़ शाम भी बमकांड आरोपी था। छोटा शकील का प्यादा था। उसके जिम्मे गिरोह के लिए रंगरूट खोजने का काम था, जिसे वह आर्थर रोड जेल में रहते हुए भी बख़ूबी निभा रहा था।

वह वक्त होगा सन 2003 के पहले का। इक़बाल कासकर भी आर्थर रोड जेल में कुछ वक्त बिता चुका है। दाऊद का भाई। यानी भाई का भाई। आर्थर रोड जेल वैसे भी डी-कम्पनी का दूसरा मुख्यालय है। वहाँ इक़बाल के सामने कोई समस्या होनी ही नहीं थी। हज़ारों करोड़ की कोठी मुफ्त में रहने के लिए। सैकड़ों करोड़ की सुरक्षा में लगे बीसियों मुलाजिम। पचासों चाकर आसपास डोलते हुए। जिस तरफ़ नज़र घुमा दे, वही लोग सेवा-टहल के लिए तैयार। हर तरफ़ कोर्निश में झुक कर दोहरे हुए लोगों की क़तारें। उसके लिए यह जेल कोई सज़ा नहीं थी, वह तो बस कुछ दिन सरकारी ख़र्च पर मज़े लेने का नया स्थान भर थी।

इक़बाल को सारा-सहारा मामले में गिरफ्तार कर अंडा सेल में रखा था। उसके साथ में अब्दुल सत्तार और अब्दुल रहीम राधनपुर को रखा था। जेल प्रशासन ने इक़बाल की सुरक्षा के मद्देनजर छह कमरों वाले एक हिस्से में सिर्फ़

इन्हीं तीन को रखा था। इससे उन्हें क्या फ़र्क़ पड़ा? कुछ नहीं। उसके लिए हर दिन खाने-पीने के सामान से लेकर ओढ़ने-बिछाने और पहनने के नये कपड़ों तक, सब कुछ बेरोकटोक मिलता था।

कुछ लोग कहते थे कि जेल में उसका ख़र्च हर महीने डेढ़ लाख होता था तो कुछ का कहना था कि इतने से में क्या होगा। वह तो भाई का भाई है, उसके आगे-पीछे की फ़ौज के लिए भी तो खर्च होता है। कुछ का आकलन था कि उसका हर महीने का ख़र्च लगभग 10 लाख बैठता था। और कौन-सा ये सब उसकी जेब से जाता था। और हाँ, उसके पास न तो कोई जेलकर्मी जाता था, न ही कभी उसके आसपास किसी क़ैदी को जाने की इजाजत थी।

## अबू की आर्थर रोड जेल में दावत

अबू के बारे में भी यह कहा जाता है कि पुर्तगाल से जब वह भारत आया तो 23 नवम्बर 2005 को उसे पहली बार आर्थर रोड जेल में ही रखा। जेल में घुसते ही उसने तमाम जेलकर्मियों और अपने साथियों के लिए एक शानदार दावत का इन्तज़ाम किया था। इस दावत में विदेशी शराब, शानदार मांसाहारी भोजन के साथ ही मिठाई के रूप में पेस्ट्रियों का इन्तज़ाम था। इस दावत के बारे में महीनों तक आर्थर रोड जेल में चर्चा चली थी।

## बालू की बालूशाही जेल में

बालू डोकरे नाना कम्पनी का महत्त्वपूर्ण ओहदेदार रहा है। सन 2000 में वह भी आर्थर रोड जेल का मेहमान बन चुका है। उसने भी यहाँ शराब और कबाब की शानदार दावत रखी थी। सभी क़ैदियों के लिए भी ठंडी बीयर और मुर्गे का इन्तज़ाम था।

## शराब की दावत

जनवरी 2010 में एक दिन छोटा राजन गिरोह के गुंडे देवेन्द्र नायडू को दिंडोशी अदालत में डकैती के एक मामले की सुनवाई के लिए पुलिस लायी। लौटते वक्त उसे पानी की दो बोतलों में भरी शराब उसके एक साथी ने जेल के बाहर दी। न जाने क्या कारण रहा कि जेलकर्मियों ने शराब की ये बोतलें जब्त कर लीं। जेल प्रशासन ने कहा कि सतर्कता से जेल में शराब न पहुँची। मुखबिरों ने कहा कि हफ्ता नहीं दिया तो शराब अन्दर नहीं जा सकी। हो सकता है कि ख़ुद जेल

वालों को उस दिन नशा करने का मन हुआ हो। हाँ, पूछताछ में देवेन्द्र ने यह ज़रूर बताया कि उसकी इच्छा तो यूसुफ बचकाना के साथ रात में दावत उड़ाने की थी। उस दिन छोटा राजन का जन्मदिन जो था।

## माफियाओं का गेस्टहाउस है आर्थर रोड जेल

'आर्थर रोड जेल मुंबई के सरमायादारों का गेस्टहाउस है।' यह हम नहीं कह रहे हैं बल्कि महाराष्ट्र के तत्कालीन गृह राज्य मन्त्री रमेश बागवे ने अबू पर हमले के अगले दिन इस जेल का दौरा करने के बाद पत्रकारों से बात करते हुए कहा था। उनके मुताबिक जेल में वक्त काटना बेहद कठिन है, लेकिन यह मुंबई माफिया पर लागू नहीं है। मुंबई की सबसे सुरक्षित आर्थर रोड जेल का मुआयना करने के बाद रमेश बागवे दंग थे। उन्होंने कहा, 'मैं दंग हूँ कि यह जेल किसी होटल से कम नहीं है। यहाँ सभी सुख-सुविधाएँ हैं। अंडरवर्ल्ड के क़ैदियों के लिए तो सब कुछ है।'

बागवे यह देखकर चकित थे कि अबू के बैरक का फर्श संगमरमर का था, उसके लिए अलग शौचालय भी था। बैरक की दीवारों पर मॉडलों के पोस्टर चस्पा थे। अच्छा बिस्तर, बर्तन और टिफिन भी थे। मुस्तफा को भी जेल में ख़ूब आराम था। उसके बैरक में फल थे।

डी-कम्पनी के एक गुंडे का कहना था कि उसके गिरोह के क़ैदियों के लिए आर्थर रोड जेल होटल जैसा है। दो साल तक जेल में रहे एक गुंडे ने नाम न छापने की शर्त पर बताया कि जब उसकी रिहाई हुई, तो उसका वजन छह से सात किलो बढ़ गया था। उसके मुताबिक इसका राज यही है कि वहाँ डी-कम्पनी के सभी बन्दों को अच्छा खाना मिलता था। इसके मुताबिक जेल में मोबाइल के लिए हर महीने 10 हज़ार रुपये जेलकर्मियों को देने पड़ते हैं।

तत्कालीन गृह मन्त्री आरआर पाटिल विधान परिषद में स्वीकार कर चुके हैं कि राज्य की जेलें सुरक्षा के मामले में कमज़ोर हैं। विधायकों के सामने उन्होंने स्वीकर किया, 'राज्य की जेलों में ज़रूरत से ज्यादा क़ैदी हैं। कुछ जेल बहुत पुरानी हो चुकी हैं और उनकी मरम्मत की सख्त दरकार है।'

## जेलों में गठबन्धन

जेलों में बन्द अपराधी अपने लिए नये सदस्य खोजते हैं, अपराधियों के गठबन्धन तैयार होते हैं। कुछ समय पहले राजन गिरोह का एक सदस्य शाजी जान वर्गीज

उर्फ़ मैथ्यू (30) आर्थर रोड जेल में बन्द था। उसके साथी परवेज़ खय्याम कुरैशी उर्फ़ गट्टू (22), आशीष अरुण कुमार दोशी (32), अंसार हमीद शेख़ उर्फ़ गिर्या (26), संजय महादेव पराली (27), वरिंद्र दौलत राम चौहान (28), देवीदास बाबू कोटियन उर्फ़ अन्नू (23), धनंजय भूपेन्द्र सिंह सिन्हा (26) भी नवी मुंबई पुलिस द्वारा गिरफ्तार कर साथ ही जेल में ठूँसे गये। वे ठाणे जेल में भी साथ थे।

नाना कम्पनी का एक सदस्य भास्कर राव शेट्टी तब रासुका के तहत सज़ा काट रहा था। वह इनसे जेल में मिला। अपने लिए काम करने को तैयार किया। वह काला राजन, शाजी, सुनील शेट्टी, पप्पू पालकर और गट्टू से अलग-अलग जेलों में मिला। उन्हें अपने गिरोह में काम करने के फायदे गिनाए, सब तैयार हो गये।

इतिहास हमेशा ख़ुद को दुहराता है। ऐसा ही उनके सरगना के साथ पहले भी हो चुका था। राजन, अवधूत बोंडे, गुरु साटम और माट्या मामा की मुलाक़ात भी जेल में हुई। वे यहीं एक-दूसरे के करीब आये और साथ-साथ काम करने के लिए तैयार हुए थे।

## जेलों में साजिश

क्या नहीं होता है जेलों में। कैसी-कैसी साजिशें नहीं बनती हैं जेलों में। आख़िर होगी भी क्यों नहीं। जेल तो अपराध जगत के विश्वविद्यालय हैं। यहीं अपराध जगत की असली पीएच. डी. होती है। दिन भर करने के लिए कुछ नहीं। खाली दिमाग़ शैतान का घर। आख़िरकार दिन भर खाली बैठे स्याह सायों के सनकी दिमाग़ों में अपराध का बारूद जलेगा तो धमाका तो करेगा ही। और इसका असर समाज पर न हो, यह तो हो ही नहीं सकता।

## नीता नाईक की हत्या

जेल का इस्तेमाल किस प्रकार अपराधी अपने फायदे के लिए करते हैं, उसकी एक मिसाल अश्विन नाईक की है। उसने अपनी पत्नी और शिवसेना नगरसेविका नीता नाईक की हत्या के आदेश जेल से जारी किये। उसके बताने पर गिरोह के सदस्यों ने नीता को घर की दहलीज पर 2001 के मध्य में गोलियों से भून दिया। गिरोह के सदस्यों को यह करने में न वक्त लगा और न बुरा लगा। पुलिस ने अश्विन पर हत्या की साजिश रचने का मामला दर्ज़ किया लेकिन वह कितना खड़ा रहेगा, यह सभी जानते हैं।

## बबलू के खेल

मुंबई में 1994 का उद्योगपति विश्वनाथ मित्तल अपहरण कांड बबलू का इलाहाबाद की नैनी जेल से करवाया कारनामा था।

## जेल में कूलर से शराब तक

1995 में आर्थर रोड जेल डी-कम्पनी के सेल नम्बर 3 पर एक बार सीबीआई अधिकारियों ने छापा मारा। इसमें राजन गिरोह के सदस्यों को रखा जाता था। अधिकारियों ने भारी मात्रा में नकदी, शराब, पेजर, मोबाइल, हथियार, कूलर, कॉयर के गद्दे इत्यादि बरामद किये। इस बरामदगी से तत्कालीन जेल महाप्रबन्धक के पसीने चुहचुहा आये थे।

## माने जब नहीं माना

विलास माने और शेरू तो नाना कम्पनी के लिए बड़े महत्त्वपूर्ण रहे हैं। विलास माने तो नाना कम्पनी का वित्त प्रबन्धक था। उन्हें मारने के लिए ठाणे जेल में डी-कम्पनी के गुंडे ने मोबाइल फ़ोन से एक हत्यारे दस्ते को हुकुम तब दिया जब सीएस ने उसे हरी झंडी दिखा दी थी। प्रो. शिराज एवं अब्दुल रजाक पठान को यह 'काम' करने की ज़िम्मेदारी सौंपी गयी लेकिन दुर्भाग्य... पुलिस को उनके इरादों की पहले ही ख़बर हो गयी। उन्हें पुलिस ने पकड़ लिया लेकिन कुछ फरार हो गये। उनसे एक एके-56 और 250 गोलियाँ बरामद हुईं। इस दस्ते को कहा गया था कि विलास व शेरू पर अदालत में 'झाड़ू फेर' दे। साथ में कितने और मरते हैं, उसकी परवाह न करे।

जब राजन ने डी-कम्पनी से अलग होने का फ़ैसला किया तो शकील ने विलास व शेरू से कहा कि वे गिरोह छोड़ कर न जायँ। उन्होंने शकील की बात न सुनी तो वह नाराज़ हो गया। विलास डी-कम्पनी में लम्बे अरसे से था। उसका गिरोह छोड़ना डी-कम्पनी के लिए तकलीफ़देह होता। वह सितम्बर 1998 में अ:र्थर रोड जेल में साधु शेट्टी के साथ बन्द था। अवधूत बोंडे भी वहीं था।

शिवसेना विधायक रमेश मोरे हत्याकांड में विलास गिरफ्तार हुआ था। शेरू डोंगरी से ऑपरेट करता था। वह भी राजन के साथ गया तो शकील ने उसे भी 'टपकाने' के आदेश दे दिये। दोनों को मुंबई सत्र अदालत में सुनवाई के लिए पुलिस लाती थी। यहीं उन पर हमला तय हुआ।

शिराज और अब्दुल के बताने पर पुलिस ने मालाड की म्हाडा कालोनी के एक फ्लैट पर छापा मारा। राहुल अमीन उर्फ़ बबलू रऊफ, नूर शेख़, जिया-उल शमा को पकड़ा। राहुल से एके-56 और 250 गोलियाँ मिलीं, बाकियों के पास भरी हुई पिस्तौलें। पूछताछ से पता चला कि डी-कम्पनी के सुपारी हत्यारे सलीम उर्फ़ फहीम चिकना ने ठाणे जेल से मोबाइल पर उन्हें यह हुक्म दिया था। उसे छोटा शकील ने कराची से फ़ोन किया था।

राजन के तीन लोगों पर अँधेरी (पू) में दर्पण थियेटर के करीब नाई की दुकान में हमला हुआ। इस हमले में जोसफ उर्फ़ जो तथा कदम मारे गये जबकि तीसरे व्यक्ति को गम्भीर क्षति न हुई। यह आदेश रऊफ को तब मिला, जब वह वैस्टर्न एक्सप्रेस हाईवे पर कार में जा रहा था। आदेश जेल से मोबाइल फ़ोन द्वारा आया था। आदेश देने वाले ने रऊफ से हमले के तुरन्त बाद फ़ोन पर पूछा कि उसने कितनी गोलियाँ चलाईं। रऊफ के यह कहने पर कि उसे याद नहीं, फ़ोन पर बताया गया कि 'कुल नौ गोलियाँ उसने डाली हैं।' यह सुन कर रऊफ दंग रह गया। उसे अब अन्दाज़ा हुआ कि वह कितने 'पहुँचे हुए लोगों' के साथ 'काम' कर रहा है।

1996 में जब जेल पर छापा मारा और ढेरों मोबाइल फ़ोन, पेजर, शराब तथा विलासिता का सामान बरामद हुआ। उसी में विलास और अवधूत के मोबाइल भी जब्त हुए। इनके मोबाइल फ़ोन के आंकड़ों से पता चला कि टाडा जेल में रहते हुए उन्होंने इसी सेल फ़ोन से 900 काल की थीं जो हफ्तावसूली से लेकर हत्या के आदेश जारी करने तक में इस्तेमाल हुई थीं।

## बीआर शेट्टी हत्याकांड की साजिश जेल में

जनवरी 2013 में गिरोहबाज सतीश कालिया को बीआर शेट्टी हत्याकांड का आरोपी बताते हुए अपराध शाखा ने एक आरोप पत्र अदालत में दाखिल किया, जिससे पता चला कि हत्याकांड की साजिश रचने से लेकर पैसे जुटाने और हत्या के लिए आदेश देने तक के सारे काम आर्थर रोड जेल से इस ख़तरनाक सुपारी हत्यारे ने किये थे। वह सभी आरोपियों से मोबाइल के जरिए सम्पर्क में था।

मुश्किल यह है कि जिस मोबाइल हेंडसेट से सतीश ने जेल के अन्दर से फ़ोन किये, वह कभी बरामद न हुआ। सतीश को जेल में मोबाइल कैसे मिला, यह भी पुलिस को पता नहीं चल पाया। ऐसे में पुलिस के लिए सतीश कालिया

को सज़ा दिलाना असम्भव है। अपराध शाखा अधिकारी कहते हैं कि सतीश ने मोबाइल फ़ोन नष्ट कर दिया है। इसके बाद अपराध शाखा के अधिकारियों ने एक और कोण बता दिया। उन्होंने कहा कि सतीश से अदालत की पेशियों के दौरान बीआर शेट्टी हत्याकांड के आरोपी मिलने आते थे। हो सकता है कि वहीं पर इस हत्याकांड की साजिश रची हो।

## जेल से पार्षद को धमकी

सचिन खांबे ने नाशिक जेल से एक पार्षद को 36 लाख का हफ्ता देने के लिए धमकाया था। कांग्रेस के पार्षद ब्रायन मिरांजा को अबू सलेम गिरोह के प्यादे का फ़ोन आया कि वे अगर 36 लाख रुपये नहीं देंगे तो जान से हाथ धो बैठेंगे। फ़ोन करने वाला सचिन नाशिक जेल में था। सचिन ने धमकी देते हुए कहा कि जब पेशी पर ठाणे अदालत पहुँचेगा, तब वे आकर उससे मिलें। पैसे कैसे दिये जायेंगे, तभी तय होगा।

ब्रायन मिरांडा ने मामले की शिकायत महाराष्ट्र के गृह मन्त्री और मुंबई के पुलिस आयुक्त को दी। पुलिस अधिकारियों ने ब्रायन मिरांडा को सचिन से पूरी सुरक्षा घेरे में भेजा। वहाँ उनकी मुलाकात हुई। सचिन खांबे और सचिन शेट्टे वहाँ पहले से मौजूद थे। सचिन खांबे ने उससे कहा कि 6 मई को उसने फ़ोन किया था। पुलिस ने इस मामले में दोनों सचिन को गिरफ्तार कर लिया। इससे एक बात तो साफ़ हो गयी कि जेलों में माफिया का राज चलता आया है, वर्तमान में जारी है, आगे भी चलता रहेगा।

## हतबल अधिकारी

जेलों से चलते भूमिगत संसार को लेकर एक अधिकारी न केवल हतोत्साहित बल्कि ख़ासे नाराज भी थे। वे कहते हैं, 'हम मेहनत करके इन गुंडों-बदमाशों को गिरफ्तार करते हैं, जेल भेजते हैं ताकि वे सज़ा काटें और जनता सुखी हो लेकिन वे तो बड़ा मौज-मजा मारते हैं। जेल से हफ्ताखोरी करते हैं। हत्या की सुपारी लेते हैं। जेल प्रशासन को चाहिए कि इन पर निगाह रखे और किसी हाल में जेल से अवैध गतिविधियाँ न होने दे। जेल उनके लिए सज़ा काटने का स्थान होना चाहिए, सुरक्षित अड्डे नहीं।'

1999 में तत्कालीन गृह मन्त्री गोपीनाथ मुंडे ने सस्ती प्रसिद्धि पाने के लिए ठाणे व आर्थर रोड जेल पर औचक छापामारी की। कुछ मोबाइल फ़ोन, पेपर,

इतर साम्रगी जब्त हुई, ख़ूब ख़बरें छपीं लेकिन एक भी जेल अधिकारी के ख़िलाफ कार्रवाई नहीं हुई। कार्रवाई न होना ही सन्देह पुख़्ता करता है कि मामला सिर्फ़ जेल प्रशासन और गुंडों की मिलीभगत से कहीं अधिक है।

महाराष्ट्र में सभी जेल मिलाकर कुल 41 की संख्या ही है, जिनमें से यरवदा, मुंबई, ठाणे, औरंगाबाद, नागपुर, अमरावती, और अब तलोजा जेल की भी क़ैदियों की भारी भीड़ के कारण व्यवस्थाएँ चरमरा चुकी हैं। चन्द्रपुर, वर्धा, बुलढाणा, अलीबाग, बीड, नांदेड, जलगाँव, सतारा, अहमदनगर जैसी कई जेलों में भी क्षमता से अधिक क़ैदियों के कारण कई किस्म की परेशानियाँ खड़ी होने लगी हैं। पूरे राज्य की तमाम जेलों में कुल 21 हज़ार क़ैदी ही रखे जा सकते हैं।

## जेलों में मेलजोल

जेलों में रहते हुए आपसी मेलजोल के जरिए हत्या की सुपारी लेने-देने का सिलसिला ख़ूब चलता है। सांगली जेल में भी ऐसा एक वाकया हुआ है। पश्चिम महाराष्ट्र की सांगली, सतारा, कोल्हापुर, सोलापुर की जेलें भी ख़ासी बदनाम हैं। इन जेलों में माफिया सदस्य और इस्लामी आतंकी और आईएसआई जासूस भी ठूँसे गये हैं। कोल्हापुर की कलम्बा जेल अपराधियों का महाविद्यालय है। अश्विन को इसी जेल में मारने की साजिश विरोधी गिरोहों ने रची थी। यह पता चलते ही राज्य पुलिस ने उसे अन्य जेल की ओर रवाना कर दिया। कहते हैं कि सांगली के कई गुंडे कलम्बा जेल से ही अपने 'इलाके' का 'कामकाज' चलाते रहे हैं।

राज्य पुलिस अधिकारियों का कहना है कि ऐसे जेल अधिकारियों व कर्मचारियों की कोई कमी नहीं जो अपराधियों, क़ैदियों से 'सुविधाएँ' देने के नाम पर ख़ूब कमाई करते हैं। संगठित गिरोहों के सदस्यों से जेलकर्मी हमेशा खौफ खाए रहते हैं। उनकी जादतियों की ओर से सदैव आँख मूँदे रखने के एवज़ में पैसा मिलना ही है, सुविधाएँ, सामान व सम्मान अलग से हासिल होता है। वेतन के मुकाबिल जैसी जीवन शैली जेल अधिकारियों की होती है, वह देखने लायक है।

जेल प्रशासन-माफिया सम्बन्धों की एक बड़ी मिसाल जेल डीआईजी टीएस भामरे हैं। भामरे के नागपुर एवं पुणे वाले घरों पर अगस्त 2001 के दूसरे सप्ताह में एसीबी ने छापे मारे। वहाँ से 18 लाख 45 हज़ार 896 रुपये की बेहिसाबी सम्पदा जब्त की। उनके ख़िलाफ भ्रष्टाचार की अनेक शिकायतें मिली थीं। एसीबी अफ़सरों ने उनकी अवैध कमाई की जाँच की। जब पाया कि आरोपों में सच्चाई है तो एसीबी नागपुर के एसीपी शेषराव पाटिल तथा उनके दो दस्तों ने

एक साथ, एक ही वक्त पर भामरे के घरों पर छापे मारे। बरामद दस्तावेज़ों से लाखों की सम्पदा का पता चला।

पुणे के यरवदा थाने में भामरे के ख़िलाफ़ मामला दर्ज़ हुआ लेकिन 1970 से अब तक जेल विभाग में रहे इस भ्रष्ट अफसर के साथियों को न पकड़ने से मुहिम अधूरी है। पहले वे नागपुर में भी रहे और इसी कार्यकाल के दौरान मकान बनवाया था।

जेलों की चहारदीवारी में कुछ भी पहुँच सकता है। आर्थर रोड जेल की चहारदीवारी के अन्दर 'माल' पहुँचाने के लिए क्या नहीं होता। संकेत के रूप में पहले अन्दर कंकर फेंकते हैं, फिर 'पार्सल'। ब्रैड या रोटी के 'पार्सलों' में शराब की थैलियाँ या नशीले पदार्थ या मोबाइल की बैटरियाँ भी होती हैं।

माफिया सदस्यों की 'सेवा' कमज़ोर क़ैदी करें तो बदले में 'अच्छा' खाना मिलता है। कई बार सिगरेट इत्यादि भी मिलती है। अधिक खुश हुआ माफिया सदस्य 'सेवादार' को शराब पिला दे तो क्या कहने। 'भाई' अन्दर हों तो उनके लिए सबसे बढ़िया शौचालय रखे जाते हैं, उनकी सफाई अच्छे से होती है, उनका इस्तेमाल बाकी क़ैदी नहीं कर सकते।

जेलों में ठगों और सफेदपोश अपराधियों की बुरी गत बनती है। माफिया सदस्य जब-तब उनकी पिटाई करते हैं, 'हफ्ता' भी वसूलते हैं। उनके घर पत्र लिखवाये जाते हैं, फ़ोन करवाये जाते है या परिजनों को जेल में बुला कर धमकाया जाता है कि वांछित रकम नहीं दी तो 'अन्दर कुछ भी' हो सकता है। जेलकर्मियों के सामने ही 'सफेदपोश' को दो-चार तमाचे या घूँसे रसीद कर देते हैं। दर्द से कराहते परिजन, मुँह फेरे खड़े जेलकर्मी और ठहाके लगाते गुंडे को देख उसके रिश्तेदार हफ्ता देना स्वीकार लेते हैं।

## खाने के डिब्बे

महाराष्ट्र की सभी जेलों में गिरोहबाजों को होटलों से भोजन के डिब्बे पहुँचाने की व्यवस्था है। ये होटल जेलों के आसपास ही होते हैं। एक निश्चित मासिक रकम देने पर डिब्बे भेजे जाते हैं। इसके लिए दो प्रकार की व्यवस्था जेलों में है। जिन गिरोहबाजों-गुंडों को अदालत से घर का भोजन लाने की छूट मिलती है, उनके लिए जेलकर्मियों को थोड़ी रिश्वत लगती है, लेकिन जिनके लिए ऐसी इजाज़त नहीं होती, ख़ासी रकम लगती है। अमरावती, पुणे, ठाणे और आर्थर

रोड जेलों में डिब्बे पहुँचाने के लिए अलग-अलग गिरोहों व गुंडों से अलग-अलग रकम वसूली जाती है।

1999 के बाद अपराध बाज़ार में छाई मंदी से अन्दर डिब्बे पहुँचाने की दरें भी कम हुई हैं। किसी ज़माने में शाकाहारी भोजन के डिब्बों के लिए 5,000 रुपये और मांसाहारी भोजन के लिए 8,000 रुपये माहवार वसूले जाते थे। अब इनके लिए क्रमशः 3,000 और 5,000 रुपये लिए जा रहे हैं। बताते हैं कि नये गुंडों, पहली बार किसी अपराध या वित्तीय घोटालों के सिलसिले में जेल आये अपराधियों के डिब्बे जेल में न केवल ग़ायब हो जाते हैं बल्कि उनके पैसे भी डूब जाते हैं।

डिब्बों में गिरोहबाजों-गुंडों को सन्देश भी भेजे जाते हैं। इनमें रख कर मोबाइल फ़ोन भी जाते हैं। हर दिन आने वाले डिब्बों में मोबाइल की नयी चार्ज बैटरियाँ अन्दर पहुँचाई व पुरानी बाहर जाती हैं। कायदा तो यह है कि हर क़ैदी के डिब्बे की पूरी तरह से छानबीन जेलकर्मियों को करनी चाहिए।

अदालत की कैंटीनों में भी इसके लिए तय कीमत वसूली जाती है। गुंडों की पेशियों को देखते हुए गिरोह कैंटीनों में खाते रखते हैं। महीने के अन्त में खाता विवरण उनका व्यक्ति अपने खाते से मिलाता है। घट-बढ़ हो तो ठीक कर बिल चुका देते हैं।

एक़ सूत्र कहता है कि 90 के दशक के प्रारम्भ में नाशिक जेल में वह बन्द था, तब डी-कम्पनी का जमावड़ा था। अन्दर लगभग 150 गुंडे थे। हर महीने डी-कम्पनी का सामूहिक भोजन बिल लगभग 40 लाख रुपये था। वह बताता है कि कम्प्यूटर निर्मित एक बिल 'कम्पनी' को जाता था। वह कहता है, 'बिल स्टेटमेंट देख कर मेरी आँखें चौंधियाँ गयीं। एक महीने में भाई लोग 40 लाख का खाना खा गये। ऊपर से तुर्रा ये कि दोनों तरफ़ बिल टैली करते हैं कि कोई गड़बड़ तो नहीं। फिर बाहर सन्देश भेजते हैं, आदमी पेमेंट कर देता है।' वह बताता है कि डिब्बे पहुँचने में विघ्न न आये, अतैव जेलकर्मियों को हर माह दो हज़ार से लेकर 50 हज़ार रुपये तक की निश्चित रकम दी जाती है। यह निश्चित नहीं होती। गिरोह और आरोपी के आधार पर 'रेट' तय होता है।

## गवली के डिब्बे बन्द

वह मार्च 1998 का दौर था। गवली गिरोह को उन दिनों नयी परेशानी का सामना करना पड़ा। पैसों की तंगी के चलते जेल में बन्द गुंडों को खाने के डिब्बे

जाने बन्द हो गये। पिछले कई माह से गवली की गिरफ्तारी, कानूनी लड़ाई के लम्बे-चौड़े खर्चों, 'अखिल भारतीय सेना' (एबीएस) में होने वाले भारी-भरकम खर्च, सदा पावले, विजय तांडेल जैसे सदस्यों की मुठभेड़ में मौत, हफ्तावसूली में कमी, पुलिस द्वारा राजनीतिक इशारे पर गिरोह के ख़िलाफ की गयी दमनात्मक कार्रवाई, बिल्डरों और व्यापारियों की खस्ता हालत, वित्त प्रबन्धकों की हत्या होने से गिरोह को भारी वित्तीय समस्याओं का सामना करना पड़ा।

एक सूत्र का कहना था कि उन दिनों जितनी आय न थी, उससे अधिक ख़र्च था। गिरोह का तन्त्र नष्ट हो गया। पैसों की पर्याप्त आमद और सही इस्तेमाल करने वालों के न होने से जेलों में डिब्बों की व्यवस्था करने में भारी परेशानी होने लगी।

गिरोह के गुंडे व सिपहसालार ठाणे, नाशिक और अमरावती जेलों में थे। इनमें से अधिकांश के ख़िलाफ मुक़दमे चल रहे थे। कुछ सज़ाएँ काट रहे थे। सज़ा काट रहे गुंडे छूटने के बाद मुंबई की ओर रुख करने की बजाय कहीं और जा रहे थे ताकि पुलिस उन्हें किसी और मामले में न धर दबोचे या मुठभेड़ में न मार गिराए।

इसकी पुष्टि मुंबई पर हुए 26/11 हमलों के दौरान शहीद हुए तत्कालीन एपीआई विजय सालस्कर ने भी की थी। वे बताते थे कि गवली गिरोह के डिब्बे बनाने और पहुँचाने का काम करने वाले एक व्यक्ति ने एक हत्याकांड की पूछताछ के दौरान बताया था कि वह गिरोह से अलग हो गया है। उसने कहा था, 'गैंग अब लुक्खा हो गयेला ए। उनके पास देने कूं डिब्बा का पैसा नईं, मेंई कब तलक ऐईसाच डिब्बा देंगा।' सालस्कर ने बताया था, 'गवली के कई साथी पैसा न मिलने या जेल में पहले की तरह आराम का ख़याल न रखे जाने के कारण भी गिरोह से दूर होते चले गये।'

## आर्थर रोड जेल में अनशन

सन् 2007 की ही बात है, अचानक मुंबई की आर्थर रोड जेल में बन्द 109 मोका आरोपियों ने कुछ माँगों पर 1 जनवरी से भूख हड़ताल कर दी। जेल की सलाखों के पीछे बन्द इन आरोपियों की माँग थी कि सरकार मोका आरोपियों के लिए अदालतों की संख्या बढ़ाए ताकि उन्हें जल्द न्याय मिले और एक रिव्यू कमेटी गठित करे ताकि जिन पर मोका नहीं लगता है, उन्हें इस कठोर क़ानून से मुक्ति मिले।

यहाँ का ख़तरनाक माहौल इन दिनों बदला हुआ था। जेल के अन्दर कुछ अलग नजारा था। मोका क़ानून के तहत बंदियों ने अनशन कर दिया तो भी किसी के कानों पर जूं तक नहीं रेंगी। बचाव पक्ष के एक वकील कुंजू रमन ने कहा कि तमाम आरोपियों में बेहद गुस्सा एवं निराशा का भाव घर कर गया है। वे बरसों से पुलिस की लापरवाही और शरारतों का ख़मियाजा जेलों के पीछे भुगत रहे हैं। न्यायदान के सरकारी तरीके से सन्तुष्ट नहीं हैं। उनके मानवाधिकारों का खुला हनन हो रहा है।

जेल में बन्द क़ैदी जहाँ एक तरफ़ अपनी माँगों को लेकर डटे रहे, वहीं दूसरी तरफ़ जेल प्रशासन कहता रहा है कि जेल के अन्दर सब शान्त है। आर्थर रोड जेल की तत्कालीन अधीक्षक स्वाती साठे का कहना था कि जेल के अन्दर कोई भी बगावत या अनशन नहीं हो रही है।

आर्थर रोड जेल में सुविधाओं की भारी कमी होने के कारण वैसे ही क़ैदियों की हालत खस्ता थी, उपर से इस हड़ताल ने ख़ासी अफरा-तफरी मचाई।

बता दें कि कुछ बरस पहले पानी की किल्लत के चलते क़ैदियों में ऐसी मारपीट हुई थी कि एक बन्दी की मौत हो गयी थी, जिसे दबाने की जेल प्रशासन ने ख़ासी कोशिश की थी।

## जेल में रक्तपात

गिरोहों के लिए ज़ेल भी ऐसे स्थान नहीं बचे, जहाँ वे हमला कर अपने किसी प्रतिद्वन्द्वी को ख़त्म नहीं कर सकते हों। ऐसे कई क़िस्से हमारे सामने हैं। अबू सालेम पर दो हमले हुए हैं, उनमें से एक आर्थर रोड जेल में तो दूसरा तलोजा जेल में हुआ है। ओपी सिंह की हत्या नाशिक जेल में हुई। असगर बखर मेंहदी पर जानलेवा हमला आर्थर रोड जेल में होता है। इन पर सिलसिलेवार निगाह डाल लें–

## जेल में बँटे 200 उस्तरे

राजन के डी-कम्पनी से अलग होने के बाद शकील के जत्थेदार इस्माईल मलाबारी और उसके भाई साईमन ने आर्थर रोड जेल में लगभग 200 उस्तरे चुपचाप अपने गिरोह के सदस्यों में बँटवाए ताकि नाना कम्पनी के सदस्यों को मुँहतोड़ जवाब दे सकें।

## असगर बखर मेंहदी उर्फ़ अली पर हमला

23 दिसम्बर 2007 की सुबह 7.20 बजे डी-कम्पनी के सदस्य असगर बखर मेंहदी उर्फ़ अली पर जानलेवा हमला हुआ। यह हमला बैरक नम्बर 1 के सर्कल 7 के पास में घेर कर जान राबर्ट डीसूजा के 4 साथियों ने किया। हमले में अली गम्भीर रूप से घायल हो गया और उसे तुरन्त जेल प्रशासन ने करीब ही स्थित जेजे अस्पताल में भर्ती करवाया। शाम 4.30 पर ख़बर आ गयी कि असगर ने दम तोड़ दिया। डॉक्टरों ने कहा कि ज़ख़्म गहरे थे, इसके कारण उसे बचा न सके। जेजे अस्पताल के मेडिकल आफिसर डॉ. श्रीकान्त पंडित के मुताबिक दोपहर में आपरेशन भी किया लेकिन आन्तरिक रक्तस्राव अधिक होने से मौत हो गयी।

इसका सीधा-सा मतलब यही था कि उसे जेल से अस्पताल तक पहुँचाने में न केवल काफ़ी अधिक वक्त लगा दिया बल्कि उसे समुचित फर्स्ट एड भी वक्त पर नहीं मिल पाया। यह जेलों के बुरे हालात की ओर इशारा करने वाला एक और बिन्दु है।

मेंहदी पर हमले के 100 से अधिक क़ैदी चश्मदीद गवाह थे, लेकिन अफ़सोस कि किसी ने हमला रोका नहीं। जब मेंहदी बुरी तरह घायल होकर ज़मीन पर गिर पड़ा और वहाँ से हमलावर हट गये, तब किसी ने सुरक्षा रक्षकों को बताया। उसके बाद मेंहदी को उठा कर अस्पताल भेजा। तब तक तो काफ़ी देर हो चुकी थी। सवाल यह है कि सुरक्षा रक्षक उस समय कहाँ थे? वे क्यों अपने स्थानों पर तैनात नहीं थे? क्या यह एक गम्भीर चूक नहीं थी? क्या इसके लिए स्वाती साठे पर भी मामला दर्ज़ नहीं होना चाहिए था?

पता चला कि अली राजन गिरोह के सिपहसालार डीके राव का ख़ास बन गया था। वह पहले डकैतियाँ करता था। जेल में अधिक हंगामा और दादागिरी करने के कारण वह सबकी निगाह में चुभ रहा था। पुलिस अधिकारियों ने बताया कि बदला लेने के लिए असगर पर हमला हुआ था। पहले ख़बर आयी कि प्लेट तीखी करके हमला किया था, जिसके कारण उसे 4 घाव आये, दो सीने में, दो पैर पर।

यह मामला एनएम जोशी मार्ग थाने में दर्ज़ हुआ, जिसकी जाँच डीसीपी स्तर के अधिकारी को सौंपी गयी। तत्कालीन जेल अधीक्षक स्वाती साठे ने कुछ भी कहने से साफ़ इनकार कर दिया। वे जेजे अस्पताल के क़ैदी वार्ड में असगर

अली मेंहदी की हालत को देखने के लिए पहुँची और बिना क़लमनवीसों से बात किये ही चली गयीं। इसके बाद एक किस्म की चुभने वाली ख़ामोशी पूरे माहौल में छा गयी।

हत्या के बाद हकबकाई पुलिस और जेल प्रशासन ने दोपहर में ही जेल के अन्दर कॉम्बिंग ऑपरेशन किया। सभी बैरकों और क़ैदियों की जाँच की, पूरे इलाके की अच्छी तलाशी ली।

तत्कालीन पुलिस महानिरीक्षक (जेल), एसपी यादव ने इस हादसे के तुरन्त बाद कहा कि चम्मच तीखी करके और एक ब्लेड को उस्तरे में बदल कर असगर पर हमला हुआ है। जेल की सुरक्षा और कड़ी की जायेगी। उन्होंने क्लोज सर्किट टीवी और मोबाइल जैमर लगाने की बात भी कही। सुरक्षा के लिहाज़ से होमगार्डों की तैनाती भी करने की वकालत की। पानी की कोई समस्या न होने की बात भी उन्होंने कही क्योंकि पहले से पानी की भारी किल्लत का सामना जेल कर रही थी। इसके चलते आये दिन जेल के अन्दर क़ैदियों के बीच मारपीट होती ही रहती है।

कई दिनों बाद स्वाती साठे ने लीपापोती करते हुए कहा कि हत्यारों या हत्या का शिकार बने क़ैदियों के किसी भी गिरोहों से जुड़ाव की कोई सूचना नहीं है। वे डी-कम्पनी या अबू सालेम या राजन गिरोह से जुड़े थे, यह नहीं पता है। कई ग्रुप हैं जेल में, सबको अलग-अलग कर दिया है।

तत्कालीन पुलिस महानिरीक्षक (जेल), एसपी यादव ने दूसरा बयान जारी किया कि यह गम्भीर मामला है। जाँच हो रही है कि हथियार जेल के अन्दर कैसे पहुँचे। जो दोषी होंगे, उन्हें सज़ा मिलेगी। इस मामले में पुलिस भी जाँच के दायरे में है।

इस मामले की जाँच तत्कालीन डीसीपी ज़ोन 3 पंजाब राव उगले कर रहे थे। जेजे अस्पताल में शव का पोस्टमार्टम मेंहदी के परिवार की उपस्थिति में रात में ही हुआ लेकिन उसका शव लेने से नाराज रिश्तेदारों ने इनकार कर दिया तो जेल प्रशासन और पुलिस की साँसें फूलने लगी थीं।

एनएम पुलिस ने राजेश चौधरी, इरफान शेख़, मोहम्मद इश्तियाक शेख़ और मोहम्मद हसन सलीम शेख़ पर मेंहदी की हत्या का मामला दर्ज़ किया। राजेश चौधरी और इरफान शेख़ हत्या के आरोपी थे। मोहम्मद इश्तियाक शेख़ पर अँधेरी और ओशिवारा थाने में हफ्ताखोरी के मामले दर्ज़ थे। मोहम्मद हसन सलीम

शेख़ पर बान्द्रा रेलवे थाने में मामला दर्ज़ है। सभी जान डीसूजा के ही गिरोह के साथी हैं। डीसूजा को सन 2001 में चोरी के आरोप में पुलिस ने पकड़ा था।

जब यह हमला हुआ था, उस वक्त तक आर्थर रोड जेल में 1,500 क़ैदी ऐसे थे, जो दाऊद या राजन गिरोह से सम्बन्धित थे।

## ओपी की नाशिक जेल में हत्या

छोटा राजन गिरोह के बागी सिपहसालार ओपी सिंह की नाशिक रोड जेल में नाना-कम्पनी के एक सिपहसालार और उसके साथियों ने जिस तरह हत्या की, उसके बाद मुंबई ही नहीं समूचे महाराष्ट्र की तमाम जेलों पर माफिया राज होने की बातें कही जाने लगीं।

24 नवम्बर 2002 को नाशिक जेल में छोटा राजन के बागी सेनापति ओपी सिंह की मौत का रहस्य ऐसी धुन्ध के पीछे जाने लगा कि विचित्र व सर्द सी चुप्पी माहौल में छा गयी।

नाशिक जेल प्रशासन ने पहले तो ओपी की मौत का कारण दिल का दौरा बताने की कोशिश की। जब लोगों ने इसे मानने से साफ़ इनकार कर दिया तो अगले दिन उसे आत्महत्या में तब्दील कर दिया।

ओपी की पत्नी के वकील नवीन चौमाल के मुताबिक, 'पोस्टमार्टम' रिपोर्ट में कहा है कि गला दबाने से दम घुट गया है। इसका क्या मतलब हो सकता है? कोई अपना गला कैसे दबा सकता है?

मीनाक्षी बताती हैं, 'ओपी के गले पर दबाने के निशान हैं। उनके माथे पर चोट के निशान भी हैं। कुछ दिनों में ओपी को अमरावती जेल भेजा जाना था।'

मुंबई पुलिस सूत्रो ने यही माना कि ओपी की हत्या ही हुई है। छोटा राजन के निर्देश पर उसके सिपहसालार डीके राव और एक दर्जन गुंडे जेल बदल कर यह कारनामा कर गये। मुंबई पुलिस सूत्रों के मुताबिक डीके के साथ जो गुंडे नाशिक जेल गये थे, उनमें बबलू, फिरोज, बशीर, नीलेश, चन्द्रकान्त खोत, बाला परब, प्रमोद थोरब प्रमुख हैं।

कुछ सूत्रो ने बताया कि छोटा राजन ने आर्थर रोड और नाशिक जेलों के अधिकारियों के मुँह, पेट, हाथ, जेब पैसों से इस कदर भर दिये कि उनके दिमाग़ पर कुहासा छा गया और आँखों पर काली पट्टी लग गयी।

पुलिस अधिकारियों ने बताया कि डीके और उसके साथियों ने पहले तो

नाशिक जेल में ओपी की पिटाई की। उसे क्रिकेट के बैट और स्टंप से पीटा। उसके बाद नायलोन की रस्सी से गला घोंट कर मार डाला। फिर एक शौचालय में लाश इस तरह टाँग दी कि मामला आत्महत्या का लगे।

जाँच में यह तुरन्त सामने आ गया कि डीके और उसके दर्जन भर साथियों का आर्थर रोड जेल से नाशिक जेल तबादला हत्याकांड के महज एक दिन पहले हुआ था। ओपी ने पहले ही अपनी हत्या की आशंका जताते हुए एक पत्र देश भर में तमाम नेताओं, मंत्रियों, पुलिस अधिकारियों और जाँच व सुरक्षा एजेंसियों के आला अफसरान को लिखा था। उनमें जेल अधिकारी भी थे। इसके बावजूद डीके राव और उसके साथियों को उसी बैरक में रखा, जिसमें ओपी बन्द था। मुंबई पुलिस की अपराध शाखा के कुछ अधिकारियों का कहना था कि साजिश को अमली जामा पहनाने के लिए ही डीके व गिरोह को ओपी के साथ रखा था।

ओपी के पिता डॉक्टर आद्यप्रसाद सिंह ने बेटे की हत्या गला घोंटकर किये जाने का आरोप लगाया था।

ओपी की पत्नी मीनाक्षी ने आरोप लगाया कि भ्रष्ट जेल अफसरान ने ही उसके पति की हत्या की साजिश में साथ दिया है। वे असल में इस हत्याकांड के लिए पूरी तरह से जिम्मेदार हैं। उनका दावा था कि ये एक 'साजिशन हत्या' का मामला है। मुंबई सेंट्रल जेल से नाशिक जेल छोटा राजन के इशारे पर 13 गुंडे भेजे जाते हैं और एक व्यक्ति की जेल में हत्या हो जाती है, इसका सीधा सा अर्थ यही है कि ख़तरनाक और लम्बे समय तक सोच समझ कर तैयार की साजिश के तहत हत्या की गयी है।

हत्या के अगले ही दिन नाशिक में मीनाक्षी ने काफ़ी सारे अख़बार के पत्रकारों से मिल कर उनके सामने तमाम हालात पेश किये। उन्होंने राष्ट्रीय मानवाधिकार आयोग और गृह मन्त्रालय को भी इस बारे में लिख कर जाँच की माँग रखी।

मीनाक्षी ने दावा किया कि ओपी 2003 में छूटने वाला था। वे अपने पति को 'गिरोह सरगना' नहीं मानती थीं और मीडिया पर इस बात के लिए नाराज़ भी थीं कि उनके पति को गिरोह सरगना क्यों बताया जाता है। उनका दावा था कि सरकार ने ओपी को गोदी में काम करने के दौरान पुरस्कार भी दिया था क्योंकि उसने कई बार तस्करी का माल जब्त करवाया था।

ओपी के परिवार और वकीलों ने भी यह मुद्दा उठाया कि आर्थर रोड जेल से डीके और उसके साथियों को नाशिक जेल भेजने के पीछे साजिश का पता

इसी बात से चल जाता है कि सभी आरोपियों की मुंबई की किसी न किसी अदालत में कई-कई मुक़दमों की पेशियाँ लग रही थीं। उन्हें हर 10 या 15 दिनों से लेकर एक माह से डेढ़ माह तक के अन्तराल पर बार-बार अदालत में पेश होना पड़ता था। ऐसे में मुंबई अदालत से इतनी दूर नाशिक जेल में इन सबका तबादला होना एक साजिश के अलावा और क्या हो सकता है।

अपराध शाखा के एक अधिकारी कहते हैं कि मुंबई से परे अन्य शहरों की जेलों में तभी आरोपियों को भेजते हैं जब मुक़दमों की पेशी काफ़ी लम्बी होती है, किसी आरोपी की जान को ख़तरा होता है, या अदालत ने जिन्हें सज़ा सुना दी है। डीके व साथियों पर कोई बात लागू नहीं होती थी।

साजिश में जेल अधिकारियों के शामिल होने का शक इसलिए भी बढ़ जाता है कि ओपी ने जान के ख़तरे वाले पत्र में छोटा राजन गिरोह का नाम लिखा था। ऐसे में डीके को ओपी की बैरक में क्यों रखा गया?

ओपी कभी राजन का सेनापति था। बैंकॉक में हुए हमले के बाद राजन अपना ही दुश्मन इस तरह बन बैठा कि उसने ख़ासमखास और सबसे भरोसेमन्द लोगों पर भी भरोसा करना बन्द कर दिया। उनमें से एक ओपी भी था। ओपी और उसके साथियों से न केवल राजन ने बात बन्द कर दी बल्कि उनके लिए जेल के खर्चे बन्द कर दिये। उसके कारण ओपी को बुरा लगा और वह राजन से बात करने की कोशिश करने लगा। राजन को लगा कि वह किसी तरह उसका पता हासिल करने की कोशिश कर रहा है और आशंकित हो उठा। राजन अब ओपी के पीछे पड़ गया।

ओपी को दिल्ली पुलिस ने पकड़ा था। यह भी सुना जाता है कि दिल्ली पुलिस को उसके बारे में सूचना भी राजन द्वारा भेजी गयी थी।

ओपी पर मुंबई में हफ्तावसूली के दर्जनों मामले थे, दिल्ली पुलिस ने मुंबई पुलिस को उसे सौंपा। ओपी का कोई मामला अदालत में शुरू नहीं हुआ था, इसके चलते उसे नाशिक जेल में रखने का फ़ैसला जेल अधिकारियों ने किया था।

## आर्थर रोड जेल में मेंहदी हसन पर हमला

25 सितम्बर 2010 को आर्थर रोड जेल में अबू सालेम के प्यादे मेंहदी हसन पर धारदार हथियारों से विरोधी गिरोह के गुंडों ने हमला किया, जिसमें वह बुरी तरह घायल हो गया। उसे जेजे अस्पताल में भर्ती करना पड़ा। आर्थर रोड में पांडव पुत्र गिरोह के चार सदस्यों ने मेंहदी पर हमला किया। जेल अधिकारियों के

मुताबिक 1995 में बिल्डर प्रदीप जैन हत्याकांड के आरोपी मोहम्मद मेंहदी हसन पर धारदार हथियार के हमले में चेहरे व हाथ पर चोटें लगीं। पहले उसका जेल अस्पताल में ही इलाज हुआ। पांडवपुत्र गिरोह के गुंडे भी इसी जेल में हफ्तावसूली व डकैती के मामलों में बन्द थे।

## अकरम खान की पीट-पीट कर हत्या

जनवरी 2010 में हत्या के आरोपी अकरम खान को दूसरे क़ैदी ने पीट-पीट कर मौत के घाट उतार दिया। पता चला कि न तो उसे बचाने के लिए कोई जेलकर्मी आगे आया, न ही किसी क़ैदी ने उसकी मदद की। जब पिटाई का सिलसिला पूरी तरह निपट गया तो जाकर क़ैदियों ने जेलकर्मियों को बताया। जब तक अकरम को अस्पताल पहुँचाते, उसके प्राणपखेरू उड़ चुके थे।

## जेल अधीक्षक पर ही हमला

जून 2003 में अपने गिरोह के क़ैदियों से अधिक सख़्ती से पेश आने के कारण नाराज़ छोटा राजन के ख़ास सिपहसालार बालू डोकरे ने तो आर्थर रोड जेल के अधिकारी भास्कर अवधूत पर हमला करवा दिया। वे जब आर्थर रोड के दरवाज़े के बाहर किसी काम के सिलसिले में खड़े थे, एक मोटरसाइकिल पर आये दो नकाबपोश हमलावरों ने उन पर तीन गोलियाँ चलाईं और ग़ायब हो गये। घायल भास्कर अवधूत को अस्पताल भेजा। कुछ समय बाद राजन के एक बन्दे ने उन्हें फ़ोन किया और बेहद सर्द लहज़े में कहा कि ख़ुद भी बाज आओ और जो स्वाती साठे कर रही है, उसे भी रोको। अगर ऐसा नहीं किया तो तत्कालीन जेल अधीक्षक स्वाती साठे को भी उड़ा दें।

जब स्वाती साठे ने आर्थर रोड जेल का काम सँभाला तो उन्होंने आते ही तमाम क़ैदियों की वे सुविधाएँ बन्द करवा दीं, जो कि जेल मेन्यूअल के मुताबिक नहीं मिल सकतीं। इतना ही नहीं हर खाने के डिब्बे की पूरी तलाशी होने लगी। तमाम क़ैदियों के सेल फ़ोन भी जब्त हो गये।

स्वाती साठे ने छोटा राजन गिरोह के तमाम ख़तरनाक गुंडों को आम बैरकों से बेहद सुरक्षित छोटे सेल में स्थानान्तरित कर दिया। इससे राजन गिरोह के गुंडे बुरी तरह परेशान हो गये। उनके लिए तो इस तरह की व्यवस्था बड़ी दुखदाई होती है। वे जेल में अपना राज चलाने के लिए जाने जाते हैं, न कि उन पर कोई राज करे।

भास्कर अवधूत ने नाना कम्पनी के कुछ गुंडों को इसलिए सज़ा दी थी कि उन्होंने स्वाती साठे के ख़िलाफ भद्दे नारे लगाये थे। उनमें से तीन सादिक दलवी, विजय केदारे और नईम तो स्वाती साठे के रात के दौरे के वक्त अपने सेल में पूरी तरह से निर्वस्त्र खड़े हो गये थे।

स्वाती साठे ने इतना होने पर भी हार नहीं मानी। वे गिरोहबाजों के साथ सख़्ती से पेश आती रहीं। वे कहती थीं कि अगर गिरोहबाज उन्हें परेशान करेंगे तो वे उनके साथ और भी सख़्ती से पेश आयेंगी। वे कहती थीं कि मैं तो सिर्फ़ नियमों का पालन कर रही हूँ। अगर किसी को उससे परेशानी है तो ये उनकी समस्या है। मेरी नहीं।

## अबू सालेम पर दो हमले

अबू सालेम पर दो बार हमले हो चुके हैं। पहला हमला आर्थर रोड जेल में डी के सिपहसालार मुस्तफा डोसा उर्फ़ मुस्तफा मंजनू ने किया था। दूसरा हमला एक सुपारी हत्यारे देवेन्द्र जगताप उर्फ़ जेडी ने तलोजा जेल में किया लेकिन एक देसी कट्टे से। दोनों बार अबू सालेम घायल हुआ लेकिन बच गया।

## मुस्तफा मंजनू का अबू पर हमला

30 जुलाई 2010 की सुबह दाऊद गिरोह के एक सिपहसालार मुस्तफा डोसा उर्फ़ मुस्तफा मंजनू ने अबू पर आर्थर रोड की बैरक नम्बर 10 के बाहर हमला किया। उसने चम्मच तीखी कर चाकू जैसा बना ली थी। उस वक्त अबू नाश्ते के बाद चाय पीने जा रहा था। हमले में सालेम को ख़ासी चोटें आयीं। उसका चेहरा, गला और हाथ ज़ख़्मी हो गये। उसके इलाज के लिए जेजे अस्पताल से चिकित्सकों का एक दस्ता जेल अधिकारियों ने बुलाया। प्राथमिक उपचार के बाद उसे जेजे अस्पताल ले गये। हमले के बाद मुस्तफा से कुल 2 चम्मच चाकू बरामद हुए। कय्यूम से भी ऐसे ही 2 चम्मच चाकू मिले। उससे चरस भरी सिगरेटें भी मिलीं।

इस मामले में साजिश का भी एक कोण लगता है। पता चला कि मुस्तफा पहले 1 नम्बर बैरक में था। उसे जेल अधिकारियों ने अबू का सख़्त विरोध होने के बावजूद उसके साथ 10 नम्बर बैरक में भेज दिया। उसके साथ कय्यूम को भी रख दिया। यह सवाल तो उठना लाजमी है कि जब अबू सालेम की सुरक्षा

सरकार की प्राथमिकता सूची में थी तो फिर जेल अधिकारियों ने क्यों मुस्तफा और कय्यूम को उसके साथ एक ही बैरक में रखा?

मुस्तफा हमले के पहले अहमदाबाद पेशी के लिए गया था। वहाँ से लौटने के तुरन्त बाद ही यह हमला हुआ। मुस्तफा खब्बू है। इसी कारण से अबू के शरीर पर जितने भी घाव लगे, वे सारे सालेम के दायें भाग में ही हैं। इस हमले के बाद अबू एक अदालत में पेशी के लिए भोपाल जा रहा था लेकिन ट्रेन में सफ़र के दौरान पूरी रात दर्द से परेशान रहा।

एक तरफ़ यह बात सामने आती रही कि मुस्तफा ने गिरोह की आन्तरिक दुश्मनी के चलते अबू पर ये हमला किया था, तो दूसरी तरफ़ पुलिस अधिकारियों ने मामले में ख़ुद का बचाव करने के लिए यह ख़बर उड़ाई कि अबू वापस पुर्तगाल जाना चाहता था, इसलिए उसने यह प्रपंच किया है। उसकी वकील शबा कुरैशी ने इससे तुरन्त और साफ़ इनकार करते हुए कहा कि उनके मुवक्किल अबू सालेम को ऐसा करने की कोई ज़रूरत नहीं है।

उधर मुस्तफा ने आरोप लगाया कि अबू असल में उससे 30 करोड़ रुपये हफ्ता माँग रहा था। इसका भी खंडन अबू की वकील करती हैं। यह सुना गया कि लोनावाला में मुस्तफा ने किसी ज़मीन का सौदा किया था और उसमें जो कमाई हुई थी, उसमें से 3 करोड़ रुपये की माँग सालेम द्वारा की जा रही थी।

हमले के पीछे की तीसरी वजह ये भी सामने आयी कि अबू इससे बुरी तरह नाराज़ था कि मुस्तफा उसे चिकना कह कर चिढ़ाता है। यही नहीं, वह अबू से अनैतिक सम्बन्ध भी बनाना चाहता था।

जेल में अबू के बाल गिर रहे हैं। उसे त्वचा रोग भी हो चुका है। उसकी पीठ में तेज दर्द रहता है। इस कारण उसका जेजे अस्पताल के चिकित्सकों की निगरानी में नियमित इलाज जारी है। पीठ दर्द के कारण वह लम्बी दूरी तक पुलिस वाहनों में सफ़र नहीं कर सकता। इसी वजह से अबू ने तलोजा जेल से फिर आर्थर रोड जेल भेजने की गुहार सरकार के सामने लगाई थी।

अबू को तलोजा जेल में रहने से इसलिए भी डर लगता है क्योंकि नवी मुंबई और रायगढ़ का यह इलाका मलेरिया ज़ोन घोषित था। उसे डर था कि मच्छर काटने से वह मलेरिया अथवा डेंगू का शिकार बन सकता है।

## तलोजा जेल में अबू पर हमला

जून 2013 में एक दिन अबू के हाथ में दो गोलियाँ लगीं, जब एक सुपारी हत्यारे देवेन्द्र जगताप उर्फ़ जेडी ने एक देसी कट्टे से तलोजा जेल में गोलीबारी की। नवी मुंबई के तत्कालीन पुलिस आयुक्त अशोक शर्मा ने कहा कि अबू पर दो गोलियाँ चली हैं जबकि अबू के वकीलों का दावा था कि हमलावर ने तीन से चार गोलियाँ दागी थीं। महाराष्ट्र के तत्कालीन गृहमन्त्री आरआर पाटिल ने हमले की जाँच के आदेश दिये। लापरवाही बरतने के आरोप में 4 पुलिसकर्मी तुरन्त प्रभाव से सरकार ने निलंबित कर दिये।

जेडी ने पूछताछ में पुलिस अधिकारियों को बताया कि उसने अबू सालेम को गोली इसलिए मारी क्योंकि तलोजा जेल में अबू सालेम से कई दिनों से उसका झगड़ा चल रहा था। जेडी को कई महीनों से जेल में सुविधाएँ मिलनी बन्द हो गयीं, जिनके कारण वह आराम से रह पाता था। जेडी ने आरोप लगाया कि अबू ने ही जेलकर्मियों को पैसे खिला कर उसकी सुविधाएँ बन्द करवा दीं।

एक अधिकारी के मुताबिक इसकी जानकारी जेडी ने अदालत में पेशी के दौरान एक साथी को बताई। उसने बैंकॉक में विजय शेट्टी को बताया। विजय ने ख़ुद अबू पर हमला करने के बदले किसी मुखबिर के जरिए छोटा शकील तक अबू सालेम के जेल में राज करने की जानकारियाँ भेजीं। उसे पता था कि शकील तो मौक़ा ही तलाश रहा है कि किसी तरह अबू का काँटा निकाला जाये। यह सुन कर वह ज़रूर जेडी का इस्तेमाल करेगा और अबू को सदा के लिए शान्त कर देगा। अब शकील ने आर्थर रोड जेल के ऐसे क़ैदी से सम्पर्क किया जो उसका पुराना साथी था। अबू को जेल के अन्दर या अदालत में ठोंकने की साजिश बनी। हमले के बाद शकील ने अबू पर हमले की ज़िम्मेदारी भी कुछ टीवी चैनलों में फ़ोन करके ली थी। शकील ने कहा कि सालेम तो भाई (दाऊद) का दुश्मन है। छोटा राजन से उसने हाथ मिला लिया है। हम इसीलिए उसे मारना चाहते हैं। शकील ने दावा किया कि इस बार अबू बच गया, तो अगली बार नहीं बचेगा।

जेडी को कट्टा देने वाले हथियार तस्कर मनोज लहाणे को भी पुलिस ने गिरफ्तार कर लिया। मनोज लहाणे ने पूछताछ में बताया कि इस काम के लिए उसे पाँच लाख रुपये मिले थे लेकिन वह समय पर अच्छा सामान नहीं ला सका तो उसने एक देसी सामान ही टिका दिया। 50 या 60 हज़ार के सामान के लिए

पाँच लाख रुपये की रकम लेकर वह बड़ा खुश था। उसे पता न था कि इतनी जल्दी सारा मामला खुल जायेगा।

तलोजा जेल अधिकारियों ने टाडा अदालत में इस गोलीबारी पर एक रपट पेश कर अपनी जान बचाने की पूरी कोशिश की। रपट में दर्ज़ था कि जेडी दो गोलियाँ चला चुका था लेकिन एक जेलकर्मी पीछे से गया और उसने जेडी की मुश्कें कस लीं, जिससे वह तीसरी गोली नहीं चला सका था। इस मामले के एक क़ैदी गवाह के मुताबिक जेडी महज दो गोलियाँ इसलिए दाग सका था, क्योंकि वह देसी कट्टा जाम हो गया था। घटिया किस्म का यह कट्टा पुराना भी था, जिसमें जंग भी लगा था। ऐसा लगता था मानो उसका काफ़ी समय से इस्तेमाल तक नहीं हुआ है।

मज़ेदार बात यह है कि अपराध शाखा के पुराने और घुटे हुए अफसरान में किसी के भी गले के नीचे ये कहानी नहीं उतर रही है। वे यह मानने के लिए तैयार न थे कि जेडी जैसा विशुद्ध सुपारी हत्यारा बिना पैसों के इतना बड़ा ख़तरा उठाएगा। एक अधिकारी कहते हैं, ‘जेडी को लोग जानते नहीं हैं। वह तो पैसा नहीं मिले तो ख़ुद का ख़ून पीने वाला मच्छर तक नहीं मारता है। अबू सालेम पर मुफ्त में गोली चलाने की बात ही गलत है।’

सूत्र तो यही कह रहे थे कि अबू की हत्या के लिए जेडी को पाँच लाख रुपये की सुपारी मिली थी। जेडी के साथ समस्या यह थी कि उसने जेल जाने के पहले जो भी काम किये थे, उनकी महज अग्रिम राशियाँ ही मिली थीं। यहाँ तक कि उसने एक बड़ी रकम के चक्कर में वकील शाहिद अंसारी की हत्या तो कर दी, उसकी बाकी की रकम नहीं मिली थी। जेल में उसके पास ख़र्च करने के लिए पैसे न थे, यहाँ तक कि वकीलों को देने के लिए भी धन न था। ऐसे में उसे जब यह पता चला कि अबू की हत्या करने के लिए उसे पाँच लाख रुपये मिल सकते हैं, तो वह ये काम करने के लिए तुरन्त तैयार हो गया।

## इन्दौर जेल में रवि पुजारी के हत्यारे की हत्या

03 सितम्बर 2014 को इन्दौर सेंट्रल जेल में ख़ूनी गिरोहयुद्ध हुआ। गिरोह सरगना रवि पुजारी के गिरोह के सदस्य अर्जुन त्यांगी की हत्या गोली मार कर स्थानीय गुंडों ने कर दी। विरोधी गिरोह के एक गुंडे ने अर्जुन त्यागी के सीने पर गोली दाग दी। उसे तुरन्त अस्पताल पहुँचाया, लेकिन रास्ते में उसकी मौत हो गयी।

त्यागी पर हत्या समेत कई गम्भीर मामले दर्ज़ थे। अर्जुन पर आरोप था कि उसने कुछ माह पहले नान गुरु नामक गुंडे की हत्या की थी, जिसका बदला लेने के लिए जीतू उर्फ़ जीतेन्द्र ने उस पर जेल में हमला किया। जीतू और उसका साथी जेल में अर्जुन की हत्या करने के इरादे से ही छोटी-सी वारदात कर इन्दौर सेंट्रल जेल आ गये।

अर्जुन हत्या की सुपारी देने के आरोपी जीतेन्द्र अवस्थी और हथियार जेल तक पहुँचाने के आरोपों में पुलिस ने महेन्द्र बाबा को अदालत में रिमांड के लिए पेश किया। वे कहते रहे कि साजिश के चलते उसे गिरोहों के चक्कर में फँसाया जा रहा है। सारे समय महेन्द्र चेहरा छिपाए रोता रहा। जीतेन्द्र ने पुलिस को पूछताछ में बताया कि नान गुरु की हत्या का बदला चुकाने के लिए जीतेन्द्र राजपूत ने हत्या की सुपारी ली थी। अदालत में जीतेन्द्र अवस्थी यही रट लगाए रहा कि सुपारी के आरोप गलत हैं, वह जीतेन्द्र राजपूत को नहीं जानता है। घटना के दिन वो शहर में नहीं था। पुलिस ने दावा किया कि अवस्थी ने राजपूत को हत्या की सुपारी में रकम के बदले चार भूखंड देने का वादा किया था।

मध्यप्रदेश के जेल महानिदेशक सुरेन्द्र सिंह ने मामले की जाँच के आदेश तो जारी कर दिये लेकिन इस घटना ने साफ़ कर दिया कि इन्दौर के शान्त वातावरण में हाजी के ज़माने से ही मुंबई गिरोहों के ख़ूनी पंजे गड़े हुए हैं।

## बरसों से बन्द बिना मुक़दमे के विचाराधीन क़ैदी

देश की सबसे पुरानी जेलों में से एक नागपुर केन्द्रीय जेल, जो ब्रितानी राज के दौरान 1865 में बनी थी, को लेकर फ़रवरी 2003 में राज्य मानवाधिकार आयोग ने कई गम्भीर चूकों और खामियों की ओर इशारा किया। यहाँ क़ैदियों की बुरी हालत का पता भी इस रपट से मिलता है। पता चला कि बरसों से बिना मुक़दमों की सुनवाई के ही क़ैदी बन्द हैं।

अष्टकोणीय आकार की नागपुर जेल के दो हिस्से हैं, जो नॉर्थ पूल एवं साउथ पूल के रूप में जाने जाते हैं। 30 एकड़ में विस्तारित इस जेल की रक्षा एवं सुरक्षा का दायित्व कुल जमा 228 कर्मचारियों पर है जो क़ैदियों की वर्तमान संख्या के हिसाब से काफ़ी कम थे। इस जेल में 1,601 पुरुष एवं 49 महिला क़ैदियों की व्यवस्था है।

जेल का निरीक्षण महाराष्ट्र राज्य मानवाधिकार आयोग के तत्कालीन अध्यक्ष डॉ. वीएस चिटणीस ने 10 मार्च 2002 को किया था। इसकी रपट में कई ऐसी

बातें सामने आयीं जो कि जेलों की बुरी हालात की पोल खोलती हैं। इस समिति द्वारा देखे महिला वार्ड में ही तय संख्या से लगभग दुगुनी 88 महिला क़ैदी बन्द थीं, जबकि वहाँ सुरक्षा का भार मात्र एक महिला जेलर और चार मेट्रनों पर ही था।

समिति ने पाया कि नागपुर जेल में तब टाडा के तहत बन्द 22 विचाराधीन क़ैदी ऐसे थे, जिन्हें आठ साल से अधिक हो चुके थे। उनके मुक़दमे पर सुनवाई काफ़ी धीमी रफ्तार से हो रही थी। ये तमाम क़ैदी भंडारा, गोंदिया और गढ़चिरोली इलाकों के थे, जो आन्ध्रप्रदेश से सटे नक्सलवादी आतंकवाद से प्रभावित इलाके हैं। डॉ. चिटणीस ने रपट में साफ़ तौर पर लिखा कि नागपुर विश्वविद्यालय में विधि संकाय के तत्कालीन प्रभारी डॉ. तीर्थी पटेल ने मुंबई हाईकोर्ट की नागपुर पीठ में एक जनहित याचिका दायर की थी, जिसमें अदालत का ध्यान टाडा मुक़दमों की ओर खींचा था। इस पर अदालत ने विशेष टाडा अदालतों की स्थापना के लिए आदेश भी दिये थे।

डॉ. चिटणीस को दो क़ैदियों, शिवाजी तुमरेड्डी और सत्यनारायण मलय्या बड्डू ने बताया कि पूरे नागपुर शहर में मात्र तीन वकील हैं जो टाडा मुक़दमे देखते हैं। इन क़ैदियों के पास चूँकि पैसे ख़त्म हो गये और उनके परिवार वाले भी मुक़दमे लड़ने नहीं आते हैं, इसलिए अब उनका मुक़दमा लड़ने के लिए वकील ही नहीं है। डॉ. चिटणीस ने अपनी रपट में लिखा, 'नागपुर ज़िला एवं सत्र अदालत के 'लीगल एंड सेल' को ऐसे तमाम मामलों पर गम्भीरतापूर्वक ध्यान देना चाहिए।'

जेल के अन्दर और बाहर कच्ची सड़कें होने से गश्त में प्रहरियों को ख़ासी परेशानी होती है। श्री चिटणीस ने लिखा कि इन्हें तुरन्त पक्का करने से कर्मचारियों का काम आसान होगा। क़ैदियों के सुधार एवं विकास के लिए समाज कल्याण विभाग द्वारा प्रोबेशन अफसर भेजे जायें लेकिन यहाँ सिर्फ़ एक ही अधिकारी आता है। यह सम्भव नहीं है कि उक्त अधिकारी एक दिन में एक दर्जन से अधिक क़ैदियों से मुलाकात कर सके।

डॉ. चिटणीस ने सिफ़ारिशों में यह भी बताया कि एक जेलकर्मी पर एक क़ैदी द्वारा लोहे की छड़ से हमला कर घायल करने का मामला काफ़ी गम्भीर है। इससे पता चलता है कि जेलकर्मियों एवं क़ैदियों के बीच सम्बन्ध अच्छे नहीं हैं। ज़रूरी है कि क़ैदियों की समस्याएँ और कुंठाएँ समझी जाएँ और उनका निराकरण जल्द से जल्द हो। यह हमला भी क़ैदियों को मिलने वाली चिकित्सा सुविधा के कारण हुआ था। वे लिखते हैं, 'यह जेल हालाँकि उतनी भरी हुई नहीं है, जितनी राज्य की अन्य जेल, फिर भी यहाँ चिकित्सा सुविधाओं का कुछ हद तक अभाव

है ही। क़ैदियों की समस्याएँ सुलझाने के लिए गैर-सरकारी संस्थाओं (एनजीओ) की मदद ली जानी चाहिए।'

आयोग ने रपट में यहाँ बन्द 1,972 क़ैदियों में 1,082 के विचाराधीन होने पर गम्भीर चिन्ता ज़ाहिर की थी। इन विचाराधीन क़ैदियों को ऐसी अनेक सुविधाओं से वंचित रखा जाता है, जो सज़ायाफ़्ता क़ैदियों को उपलब्ध हैं। सबसे बड़ी समस्या थी कि विचाराधीन क़ैदियों को वर्दी नहीं दी जाती और साफ-सफाई के लिए वे तमाम सुविधाएँ नहीं मिलतीं, जो सज़ायाफ़्ता क़ैदियों को हैं।

यह बात और है कि समिति को इस जेल में काफ़ी अच्छाइयाँ भी दिखीं, जो आमतौर पर अन्य जेलों में नहीं मिलतीं। मसलन यहाँ रसोई साफ-सुथरी थी। आटा गूँधने की मशीन का लगा होना भी समिति के लिए सन्तोष का विषय था। चिकित्सा सुविधा पर भी समिति ने सन्तोष व्यक्त किया। जेल के विशाल अस्पताल में 16 बिस्तरों की व्यवस्था थी। दमे के लिए अलग वार्ड भी है। दन्त चिकित्सा विभाग भी दिसम्बर 2001 से खुल गया। महिला क़ैदियों के लिए एक महिला डॉक्टर की व्यवस्था भी है। यहाँ 400 क़ैदियों के लिए एक ध्यान योग केन्द्र है, जहाँ आत्मिक विकास के कार्यक्रम होते हैं। जेल में बनने वाले सामान की बिक्री की व्यवस्था अन्दर और बाहर स्थित दो दुकानों से होती है।

## नाना कम्पनी का गुंडा बेचे जेल में हथियार

छोटा राजन का सिपहसालार यूसुफ बचकाना जेल में बन्द गुंडों को हथियार बेचने से भी बाज न आया। यह बात जून 2011 की है। यूसुफ के भाई मदन सुलेमान खान को जब एक गुंडे इस्माइल शरीफ उर्फ़ नाना को दो पिस्तौलें और पाँच गोलियाँ देते हुए गिरफ्तारी हुई, तब जाकर यह बात सामने आयी थी। यूसुफ तो पहले से ही सन 2001 में बिल्डर सुब्बाराजू की हत्या करने के मामले में गिरफ्तार था। वह गुलबर्गा जेल में बन्द था। वहाँ भी उसने क़ैदियों को हथियार बेचने का काला कारोबार शुरू कर दिया। शरीफ असल में शिवाजी नगर इलाके का गुंडा है और उसके ख़िलाफ कुल 33 मामले दर्ज़ थे। यूसुफ बचकाना के कहने पर उसके दो साथियों ने हथियारों की आपूर्ति 1.3 लाख रुपये में की थी।

## जेल अधिकारी रिश्वत लेते गिरफ्तार

अप्रैल 2014 में जेल अधीक्षक वासुदेव दिगंबर बुरकुले और उनके अधीनस्थ उप अधीक्षक अण्णा साहब पाथरीकर को एसीबी ने रिश्वत लेने के आरोप में गिरफ्तार

किया। उनके घरों से 40 लाख नकदी और 42 लाख रुपये की बैंक जमा रसीदें मिली थीं। दोनों को जेल के ही एक कर्मचारी को पदोन्नति सम्बन्धी परीक्षा में उत्तीर्ण करने के नाम पर 40 हज़ार रुपये रिश्वत माँगने और स्वीकार करने का आरोप था। इस एक बात से यह तो साफ़ है कि जब जेल अधिकारी अपने मातहत काम करने वालों से पदोन्नति के लिए रिश्वत लेते हैं; और वे भी अगर ये रकम चुका देंगे तो क्या करेंगे? निश्चित तौर पर गिरोहबाजों और अपराधियों से रिश्वत की रकम का कई गुना निकालने की कोशिश होगी।

## जेलों में क़ैदी की हत्या बजरिए बीमारी!

जेलों में जिस तरह हिंसा का खुला खेल होता है उसे देख कर कोई कह नहीं सकता है कि वहाँ पुलिस या जेल प्रशासन का राज है लेकिन बीमारियों की जकड़ में सदा ही जेलें रहती हैं क्योंकि भ्रष्ट जेल प्रशासन और अधिकारी क़ैदियों के लिए तय सुविधाओं को न ही उन्हें मुहैया करवाते हैं, न ही उनकी माँग पर किसी साधन को उन तक पहुँचने देते हैं। इतना ही नहीं वे समय पर चिकित्सा सुविधा भी उपलब्ध नहीं करवाते हैं। तय से अधिक संख्या में क़ैदियों को ठूँसने और साफ-सफाई के अभाव में क़ैदियों का जीवन नारकीय हो चला है।

ठाणे जेल में बिग बुल और प्रतिभूति घोटाले के रचयिता हर्षद मेहता की जिस तरह रहस्यमय परिस्थितियों में मौत हुई थी, उसे लेकर तब भी काफ़ी सन्देह व्यक्त किये गये थे। उसे जिस तरह दिल का दौरा पड़ा और जेल से अस्पताल लाते हुए रहस्यमय हालात में मौत हो गयी, उस पर जेल प्रशासन ने चुप्पी साध रखी है। इतना ही नहीं मुंबई सेंट्रल जेल में भी दो क़ैदियों की मौत एक विचित्र बीमारी से हो गयी थी और 10 क़ैदी पीलिया का शिकार होकर बुरी अवस्था में जेल के अस्पताल में इलाज करवा रहे थे।

सुभाष सिंह ठाकुर गिरोह का सुरेन्द्र उर्फ़ सुरत्या और छोटा राजन गिरोह के सुधीर साटम की इसी तरह सन 2002 में पीलिया की वजह से मौत हो चुकी हैं। दोनों एक सप्ताह तक बीमारी से जूझते रहे लेकिन उन्हें उचित इलाज न मिला। आमतौर पर क़ैदियों को या तो जेल में बने दवाखाने मे़ं सरकारी डॉक्टरों द्वारा इलाज देते हैं या उन्हें किसी बड़े सरकारी अस्पताल भेजते हैं।

गम्भीर बात यह है कि सुरत्या और सुधीर को चन्द क़दमों के फ़ासले पर ही स्थित कस्तूरबा अस्पताल में भर्ती करवाने के बारे में जेल अधिकारियों ने

सोचा भी नहीं जबकि उनकी हालत गम्भीर बनी हुई थी। जेल अधिकारी बताते हैं कि जब तक बीमारी गम्भीर न हो क़ैदियों का इलाज जेल में ही होता है। यदि डाक्टर की सलाह होती है तो ही उन्हें कस्तूरबा अस्पताल में भेजा जाता है। यदि बीमारी अधिक गम्भीर होती है तो ही क़ैदियों को जेजे अस्पताल में इलाज हेतु भेजा जाता है।

जेल अधीक्षक अशोक माहुरे ने तब बड़े मज़े से कह दिया कि क़ैदियों की मौत 'प्राकृतिक कारणों' से हुई है। तब कोई बवाल नहीं मचा और न ही किसी ने जेल प्रशासन की कोई खिंचाई करने की कोशिश ही की थी। वे पूछते हैं, 'क्या लोग जेलों के बाहर नहीं मरते हैं? यदि कोई आरोपी या क़ैदी जेल के अन्दर मर जाता है तो उसे मुद्दा क्यों बनाया जाता है?'

उन्होंने न केवल मृतकों के नाम बताने से भी इनकार किया बल्कि उन लोगों के नाम भी न बताये जो बुरी तरह बीमार हैं और इलाज करवा रहे हैं। वे यह कह कर बरी होने की कोशिश कर गये कि मृतकों की पोस्टमॉर्टम रपट और पंचनामे इत्यादि सम्बन्धित उच्चाधिकारियों को भेजे जा चुके हैं और आगे की कार्रवाई भी वे लोग ही करेंगे।

यह पहली बार तो नहीं है कि ओपी सिंह सरीखे विचाराधीन क़ैदी की जेल में हत्या या मौत हुई हो। संदिग्ध मौतों के मामले में सारे देश की जेलें बदनाम हैं, सिर्फ़ मुंबई या महाराष्ट्र की नहीं। आर्थर रोड जेल में दमे, दिल का दौरा पड़ने और एड्स तक से मौतें हो चुकी हैं। यह बात बताते हुए एक अधिकारी कहते हैं कि भले ही जेल प्रशासन कहे कि उनकी तरफ़ से कोई कमी सुरक्षा और स्वाथ्य्य के मामलों में नहीं बरती जाती है लेकिन सच्चाई तो यह है कि वहाँ व्यवस्था नाम की कोई चीज़ ही नहीं है। हर बात को नज़रअन्दाज़ किया जाता है।

जेल बोर्ड अधिकारी और समाजसेवी मीना मूथा के मुताबिक जेलों में पसरी पड़ी गन्दगी और अधिक संख्या में क़ैदियों की ठूँसे जाने के कारण बीमारियाँ इस कदर फैलती हैं और क़ैदियों की रोगों से मौतें होती हैं।

आर्थर रोड जेल में कुल 804 क़ैदियों को रखने की जगह है लेकिन वहाँ पर 2,600 से भी अधिक आरोपियों और क़ैदियों को रखा जाता है। ठाणे जेल की हालत भी कमोबेश ऐसी ही है। वहाँ पर 1,100 क़ैदियों की रिहाइश की व्यवस्था है लेकिन उसमें ढाई हज़ार से कम क़ैदी कभी भी नहीं पाए जाते हैं।

मुंबई और ठाणे की जेलों में सिर्फ़ ऐसे क़ैदी होते हैं जिनके मुक़दमे चल रहे हों। ऐसे क़ैदियों को पुणे की यरवदा जेल, नाशिक रोड सेंट्रल जेल, औरंगाबाद की हरसुल जेल या अमरावती जेल में भेज दिया जाता है जिनको सज़ा सुनाई जा चुकी हो। यदि क़ैदियों की सुनवाई के लिए दो से चार सप्ताह का समय होता है तो उन्हें कई बार कल्याण की आधारवाड़ी जेल या कोल्हापुर जेल भी स्थानान्तरित किया जाता है।

महाराष्ट्र राज्य मानवाधिकार आयोग ने राज्य की कई जेलों का निरीक्षण करने के बाद पाया कि हालत बेहद दयनीय है। वहाँ पर अमानवीय हालात में क़ैदियों को रखा जा रहा है। भारत के पूर्व मुख्य जस्टिस जीएस वर्मा ने आर्थर रोड जेल का निरीक्षण किया था। उन्होंने पाया कि शौचालय न केवल बेहद गन्दे हैं बल्कि वे सही तरह से पर्याप्त मात्रा में भी नहीं बने हुए हैं। कई बार तो आरोपी अपने कमरों के कोनों में ही शौच करने पर मज़बूर हो जाते हैं जो उन्हें बीमार बनाने के लिए काफ़ी बड़ा कारण बनता है।

आयोग ने इस मामले में ख़ासी नाराज़गी ज़ाहिर की और सरकार को पत्र लिखा कि हालात को तुरन्त सुधारा जाये लेकिन राज्य सरकार ने पैसों की कमी का रोना रोते हुए पल्ला झाड़ लिया और उस पत्र को दुबारा उठा कर पढ़ने की ज़रूरत भी नहीं समझी। सरकारी अफ़सरों के साथ हुई बैठक में तो उनकी बात को सुन लिया गया और फिर सब बड़ी आसानी से भूल गये।

आयोग के रजिस्ट्रार और कल्याण ज़िले के पूर्व डिस्ट्रिक्ट जज एमपी कुकडे ने कल्याण जेल का दौरा किया था। वहाँ की भी एक बड़ी रपट तैयार की थी। तब जेल महानिरीक्षक टी. शृंगारवेल थे। उनके साथ जब बैठक हुई तो तमाम बातें सुन लीं, उन्होंने भी जेल की कोई सुध नहीं ली। आयोग के एक सदस्य विजय चिटणीस ने कहा था कि मुंबई हाईकोर्ट के पूर्व जस्टिस अरविन्द सावन्त, जो आयोग के अध्यक्ष रहे हैं, ने जेल व सरकारी अधिकारियों से बातचीत की लेकिन कोई फ़ायदा नहीं हुआ।

आयोग का कहना है कि वे जेल व प्रशासनिक अधिकारियों के पीछे पड़े रहते हैं कि हालात ठीक करें लेकिन वे ध्यान ही नहीं देते हैं। कई गैर-सरकारी संगठन जेलों में चिकित्सा शिविर लगाते हैं, विपश्यना शिविरों का आयोजन करते हैं, नियमित स्वास्थ्य निरीक्षण शिविरों के जरिए क़ैदियों के स्वास्थ्य पर निगरानी रखते हैं लेकिन जेल प्रशासन की रुखाई और ढीलेपन के कारण यह सब नाकाफ़ी रह जाता है। अनुपम खेर जैसे फ़िल्मी सितारों को बुला कर जेल में क़ैदियों को

सही तरीके से रहने के बारे में समझाईश देने सरीखे तरीके भी अपनाए जा चुके हैं।

राज्य सरकार ने दावा किया था कि उसने तलोजा में एक और जेल का निर्माण शुरू किया है जिससे अन्य जेलों पर भार कम होगा। यह जेल बरसों से बस बन ही रही है। उसे अभी तक पूरी तरह रहने के लिए तैयार कब माना और बनाया जायेगा, यह किसी को भी पता नहीं है।

## जेल से सरकार को धमकी

उत्तर प्रदेश की जेल कैसी हैं, यह तो सभी जानते हैं। वहाँ भी जेलों में डी-कम्पनी और नाना-कम्पनी के कई कारिंदे और प्यादे बन्द हैं। उनमें से एक अम्बेडकर नगर जेल में बन्द कुख्यात सरगना खान मुबारक है। 7 जुलाई 2015 को एक मिनट का वीडियो जेल के बाहर भेजा, जिसमें दाऊद के दुश्मन जफर सुपारी के छोटे भाई मुबारक ने सरकार को धमकी भरे अन्दाज़ में कहा कि अगर जेल में उस पर हमला होता है तो वह ख़ाकी और खादी दोनों के लिए काल बन जाएगा। वह किसी को नहीं बख्शेगा। यह वीडियो बाहर आया तो जेल अधिकारियों की हालत खस्ता हो गयी। मुबारक पर हत्या, लूट, हफ़्तावसूली, अपहरण, अवैध हथियार रखने जैसे 15 मामले इलाहाबाद और अम्बेडकर नगर ज़िले के कई थानों में दर्ज़ हैं। मुबारक पूर्वांचल में राजन के लिए काम देखता है। राजन के लिए यहाँ से सुपारी हत्यारों और निशानचियों का इन्तज़ाम करता है। 2007 के डाकघर लूट कांड में मुबारक ज़ख़्मी होने के बाद पकड़ा गया था।

## मंगलोर जेल में दाऊद के प्यादों की हत्या

कर्नाटक की मंगलोर जेल में 2 नवम्बर 2015 की सुबह नाश्ते के समय विक्की शेट्टी के कुछ साथियों ने छोटा शकील के लिए काम वाले दो प्यादों मदूर यूसुफ और गणेश शेट्टी पर हमला करके हत्या कर दी। नाश्ते के वक़्त हुए इस हमले में धारदार हथियारों का खुल कर इस्तेमाल हुआ, जिसमें 12 लोग घायल हुए थे। दोनों पर हमला करने वाले आकाश भुवन शरण गिरोह के सदस्य थे। आकाश गिरोह विक्की शेट्टी का सहयोगी गिरोह माना जाता है। हमले में मारा गया डी-कम्पनी का प्यादा यूसुफ 2010 में रियाद में गिरफ़्तार कर इंटरपोल की मदद से प्रत्यर्पित किया था। उसके साथ मारा गया कैदी गणेश शेट्टी भी शकील का सुपारी हत्यारा था। दोनों को बजरंग दल और भाजपा नेता की हत्या के अलग-अलग मामलों में सज़ा हो चुकी थी। दिसम्बर 2006 में भाजपा और बजरंग

दल के नेता सुखानन्द शेट्टी और जून 2005 में भाजपा के पदाधिकारी पी. अनंथू की हत्याओं का आरोपी यूसुफ था। यूसुफ पर पूर्व उप-प्रधानमन्त्री और वरिष्ठ भाजपा नेता लालकृष्ण आडवाणी के अंगरक्षक शेखर राठौड़ की हत्या समेत 20 से ज़्यादा मामले दर्ज़ थे। गणेश शेट्टी को मार्च 2010 में मंगलोर सीसीबी पुलिस ने गिरफ़्तार किया था। इस हत्या के पीछे राजन के एक सिपहसालार बालकृष्णा शेट्टी उर्फ़ विक्की शेट्टी का नाम सामने आया। वह दुबई में रहता है। उसने दावा किया कि हिन्दू नेताओं की हत्याओं का बदला लेने के लिए जेल में दोनों की हत्याएँ कराईं। विक्की पहले राजन और रवि पुजारी के लिए काम कर चुका है। वह कई सालों से फरार है।

## आर्थर रोड जेल में एड्स का आतंक

वह अगस्त 1999 का एक दिन था। हमेशा की तरह मुंबई का एक शान्त और चमकीला दिन। एक ख़बर आती है। ख़बर ऐसी कि किसी के भी होश उड़ जायें। नहीं, किसी जेल में गिरोहयुद्ध के चलते फिर से ख़ून की नदियाँ नहीं बही थीं, बल्कि ऐसी कि पुलिस और खुफिया एजेंसियों से अधिक स्वास्थ्यकर्मी परेशानी में पड़ गये थे।

एड्स की शिकार एक महिला क़ैदी शालिनी शर्मा (25) जेजे अस्पताल के क़ैदी वार्ड से दो महिला पुलिस कांस्टेबलों को चकमा देकर ऐसी फरार हुई कि उसे आज तक नहीं पकड़ा जा सका। वह आठ माह की गर्भवती भी थी। उसे 17 अगस्त 1999 को वेश्यावृत्ति के आरोपों में गिरफ्तार किया था। उसे आर्थर रोड जेल में रखा गया था। इलाज के लिए उसे जेजे अस्पताल के वार्ड 29 में जेल अधिकारियों ने भर्ती किया लेकिन यहाँ उसके एड्स पीड़ित होने की जानकारी मिली थी।

नवम्बर 2000 में एड्स पीड़ित क़ैदी परवेज़ रज़ा शेख़ (39) 6 नवम्बर को आर्थर रोड जेल से जेजे अस्पताल में भर्ती हुआ। इलाज के लिए उसने काफ़ी हाय-तौबा मचाई लेकिन उसकी पुकार नक्कारखाने में तूती की आवाज़ बन कर रह गयी। एक स्थानीय अख़बार में जब यह ख़बर छपी तो सरकार चेती और परवेज़ को अस्पताल का मुँह देखना नसीब हुआ। वह भी इस डर के साथ कि उसे फिर जेल में लाइलाज मरने के लिए छोड़ दिया जायेगा।

परवेज़ के वकील ने चिकित्सा और मानवीयता के आधार पर जमानत हेतु

मेट्रोपोलिटन अदालत में अर्ज़ी दी थी कि आर्थर रोड जेल में एड्स के इलाज की कोई सुविधा नहीं है। अदालत ने यह कहते हुए अर्ज़ी रद्द कर दी कि इलाज जेजे अस्पताल में होगा। अदालती आदेशों के बावजूद परवेज़ को भर्ती करने से जेजे अस्पताल ने इनकार कर दिया। पुलिस ने हत्या और आत्महत्या की कोशिश के आरोप में परवेज़ को आईपीसी की धारा 302 और 306 के तहत गिरफ्तार किया था। जब परवेज़ को पता चला कि पत्नी नजर फातिमा और उसे एड्स है तो उन्होंने दोनों बच्चों की हत्या कर आत्महत्या करनी चाही। इस कोशिश में पत्नी और बच्चे तो मारे गये, लेकिन परवेज़ ज़िन्दा बच गया था।

जनवरी 2003 में आर्थर रोड जेल में बन्द एक ब्रितानी महिला क़ैदी डैजी एग्नेस (22) के पिता जॉन एग्नेस ने खुलेआम आरोप लगाया कि उनकी बेटी से अन्य महिला क़ैदियों ने अनैतिक यौनाचार किया है, जिससे उसे कई गम्भीर बीमारियाँ होने का ख़तरा हो गया है, जिसमें एड्स भी शामिल है। डैजी को 21 नवम्बर 2001 को बर्लिन से 10 किलोग्राम गाँजा लेकर आते समय कस्टम्स ने सहार हवाई अड्डे पर गिरफ्तार किया था। उसी साल दिसम्बर में जेल अधिकारियों ने भारी रक्तस्राव, गुप्तांगों में इन्फेक्शन और मलेरिया होने पर डैजी को जेजे अस्पताल भेजा था। श्री एग्नेस ने कहा था कि उनकी बेटी को एचआईवी होने की सम्भावना भी है क्योंकि वहाँ की महिला, ख़ासतौर पर समलिंगी, क़ैदियों को एड्स होता है।

इन घटनाओं से साफ़ है कि मुंबई की आर्थर रोड जेल में क़ैदियों को एड्स होने की बात नयी नहीं है। सन 2004 में छह माह में मरे कुल 27 में 18 क़ैदियों को एड्स होने की बात कही जा रही थी। आर्थर रोड जेल के क़ैदियों की मौत के बाद जेजे अस्पताल में हुए पोस्टमार्टम की रपटों में साफ़ लिखा मिला कि 'यह किसी को पक्का पता नहीं कि जेल में रहने वाले क़ैदियों को एड्स कैसे हुआ, लेकिन यह सबको पता है कि क़ैदियों के बीच अनैतिक और अप्राकृतिक सम्बन्ध होते हैं।' इस रपट से साफ़ इशारा मिलता है कि जेल में ही इन क़ैदियों को एचआईवी संक्रमण हुआ होगा। लेकिन यह नयी बात तो नहीं है। इस घटना के सामने आने के भी छह साल पहले से ऐसी घटनाएँ सामने आती रही हैं।

जेजे अस्पताल के डॉक्टरों ने इस मामले में होंठ सिल रखे थे। कोई भी विवादों में फँसना नहीं चाहता लेकिन गोपनीयता की शर्त पर कुछ डॉक्टर बताते हैं कि जेजे अस्पताल के शवगृह में आने वाले क़ैदियों के शवों में एड्स पीड़ितों की संख्या में तेज़ी से इजाफा हुआ था। अगर यही स्थिति रही तो हालात नियन्त्रण से बाहर चले जायेंगे। उनका मानना था कि तमाम क़ैदियों की मुकम्मल जाँच

ज़रूरी है। पोस्टमार्टम के कारण जो तथ्य सामने आये, वे सिर्फ़ सतह पर दिख रहे हैं, रपट आने पर कई चौंकाने वाली बातें सामने आयेंगी। इन पोस्टमार्टमों के आधार पर जेजे अस्पताल के डॉक्टरों और विशेषज्ञों का दस्ता रपट तैयार कर महाराष्ट्र सरकार को भेजने वाला था।

मृत क़ैदियों में नशे की लत, दमा, फेफड़ों तथा लीवर की बीमारियाँ भी सामने आयी हैं। राज्य सरकार तो अब चैतन्य हुई है। महाराष्ट्र की तमाम जेलों में बन्द लगभग 26 हज़ार क़ैदियों की चिकित्सा जाँच तुरन्त करवाने के आदेश जारी हुए। राज्य की तत्कालीन प्रधान सचिव (गृह) नीला सत्यनारायण ने तुरन्त स्वास्थ्य विभाग के महानिदेशक और जेल महानिदेशक को आदेश दिया कि क़ैदियों की चिकित्सा जाँच करवाएँ और एक रपट तुरन्त भेजें। उनका कहना था, 'क़ैदियों की जाँच सुप्रीम कोर्ट और विश्व स्वास्थ्य संगठन के निर्देशों के अनुरूप होगी।'

मज़ेदार बात यह है कि अब तक एड्स पीड़ित क़ैदियों को अलग नहीं रखा जाता था। उनके बारे में जानकारी मिल जाती तो सिर्फ़ किसी एकान्त कोने में उन्हें किसी कोठरी में रख देते हैं। उन्हें एड्स सम्बन्धी चिकित्सा भी मुहैया नहीं करवाई जाती। अब सरकार ने ऐसे क़ैदियों के लिए विशेष व्यवस्था और भोजन मुहैया करवाने के निर्देश जारी किये हैं।

एक क़ैदी ने बाहर आने पर बताया कि एड्स रोगियों के लिए विशेष व्यवस्था कुछ नहीं होती। विशेष व्यवस्था के नाम पर यह होता है कि उन्हें हर दिन दो अंडे और पाव खाने के लिए मिलता है। यह खुराक अन्य क़ैदियों को नहीं मिलती है। इसका नतीजा यह होता है कि अंडा-पाव जिसे मिलता है, वह पूरी जेल में एड्स रोगी के रूप में पहचाना जाने लगता है। इसका नतीजा और भयावह होता है। उनके साथ अछूतों सरीखा व्यवहार शुरू हो जाता है। उनके रहने के लिए कोई अलग स्थान नहीं होता। वे सामान्य क़ैदियों के बीच ही रहते हैं।

ऐसा भी होता है कि एड्स रोगी क़ैदी, ख़ुद के लिए मिले दो अंडे जेल में बन्द धनवान या सक्षम क़ैदियों को 'बेचते' हैं। वहाँ एक अंडा 15 से 25 रुपये की कीमत पर बिक जाता है। दो अंडों के लिए मिलने वाली यह रकम जेल में ख़ासी अच्छी मानी जाती है। इतनी रकम से एक सामान्य क़ैदी जेल के अन्दर अच्छा जीवन बिता सकता है। उसे क्या फ़र्क़ पड़ता है कि एड्स के लिए दी इस अधूरी खुराक का वह सेवन करता भी है या नहीं। उसे तो पता यही होता है कि अब उसकी मौत तय है। तो फिर कुछ दिन मज़े से क्यों न रहें?

तत्कालीन जेल महानिदेशक श्रीकान्त सावरकर का कहना था कि सभी क़ैदियों की स्वास्थ्य जाँच के बाद ही कुछ कहा जा सकेगा कि राज्य के क़ैदियों

में एड्स की स्थिति क्या है। इस सिलसिले में स्वास्थ्य सेवाओं के तत्कालीन महानिदेशक पीपी डोके ने कहा था कि राज्य की जेलों में 100 एड्स रोगियों के होने की सूचना तो हमारे पास है। इसके अलावा जो जाँच हमें करनी है, उसके लिए क़ैदियों ने अगर सहयोग नहीं किया तो कोई कुछ नहीं कर सकेगा। एड्स जाँच के लिए किसी के रक्त नमूने जबरन नहीं लिए जा सकते।

महाराष्ट्र के तत्कालीन गृह राज्य मन्त्री, जिनके पास जेल विभाग भी था, सिद्धराम म्हेत्रे ने कहा कि उन्हें इसकी जानकारी मिली है। जाँच के आदेश दिये हैं। रपट आने पर ही पुख़्ता तौर पर कुछ कहा जा सकेगा।

बस, वह दिन है और आज का दिन है। रपट आयी, कहाँ गयी, किसी को पता नहीं। जेलों में एड्स रोगी क़ैदियों की स्थिति जस की तस है। और हाँ, स्याह सायों के संसार के शान्त प्रेतों की दूसरे अंडरवर्ल्ड में सल्तनत आज भी जस की तस कायम है।

| **गिरोह** | **जेल** |
|---|---|
| डी-कम्पनी | आर्थर रोड जेल (मुंबई) |
| नाना कम्पनी | ठाणे जेल (ठाणे) |
| नाईक कम्पनी | भायखला जेल (मुंबई) |
| गवली कम्पनी | यरवदा जेल (पुणे), सांगली, सतारा, सोलापुर अमरावती, औरंगाबाद, कलवा (कोल्हापुर) भायखला जेल (मुंबई) |
| डी विरोधी गिरोह | तलोजा जेल, नवी मुंबई |

# अस्पतालों-अदालतों में अड्डे

ये बात भले कुछ अजीब लगे लेकिन सच यही है कि न तो अस्पताल, और न ही उनमें काम करने वाले चिकित्सक साबित कर पा रहे हैं कि वे मानव और मानवता के रक्षक हैं। उनके बारे में जब भी सुनने में आता है तो यही कि कौन कितने पैसे लेता है, इसलिए वह इतना बड़ा डॉक्टर है। गोली-चाकू से घायल गुंडों ने अपनी ज़रूरत के लिए और धनलिप्सा में चिकित्सकों ने इस पवित्र पेशे को गलीच कर दिया। मुंबई में ऐसे चिकित्सकों की कमी नहीं जो अपराधियों को गुप्त सहायता देते हैं। उन्हें न केवल पुलिस या सरकारी एजेंसियों के फन्दे से बचाते हैं, न केवल घायल होने पर गुपचुप इलाज करते हैं, न केवल जमानत दिलाने में मददगार बनते हैं, बल्कि उनके कई तरह ख़ैरख़्वाह बनते हैं। ऐसी मिसालें कम नहीं जो बताती हैं कि अस्पतालों में अपराध और अपराधियों का कैसा बोलबाला है। कमोबेश यही हालत अदालतों की भी है।

## क़ैदी वार्ड में मुर्गी

देर शाम...वह वक्त ऐसा न था जब जेजे अस्पताल के क़ैदी वार्ड में किसी की आमद सम्भव थी। ऐसे में इलाज करवा रहे अपराधी और पुलिस के अलावा कोई और मौजूद हो तो उसे क्या कहेंगे? उस दिन 'मैं' भी वहाँ था। जो देखने को मिला, अचरज तो न हुआ लेकिन लगा 'क़ैदी वार्ड' तो 'मज़ा मारो वार्ड' है। एक व्यक्ति साथ था जिससे गुंडों ने हफ्ता माँगा था, यह देखने के लिए मैं साथ था कि ये 'काम' यहाँ कैसे होता है। अचानक गुंडे ने कहा–

'क्या रे भड़वे लोक, हम लोक को कुछ और काम नईं है क्या? क्या दिन भर तेरे कूं हम लोक फ़ोन करते रहने का क्या?'

'नहीं भाई, वो क्या है मैं बाहर था...मेरे को किसी ने बताया नहीं।'

'बताया नईं तो पूछने का न...'

'क्या भाई?'

'जिदर बाहर था, उदर से फ़ोन नईं करता था क्या दुकान पे?'

'करता था न भाई।'

'तो वो लोक बोला नईं तेरे कूं?'

'नहीं भाई...'

'बजाऊँ एक कान के नीचे तेरे कूं, बंडल मारता है।'

'नहीं भाई, एकदम सच बोला।'

'अच्छा चल, अभी दिमाक का दही नईं करने का, तेरे को बोला, उतना दे देने का छोकरे कूं, कल सुबू आएंगा तेरे पास... समझा क्या?'

'पर भाई मेरे पास इतना नहीं है।'

'अबी जितना है, उतना दे, बाद में देने बाकी का, चल तेरे कूं मैं थोड़ा सवलत दिया। अभी जा मेरा खाने का टाइम हो गयेला ए।'

उसी समय हाथों में प्लास्टिक की थैलियाँ लिए फटेहाल लड़का आ नमूदार हुआ। पलँग के पास पड़ी एक प्लेट उठा कर प्लास्टिक की थैली से चिकन बिरयानी निकाली और प्लेट में सज़ा दी। एक और प्लेट में चिकन मखानी लगाई, तीसरी प्लेट में कटे प्याज और नीबू के टुकड़े रखे। शान्ति से सारा नजारा देख रहे व्यक्ति पर गुंडा फिर गरजा–'अबी बी इदर खड़ा है... क्या देखता है? खाना

खायेंगा क्या? बोल? अबी बोलता है छोकरे कूं, बढ़िया बिरयानी लाके देंगा। बोल?'

'नहीं भाई, मैं चलता हूँ।' वह बुरी तरह हड़बड़ाया और तुरन्त बाहर भागा। बेचारे मारवाड़ी को मुर्गी खाने का डर जो था।

मरे क़दमों से वह अस्पताल के बाहर की ओर चला, मैं भी पीछे था। बाहर का नज़ारा और भी हसीन था। पुलिसवाले एक बेंच पर बैठे थे। यहाँ भी चिकन बिरयानी का दौर चल रहा था। हँसी-ठट्ठा करते इन पुलिसियों को बिरयानी खाते देख कर लगा कि हमारे पुलिसकर्मियों को वेतन कम मिलने का रोना रोने वाले झूठ बोलते हैं। उनके शरीर देख कर नहीं लगता कि वे कुपोषण के शिकार हैं, न उनके हाथों की घड़ियाँ और ब्रेसलेट बताते हैं कि धन की कमी है, न उनके गलों में झूलतीं मोटी-मोटी सोने की ज़ंजीरें और अँगुलियों में नुमायाँ अँगूठियों से लगता है कि वे कम वेतन पाने वाले 'गरीब' पुलिसकर्मी हैं। यह सब आख़िरकार आता कहाँ से है?

## अदालत की 'फीस'

अदालतों में तो खेल ही निराले होते हैं। डी-कम्पनी के एक गुंडे के बारे में मुंबई अदालत के एक कर्मचारी ने बड़ी रोचक दास्तान सुनायी। एक गुंडे को पुलिस वाले आर्थर रोड जेल से कोर्ट की तरफ़ लेकर चले। काफ़ी दिनों से बाहरी दुनिया का मुँह देखने को तरस गये गुंडे को ताजी हवा मिली तो उसका दिल 'बेईमान' हो उठा। लगा कि अदालत से वापसी में उसकी मुलाकात प्रेमिका से हो जाये तो 'मजा' आ जायेगा। सुरक्षा के लिए साथ गये सब इंस्पेक्टर से उसने निवेदन करते हुए आज की 'फीस' भी 'डबल' करने का प्रस्ताव रखा। इंस्पेक्टर को कोई परेशानी न लगी। गुंडे की पेशी दोपहर खाने की छुट्टी के पहले हो गयी। उसे इंस्पेक्टर ने हवलदार और कांस्टेबल के सुपुर्द कर दिया।

मुंबई सेंट्रल तक जाकर आने और वहाँ एक घंटा लगने के हिसाब से शाम साढ़े पाँच के पहले किसी भी हालत में कोर्ट वापस पहुँचना सम्भव था। इंस्पेक्टर ने सख्त ताकीद की कि हर हाल में 4.30 बजे तक वापस आना है।

टैक्सी में रवाना हुआ 'प्रेम प्यासा दस्ता' शाम पाँच बजे तक न लौटा तो इंस्पेक्टर की जान हलक में आ गयी। वह बार-बार घड़ी देखता, अदालत परिसर में चक्कर मारता रहा। किसी तरह उसने जेल गाड़ी को कुछ समय रोका। थोड़ी देर में वे लौटे। इंस्पेक्टर ने सबको बेतरह गालियाँ दीं।

बाद में पता चला कि गुंडे ने रास्ते में एक जगह पर छक कर बीयर पी, चिकन व तन्दूरी रोटियों का मज़ा लिया। यह सब साथ गये पुलिस वालों को भी परोसा। फिर वह प्रेमिका के साथ कमरे में बन्द हुआ तो चार बजे तक बाहर नहीं निकला। पहरे पर खड़े पुलिसकर्मियों की हालत खस्ता, नौकरी पर ख़तरा मँडराता लगा तो लगे बार-बार दरवाज़ा भड़भड़ाने। बड़ी मुश्किल से पाँच बजे के बाद गुंडा बाहर आया। वे तुरन्त टैक्सी कर अदालत की ओर भागे। उस दिन से इंस्पेक्टर ने तौबा कर ली कि कोई कितना पैसा क्यों न दे, उसे निगरानी से बाहर नहीं निकलने देगा।

## अस्पताल/अदालत में हफ्ता

कभी कोई जेजे अस्पताल जाये तो क़ैदी वार्ड के दर्शन ज़रूर करने चाहिए। यह है मोहम्मद अली रोड स्थित एक ऐसा मकाम जिसका नाम लेने से ही लोग सिहर उठते हैं क्योंकि उन्होंने कभी अपना या अपने किसी अजीज का यहाँ इलाज करवाने की अक्षम्य भूल की थी। उन्होंने यहाँ जो यातनाएँ सहीं, उनके बारे में बात करते हुए ग़ुस्से में काँपने लगते हैं या बेबसी में रोने लगते हैं, ऐसे लोग आम जनता के नुमाइन्दे हैं।

इसके ठीक उलट कुछ लोग खुश हो जाते हैं क्योंकि या तो वे डॉक्टर या कर्मचारी हैं या जेल वार्ड में रहने वाले अपराधी। डॉक्टर-कर्मचारी इसलिए खुश हैं क्योंकि यहाँ काम न करने के लिए वेतन मिलता है और मरीजों का बाहर इलाज करने पर मोटी रकम वसूलते हैं, दवाएँ या अन्य सामग्री काला बाज़ार में बेच कर बढ़िया रकम खड़ी करते हैं या अपराधियों को पंचतारा सुविधाएँ मुहैया करवाने के एवज़ में ख़ासा नावां (पैसा) पीटते हैं।

क़ैदी वार्ड के बाहर बिरयानी बनाने और अन्दर सप्लाई देने वाली एक ठेला गाड़ी के बारे में जानना भी ख़ासा मज़ेदार होगा। यहाँ हर वक्त मटन बिरयानी तैयार मिलती है लेकिन 'आड्डर' (आर्डर) पर चिकन बिरयानी भी तैयार हो जाती है। मटन बिरयानी 50 रुपये और चिकन बिरयानी 100 रुपये की है। जितना 'माल' चाहें छोकरे 'सप्लाई' दे आते हैं। अपराधी खाता है एक बिरयानी, उसकी निगरानी में खड़े पुलिस वाले खाते हैं चार। जो छोकरे बिरयानी सप्लाई करने क़ैदी वार्ड में जाते हैं, उनके ज़रिए कई क़िस्म की चीज़ें अन्दर पहुँचती हैं जो मोबाइल फ़ोन, नयी या चार्ज बैटरियाँ, नये सिम कार्ड्स, शराब, सिगरेट, नशा,

ख़ास सन्देशों वाले पत्र... कुछ भी हो सकता है।

किस प्रकार सिगरेट के पैकेटों में होटलों के वेटर सन्देश, पाँच सौ या हज़ार के नोट, स्मैक और चरस भरी सिगरेटें पहुँचाते हैं, यह रहस्य नहीं है। जिन काग़ज़ों में बिरयानी लिपटी होती है, उनमें भी पत्रों का आना-जाना होता है। 'बढ़िया काम' करने पर सप्लाई करने वाले छोकरे को खुश गुंडा 100 या 50 रुपये बख़्शीश दे देता है, पुलिस वाला मेहरबान है तो पूरा पैसा उसे ले जाने देगा, नहीं तो कुछ छीन लेगा, या पूरे भी छीन सकता है।

इस वार्ड में पुलिस वालों को गिरोहबाजों और अपराधियों के साथ ताश खेलते आम देखा जा सकता है। वे साथ खाना खाते या चाय पीते हैं। कांस्टेबल चैतन्य चूर्ण अर्थात् तम्बाकू घिसते हैं, अपराधी उसकी फक्की मारते हैं। आख़िरकार कई-कई दिनों तक साथ रहने पर इतना 'भाईचारा' हो ही जाता है।

अपराधियों की सेवा के एवज़ में पुलिस वालों को तय रकम मिलती है। 50 रुपये प्रति कांस्टेबल, 100 रुपये प्रति हेड कांस्टेबल, 200 रुपये प्रति सब इंस्पेक्टर और 500 रुपये प्रति इंस्पेक्टर प्रति दिन के हिसाब से, जितने दिन अस्पताल में गुंडों द्वारा गुजारे जायें, बतौर 'सेवा शुल्क' मिलते हैं। इसमें भोजन और शराब की कीमत नहीं है।

गुंडे का क़ैदी वार्ड में सेल फ़ोन पर व्यापारियों से हफ्ता माँगना आम दृश्य है। हफ्ता न पहुँचाने पर जान से मारने की धमकियाँ देते किसी गुंडे को सुन कर किसी को अचरज हो तो वह इस दुनिया से वाक़िफ़ नहीं। वे तो ऐसा करेंगे ही क्योंकि यही उनका 'काम' है। यदि उनकी बात कोई शिकार न माने तो अस्पताल के क़ैदी वार्ड से ही गुंडा अपने किसी आदमी को फ़ोन लगा कर 'उस सिन्धी सेठ को टपका देने' का हुक्म सुनाता मिल जायेगा।

## इतिहास बड़ा पुराना है

अपराधियों और पुलिसकर्मियों में मिलीभगत का इतिहास काफ़ी पुराना है। यह बात एक बार फिर फ़िरोज कोंकणी की फरारी ने साबित की। पहले भी कई हादसे हो चुके हैं, जिनमें अपराधी की फरारी या हत्या करवाने में पुलिसकर्मी शरीक थे।

20 अप्रैल 1998 को सदा पावले-विजय तांडेल मुठभेड़ की जाँच कर रहे

आयोग के समक्ष कार्रवाई चल रही थी। उसी समय अदालत कक्ष में बिल्डर वल्लभ ठक्कर हत्याकांड का एक मुख्य आरोपी राजेश राय आराम से टहलता हुआ आ पहुँचा। वह प्रमुख गवाह बलदेव सिंह के करीब गया। राजेश के साथ आये पुलिसकर्मी खड़े देखते रहे।

तत्कालीन अतिरिक्त पुलिस आयुक्त डॉ. सत्यपाल सिंह के अधीनस्थ काम करने वाली एंटी एक्सटॉर्शन सेल ने 2 मई 1998 को शकील गिरोह के गुंडों राजू कुर्ला और सुनील गावस को फिर गिरफ्तार किये दोनों पहले से हफ्तावसूली के एक मुक़दमे में जेल में बन्द थे। उन्होंने एक बिल्डर लक्ष्मीनारायण वर्मा से 10 लाख रुपये हफ्ता माँगा था। इनके पास वे पुलिसकर्मी मौजूद थे जो उन्हें जेल से लाए थे।

एक अधिकारी नाम न छापने की शर्त पर बताते हैं कि अदालतें और अस्पताल गिरोहबाजों के लिए हफ्तावसूली के बड़े कारगर स्थान हैं।

उन दिनों तो हर दिन लगभग एक करोड़ रुपये गिरोहबाजों को जेजे अस्पताल में पहुँचाये जाते रहे हैं। गुंडे हफ्तावसूली के लिए जेजे अस्पताल में किसी बीमारी के बहाने जाते हैं। उक्त अधिकारी का कहना है कि न केवल साथ आने वाले पुलिसकर्मी गुंडों से मिले रहते हैं, जेल अधिकारियों की भी मिलीभगत होती है। इसी कारण आसानी से गुंडों को अस्पताल भेज देते हैं। उनका कहना है, 'यह इसलिए आसान हो गया क्योंकि सुप्रीम कोर्ट के आदेश के बाद किसी आरोपी को हथकड़ी नहीं लगाई जा सकती।'

इस बारे में गवली गिरोह के एक सहयोगी भास्कर उर्फ़ आमदार का भी चौंकाने वाला एक अदद बयान है। भास्कर कहता है कि गवली गिरोह के जिन गुंडों को अदालतों में सुनवाई के लिए लाते हैं, वे हर दिन 30 से 50 लाख रुपये वसूलते हैं। यह काम वे अस्पतालों में भी करते हैं। वह बताता है कि जिनसे वसूली करनी होती है, उन्हें अदालत परिसर में बुलाते हैं। यहाँ उन्हें धमकाया जाता है कि माँगी रकम न चुकाई तो उनकी या परिवार की हत्या कर देंगे। जब यह नाटक चल रहा होता है, पुलिसकर्मी किसी और दिशा में देखते हैं। भास्कर ने बताया था, 'जेल अधिकारियों के लिए भी माहवारी रकम तय है। जेलर और पुलिस दल के लिए यह रकम 15 से 20 हज़ार रुपये है।'

मुंबई पुलिस के एक सब इंस्पेक्टर हेमन्त देसाई के मुताबिक जब किसी

'बकरे' को पुलिसकर्मियों के सामने ही धमकाते हैं तो उसका दुगुना प्रभाव पड़ता है। इससे साफ़ सन्देश जाता है कि हिरासत में होने के बावजूद गुंडा बड़ा प्रभावशाली है, इसकी ऊँची पहुँच है। इसके बाद गुंडों को पैसा आसानी से मिल जाता है।

ऐसे भी कई मामले हैं जिनमें पुलिसवालों ने गुंडों को अदालत या अस्पताल लाते या वापसी में पुलिस वैन का मुख किसी और दिशा में मोड़ दिया। गुंडों को लेकर 'बकरे' के पास गये, धमकाया, हफ्तावसूली करवा दी। ऐसा एक मामला 1995 में हो गुज़रा है। एक गुंडे को अदालत जाते समय एक बिल्डर के घर पर पुलिसकर्मी ले गये। बिल्डर ने गुंडे को अपने दरवाज़े पर पुलिस समेत देखा तो बिना चूँ-चपड़ किये, माँगी हुई रकम तुरन्त चुका दी।

## खुफिया ब्यूरो की तलाश

महानगर के संगठित अपराधियों और चिकित्सकों के बीच सम्बन्धों के बारे में सरकार ने भले ही छानबीन के आदेश दिये लेकिन आईबी काफ़ी पहले से छानबीन कर रही थी और काफ़ी तथ्य मिले थे। आईबी सूत्रों का कहना है कि मुंबई के कई डॉक्टरों के अपराधियों से गहरे सम्बन्ध हैं। वे मुंबई के सबसे बड़े कपड़ा बाज़ार कालबादेवी की जुमा मस्जिद में हुए विस्फोट में घायल अकरम हसन का उदाहरण देते हैं। अचानक बम फटने से आग और लोहे के टुकड़ों से हसन बुरी तरह घायल हुआ। इसके बावजूद वह फरार हो गया और कई दिनों तक पुलिस से बचा रहा।

आईबी को शक है कि मुंबई के किसी डॉक्टर ने अकरम का इलाज किया था। अकरम गोलीबार (सांताक्रूज) इलाके की झोपड़पट्टी में छुपा रहा। इस तरह के घायलों को विशेष चिकित्सा की ज़रूरत होती है। अधिकारी उस डॉक्टर को तलाश करते रह गये, जिसने अकरम का इलाज किया। अकरम भी कभी पकड़ा नहीं गया।

खुफिया अधिकारियों की ख़ास नज़र कुछ निजी डॉक्टरों के अलावा जेजे अस्पताल पर है। जेजे के क़ैदी वार्ड में विचाराधीन या सज़ायाफ्ता आरोपियों-अपराधियों को भर्ती करते हैं। अधिकारी मानते हैं कि जेजे अस्पताल के स्वास्थ्यकर्मियों के गुंडों से सम्बन्ध हो सकते हैं। वे कहते हैं कि पुलिस वाले

ऐसा कुछ नहीं करते, जिससे गुंडों को हफ्तावसूली की सुविधा मिले लेकिन स्वास्थ्यकर्मी उनसे मिले हों तो सारी सावधानी के बावजूद वे कुछ कारगुजारी दिखा ही देते हैं।

खुफिया अधिकारियों क़ा मानना है कि डॉक्टरों व कर्मचारियों को गिरोहों से सेवाओं के बदले मोटी रकम मिलती है। रकम काम और वक्त की नजाकत के मुताबिक दो हज़ार से दो लाख तक कुछ भी हो सकती है। किसी गिरोहबाज को अस्पताल में बीमारी के बहाने कुछ दिनों तक भर्ती करने पर ही 10 से 20 हज़ार रुपये मिलते हैं। एक मेडिकल सर्टिफिकेट के लिए भी 2 से 5 हज़ार रुपये दिये जाते हैं। यह भाव तो 80 के दशक का था। 21वीं सदी के पहले दशक में यह भाव चार से पाँच गुना बढ़ गया है।

एक अधिकारी के मुताबिक गुंडों ने चिकित्सा को बचाव का हथियार बना लिया है, जिसके लिए कोई भी कीमत देने को तैयार रहते हैं। वे कहते हैं, 'डॉक्टर कहते हैं कि उन्हें सुरक्षा नहीं मिलती और अपराधी धमकियाँ देकर उनसे तमाम काम मुफ्त में करवाते हैं। यह बात गले नहीं उतरती। डॉक्टर अगर पुलिस की सहायता करें तो ऐसे अपराधियों को बड़ी आसानी से ठीक किया जा सकता है।'

खुफिया अधिकारी बताते हैं कि एक वक्त तो दिल में दर्द या दौरा पड़ने के बहाने कम से कम आधा दर्जन अपराधियों ने जेजे अस्पताल में पनाह ली थी। ये ऐसे मामले हैं जिनमें लगता है कि उन्हें कुछ हुआ ही नहीं था। बाद में वे भाग निकले, या किसी तरह अदालत से जमानत पाने में कामयाब रहे। जिस तरह फ़िरोज कोंकणी ने एक हवलदार को मारा और जेजे अस्पताल से भागा, उससे आईबी में गहरी चिन्ता बन गयी थी।

## अपराधी-डॉक्टर सम्बन्धों पर मेडिकल काउंसिल की जाँच

अपराधी-डॉक्टर सम्बन्धों की मेडिकल काउंसिल ने भी छानबीन की। राज्य सरकार ने केईएम अस्पताल की डीन प्रज्ञा पै की सदारत में एक समिति की स्थापना की, जिसमें किरीट पटेल (फार्माकोलाजी के प्रोफेसर, केईएम अस्पताल), औरंगाबाद के एसडी पाटील (पैथालाजिस्ट) व वीडी बोरगाँवकर (सर्जन) के अलावा तत्कालीन पुलिस उपायुक्त (अपराध) श्री वेंकटेशम सदस्य थे।

इस समिति को जेजे अस्पताल में जनवरी 1990 से सितम्बर 1997 तक भर्ती हुए तमाम आरोपियों के दस्तावेज़ों की जाँच करने के लिए कहा। समिति को आरोपियों के बारे में पता करना था कि किस गिरोहबाज को किस आधार पर अस्पताल में भर्ती किया? क्या वाकई भर्ती ज़रूरी थी? क्या जितनी चिकित्सा जाँच हुईं, वह ज़रूरी थी? क्या डॉक्टरों द्वारा की गयी सिफ़ारिशें सही थीं? कौन-कौन से चिकित्सकों ने किन-किन गुंडों या आरोपियों की जाँच कब कीं? क्या आरोपियों का पहले भी किसी अस्पताल में इलाज हो चुका है? और सबसे महत्त्वपूर्ण बात यह कि क्या इन आरोपियों की चिकित्सा व जाँच के दौरान पर्याप्त पुलिस बन्दोबस्त था?

डॉक्टर-अपराधी सम्बन्धों की तलाश हेतु बनी एक समिति में जीसी त्रिपाठी (गृह सचिव) और टीसी बेंजामिन (चिकित्सा शिक्षा सचिव) थे। समिति ने कोंकणी फरारी की विस्तृत छानबीन की। इसकी रपट तत्कालीन गृहमन्त्री गोपीनाथ मुंडे को दी। वह रपट अब कहाँ और किस अलमारी में धूल खा रही है, किसी को नहीं पता है, या फिर वह कहाँ लापता हो गयी, कोई नहीं जानता।

## विवाद दर विवाद

यह 4 जनवरी 1999 की बात है। अपराधियों से कथित तौर पर सम्बन्ध रखने वाले डॉक्टरों की सूची को लेकर विवाद उठने लगे और सवाल पूछे जाने लगे कि इस सूची में इस या उस डॉक्टर का नाम क्यों नहीं है? डॉ. प्रज्ञा पै जाँच समिति की रपट पर सवालिया निशान लगे।

यह समिति प्रसिद्ध डॉ. लेखा पाठक के छह अपराधियों से कथित सम्बन्धों के बारे में अख़बार में ख़बर छपने के बाद गठित हुई थी। अब सवाल उठा कि इस सूची में डॉ. लेखा पाठक का नाम क्यों नहीं है? और बाकी डॉक्टरों के नाम क्यों नहीं हैं, जिनके बारे में बार-बार शिकायतें आती रही हैं? जाँच के दौरान स्पष्टीकरण के लिए उनसे पूछताछ क्यों नहीं हुई? डॉ. पै का कहना था कि उन्होंने सरकारी निर्देश के मुताबिक काम किया। इसके आगे वे कोई टिप्पणी नहीं करतीं। इन प्रश्नों का जवाब चिकित्सा शिक्षा के तत्कालीन निदेशक डॉ. सीएल देशपांडे दे सकते थे लेकिन वे व्यस्तता का बहाना बना कर टालते रहे।

सूची में शामिल डॉक्टरों को आश्चर्य है कि जाँच समिति के गठन से लेकर जाँच की रिपोर्ट आने तक उन्हें सरकार की ओर से कोई जानकारी क्यों नहीं मिली? अख़बारों में छपी ख़बरों में भी पहले उनका नाम न था, फिर वे कैसे सूची में शामिल हो गये?

सभी का कहना था कि यहाँ जेल डॉक्टर और जज की सिफ़ारिशों पर अपराधी या क़ैदी इलाज के लिए लाये जाते हैं। डीन की तरफ़ से निर्देश है कि विभाग के वरिष्ठ डॉक्टर ही क़ैदियों का इलाज करें। ऐसे में कनिष्ठ डॉक्टरों की क्या गलती है? दोषी डॉक्टरों की सूची में त्वचा रोग विभाग के डॉ. चेतन ओबेराय (मानद), तपेदिक विभाग के डॉ. केके मोहंती (मानद), कान-नाक-गला रोग विभाग के डॉ. मोहन जगदे और डॉ. वी कस्बेकर (मानद), मनोचिकित्सा विभाग के डॉ. माचिसवाला (मानद) और डॉ. राजीव एम हरीदास और शल्य चिकित्सक डॉ. राठौड़ के नाम थे।

वर्ष 1998 में जेजे अस्पताल के सर्वश्रेष्ठ डॉक्टर सम्मान से पुरस्कृत डॉ. ओबेराय का कहना है कि उन्होंने आज तक विभाग में एक भी क़ैदी दाखिल नहीं किया तो अपराधियों से बार-बार भेंट करने का दोष कैसे मढ़ा जा सकता है? उनका कहना है कि क़ैदियों में त्वचा रोग आम है। ऐसे में रोगी को बार-बार अस्पताल बुलाना ही पड़ता है। विभाग का वरिष्ठ होने के कारण रोगियों को उन्हें ही देखना पड़ता है। उन्होंने अख़बार में छपी इस ख़बर को भी गलत बताया कि डीन ने उन्हें क़ैदी रोगियों को न देखने के आदेश दिये हैं।

डॉ. मोहन्ती कहते रहे हैं कि वे इन रोगियों का एक्स-रे मँगवाते हैं, जिससे तपेदिक का पता जल्दी लगाया जा सके। वे एक साथ चार हफ्ते की दवा देते हैं और गम्भीर रोगियों को ही अस्पताल में दाखिला दिया।

डॉ. जगदे भी अपना नाम दोषी डॉक्टरों की सूची में होने पर बेहद आश्चर्य जताते हुए कहते हैं कि उन्होंने बमकांड के एक भी क़ैदी को दाखिल नहीं किया। उनके पास कैंसर रोगी दाखिल हुए। उन्हें शिकायत है कि जेल में ईएनटी डॉक्टर के होते हुए भी क़ैदियों को उनके विभाग में क्यों भेजा जाता है? किसी रोगी को न देखें और ईलाज न करें तो वह जाकर न्यायाधीश से शिकायत कर देता है। एक क़ैदी के दाखिले के बारे में बार-बार उनसे राय माँगी गयी। उन्होंने इसका विरोध करते हुए न्यायाधीश को लिखा कि एक बार मनाही के बाद भी उनसे बार-बार राय क्यों माँगी जा रही है?

डॉ. हरीदास को कारण बताओ नोटिस नहीं मिला। उनका कहना था कि किसी क़ैदी को उन्होंने नहीं देखा। उन्हें मालूम है कि कल उन्हें निरपराध घोषित कर देंगे क्योंकि वे हमेशा सही रास्ते पर चले हैं लेकिन उनकी छवि को जो नुक़सान होगा, उसकी भरपाई कैसे होगी?

डॉ. माचिसवाला आरोपों का खंडन करते हुए कहते रहे हैं कि मनोचिकित्सा अधिक समय लेती है। शुरू में वे रोगियों को एक हफ्ते में, फिर 15 दिन बाद, फिर महीने भर बाद बुलाते हैं। जहाँ आत्महत्या व आक्रामक हमलों की प्रवृत्ति अधिक हो, ऐसे गम्भीर रोगियों को अस्पताल में दाखिल करना ही पड़ता है। अपनी पत्नी और सास का हत्यारा राजेन्द्र कदम भी उनके वार्ड में दाखिल था।

समय के साथ ये आरोप लगने बन्द हो गये, समितियाँ भंग हो गयीं, अख़बारों के सफे इन मुद्दों से काले होने बन्द हो गये, लेकिन सवाल आज भी खड़े हैं कि अस्पतालों और अदालतों को कब तक ये गिरोहबाज इस्तेमाल करते रहेंगे? क्या यह सिलसिला कभी रुकेगा? क्या कभी यहाँ अवाम की भी सुनवाई होगी?

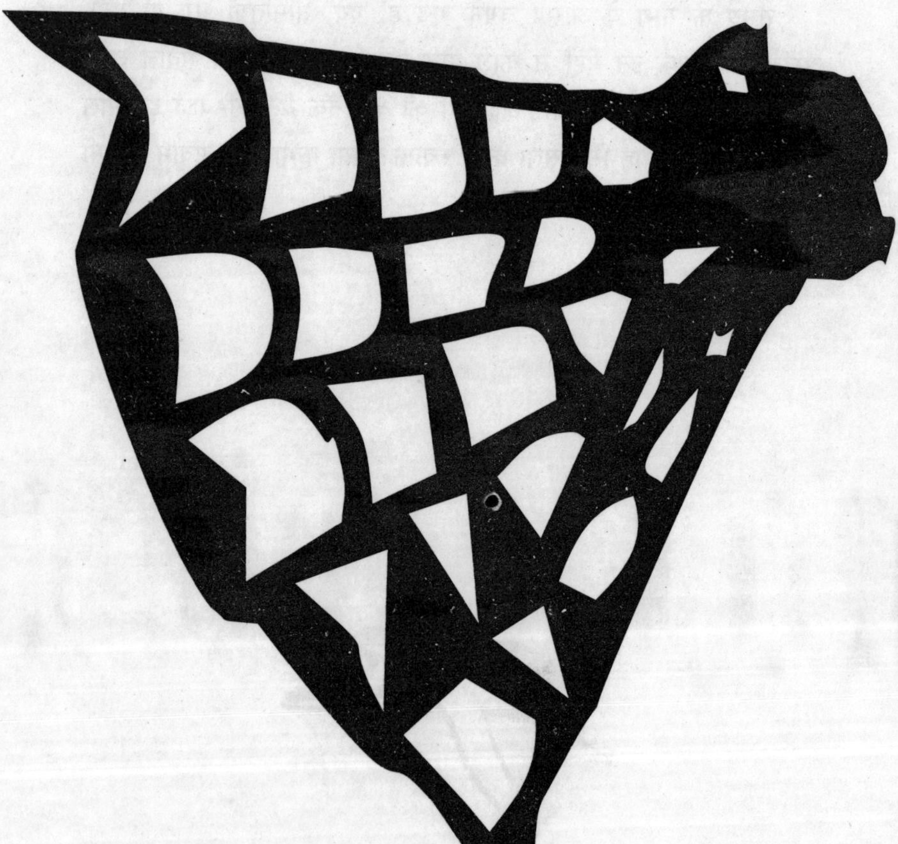

# तिलिस्मी अड्डे

गिरोहों के अपने अड्डे होते हैं, अपने इलाके और अपने तिलिस्म होते हैं। ये कैसे होते हैं भला? निश्चित तौर पर फ़िल्मों में किसी मोगेंबो या गब्बर सिंह के दिखते हैं, वैसे नहीं। लेकिन यह जानना दिलचस्प है कि कई बार उनसे भी खुशनुमा हो सकते हैं, कई दफ़ा फ़िल्मी अड्डों से अधिक डरावने हो सकते हैं। सच तो यह है कि वे कैसे होते हैं, उनमें क्या सुविधाएँ होती हैं, कोई निश्चित पैमाना नहीं है कि ऐसा होना ही चाहिए या वैसा नहीं होना चाहिए। इतना ज़रूर है कि यहाँ का अपना तिलिस्म है... और आकर्षण भी। फिर चाहे वह दाऊद का अरबपति नवाबों के अन्दाज़ वाला कराची का मोईन पैलेस हो या देसी सरगना अरुण गवली की भायखला स्थित दगड़ी चाल। हर स्थान पर कुछ नया हासिल होगा।

## गवली सेना मुख्यालय में

'क्या भाई, डैडी से मिलेंगे?'

'अरुण गवली से?'

'हाँ।'

'नेकी और पूछ-पूछ? कब और कहाँ?'

'दगड़ी चाल में, उनके घर में।'

उस दिन परेशान था कि हाथ में ऐसी कोई ख़बर नहीं, जिससे कुछ हलचल मचे। अचानक सन्देश मिला कि गवली से उसके भायखला स्थित मुख्यालय दगड़ी चाल में मिलने की व्यवस्था सम्भव है। तुरन्त बात का सिरा थाम लिया–

'वहाँ तो पुलिस का पहरा है, हमें अन्दर थोड़े ही जाने देंगे।'

'सब होता है। पूरी दगड़ी चाल पुलिस ने खरीद नहीं ली है। वे किसी को अन्दर जाने से रोक नहीं सकते।'

'वहाँ जायेंगे तो पूछेंगे ज़रूर कि किससे और क्यों मिलना है, जैसे ही उन्हें पता चलेगा कि मैं कौन हूँ तो साफ़ इनकार कर देंगे, अन्दर नहीं जाने देंगे।'

'तो भी आपके पास मसाला होगा न?'

'नहीं तब कोई ख़बर नहीं बनती। लेकिन चलेगा, गवली से न मिला तो कोई बात नहीं, दगड़ी चाल की सैर ही करवा दो, वही मेरे लिए ख़बर है।'

'कैसे?'

'मेरे भाई वह गवली गिरोह का मुख्यालय है। उसका हाले-हवाल भी ख़ासा महत्त्व रखता है।'

'पर मैं आपको भाई से मिलवा दूँगा।'

'पुलिस पहरे में भी?'

'हर आदमी की अपनी क़ीमत होती है भाई। आप चलो तो।'

उस दिन सचमुच पता चला कि 'हर आदमी की कीमत' होती है। दगड़ी चाल के बारे में जो कहते हैं, ऐसा कुछ दिखाई नहीं दिया। पूरी दगड़ी चाल में घूमा, गवली से मिला, उसका घर देखा लेकिन कहीं भी फ़िल्मों में प्रदर्शित गिरोहों के गुप्त अड्डों जैसी कोई बात न दिखी। वह तो एक मध्यमवर्गीय परिवार के साधारण घर सरीखा ही था। न अय्याशी के साजो-सामान, न बन्दूकें, न तलवारें और कोयते। चारों तरफ़ हिन्दू देवी-देवताओं और सन्तों की बड़ी-बड़ी तस्वीरें

थीं। तो क्या पुलिस झूठ बोलती है? लेकिन वह हमेशा सच नहीं होता जो आँखों को दिखता है। कभी-कभी आँखों से अलहदा भी सच होता है।

## अड्डे किसिम-किसिम के

कौन-सा गिरोह अब कहाँ से 'काम' कर रहा है, यह निश्चित रूप से कहना मुश्किल है। 80 के दशक तक गवली का मुख्यालय दगड़ी चाल था, वह आज भी है। पाकमोड़िया स्ट्रीट दाऊद का मुख्यालय था जो अब उजाड़ है, चेंबूर इलाका छोटा राजन का मुख्यालय रहा है, जहाँ अब भी उसका क़ब्जा है, लेकिन कुछ हद तक ही।

तो अब क्या स्थिति है? अब गिरोहों के मुख्यालय या तो महानगर के अन्य हिस्सों में चले गये हैं, या महाराष्ट्र के किसी अन्य शहर-गाँव, या किसी अन्य देश में। कारण जो हो, यह गिरोह के लिए सुखद और जाँच एजेंसियों के लिए परेशानी का बायस है।

गिरोहबाजों के लिए सिर्फ़ पुलिस और जाँच एजेंसियों से बचने का ही सवाल नहीं होता, उन्हें विरोधियों और दुश्मनों से भी जान बचानी होती है। जहाँ तक अड्डे बदलने और बनाने में लगने वाले पैसों की बात है, गिरोहबाजों के पास उसकी कोई कमी नहीं। इन अड्डों में सिर्फ़ छुपने के लिए आश्चर्यजनक ठिकाने ही नहीं होते, चाँदमारी से प्रताड़ना देने तक, शराबखानों से विरोधियों को दफ़नाने के क़ब्रिस्तान तक होते हैं।

मुंबई माफिया के ठिकाने गुजरात से राजस्थान तक फैले हैं। पंजाब में भी दाऊद के अड्डे हैं। मध्यप्रदेश डी-कम्पनी की सनातन अड्डा परम्परा निभा रहा है। उत्तर प्रदेश का जौनपुर इलाका तो अबू सालेम का पसन्दीदा अड्डा है। उत्तर प्रदेश के कुछ और इलाकों में डी-कम्पनी के अड्डे हैं। दक्षिण भारत में अगर दाऊद के लोग हैं तो नाना कम्पनी ने भी डेरा जमा रखा है।

यह सभी जानते हैं कि गिरोहबाज किसी अनाम व्यक्ति को अड्डे स्थापित करने के लिए मोहरा बनाते हैं। ये अड्डे किसी पॉश इलाके की इमारत के फ्लैट या बँगले होते हैं, कोई होटल-लॉज या गेस्ट हाऊस भी हो सकते हैं। ट्रेवल एजेंसियों के दफ्तर सबसे आदर्श और बढ़िया अड्डे होते हैं। मुंबई पुलिस के एक अधिकारी बताते हैं कि यहाँ कई ट्रेवल एजेंसियाँ हैं, जिन पर लगातार निगाह रखी जाती है क्योंकि उनके गुंडों से जुड़े होने की जानकारी है। अड्डों के बारे में यह शाश्वत

सत्य है कि वे जब तक रहस्य होते हैं, तब तक गुंडों या गिरोहों के काम के हैं। जैसे ही अड्डे की जानकारी जाँच-खुफिया एजेंसियों या विरोधियों को मिली कि अड्डे का इस्तेमाल ख़त्म। बन्द न करें, तो उसका प्रयोग बेहद सावधानी से होता है।

## दगड़ी चाल

अब यह बात हर पुलिसकर्मी, ख़बरी और गिरोहबाज कहता मिलेगा कि दगड़ी चाल अरुण गवली का मुख्यालय नहीं रहा। अब उसके संगी-साथी यहाँ डेरा नहीं डालते। जबसे तत्कालीन पुलिस उपायुक्त (अपराध) परमबीर सिंह ने गवली के घर में घुस कर दूसरी मंज़िल पर तीन गुंडों को मार गिराया, तबसे यहाँ गिरोहबाजों का जुड़ना थम गया। इस क़िलेनुमा चाल के कमरे किस प्रकार अन्दर ही अन्दर एक-दूसरे से जुड़े हैं, उनके बारे में अभी भी पूरी जानकारी किसी को नहीं है। संगमरमर मढ़ी मोटी दीवारों के पीछे न जाने कितने रहस्य दबे हैं। यहाँ ऐसे पचासों खाँचे मिलेंगे, जिनके पीछे कोई छुप जाये तो पता लगाना मुश्किल है।

अपराध शाखा के एक वरिष्ठ अधिकारी बताते हैं, 'पहले जब दगड़ी चाल पर छापे मारते, गवली कभी हाथ नहीं आता था। वह तीसरी से दूसरी मंजिल पर चुपचाप निकल सकता था क्योंकि वहाँ एक चोर रास्ता बना है, जिसकी जानकारी हमें न थी। उसकी रसोई घर में भी गुप्त खाँचे हैं। वहाँ कोई बैठ जाये तो खोजना मुश्किल है। हमें इनकी जानकारी हासिल करने में बरसों लग गये।' यह अधिकारी नकारात्मक रूप से सिर हिलाते हुए कहता है, 'हमें आज भी कई गुप्त ठिकानों की जानकारी नहीं है। सिर्फ़ गवली के तिमंज़िला घर में ही नहीं, पूरी दगड़ी चाल में तिलिस्मी रास्ते और खाँचे हैं। यही कारण था कि पुख्ता सूचना होने पर मारे छापों के बावजूद सुनीत घाटे और सदा पावले बच निकलते थे।'

इस अधिकारी के मुताबिक गवली का विश्वस्त सिपहसालार सुनील घाटे भी दगड़ी चाल में रहता था। उसने अपने घर की दीवारों के बीच ऐसा खांचा बनाया था कि उसमें छुपने पर पुलिस लाख कोशिश कर ले, पता नहीं चल पाता था। इस खाँचे तक जाने का रास्ता लकड़ी की अलमारी से था और वहाँ हवा के आवागमन की पर्याप्त व्यवस्था थी।

सदा मामा के दगड़ी चाल में छुपने और फरार होने के कई स्थान और रास्ते थे। दगड़ी चाल में कुल 300 कमरे हैं। इनमें से कइयों पर बाहर से हमेशा ताला लगा होता है। इसका मतलब यह नहीं कि बन्द दरवाज़ों के पीछे जीवन नहीं है।

किसी अन्य कमरों से 'बन्द कमरों' में जाने का मार्ग होता है। उससे भी किसी कमरे या छत तक पहुँचने की व्यवस्था है। पुलिस की भनक मिली नहीं कि इनसे इमारत की छत पर जाकर सदा मामा चुपचाप पड़ोस की इमारतों पर छलाँग लगा कर ग़ायब हो जाता था। वह लम्बे अर्से तक पुलिस को लकड़ी की एक 'दीवार' में छुप कर छकाता रहा। मौत के कुछ हफ्ते पहले पुलिस छापामारी की भनक सदा को मिली। वह इमारत की छत से फरार होने लगा लेकिन ज़रा सा चूका और नीचे जा गिरा। उसका पाँव टूटा पर फरार हो गया।

राजू बटाटा और राहुल पोल भी दगड़ी चाल के कमरों में बने गुप्त खाँचों में छुपते थे जो रसोई गैस सिलिंडर के पीछे थे।

गवली गिरोह के ख़ास गुंडे सुनील घाटे ने अक्तूबर 1997 में आग्रीपाड़ा थाने में समर्पण के बाद पूछताछ में तीन खुफिया स्थानों की जानकारी मुहैया करवाई, जिनमें सदा मामा और तान्या कोली जैसे सिपहसालार छुपते थे। इस सूचना पर दगड़ी चाल पर छापामारी की गयी।

दगड़ी चाल की 'एफ' इमारत की दूसरी मंज़िल स्थित घाटे के घर में लकड़ी की अलमारी के पीछे डेढ़ फीट चौड़ा छेद मिला। यह अलमारी घर में घुसते ही दाहिनी तरफ़ दरवाज़े के पास है। इससे गुजर कर एक छोटे से स्थान पर तब तक बैठ सकते हैं, जब तक ख़तरा न टल जाये।

दगड़ी चाल की 'जी' इमारत में सोफे के पीछे ज़मीन के नीचे टाइल्स से छुपा कर बना एक गुप्त स्थल दो फीट चौड़ा है। यहाँ लेट कर दो व्यक्ति रह सकते हैं, जहाँ वायु आवागमन का इन्तज़ाम है।

दगड़ी चाल की 'एच' इमारत में ऐसे लोग रहते हैं, जिनका आपराधिक इतिहास नहीं है। इसमें तीसरा अड्डा मिला जो रसोई घर के खाना बनाने के चबूतरे और दीवार के बीच चालाकी से बना था। दो फीट चौड़े इस स्थान में तीन व्यक्ति बैठ सकते हैं। यह सदा पावले का सबसे पसन्दीदा था। अधिकारी ईमानदारी से स्वीकार करते हुए कहते हैं कि यदि घाटे ने नहीं बताया होता तो इनकी जानकारी मिलना असम्भव थी।

गिरोह ने ये गुप्त स्थल बेहद चालाकी और समझदारी से बनाये और छुपाये थे। इन्हें बाहर से ठोंकने पर भी खोखला होने की आवाज़ नहीं आती।

मज़ेदार बात है कि दगड़ी चाल पर सन 1997 में पुलिस ने 25 से अधिक छापे मारे लेकिन कभी अपेक्षित सफलता न मिली, न गुंडे मिलते, न हथियार,

न कोई शिकार। तत्कालीन पुलिस उपायुक्त (ज़ोन 2) परमबीर सिंह कहते हैं, 'गिरोहबाजों के लिए दगड़ी चाल को हमने सुरक्षित पनाहगाह नहीं रहने दिया। उसके तमाम रहस्य अब सामने हैं।'

पुलिस ने 1991 में छापामारी में एक ठिकाने पर छुपे तान्या कोली को दबोचा था। 1995 में दगड़ी चाल के कुछ गालों (दुकानों/गोदामों) को पुलिस ने 'सील' किया क्योंकि उनका आपराधिक गतिविधियों में इस्तेमाल होने का शक था। बतौर चाँदमारी क्षेत्र भी कई कमरों का प्रयोग होता रहा है।

पुलिस को जिस काम में कभी सफलता न मिली, वो दगड़ी चाल का लोहे से बना भारी-भरकम और ऊँचा मुख्य दरवाज़ा तोड़ना। इसके लिए वरिष्ठ अधिकारियों ने मुंबई महानगरपालिका से मदद लेने की बहुतेरी कोशिश की। दरवाज़ा तोड़ने से रोकने के लिए स्थानीय 'निवासियों' ने अदालत से स्थगनादेश ले लिया था। उसे खारिज करवाने में अधिकारी असफल साबित हुए। आज भले ही वह दरवाज़ा खुला रहता हो, पुलिस ने दबाव बना कर उसे खुलवा लिया हो, फिर भी दगड़ी चाल का अपना ही तिलिस्म है। कई बार की गिरफ्तारियों के बावजूद, विधायक बन जाने के बाद भी, दगड़ी चाल को लेकर कोई बात करता है तो भय की सिहरन सी ज़रूर रीढ़ या मस्तिष्क में कौंध जाती है।

## दाऊद के अड्डे

डी-कम्पनी के पुराने अड्डे 'डंबरवाल बिल्डिंग', पाकमोड़िया स्ट्रीट की इमारत और याकूब के होटलों में तो मामला ही कुछ और था। वहाँ का तिलिस्म गवली के अड्डों जैसा नहीं है। यहाँ के घिचपिच छोटे-छोटे कमरों की भूलभुलैया में घुसने पर आसानी से बाहर नहीं निकल सकते। यह स्थिति पुलिस के साथ होती है, गुंडों के नहीं। गुंडों के लिए यह जगह ऐसा ठिकाना है, जहाँ सदैव सुरक्षित रहने की गारंटी थी। यह बात और है कि अब यहाँ का तिलिस्म टूट चुका है लेकिन अब भी यहाँ अपराधी बसेरा करते हैं।

दाऊद भले ही 80 के दशक में दुबई गया...वह नूरा, अनीस, कय्यूम के साथ वहीं से मुंबई के काले संसार की बादशाहत संचालित करता रहा, वहाँ तक पुलिस पहुँची लेकिन पकड़ न सकी, गिरोह युद्ध के ख़ूनी पंजे वहाँ भी जा पहुँचे। 'अल हयात' नामक होटल भी उनका सुरक्षित ठिकाना था लेकिन राजन के किराए पर लिए हत्यारे 'पांडू बन्धुओं' ने सावत्या को गोलियों से छलनी कर

बड़ी चुनौती पैदा की। 93 बमकांड के बाद दाऊद सपरिवार कराची के 'मोईन पैलेस' में चला गया। शकील, एजाज पठान, अनीस, कय्यूम, शरद शेट्टी दुबई से काम करते रहे। कालान्तर में शरद शेट्टी को छोड़ बाकी सभी कराची चले गये।

डी-कम्पनी के दो सिपहसालार, जावेद खान और रसीद पहलवान, औरंगाबाद और जालना से 'ऑपरेट' करते रहे जबकि दाऊद खान और महबूब कश्मीरी ने सूरत को अड्डा चुना। डी-कम्पनी के शूटर आलम और पापा का ठिकाना भिवंडी बना। मीरा रोड और मुंब्रा के इर्दगिर्द इलाकों में छुपने वालों में सलीम और रहमान के नाम भी हैं।

मुंबई पुलिस और मनपा ने काफ़ी मगजपच्ची की और सन 2000 के अन्त तक गिरोहों के 1,000 से अधिक अवैध ठिकानों, गुप्त अड्डों की सूची बनाई। ये स्थान घने बसे मुस्लिम इलाकों, भेंडी बाजार और मोहम्मद अली रोड पर हैं, तो मुंबई के एक उपनगर अँधेरी के लोखंडवाला जैसे पॉश इलाके में भी हैं, मालाड पूर्व के पठानवाड़ी तो ठाणे के मीरा रोड, काशीमिरा, वसई, विरार, नालासोपारा तक विस्तारित हैं।

एक मनपा अधिकारी बताते हैं, 'इन अड्डों का निर्माण 1985 से 1998 के बीच हुआ। इनके अपराधियों द्वारा इस्तेमाल करने के पुलिस ने काफ़ी सबूत इकट्ठे किये। अधिकांश इमारतें पुरानी हैं, जिनमें ये अड्डे बने हैं।'

मुंबई पुलिस के बताने पर आयकर विभाग ने भले ही दाऊद की कुल 18 इमारतें नीलामी के लिए जब्त कीं लेकिन मनपा सर्वेक्षण के मुताबिक मुंबई में 40 से अधिक बहुमंज़िली इमारतों पर दाऊद की मिल्कियत का ठप्पा है। इनमें से कई इमारतों को 'आक्यूपेंसी सर्टिफ़िकेट' जारी नहीं किया क्योंकि मुंबई बमकांड में दाऊद प्रमुख आरोपी था।

मनपा के 'हथौड़ा पुरुष' जीआर खैरनार ने जब डी-कम्पनी की 63 अवैध इमारतें और अड्डे नेस्तनाबूद करने चाहे, मनपा और पुलिस बल में बैठे मुखबिरों ने पहले ही गिरोहबाजों को आगाह कर दिया। गिरोहबाजों ने मुंबई हाईकोर्ट से इमारतें बचाने के लिए स्थगनादेश ले लिया।

श्री खैरनार ने फिर भी अभियान जारी रखा। खैरनार बताते हैं कि सरगना सिर्फ़ काले धन को सफेद बनाने के लिए ही इमारतें ख़रीदते या बनवाते नहीं, बल्कि छुपने का अड्डा भी बनाते हैं। खैरनार कहते हैं, 'मनपा में बहुतेरों के अपने स्वार्थ हैं। वे इन अवैध कामों की फाइलें 'इस' से 'उस' विभाग में घुमाते हैं।

कई फाइलें 'गुम' जाती हैं। महत्त्वपूर्ण दस्तावेज़ों का यूँ गुमना क्या दर्शाता है?' अवैध इमारत के स्वामी (बेनामी सम्पत्ति के दिखावटी मालिक) इतने शातिर होते हैं कि अपने आकाओं की सम्पत्ति बचाने के लिए किसी भी हद तक चले जाते हैं। वे बताते हैं, 'एक अवैध इमारत का मालिक तो हमारी कार्रवाई से बचने के लिए हैदराबाद अदालत से स्थगनादेश ले आया था।'

डी-कम्पनी के सबसे सुरक्षित अड्डों में नेपाल के कुछ ठिकाने रहे हैं। इनमें से कुछ तो नेपाल राजघराने से सम्बन्धित रहे हैं। बांग्लादेश और पाकिस्तान में जो अड्डे बने हैं, उनकी पूरी जानकारी खुफिया विभागों के पास भी नहीं है। इन तीनों देशों में बने अड्डों की पूरी तफसील सम्बन्धित खंड में आपको मिलेगी।

## नाना का संसार

राजन ने जब दाऊद से नाता तोड़ा तो डी-कम्पनी को सबसे अधिक नुक़सान 'ठियों' का ही हुआ। विघटन के पहले तक ये अड्डे राज थे, अब न रहे। यहाँ राजन के हमलावरों की पहुँच थी, पुलिस तक उनकी सूचना पहुँचाई जा रही थी। घाटला विलेज के एक गुप्त अड्डे की जानकारी अब पुलिस को हो चुकी थी।

रोहित वर्मा की मौत 15 दिसम्बर 2000 को बैंकॉक में एक स्थायी गुप्त अड्डे पर डी-कम्पनी के हमले में हुई। राजन को समझ आ गया कि उसकी सूचना बाहर जाने की वजह अड्डे की जानकारी आम होना है। इसके बाद वह यूरोपीय देशों में जा बसा। पहले राजन ने मलेशिया में सुरक्षित ठिकाना खोजा। बाद में वह मालवाही जहाज़ में रहने लगा। ये मालवाही जहाज़ एक स्थान पर कभी नहीं रहते थे या लंगर डाल कर खड़े होते थे। हर 15 से 20 दिनों में वह जहाज़ भी बदलता रहा। उसने पूर्वी एशियाई देशों के बैंकॉक, थाईलैंड जैसे देशों के अलावा ऑस्ट्रेलिया और स्विट्ज़रलैंड में भी सुरक्षित ठिकाने खोज रखे थे।

पुलिस ने जब नाना कम्पनी पर शिकंजा कसा और नामी गुंडों को मारा तो उसके अभय अंबोलकर, संभाजी कदम उर्फ़ संभ्या, हेमन्त पुजारी, बरक्या, विलाश देशमुख, मंगेश दानसिंह उर्फ़ डैनी जैसे गुंडे चुपचाप मुंबई ठिकानों से ग़ायब हो गये। वे देश के विभिन्न हिस्सों में फैल गये। ये सभी पहले राजन के ख़ास इलाके चेंबूर और घाटकोपर से 'काम' करते थे। अवधूत बोंडे ने नाशिक को कार्यक्षेत्र बनाया। विलास माने ने अलीबाग स्थित एकान्त में बने फॉर्म हाउस में पनाह ली। मीलों तक फैले खेतों और पहाड़ों में पुलिस के आने से पहले वह

ग़ायब हो जाता था। दोनों ही बाद में इन इलाकों से इतर सड़कों पर मारे गये।

## रावण की लंका

1997 में अमर नाईक एक मुठभेड़ में मारा गया। इस सरगना का अड्डा मुंबई का 144 टेनामेंट था। यहाँ के छोटे-छोटे कमरों में अमर नाईक की जान बचती और बसती थी। जब नाईक या उसके गुंडे यहाँ होते, कोई उन्हें तलाश नहीं पाता था।

पढ़-लिख कर इंजीनियर बने अश्विन नाईक को बड़े भाई की मौत के बाद मजबूरन तब गिरोह की कमान अन्ततः सँभालनी पड़ी, जब विरोधी गिरोहों ने उस पर जानलेवा हमला करके बुरी तरह घायल कर दिया। एक दिन वह मुंबई पुलिस की हिरासत से भागा तो सीधा सरहद पार जा पहुँचा। उसके बाद जगह-जगह भटकता रहा। लगभग एक दशक तक विदेशों में भटकने के बाद अन्त में बांग्लादेश-भारत सीमा पर पकड़ा गया।

अमर की मौत के तुरन्त बाद दाना सिंह विश्वकर्मा उर्फ़ लाली, बाबू चिकना, जयन्त कालेकर, प्रदीप कांबले उर्फ़ बिल्ला जैसे प्रमुख गुंडों ने मुंबई से भागने में ही भलाई समझी और अलग-अलग जगहों से ऑपरेट करने लगे थे। ये बात और है कि वे विदेश में न रह कर देश के ही कुछ राज्यों में पहचान छुपा कर अपने गुप्त अड्डों से काम करने लगे थे।

## अबू के आश्रय

मुंबई माफिया के सबसे ख़तरनाक हत्यारे और सरगना अबू सालेम ने एक वक्त तो दक्षिण अफ्रीका के शहर केप टाऊन को मुख्यालय बनाया। अबू को अकील अहमद आजमी नाम से भी पहचाना जाता है। सालेम नेपाल को सबसे सुरक्षित अड्डा मानता रहा है, वहीं साथियों व सुपारी हत्यारों के छुपने की व्यवस्था करता रहा है। वे बिहार और उत्तर प्रदेश से नेपाल पहुँचते हैं और मामला ठंडा होने तक वहीं रहते हैं।

अबू ने अपने लिए बेहद सुरक्षित ठिकाना अमरीका में भी तलाश लिया। कुछ शहरों में उसने अपने लिए फ्लैट खरीद लिए। एक-दो जुआघरों का मालिक बन गया। उनसे न केवल बढ़िया कमाई होती रही, वहाँ से शानदार माहौल में रहने के कारण उसकी तरफ़ कभी किसी का ध्यान भी नहीं जाता था। ये अड्डे उसे न केवल विरोधी गिरोहों से बल्कि जाँच एजेंसियों से भी बचा रहे थे।

उसने पुर्तगाल के शहर लिस्बन में मोनिका बेदी के साथ दानिश के नाम वाले पासपोर्ट पर अड्डा जमाया था। लेकिन अनीस की मुखबिरी के चलते वह पकड़ा गया।

## और भी हैं जहाँ

एक तरफ़ बड़े गिरोह सरगना, हत्यारे और अन्य काम करने वाले अपने अड्डे सुरक्षित स्थानों पर चुनते हैं, वही छुटभैये गुंडों ने मुंबई में अपने लिए कुछ सुरक्षित पनाहगाह खोजी हैं। गोराई (बोरीवली), चारकोप (कांदिवली), पठानवाड़ी और मालवणी (मालाड), सन्तोष नगर झोपड़पट्टी (गोरेगाँव) उनके प्रिय स्थान हैं। मुस्लिम गुंडे डोंगरी, कोल डोंगरी, मुंब्रा, चीता कैंप, गोवंडी, मोहम्मद अली रोड, भिवंडी को अपने लिए सुरक्षित मानते हैं।

मीरा रोड की मध्यवर्गीय बस्तियों में गुंडों को 'वनवास' काटने में सहूलियत होती है। घाटला विलेज में मेंग्रोव की झाड़ियाँ पुराने ज़माने से गिरोहबाजों के सबसे सुरक्षित ठिकानों में से एक हैं। सागरीय खाड़ियों के ख़तरनाक दलदलों में उगे मेंग्रोव जंगलों में तो जानवर भी घुसने से बचते हैं। अपराधियों के लिए ये सबसे सुरक्षित पनाहगाह इसलिए भी हैं क्योंकि पुलिस तो दूर, उनके मुखबिर भी यहाँ जाने के नाम से ही थर्राते हैं।

संजय गाँधी नेशनल पार्क (बोरीवली) और आरे कॉलोनी तथा फ़िल्म सिटी (गोरेगाँव) भी अपराधियों की सुरक्षित पनाहगाह हैं। इन स्थानों का इस्तेमाल लाशें ठिकाने लगाने के लिए होता है क्योंकि यहाँ हिंस्र पशु घूमते हैं। अपराधी उनके लिए मुफ्त भोजन या नाश्ते का प्रबन्ध करते हैं। यहाँ बने ठिकानों में अपराधी मजे से कुछ समय तक रहते हैं। उन्हें पता है कि इस इलाके में सभी घुसने से बचते हैं।

## अड्डों में बदलाव

गुंडों व गिरोहबाजों द्वारा अचानक मुख्यालय बदलने की एक ठोस वजह नहीं होती। पुलिस कार्रवाई, विरोधी की मार, संचार की विश्वस्तरीय सुविधाएँ, अत्यधिक मात्रा में धन की आमद जैसे कई कारण हैं जो गिरोहबाजों के मुख्यालयों को मुंबई से हटाने से कामयाब रहे हैं।

आज के सरगना, गिरोहबाज और उनके सिपहसालार व प्यादे सन्देश पाने-भेजने के लिए सिर्फ़ टेलीफ़ोन पर ही निर्भर नहीं हैं। उनके पास रोमिंग सेलूलर

फ़ोन ही नहीं सेटेलाईट फ़ोन भी है। उनके पास वीओआईपी फ़ोन भी हैं। किसी भी स्मार्टफ़ोन से वे आपस में स्काईप और वीबर जैसी वेबसाईट्स से वीडियो चैट कर लेते हैं। इससे गुंडों का एक जगह टिक कर रहना जरूरी नहीं रह गया।

पुलिस द्वारा गवली के अड्डों पर छापामारी और माया डोलस मुठभेड़ ने गिरोहबाजों को नया सबक सिखाया–'एक ही स्थान को मुख्यालय बनाना स्वास्थ्य के लिए हानिकारक है।'

विरोधी की मार का ख़तरा भी मुख्यालयों या अड्डों पर अधिक होता है। डी-कम्पनी के सिपहसालार माया डोलस और दिलीप बुआ ने 1986 में कांजुर मार्ग स्थित गिरोहबाज अशोक जोशी के अड्डे पर छापेमारी की। वह तो जोशी की जान नहीं जानी थी वर्ना चीन में बनी एके-47 रायफलों से बरसी मौत से बचना सम्भव नहीं। ऐसे ही डी-कम्पनी ने नाना कम्पनी के मन्या पाटिल के घाटला अड्डे पर हमला करके मार गिराया।

गिरोह में होने वाले विभाजन भी अड्डों की गोपनीयता नष्ट करते हैं। गिरोहों में परिवर्तन के बाद सिपहसालार और सेनापति जब नायक बनने लगते हैं, वे पैतृक गिरोह के सरदारों के लिए ख़तरा बनते हैं। इससे भी पैतृक गिरोहों को अड्डे बदलना ज़रूरी हो जाता है।

गिरोह सरगना, सेनापति व सिपहसालार काफ़ी चालाक व सतर्क हो चले हैं। मातहत गुंडों को पता नहीं चलने देते कि वे कहाँ पनाह लिए हैं। कई गुंडों ने हमेशा मुंबई की पॉश कालोनियों में अड्डे बनाये। ऐसे गुंडों में सुभाष सिंह ठाकुर और सावत्या के नाम सबसे ऊपर हैं। वे जुहू और लोखंडवाला में फ़िल्मी हस्तियों के बीच शान से रहते थे लेकिन किसी को शक न हुआ। आज भी लोखंडवाला गिरोहबाजों से भरा है।

कभी एशिया की सबसे बड़ी झोपड़पट्टी कहलाने वाला धारावी इलाका गिरोहबाजों के लिए हमेशा ऐसा ठिकाना रहा, जहाँ छुपना आसान और सुरक्षित है। यह क्षेत्र तो श्रीलंका के आतंकवादी संगठन लिट्टे का अड्डा भी रहा है।

गिरोहों ने मुंबई के अड्डे पूरी तरह बन्द नहीं किये हैं, बस सावधानी के तौर पर वे खुलेआम एक मुख्यालय नहीं रख रहे हैं। नागपाड़ा से नेपाल तक, भायखला से बैंकॉक तक, दक्षिण मुंबई से दक्षिण अफ्रीका तक, बान्द्रा से बांग्लादेश तक, पाकमोड़िया स्ट्रीट से पाकिस्तान तक, चेंबूर से चीन तक, मालाड से मलेशिया तक, विरार से वियतनाम तक सारा विश्व उनके अड्डे में तब्दील होकर रह गया है।

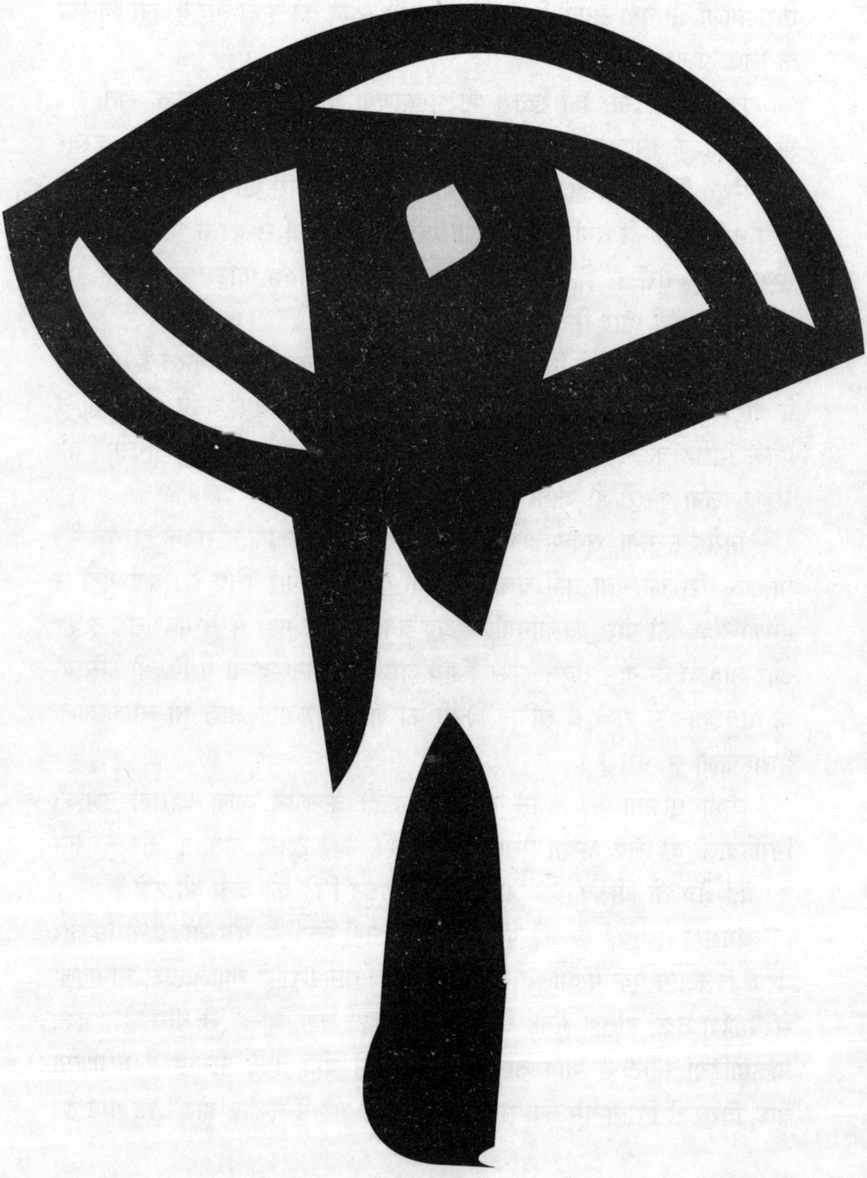

# हुए रिटायर लेकिन चैन नहीं

मुंबई माफिया में ही नहीं, पूरी दुनिया के स्याह संसार में कहावत है, 'यह एकांगी मार्ग है, इसमें आदमी आता अपनी मर्ज़ी से है, निकलता कभी नहीं है।' इसी को मुंबई गिरोहबाजों की दुनिया भी चरितार्थ करती है। मुंबई के भूमिगत संसार में जिसने क़दम रखा, वह भले ही रिटायर हो गया, उसे कभी चैन नहीं मिला। गिरोहबाजी से लगभग रिटायर हो चुके नाना कम्पनी के सिपहसालार अवधूत बोंडे की नाशिक में गिरफ्तारी और मुंबई में मुठभेड़ से कई सवाल उठे। उनमें एक यह भी है कि मुंबई के गिरोह सरगना, सिपहसालार या गुंडे जब रिटायर होते हैं, तो करते क्या हैं? वे आराम करते हैं, पुराने दिनों की याद करते हैं, राजनीतिक पार्टियाँ बनाते हैं, होटल खोलते और चलाते हैं, नये गिरोहबाजों के साथ शिकारों के सौदे करवाते हैं, ज़मीनों की ख़रीद-फरोख़्त का धन्धा करते हैं, वगैरह-वगैरह...इस सूची में और भी ढेर सारे वगैरह हैं।

## बच्चे की कसम

उस दिन अबू जठार का अचानक दफ्तर में पहुँचना अचरज से कम न था। उस पर हत्या के इल्जाम थे, माफिया में अपनी पैठ के लिए जाना जाता था, ऐसे में उसका खुलेआम अकेले घूमना ताज्जुब की बात थी। वह आया तो बात भी हुई–

'क्या बात है, आज आप कैसे आये दफ्तर में? आप तो मुझे जानते ही नहीं।'

'कोई ख़ास बात नहीं। आपके बारे में मैंने बहुत सुना। सोचा मिलूँ।'

'क्या आपको ख़तरा नहीं है? इस तरह खुलेआम कैसे घूम रहे हैं?'

'बहुत हो गया भाई साहब। कोई क्या ले जायेगा मेरा? अब आराम से दिन बिताने का मन है।'

'क्यों?'

'बच्चे के लिए... परिवार के लिए।'

'यह बात पहले नहीं सूझी आपको?'

'इसका कोई जवाब नहीं है मेरे पास... इतना है कि अब उस दुनिया से नाता तोड़ चुका हूँ।'

'लेकिन यह दुनिया क्या आपको जीने देगी?'

'पता नहीं। कोशिश करने में क्या हर्ज है?'

'हाँ, हाथ में आया कोई मौक़ा नहीं छोड़ना चाहिए। क्या करेंगे आप?'

'कोई छोटा-मोटा कारोबार करूँगा। आप बताइए क्या करूँ?'

'यह मेरी समझ के बाहर है कि आप क्या कर सकते हैं। मैं ठीक से आपके बारे में कुछ नहीं जानता। कैसे कुछ सलाह दूँ।'

'कुछ तो बताइए।'

'ठीक है, कभी कुछ सूझा तो सम्पर्क करूँगा।'

जठार ने घर के नम्बर बड़े आराम से दिये जो आमतौर पर गिरोहबाज नहीं देते। यह साबित करता था कि वह सचमुच रिटायर हो गया है। वह गया तो मैं अपने कामकाज में लग गया। अभी अधिक दिन न बीते होंगे कि ख़बर आयी–'अबू जठार को घर के बाहर गोली मार दी।'

मैं सन्न रह गया। आज वह बात सच लगने लगी थी, जब मुझसे एक बुजुर्ग गिरोहबाज ने कहा था कि काली दुनिया में आदमी तभी रिटायर होता है, जब ज़िन्दगी रिटायर हो जाती है। और आज अबू के साथ भी यही हुआ था।

## एकांगी मार्ग

मुंबई का भूमिगत संसार भी कोई अलग नहीं है। सारी दुनिया के सरमायादारों के बीच जो चलन या परम्परा है, वही मुंबई में भी है। यहाँ का पक्का उसूल है—जब तक किसी की लाश नहीं गिरेगी, तब तक कोई दूसरा गिरोह सरगना नहीं बन सकता। ऐसा ही कुछ होता रहा है मुंबई के अँधियाले संसार में भी। कुछ ही ऐसे गिरोहबाज या सरगना रहे हैं, जो रिटायर हुए तो भी उनका जीवन कभी वैसा न रहा, जैसा किसी आम इनसान का होता है। वे सदा आग से धधकते कुएँ के मुहाने पर ही बैठे रहे। उनके पीछे से आयी पीढ़ी ने उनकी नाक में दम कर दिया। कुछ को पुलिस वालों ने हलाकान कर दिया। वे चुपचाप अपने-अपने खोल में सिमट गये लेकिन कभी सुखी न रहे।

## वरदराजन मुदलियार

वरदा दादा या वरदा भाई के नाम से पहचाना जाने वाला यह पठानी गिरोहबाज मुंबई की गोदियों का बेताज बादशाह था। 80 के दशक में जब ग़िरोहों के बीच पहली ख़ूनी जंग शुरू हुई तो वह इस ख़ून-ख़राबे से मजबूरन अलग होकर रिटायर ज़िन्दगी जीने लगा। उसने जमा पूँजी से कुछ कारोबारों में धन लगाया और धारावी इलाके में अपने लोगों के बीच तब तक जीता रहा जब तक मर न गया। वायसी पवार नामक एक जांबाज पुलिस अधिकारी ने वरदा की वो हालत कर दी कि उसे मुंबई छोड़ कर मद्रास (चेन्नई) जाना पड़ा। जब उसकी मौत हुई तो ही हाजी मस्तान एक विशेष विमान लेकर वहाँ गया, उसका शव लेकर मुंबई आया, यहाँ बड़ी शानो-शौकत से उसका अन्तिम संस्कार करवाया।

## हाजी मस्तान

यही हाल हाजी मस्तान का भी हुआ, जब दाऊद ने इन गिरोहबाजों से सत्ता छीन ली और ख़ुद क़ाबिज हो गया। हाजी चुप नहीं बैठा। उसने दलित

मुस्लिम माइनारीटिज फ्रंट नामक राजनीतिक पार्टी बनाई और राजनेता बनने की कोशिश की लेकिन नाकामयाब रहा। उसने कई फ़िल्मों में फाइनेंस भी किया लेकिन उसका तमाम पैसा डूब गया। एक दिन वह अपने घर में नींद में मृत मिला।

## करीम लाला

उसी दौर में करीम लाला भी सेवानिवृत्त हो गया, जब मुंबई की सड़कों पर रक्तरंजित लड़ाई चल रही थी। वह शान्ति से अपने घर में रहता रहा। कभी-कभार उसे किसी दावत में देखा जाता रहा। वह घर से अधिक नहीं निकलता था। रिटायर ज़िन्दगी में उसका कोई अवैध कामकाज नहीं दिखाई दिया। उसकी मौत हो गयी और इस तरह अपराध जगत की एक पीढ़ी का पूरी तरह ख़ात्मा हो गया।

## एजाज पठान

दाऊद गिरोह का एक ख़ासमख़ास सिपहसालार पाकिस्तान-अफ़ग़ानिस्तान सीमा पर स्थित सूखे मेवों के अपने पारिवारिक बागानों को चलाने के लिए कुछ समय तक रहा। 1997 और 1998 में दो बार उस पर कराची स्थित घर में जानलेवा हमले हुए। छोटा शकील और पाकिस्तानी ड्रग्स तस्करों के संयुक्त हमलों में पहली बार वह बुरी तरह ज़ख़्मी हुआ। उसे पाँच गोलियाँ लगीं। गले में लगी एक गोली ने उसकी आवाज बन्द कर दी। इलाज करवाने ख़ुद दाऊद अपने साथ नूरा को लेकर कनाडा गया और 20 दिनों तक वहीं रहा। जब एजाज ठीक होकर घर आया तो कुछ समय बाद फिर हमला हुआ। इस हमले में उसका पाँच वर्षीय बेटा घायल हो गया। उसे दायें पाँव में गोली लगी।

इन हमलों से एजाज गिरोहबाजी के पेशे से बुरी तरह आज़िज़ आ गया। वह रिटायर हो गया और बलूचिस्तान चला गया। यहीं आराम से जीवन बिताता रहा। इस पर भी उसे यहाँ चैन न मिला। वह फिर दुबई जा पहुँचा और वहाँ से कुछ न कुछ कामकाज करता रहता है। दुबई से मुंबई के लिए प्रत्यर्पित हुआ लेकिन जेल में दाऊद गिरोह के गुंडों की ज्यादतियाँ सहन न कर सका और कुछ ही अरसे में मौत ने उसे गले लगा लिया।

## साधु शेट्टी

छोटा राजन गिरोह का यह मशहूर सुपारी हत्यारा केरल के अपने पैतृक गाँव में रहने चला गया। वहाँ उसे लोग एक सन्त की तरह मानते थे। उसने यहाँ पर दीपक जोग का एक मन्दिर बनाने की घोषणा की जो अभी तक पूरी नहीं हुई। साधू पर जब मुंबई सत्र अदालत के बाहर डी-कम्पनी के हमलावरों ने एके-47 रायफलों से गोलियाँ चलाईं और बच गया, तब श्री जोग के कहने पर गिरोहबाजी को अलविदा कह दिया। साधू गाँव में समाज सेवा कर रहा था। वह कहता था, 'मैंने कोई गलत काम नहीं किया। मुझे मुंबई पुलिस ने हमेशा अपना शिकार बनाया। अब मैं इन झंझटों से दूर अपनी दुनिया में जी रहा हूँ और बड़ा खुश हूँ।' वह अधिक समय खुश नहीं रह सका। उसके अतीत ने कभी उसका पीछा नहीं छोड़ा। मई 2002 में वह भी विरोधियों की गोलियों का शिकार बना। अन्ततः पुलिस ने उसे सितम्बर 2002 में गोलियाँ मार कर सदा के लिए सुला दिया।

## उदय अण्णा

इस नाम से मशहूर अपने वक्त का यह एकमात्र 'स्नाईपर' मुंबई में ज़िन्दा पाया जाता है। मुंबई में इसके तीन होटल हैं। जंगली सुअर का शिकार करने का बेहद शौकीन यह सुपारी हत्यारा वरदा भाई के वक्त में सबसे सफल सुपारी हत्यारों में से एक था। अब अण्णा आराम की ज़िन्दगी जी रहा है। उसका गिरोहबाजों से कोई लेना-देना नहीं है। अपने भाई-बन्दों के साथ बड़े मज़े से वह होटल चलाने और उनकी कमाई खाने में व्यस्त है। यह बात और है कि उसने अपराध की दुनिया को राम-राम तब कही, जब उसे एक 'सुपर कॉप' ने, जो अतिरिक्त पुलिस आयुक्त था, पकड़ लिया और 'एनकाउंटर' करने वाले थे। उसे एक आईपीएस ने बचा लिया। उस अधिकारी और सुपारी हत्यारे का पूरा नाम जानबूझ कर यहाँ नहीं लिखा जा रहा है ताकि उसके जीवन पर खतरा न बन जाये।

## अवधूत बोंडे

छोटा राजन गिरोह के इस गुंडे ने नाशिक को अपनी रिटायरमेंट लाइफ गुजारने के लिए चुना। लगभग पाँच सालों से वह गिरोह के कामकाज से अलग रह रहा

था। पुलिस मुठभेड़ में उसकी मौत ने मुंबई पुलिस को फिर विवादों के घेरे में ला खड़ा किया। इसका कारण है कि स्वर्गीय पुलिस उपायुक्त दीपक जोग के कहने पर वह भूमिगत संसार लगभग छोड़ चुका था। इसकी पुष्टि श्री जोग के पिता सूर्यकान्त जोग भी करते हैं जो महाराष्ट्र राज्य के पुलिस महानिदेशक (डीजीपी) रह चुके हैं।

अवधूत बोंडे के बारे में मुंबई पुलिस को कई माह से पुख्ता जानकारी थी कि वह नाशिक में रह रहा है। उसके रिटायर ज़िन्दगी बिताने के बारे में भी सबको पता था। उसके बावजूद नाशिक में गिरफ्तारी और मुंबई में मुठभेड़ में मौत की ख़बर ने अपराध जगत के बाकी सरमायादारों को यह सन्देश दे दिया कि हथियार डालना बुद्धिमानी नहीं है, पुलिस कभी भी उन्हें निशाना बना सकती है।

## दिनेश जठार

अबू जठार के नाम से भी पहचाना जाने वाला अमर नाईक गिरोह का यह गुंडा कुछ समय पहले तक लोअर परेल की गलियों में अपने नन्हे से बच्चे को हाथों में लिए घूमता दिखाई देता था। रिटायर ज़िन्दगी ने भी उसे मुंबई अंडरवर्ल्ड की रक्तरंजित लड़ाई से राहत नहीं दिलवाई थी। 1999 में उसे एक दिन दाऊद गिरोह के गुंडों ने उन्हीं गलियों में दौड़ा-दौड़ा कर गोलियों से भून दिया, जहाँ वह कुछ समय पहले तक 'भाई' बना घूमता था। उसने ख़ुद बताया था कि वह अपने परिवार का पालन-पोषण कर रहा था। रिटायर ज़िन्दगी के खतरों के बारे में वह बख़ूबी जानता था।

अबू जठार कहता था, 'मुझे पता है कि मैं काफ़ी अधिक समय तक जीने वाला नहीं हूँ। अब तो मैं अपने बेटे के साथ वक्त गुजारना चाहता हूँ। वही मेरे लिए सब कुछ है। 'काम' बहुत हो गया।' दिनेश जठार के वर्तमान पर उसका अपराधी अतीत सदैव छाया रहा। उसका एक ही इरादा था, अपराध से पूरी तौबा। तौबा वह तो कर गया लेकिन उसके अतीत ने उससे तौबा नहीं की थी। काल ने तो अपना बदला चुका ही लिया।

हाजी से अबू जठार तक, करीम लाला से अवधूत बोंडे तक, हर वह गिरोहबाज चाहता रहा है कि रिटायर होने पर किसी बाबू-क्लर्क की तरह वह भी सुकून भरी

ज़िन्दगी जी ले। क्या यह सम्भव होता है? कभी नहीं। इसका एकमात्र कारण यही है कि जो रक्तपात उन्होंने जवानी में किया होता है, उसका फल उन्हें बुढ़ापे में नहीं, जवानी ख़त्म होते-होते ही इसी संसार में चुकाना होता है। दुनिया का उसूल क्या है यह तो नहीं पता, लेकिन काली दुनिया की परम्परा है—जैसा बीज बोया है, वैसा फल मिलेगा।

# धर्म ने बाँटे गिरोह

1993 मार्च के शृंखलाबद्ध बमकांड के बाद सम्भवतः मुंबई की सबसे बड़ी सनसनीखेज ख़बर 1997 में 12 अगस्त को बनी थी। इस दिन गुलशन कुमार की हत्या हुई। इन पाँच वर्षों में, 1992 से माफिया में धर्म की मिलावट का प्रारम्भ हुआ और 1997 में धर्म की मिलावट के चरम तक, बस एक बात बदली, लाशों की संख्या। वह लगातार हर दिन, हर साल बढ़ती गयी। धर्म के आधार पर हत्याओं, भर्ती, हफ्तावसूली, इलाकों, न्याय-अन्याय की बातें माफिया में फैल गयीं। वह आज तक कायम है बल्कि अधिक पुख्ता हुई है। गुलशन कुमार को मारते समय हत्यारों ने कहा था, 'बहुत हो गयी तेरी पूजा, अब ऊपर जा के करना।' ये शब्द आज भी जहन को छीलते-रौंदते और कचोटते हैं। आख़िर धर्म किसी की हत्या का कारण कैसे बन सकता है?

## धर्म की धाँधली

पुलिस मुख्यालय में उस दिन बड़ी गहमागहमी थी। ऐसा न था कि किसी बड़े गुंडे को पकड़ा हो और यहाँ पूछताछ के लिए हिरासत में रखा हो। यह भी न था कि कोई बड़ी प्रेस कान्फ्रेंस हो रही थी। ऐसा भी न था कि वरिष्ठ अधिकारियों की बड़ी बैठक होने वाली हो। फिर क्या था? पत्रकार सुलभ उत्सुकता में इधर-उधर मुँह मारने लगा। एक कमरे में कुछ अधिकारी बैठे थे। बेहद ख़ामोश से–

'क्या बात हुई महोदय? यूँ क्यों ख़ामोश हैं? कोई साँप सूँघ गया क्या?'

'अरे, क्या बोस... क्या बात करते हो... आओ... अन्दर आओ...'

वे कुछ हड़बड़ाए हुए से दिखे।

'मैं तो यूँ भी घुसने ही वाला था।'

'हो यार तुम भी पक्के नारद।'

'होना ही चाहिए। ख़बर सूँघने के लिए कई गुणों की ज़रूरत है, नारदीय प्रवृत्ति का होना बेहद आवश्यक है। और नारद तो पत्रकारों के देवता हैं। समस्त विश्व के सबसे पहले पत्रकार नारदजी ही थे।'

'क्या बात कही है... मज़ा आ गया।'

'लेकिन मुझे मज़ा नहीं आया...'

'क्यों?'

'जब तक यह पता न चले कि यहाँ क्या खिचड़ी पक रही है, मुझे कैसे मजा आयेगा?'

'ये बात तो है...'

वह इंस्पेक्टर अपने वरिष्ठ अधिकारी से मुखातिब हुआ–

'क्या करूँ साहेब? इनसे पूछूँ क्या?'

'पूछो, अपने ही आदमी हैं, कोई फ़र्क़ नहीं पड़ता।'

वह इंस्पेक्टर फिर मेरी तरफ़ आकृष्ट हुआ।

'आपको पता है गैंग भी धर्म के आधार पर चल रहे हैं?'

'बिल्कुल पता है। बमकांड के बाद से धार्मिक आधार पर गिरोहों में ख़ासा ध्रुवीकरण हुआ है। सभी सरगना अपने धर्म के लोगों को ही गिरोह में ले रहे हैं।'

'और क्या पता है आपको?'

'और भी बहुत कुछ पता तो है लेकिन आप ऐसे घुमा कर क्यों पूछ रहे हैं? सीधे कहिए न...बात की जलेबी तलने से मज़ा चला जाता है।'

'क्या यह पता है कि शकील गैंग में कितने हिन्दू किलर ऐसे हैं जो मुस्लिम बन चुके हैं?'

'सावत्या के बाद तो ऐसा कोई मामला सुनने में नहीं आया कि गैंग में शामिल होने के लिए किसी शूटर या पंटर ने धर्म परिवर्तन किया हो।'

'हमारी परेशानी भी यही है।'

'क्या बात कर रहे हैं आप!'

'वही जो सुन रहे हो भाई। पता चला है कि प्रदीप मोरे, विजय भंसाली और बबलू नामक गुंडों ने धर्म परिवर्तन करवाया है।'

'कैसे?'

'ऐसे।'

उस वरिष्ठ अधिकारी ने मेरे सामने एक काग़ज़ रख दिया।

## कागज पर अजूबा

तो बात यह थी। अब पता चला कि उस काग़ज़ को सभी क्यों बड़े अचरज से, मुँह बाए, आँखें फाड़े देख रहे थे। अजूबा ऐसा कि न कभी देखा, न सुना। आश्चर्य में वे सोच रहे थे कि काग़ज़ में लिखे शब्दों पर यक़ीन कैसे करें। वह अस्पताल से आयी तीन गुंडों की पोस्टमार्टम रिपोर्ट थी। शकील के तीन गुंडों प्रदीप, विजय और बबलू के शव अस्पताल में थे, रिपोर्ट टेबल पर और सबके होश उड़े हुए। ऐसा न था कि रिपोर्ट में डॉक्टरों ने यह बताया था कि तीनों शूटरों को पुलिस ने फ़र्जी मुठभेड़ में मारा था। उसमें लिखा था, 'तीनों शवों के गुप्तांग का खतना पाया गया है।'

यही वह धमाका था जिसे सहन करने में भारी मुश्किल आ रही थी। ये कैसे सम्भव है? वे तीनों हिन्दू हैं, उनका खतना कैसे हो सकता है? ज़रूर डॉक्टरों ने गलती की है। सच तो यह था कि उन लाशों ने जो सच उगला, वह मुंबई माफिया के बारे में एक ख़तरनाक रहस्योद्‌घाटन था। यह सच था, 'अब माफिया में धर्मान्धता की मिलावट का स्तर चरम पर है।' वरना कैसे तीनों हिन्दू गुंडों ने खतना करवाया, धर्म बदला और उसकी जानकारी विरोधी गिरोहों, मुखबिरों, कानून-व्यवस्था एजेंसियों को न लगी। उनके परिवारों के लिए भी यह वज्रपात था। जब उन्होंने यह ख़बर सुनी तो सबके मुँह खुले रह गये। उनकी भी जानकारी में यह न था।

## तीन लाशों का सच!

11 मई, 1999...मालाड का माडर्न रेस्तरां...निलेश कोकम के आने की सूचना पुलिस को मिली। हर बार ऐसा ही होता है कि गुंडे आते हैं, पुलिस से मुठभेड़ होती है, गुंडे अस्पताल पहुँचाते समय मर जाते हैं, किसी पुलिस वाले की वर्दी पर मिट्टी का दाग तक नहीं होता। उस दिन निलेश के बदले पहुँचे प्रदीप, विजय और बबलू। फिर क्या था? तीन खामोश लाशें अस्पताल भेजी गयीं जो डॉक्टरों के सामने चीखने लगीं।

अपराध शाखा अधिकारियों ने अब सम्पर्क सूत्रों को खड़काया तो पता चला कि डी-कम्पनी में स्वामिभक्ति दिखाने के लिए गुंडों को किसी विरोधी, शिकार, मुखबिर या बागी सदस्य पर गोली नहीं चलानी होती, धर्म त्याग करना होता है। यदि गुंडा इस्लाम धारण न करे तो वह शकील का प्यादा नहीं बन सकता। प्रदीप, विजय और बबलू के मामले में भी यही हुआ। चिकित्सा रपट के मुताबिक उनका खतना हुए अधिक वक्त नहीं हुआ था। ये गुंडे भी 'चिन्दीचोर' से 'भाई' बनने के लिए धर्म त्याग कर गये थे। तीनों की तलाश पुलिस को एबीएस पदाधिकारियों प्रकाश मयेकर, मंगेश सावंत, खांडेकर के अलावा व्यापारी जोसफ डायस की हत्या में थी। हत्या के कुल पाँच मामले इनके ख़िलाफ दर्ज़ थे।

इस मुठभेड़ में शामिल रहे एक पुलिसकर्मी ने बताया, 'यह पक्का है कि निलेश जन्म से हिन्दू है लेकिन डी-कम्पनी में उसने इस्लाम ग्रहण किया होगा। इसके कारण उसे कई बार सुविधा होती है। वह दोहरी पहचान के साथ जी सकता है। ज़रूरत हो हिन्दू या मुस्लिम कुछ भी बन सकता था। कई बार तो वह हमें भी चकमा दे चुका है। उस दिन भी वह ख़ुद मौके पर नहीं पहुँचा, मरने के लिए अपने प्यादों को भेज दिया।'

सूत्रों का कहना है कि शकील गिरोह में अब अच्छा पैसा, सुविधाएँ और बड़े काम सिर्फ़ मुस्लिम गुंडों को दिये जाते हैं। हिन्दू गुंडे साथ होते हैं लेकिन छोटे दर्ज़े पर। उनकी स्वामिभक्ति पर सन्देह करते हैं, महत्त्वपूर्ण बातें उन्हें नहीं बताते हैं, बड़ा काम नहीं सौंपा जाता। कम्पनी में शूटर या प्लानर बनने के लिए मुस्लिम होना ज़रूरी है।

नाना कम्पनी के पांडू बन्धुओं द्वारा दुबई में 1994 में गोलियों से छलनी किये डी-कम्पनी के सिपहसालार सावत्या के बारे में यह आम थी कि उसने धर्म परिवर्तन किया था। इस सूचना की अधिकृत पुष्टि कभी न हो सकी। यह ख़बर भी आयी कि दुबई पुलिस के हत्थे चढ़े पांडू बन्धुओं ने फाँसी से बचने के लिए

इस्लाम ग्रहण किया था। इसके बावजूद वे सरे राह फाँसी पर लटकाए गये। पांडू बन्धुओं के धर्म परिवर्तन की पुष्टि भी नहीं हो सकी।

एक वरिष्ठ अधिकारी ने तब बताया था, 'शकील गैंग में धार्मिक दृष्टिकोण से फ़र्क़ साफ़ नज़र आता है। उनके सभी विश्वसनीय और पहली पाँत के साथी मुस्लिम हैं। यही हाल दाऊद का भी है। उसके तमाम सिपहसालार-फ़ौजदार मुस्लिम हैं।' यदि कोई यहाँ हिन्दू है, तो यह उसके लिए सबसे खराब, सबसे बड़ी कमी है। वो गैंग में कभी कुछ नहीं बन सकता। उस पर भरोसा नहीं किया जायेगा। उसे गाहेबगाहे सन्देश भी पहुँचाया जायेगा–'अगर मुस्लिम बन जाओ तो 'बड़ा भाई' अधिक भरोसा करेगा। ओहदा तुरन्त बढ़ जायेगा, पैसा भी कई गुना ज़्यादा मिलेगा।'

शकील का एक और फौजदार है विक्रम कंजारी। रूपम स्टोर्स के मालिक धीरू भाई शाह की हत्या के मामले में वांछित मध्यप्रदेश का मूल निवासी विक्रम 'भाई' का विश्वास अर्जित करने के लिए मुस्लिम बन गया। यह पक्की सूचना है कि 1996 में खतना करवा कर वह 'मोहम्मद अली' नाम धारण कर चुका है।

## बबलू न बना मुसलमान

उत्तर प्रदेश के ख़तरनाक माफिया ओमप्रकाश उर्फ़ बबलू श्रीवास्तव ने पूरे उत्तर भारत में डी-कम्पनी का साम्राज्य स्थापित करने के लिए काफ़ी मेहनत की। वह यूँ भी उत्तर भारत के अपराध जगत का बेताज बादशाह था लेकिन डी-कम्पनी के सामने उसकी हैसियत गाँवों के जमींदार सरीखी थी। ताकत, शोहरत और पैसों की भूख में अन्धे बबलू ने दाऊद से हाथ मिलाया। बबलू की दक्ष कमान में 20 उप-गिरोह उत्तर भारत का फिरौती उद्योग सँभालते थे। साल का सौ करोड़ से ऊपर ही वह कमाता था। दाऊद-बबलू मैत्री लम्बी न चली। गिरफ्तारी के बाद दाऊद ने हाथ झटके तो बबलू को बड़ा झटका लगा। उसे महसूस हुआ कि वह इस्तेमाल कर फेंका गया है। एक सूत्र ने कहा कि यदि बबलू मुस्लिम होता तो दाऊद उसे सहयोग करता।

बबलू का हश्र भले ही कुछ भी हुआ, मुंबई में भी धार्मिक मोर्चे पर बहुत कुछ घटित होने लगा। मन मानने को तैयार न था कि वह गोलमटोल बच्चे जैसा दिखने वाला ज़िन्दादिल, करुणा से ओतप्रोत, सदा मददगार व्यक्ति टी-सिरीज कम्पनी का मुखिया मारा गया। देर शाम तक यह साफ़ हो गया कि गुलशन कुमार

की हत्या डी-कम्पनी के सबसे ख़तरनाक सिपहसालार अबू सालेम का कारनामा था। चन्द दिनों में हत्याकांड के पीछे संगीत निर्देशक नदीम अख्तर सैफी, टिप्स मालिक रमेश तौरानी जैसे दर्जनों नाम आये। सुपारी की रकम थी 2 करोड़।

## कारण?

कई कारण बताये गये, जिनमें से एक सदा नज़रअन्दाज़ हुआ। मेरा वह मुखबिर जिसने गुलशन हत्याकांड की पहली सूचना दी थी, हमेशा अड़ा रहा कि 'इस हत्याकांड में हिन्दू धर्म का गीत-संगीत-वीडियो के जरिए प्रचार-प्रसार मुख्य कारण है। यह बात डी-कम्पनी को रास नहीं आयी थी। बाकी बातें बहाना बन गयीं।' तब मैंने भी उसकी बात पर कान न धरे। कुछ समय बाद समझ में आया, तब तक ख़ासी देर हो चुकी थी।

कभी इलाकों और काम से बँटा मुंबई माफिया धर्म की मिलावट से जातीय आधार पर विभाजित दिखाई दे रहा है। धार्मिक स्तर पर माफिया में आये फ़र्क़ को तब भी महसूस किया, जब मुकुल आनन्द की मौत हुई। वे कश्मीर के इस्लामी आतंकवाद पर फ़िल्म 'दस' बना रहे थे। गुलशन कुमार के करीबी मित्रों में से एक मुकुल की फ़िल्म में पृष्ठभूमि कश्मीर थी और दृश्यों के बेहतरीन फ़िल्मांकन पर पानी की तरह पैसा बह रहा था, उनके सामने पैसों की कमी होना तय था। वे सारी शूटिंग अमरीका के पर्वतीय क्षेत्रों में कर रहे थे। उन्हें फ़िल्म में इस्लामी आतंकवादियों को बुरा न दिखाने के लिए अबू ने दाऊद की ओर से चेतावनी जारी की। वांछित परिवर्तन न किये तो चेतावनी हेतु कार्यकारी निर्माता के रिश्तेदार को मोटरसाइकिल पर जाते हुए गोलियों से भून दिया। चन्द दिनों बाद मुकुल मुंबई में अपनी बहन के घर रहस्यमय हालत में दिल का दौरा पड़ने से मर जाते हैं। यह है माफिया के धार्मिक आतंक व अलगाव का एक और घिनौना चेहरा।

## बाबरी ध्वंस से मुंबई ध्वंस

मुंबई माफिया के जातीय बुख़ार से ग्रस्त होने का सिलसिला 6 दिसम्बर 1992 से शुरू हुआ। इसी दिन बाबरी ढाँचे को भीड़ ने ढहाया। जब मुस्लिम नेतृत्व, कथित समाजवादियों एवं मुस्लिम तुष्टिकरण की नीति पर चलने वाले छद्म लोकतन्त्रवादियों को लगा कि वे इसका राजनीतिक लाभ नहीं उठा सके हैं तो उन्हें लगा अनर्थ हो जायेगा। बाबरी विध्वंस का लाभ उठाने के लिए सभी

छटपटा रहे थे। आईएसआई उनमें सबसे आगे थी। उसे भारत में जातीय विद्वेष पैदा करने का सुनहरा मौक़ा हाथ लगा। आईएसआई ने इसके लिए दाऊद की सुप्त जातीय भावना को भड़काया। 'बड़े भाई' के दुबई मुख्यालय से टाइगर मेमन को यह 'काम बजाने की सुपारी' दी गयी।

## नतीजा?

12 मार्च 1993 को मुंबई में 12 स्थानों पर 13 बम विस्फोट हुए। यह बमकांड ख़ास तौर पर शुक्रवार की दोपहर उसी वक्त हुआ जब दोपहर की नमाज होती है ताकि कम से कम मुस्लिम जनहानी हो। जहाँ बम लगाए-फोड़े सभी हिन्दुओं की सम्पत्तियाँ थीं... वहाँ अधिसंख्य हिन्दू थे... फिर जबरदस्त दंगे हुए। उसके बाद डी-कम्पनी में जातीय तौर पर पहला विभाजन। राजन अलग हो गया। तबसे गिरोह युद्ध 'जातीय हिंसा' में तब्दील हो गया।

## राजन की देशभक्ति!

क्या सचमुच कोई माफिया सरगना देशभक्त हो सकता है?

इसका जवाब है—नहीं। यह उत्तर मेरा है और सदैव रहेगा। कारण है कि कानून तोड़ने वाले कभी राष्ट्रप्रेमी नहीं हो सकते। वे वक्त की मार के आगे ऐसा करने का दिखावा करते हैं। शत्रु से निपटने के लिए एक आवरण ओढ़ सकते हैं, लेकिन कोई माफिया देशभक्त नहीं हो सकता। वे जनता के सुख-दुख के हामी हो सकते हैं, दुखियारों के हमदर्द हो सकते हैं, राष्ट्रवादी कतई नहीं। परन्तु राजन को मीडिया में सभी देशभक्त क्यों निरूपित करते हैं?

...क्योंकि वह दाऊद के ख़िलाफ है।

...क्योंकि वह देशद्रोही बमकांड आरोपियों की हत्या कर रहा था।

...क्योंकि आईएसआई-दाऊद गठजोड़ से निपटने के लिए आईबी और रॉ को उसकी ज़रूरत है।

...क्योंकि माफिया में धर्म के आधार पर विघटन के बाद हिन्दू होने को राष्ट्रवादी होना करार दिया है।

इनमें से किसे सच माना जाये? सभी कारणों को... क्योंकि वक्त के दरिया में बहते हुए यह गाद माफिया में भी आ जमी है, हमारे समाज, राष्ट्र और मानस में तो कबसे जमा है। यही वजह है कि अब डॉन भी हिन्दू या मुसलमान होने लगे हैं, अब माफिया भी राष्ट्रद्रोही और राष्ट्रप्रेमी होने लगे हैं।

कहते हैं कि पाकिस्तान स्थित भारतीय दूतावास में तैनात एक अधिकारी ने राजन की मदद राष्ट्रहित के मद्देनजर की थी। यह अफ़सर कथित तौर पर रॉ के लिए काम करता था। राजन के पास फ़ौज थी लेकिन धन और दिशा नहीं, हथियारों का अभाव था। इनकी पूर्ती उस अधिकारी ने की। तमाम संसाधनों के साथ वो, कुआलालंपुर पहुँचा जहाँ यह 'हिन्दू माफिया' डेरा जमाये था। कहते हैं कि यहाँ एक सरकारी अफ़सर और एक समाज-विद्रोही के बीच समझौते हुए। सबसे पहला और अहम मुद्दा था कि रॉ व आईबी का सहयोग राजन को दाऊद से निपटने में मिलेगा, नाना का काम आईएसआई से निपटने में आईबी-रॉ को सहयोग देना होगा। बदले में नाना को मिलेगा धन, सुरक्षा, सूचना, हथियार, मुंबई माफिया की बादशाहत और... 'देशभक्त माफिया' की उपाधि भी।

यह भी कहा जाता है कि 1995 में दाऊद ने भारत वापस लौटने का मन बताया था। उसने अपने वकील राम जेठमलानी के जरिए भारत सरकार को समर्पण सन्देश भेजा था। शर्तें ऐसी थीं जिन्हें स्वीकार नहीं किया जा सकता था, लिहाज़ा दाऊद कराची में रहा। उसकी इच्छा थी कि उसके ख़िलाफ तमाम मामले ख़ारिज किये जायें, बमकांड से देशद्रोह का मामला हटायें, उसे कथित हिन्दू डॉन राजन से सुरक्षा मिले।

दाऊद की समस्या यह भी थी कि उसे आईएसआई नाम का मदारी अपने इशारों पर जैसा चाहे नचा रहा था। वह एक तरह से कराची के मोईन पैलेस में नज़रबन्द था। स्थानीय गिरोह सरगना भट्टी बन्धुओं ने दाऊद की अवैध सल्तनत अपने इलाके में बनना स्वीकार न की। कई और पठान गिरोह दाऊद का दबदबा बढ़ने से ख़फा थे। भट्टी बन्धुओं ने दाऊद का माल लूटना शुरू किया, उसके गिरोहबाजों पर आग बरसाने लगे, बाज़ार और ग्राहक तोड़ने लगे। मुंबई बमकांड ने भी उसे विश्व के अन्य हिस्सों में फैले संगठित अपराधी गिरोहों में अछूत बना दिया। इससे भी कामकाज ख़ासा प्रभावित हुआ। वह चाहता था कि कुछ सौदेबाजी कर भारत लौट आये तो उस पर लगा इस्लामी आतंकी का कलंक मिट जायेगा।

यह भी कहा जाता है कि दाऊद की पाकिस्तान से निकल भागने की छटपटाहट इस कदर बढ़ी कि वह नेपाल बसने के बारे में गम्भीरता से सोचने लगा था। यह योजना कई कारणों से फलीभूत न हो पायी। पहली बात तो यह थी कि आईएसआई दाऊद जैसा सशक्त मोहरा निकलने देना 'अफोर्ड' नहीं कर सकती थी। दाऊद के लिए भले नेपाल से 'ऑपरेट' करना आसान होता लेकिन

वहाँ भारतीय खुफिया एजेंसियों की सहज पहुँच का भय था। इतना ही नहीं उसे हिन्दू राष्ट्र में बतौर एक मुस्लिम गिरोह चलाना असम्भव लगा। दाऊद वहाँ शत्रुओं का आसान निशाना बना रहता। और भी कई वजहें रहीं कि दाऊद ने नेपाल जाने और बसने का इरादा पूरी तरह त्याग दिया जबकि नेपाली स्वास्थ्य मन्त्री मिर्ज़ा दिलशाद बेग जैसा वफ़ादार सिपहसालार उसके पास था।

यदि दाऊद को किसी तरह भारत ला पाते, यहाँ मुक़दमा चला पाते तो क्या होता? सीबीआई की विशेष टास्क फोर्स (एसटीएफ) के एक अधिकारी कहते हैं, 'यह सम्भव न था। वह जो चाहता था, उसकी रूह में तो कतई नहीं।'

यह जवाब सुन कर मुंबई पुलिस के अधिकारी भड़के हुए साँड़ की तरह हुंकारते हुए कहते हैं, 'अजीब बात है। ऐसा सोचने वाले और कुछ लोग हो जायें तो बेड़ागर्क हो जाये। दाऊद और उसके गैंग से किसी को किसी तरह भारत लाना था। बाद में उनका यहाँ जो करते, कर लेते। कम से कम दाऊद-आईएसआई गठजोड़ के कारण पैदा होने वाली समस्याएँ तो हमें नहीं उठानी पड़ती।'

यह अफ़सर सच कहता प्रतीत होता है। आख़िरकार नीतिशास्त्र के ज्ञाता कौटिल्य ने भी कहा है कि राष्ट्रहित सर्वोपरि है। समग्र राष्ट्रहित हेतु यदि कुछ षड्यंत्र या प्रपंच किये जायें तो भी मान्य हैं। तो क्या दाऊद को आईएसआई से तोड़ने के लिए ऐसा नहीं होना था? सम्भवतः हमारे शासक-प्रशासक नीति शास्त्र का अध्ययन-मनन-चिन्तन भूल चुके हैं।

आईएसआई के अफसरान इस मामले में अधिक सक्षम, चतुर व तेज़ निकले। उन्होंने दाऊद को कराची में सुरक्षित घर दिया, सुरक्षा प्रदान की, वैध-अवैध कारोबार स्थापित करवाया, स्थानीय गिरोहों से संरक्षण प्रदान किया। भट्टी बन्धुओं की दाऊद के ख़िलाफ तनी बन्दूकों से शोले न बरसने का इन्तज़ाम किया। वह पाक निवासी भारतीय अफ़सर रॉ-आईबी को बताता रह गया कि आईएसआई-दाऊद का घातक गठजोड़ बन चुका है। पहले किसी ने उसकी बातों को गम्भीरता से नहीं लिया; जब सोचा, तब तक देर हो चुकी थी।

यही कारण था कि आईएसआई-दाऊद गठजोड़ के इस्लामी आतंकवाद से निपटने के लिए एक 'हिन्दू डॉन' की तलाश की गयी। राजन 'हिन्दू गैंगस्टर' के लेबल पर भले एतराज़ करे लेकिन धार्मिक विभाजन रेखा बिलकुल स्पष्ट है। बैंकॉक हमले के बाद राजन ने एक निजी चैनल से कहा था, 'ऐसा कुछ नहीं है, मेरे गिरोह में 25 फीसदी मुसलमान हैं। हम मिल कर दाऊद से बदला लेंगे।

दाऊद के ख़िलाफ मेरी लड़ाई जारी रहेगी। मैं भारत नहीं आने वाला क्योंकि वहाँ न्याय व्यवस्था प्रभावशाली लोगों की दासी बन चुकी है।'

काले संसार में धर्म के अलावा गठजोड़ बनने-बनाने का सिलसिला अब भी थमा नहीं है। अली बुदेश ने सुभाष सिंह ठाकुर, खालिद पहलवान और एजाज को लेकर दाऊद विरोधी गठबन्धन बनाया। बाद में उसने अरुण गवली को भी शामिल किया। बबलू श्रीवास्तव को भी जोड़ा। ये सभी डी-कम्पनी से बाहर आये लोग थे। यह योजना काम न कर पायी। सभी की प्राथमिकताएँ थीं लेकिन उन्हें दूर करने में धर्म ने भी भूमिका निभाई। आज हालत यह है कि मुंबई माफिया में काबिलियत से धर्म बड़ा हो चुका है। अब 'बड़ा काम करने वाले डेरिंगबाज छोकरों' के बदले 'हिन्दू' या 'मुसलमान' पहले देखा जाता है।

राजन के बारे में कहा जाता है कि वह कई शिवसेना नेताओं का करीबी है। कल तक जो राजन शिवसेना नेतृत्व के ख़िलाफ बन्दूक थामे दिखता था, आज वही उनका रक्षक बनने का दम भरता है। अब तक कुल 8 बमकांड आरोपियों की हत्या राजन ने की है, सभी मुस्लिम हैं, हिन्दू एक भी नहीं।

क्यों?

क्या उनके हाथ बेगुनाहों के रक्त से नहीं रंगे हुए हैं?

क्या वे हिन्दू आरोपियों की तरह बमकांड में बराबर के शरीक नहीं?

सब कुछ वैसा ही है, फ़र्क़ है तो बस मारे गये सभी आरोपी मुस्लिम थे।

यही कारण है कि 1992 के दंगों में श्रीकृष्ण आयोग की जाँच में दोषी पाये गये आरोपियों को शकील ने मारने की ठानी।

क्यों?

क्योंकि वे हिन्दू हैं।

क्योंकि उन्होंनें दंगो में मुस्लिमों को मारा था।

क्योंकि यह पहला मौक़ा था जब दंगो में नामजद रपटें दर्ज़ की गयीं, कार्रवाई की गयी।

क्योंकि हिन्दू मारे तो वह धर्मान्ध है, मुस्लिम काटे तो जेहाद।

जब राजन ने बमकांड के सभी 180 आरोपियों को मारने की कसम खाई तो शुरुआत की मोहम्मद जिंद्रान से। शकील भी 1992 दंगों के दर्जनों आरोपियों को न बख्शने का हलफ उठा चुका है। इसी चक्कर में राजन ने सलीम कुर्ला को मारा, बिल्डर माजिद खान को हलाक किया, डी-कम्पनी के वित्त पोषक

वर्सोवा के बिल्डर हुसैन बन्धुओं (संख्या में 3) को मार गिराया। बदले में शकील ने शिवसेना नगरसेवक और मुंबई के मेयर रहे मिलिंद वैद्य पर हमला इसीलिए किया क्योंकि वे 1992 दंगों के आरोपी हैं, वे शिवसेना समर्थक हैं, हिन्दू हैं। पहला हमला नाकाम रहा तो दूसरा किया, वह भी नाकाम रहा। शकील ने मजे से हमले की ज़िम्मेदारी ली। वह कहता है, 'हाँ, काश मैं उन्हें ख़त्म कर पाता। अब अगर राजन ने एक भी बमकांड आरोपी पर हमला किया तो मैं उन सभी को मार दूँगा, जिन्हें श्रीकृष्ण आयोग ने दोषी ठहराया है।'

इसी सिलसिले में शकील ने फ़िल्म निर्माता रमेश शर्मा और निर्देशक मांजरेकर पर हमला करवाया था। शकील कहता है, 'शर्मा और मांजरेकर, राजन के करीबी हैं। हमारे समुदाय के एक भी व्यक्ति की हत्या अब बर्दाश्त नहीं करेंगे। हमारे निशाने भाजपा-शिवसेना के नेताओं के अलावा राजन को सहयोग देने वाले हिन्दू बिल्डर भी होंगे।'

शकील मानता है कि राजन जानबूझकर दिखावा कर रहा है कि वह हिन्दुत्व की रक्षा कर रहा है। इसके जरिए वह कुछ हिन्दू धनिकों से पैसे ऐंठने की तिकड़म लगा रहा है। वह कहता है, 'हम अब तक सिर्फ़ गैंगवार में थे, राजन ने हमें धार्मिक कट्टरता अपनाने के लिए मजबूर किया है।'

तत्कालीन संयुक्त पुलिस आयुक्त डी. शिवानन्दन इन दावों-प्रतिदावों को हवा में उड़ाते रहे हैं, 'धार्मिक आधार पर हमले व दोफाड़ महज दिखावा है। दरअसल दोनों गिरोह कारोबार और इलाके झपटने व क़ब्जे बनाये रखने की लड़ाई लड़ रहे हैं। अब वे धर्म की आड़ ले रहे हैं।'

निःसन्देह।

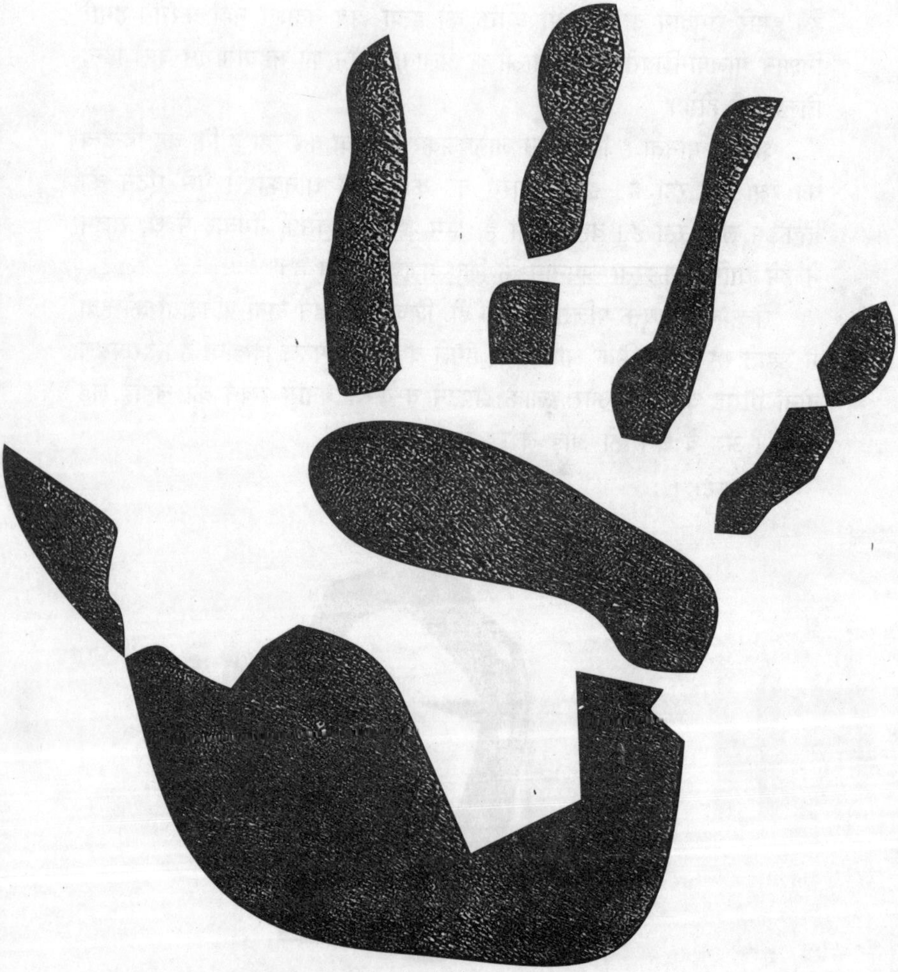

# अंडरवर्ल्ड
# रंगरूट नये-नये

'महानगर में जब तक पैसा है, तब तक अपराध रहेंगे। देश में जब तक गरीबी है, तब तक अपराधी बनते रहेंगे।' यह बात उक्ति की तरह पेश करें तो अतिशयोक्ति न मानी जाये। गरीबी तो संगठित अपराधी गिरोहों को चलाने वाली मूल शक्ति है। दूसरे तरीके से कहा जाये कि गरीबी ही वह ईंधन है जो अपराध के इंजन को ताकत देती है। अपराध जगत में रंगरूटों की भर्ती ऐसे इलाकों से ही होती है जो गरीबी की गहरी धुन्ध में होते हैं। गिरोहों के लिए प्यादों और फौजदारों की नयी जमात कहाँ से आती है और कैसे वे हत्याओं और हफ्ताखोरी के कुचक्र में जा फँसते हैं, उसके बारे में काफ़ी कुछ कह सकते हैं। अपराध जगत की पहली पायदान पर चढ़ने के साथ ही युवकों की दीक्षा होती है और फिर शिक्षा प्रारम्भ हो जाती है। कैसे?

## रंगरूटों के रंग

'ये छोकरा देख रहे हैं...'

'क्या किया है इसने?'

'मर्डर...'

'किसका?'

'सुपारी पर...'

'क्या कह रहे हैं?'

ऐसी बातों से मुझे पहले कभी अचरज अभी तक नहीं हुआ था, अब हुआ। उस लड़के की मूँछों की रेख भी ठीक से फूटी न थी। चेहरे से लगा, कभी एक मच्छर न मारा होगा। उस इंस्पेक्टर ने जितनी सहजता से बात शुरू की, मेरे लिए मामला उतना सहज न रहा। सीधे लड़के से मुखातिब हो गया–

'क्यों भाई, ये मर्डर का क्या चक्कर है?'

'कुछ नहीं साब, मेरे पास पईसा नहीं है। मैं कई जगह गया नौकरी के लिए, मिलती नहीं। पैसा चाहिए मुझे।'

'क्यों?'

'मेरी बहन की शादी करनी है साब।'

'तो?'

'साहूकार ने पैसा देने से मना कर दिया। बाप मर गया। मैं कमा नहीं सकता। गिरवी रखने को कुछ है नहीं।'

'तो क्या पैसों के लिए किसी की हत्या करना सबसे आसान उपाय बचा तुम्हारे लिए?'

'नहीं साब। मुझे नहीं पता था कि मेरे से वो लोग मर्डर करवाएँगे।'

'तो क्या पता था तुम्हें?'

'मुझे बोला कि बांबे चल, तेरे को कम्पनी में काम देंगे। मैं आया। वो लोग मेरे को कुछ दिन बांबे में घुमाये। बढ़िया खाना-पीना कराये, लड़कियों के पास ले के गये। ख़ूब मज़ा मारा साब हफ्ता भर।'

'फिर?'

'मेरे को पैसा भी दिया।'

'कितना?'

'दो हज़ार रुपये।'

'क्या किया उनका?'

'हज़ार माँ को भेजा, बाकी अपने लिए रखा।'

'फिर?'

'उसके बाद उन लोगों ने मेरे को एक दिन पिस्तौल दिया, चलाना सिखाया। मेरे को और लड़कों से मिलाया। एक दिन मेरे को बोले कि एक आदमी दिखायेंगे, उसे ठोंकना है। मैं बोला कि ये काम नहीं करेगा तो बोले कि बहन की शादी के लिए पैसा देंगे।'

'मिला?'

'हाँ साब, काम करने के पहले मेरे घर माँ को 50 हज़ार भेजा। माँ से टेलीफ़ोन पर बात किया तो उसने बताया कि पैसा मिला तो मैंने भी इधर काम कर दिया।'

'अब बहन की शादी तो हो नहीं सकती। पुलिस वाले वो पैसा जब्त कर लेंगे क्योंकि वो सुपारी की रकम है।'

यह सुन कर लड़का थोड़ा परेशान हुआ, इंस्पेक्टर को तकने लगा। इंस्पेक्टर हड़बड़ाया और इधर-उधर देखने लगा। अचानक लड़का थोड़ा आश्वस्त नज़र आने लगा। यह परिवर्तन देख कर उससे पूछा—

'क्या हुआ?'

'कुछ नहीं साब। ऐसे ही एक बात याद आ गयी।'

'क्या?'

'माँ ने कहा था पैसा हाथ में आया तो वह तुरन्त बहन की शादी कर देगी। अब तक शादी हो गयी होगी।'

'कब होने वाली थी शादी?'

'तीन दिन पहले।'

यह सुन कर इंस्पेक्टर ने लड़के की तरफ़ देखा। सिर हिलाया और कन्धे झटक कर बोला—

'देख लो, कैसे-कैसे लोग हैं दुनिया में। इस छोकरे को देखो। वहाँ गाँव में किसी को पता नहीं कि इसने मुंबई में क्या गुल खिलाया है। अब वहाँ जाकर कैसे बताएँ?'

'क्यों क्या परेशानी है?'

'यार हम भी उतने बेमुरव्वत नहीं जितने दिखते हैं। ये छोकरा नहीं जानता कि जब गाँव में ख़बर उड़ेगी कि इसने हत्या की है तो ससुराल में इसकी बहन पर क्या बीतेगी।'

अब लड़का हड़बड़ा गया। वह कुछ कह नहीं सका, उसकी आँखों से निकले आँसुओं ने सब बयान कर दिया। अब वहाँ रुकना ठीक न था। मन भारी हो गया। रह-रह कर दर्द की किरच हृदय को कोंचने-भेदने लगी कि युवकों की मजबूरियाँ उन्हें कैसे अपराध के दलदल में उतार देती हैं।

## गिरोहबाज परेशान

यह तो एक मामला था। सच तो यह है कि ऐसे पचासों क़िस्से होते हैं, जब कोई गरीब, लाचार या मजलूम कोई ज़रूरत पूरा करने के लिए गिरोहों का प्यादा बनने के लिए ख़ुद को दाँव पर लगाता है। ऐसे लोगों की कमी नहीं जो पैसों के लिए अपने सपने और ज़मीर बेचने को तैयार रहते हैं। इतना होने के बावजूद मुंबई के भूमिगत संसार में नयी भर्तियाँ न होने से भारी परेशानी बनी हुई है।

काले संसार में नये गुंडों की आमद न होने की वजह पुलिस मुठभेड़ें, कम पैसे मिलना, संरक्षण राशि में आयी कमी मुख्य वजह हैं। एक बड़ा कारण यह भी है कि डी-कम्पनी का हफ्तावसूली और सुपारी हत्याएँ करवाने से विश्वास उठ चला है, दूसरे गिरोहों की हालत वैसे ही पतली है। वे भी धन्धा समेट कर बैठे हैं। कुछ वारदातों से यह बात सामने आयी कि नये रंगरूटों के न आने से काम करने के लिए प्यादों की कमी होने लगी है। इसके चलते गिरोहबाज अपने लिए निशानबाजों, हथियार आपूर्तिकर्ता, नशे इत्यादि की तस्करी करने, धमकाने और हफ्तावसूली करने या अपहरण कर फिरौती करने में सक्षम लड़कों की तलाश में जुटे हैं।

## हुनरबाजों की कमी

मुंबई पुलिस के एक वरिष्ठ अधिकारी कहते हैं कि बोरीवली के वकील किशोर सुथराले हत्याकांड में शामिल गुंडों को देख कर साफ़ था कि गिरोहों के पास अच्छे और बढ़िया काम करने वाले छोकरों की भारी कमी हो गयी। इस

अधिकारी के मुताबिक किशोर सुथराले हत्याकांड का आरोपी पिस्तौल चलाने में ऐसा अनाड़ी था कि अपनी प्रेमिका के सामने पिस्तौल भरते समय गोली चल गयी। गोली ने प्रेमिका का पाँव चीर दिया। उसके कारण वह गिरफ्तार हो गया। वे कहते हैं, 'उन्हें न तो गोली चलानी आती थी, न वे अपराध जगत में पहले से थे। पिछले तीन दशकों से अपराध जगत में काम करने का तरीका पूरी तरह बदल गया है।'

यह सच ही है। दो दशक पहले तक तो गिरोहों के पक्के निशानेबाज ही शिकार पर गोलियाँ चलाते थे। वे किसी पेड़ या इमारत की छत या फ्लैट की खिड़की से टेलीस्कोपिक रायफलों या बन्दूकों द्वारा निशाना साधते थे। एक गोली में एक शिकार निपटा कर वे ग़ायब हो जाते।

इसके बाद वक्त आया आमने-सामने की लड़ाई का। गिरोहबाज पिस्तौलों-रिवाल्वरों जैसे छोटे हथियारों का इस्तेमाल करने लगे। वे हमला करने जाते तो इर्दगिर्द सुरक्षा चक्र बनाने और निगाहबीनी के लिए नये लड़के जाते। जब वे 'हुनर' सीख जाते तो उन्हें भी 'काम' पर लगा देते। जब पक्के निशानेबाजों का अकाल होने लगा तो नये लड़कों से काम करवाने लगे। पुराने निशानेबाज सुरक्षा चक्र बनाने और निगाहबीनी करने लगे। ख़तरा होते ही चुपचाप सरक जाते। उनका नाम भी पुलिस रिकार्ड में हत्याकांड में नहीं आता। पहले हमला करने से पूर्व रंगरूटों को हथियार चलाने का प्रशिक्षण भी देते थे।

अब हालात पूरी तरह बदल चुके हैं। अब ऐसे हत्यारों का इस्तेमाल होता है, जिन्हें रिवाल्वर और पिस्तौल का भेद भी नहीं मालूम होता। ग़रीब बेरोज़गार किशोरों और युवकों; जल्द अमीर बनने का सपना देखते लोगों को गिरोहबाज चन्द रुपयों में खरीद कर इस्तेमाल कर रहे हैं। इनको सिर्फ़ इतना बताते हैं कि किस तरह रिवाल्वर या पिस्तौल भरें, गोलियाँ कैसे दागें; अभ्यास के लिए गोलियाँ नहीं चलवाई जातीं। निगाहबीनी और सुरक्षा के लिए भी नये लड़कों को ही रखते हैं।

ऐसे ही कई अनाड़ी हत्यारों की गिरफ्तारियाँ पुलिस ने की हैं। ऐसे ही चन्दनवाड़ी श्मशान भूमि (मरीन लाइंस) पर कत्लेआम मचा। एक दवा कम्पनी मालिक की हत्या हेतु भेजे अनाड़ी हत्यारे दस्ते ने दो नौकरों की गलत शिनाख्त की और पचासों गोलियाँ दाग कर तीन लोगों को मौत के घाट उतारा, आठ

को घायल किया, फरार हो गये। पकड़े जाने पर पता चला कि उन्होंने पहली बार हत्या की थी। ऐसे रंगरूटों को एक हत्या के लिए 2 से 5 हज़ार रुपये मिलते हैं। सूचना देने वालों, निगरानी करने या सुरक्षा चक्र में शामिल लड़कों को एक 'काम' के एवज़ 500 रुपये मिल रहे हैं। इसके अलावा हथियार मिलता है। इन्हें मुंबई में किसी स्थान पर रुकने और थोड़ा-बहुत हाथ खर्च़ भी मिलता है।

## नयी भर्तियाँ

मुंबई के गिरोहबाज ताकत में इजाफ़ा करने के लिए नये-नये हथकंडे और नीतियाँ अपनाते हैं। जबसे पुलिस ने बड़े सरगनाओं को गोलियों का निशाना बनाना शुरू किया, उनके बीच ख़ासी बेचैनी फैल गयी। सरगना और सिपहसालारों के लिए अपने अच्छे निशानेबाजों और योजनाकारों की जान बचाना मुश्किल हो गया। इसका इलाज उन्होंने गरीबी की मार झेल रहे इलाकों से ऐसे लड़कों की भर्ती करके निकाला जो चन्द पैसों के लिए कुछ भी करें। गिरोहों को इससे कई फ़ायदे हुए। पहला तो ये कि इनके पुलिस रिकॉर्ड न होने से 'काम' पर जाते समय पहचान का ख़तरा नहीं। दूसरा ये लड़के सस्ते होते हैं। तीसरा ये कि पकड़े जाने पर गिरोह के भेद पुलिस के पास नहीं जाते। चौथा ये कि गिरोह की अधिक जानकारी नहीं रखते इसलिए पूछताछ में कुछ बता नहीं सकते कि काम किसने और क्यों करवाया। पाँचवाँ ये कि काम होने के बाद वापस गाँव भेजा और छुट्टी। उन्हें पालने-पोसने के झंझट से मुक्ति।

इस काम में सबसे पहले हाथ डाला था अबू सालेम ने। उसने उत्तर प्रदेश के ज़िला आजमगढ़ में अपनी नयी फ़ौज बनाई। नये रंगरूटों का इस्तेमाल उसने गुलशन हत्याकांड में किया। आजमगढ़ के लड़कों को अबू हर माह तीन से पाँच हज़ार रुपये वेतन देता रहा। काम होने के सात-आठ दिन पहले जगह और शिकार की शक्ल दिखाते हैं। काम वाले दिन के बाद आगामी पाँच-सात दिन तक उत्तर प्रदेश जाने वाली कई ट्रेनों में उनके लिए अलग-अलग टिकटें होती हैं। काम पूरा होते ही सभी ट्रेन में बैठ जाते हैं। उसके बाद पुलिस खोजती रहे, हत्यारे हवा में गुल। मज़ेदार बात यह है कि इन हमलावरों को हथियार का प्रशिक्षण भी ऐसा नहीं मिलता कि अपने शिकार को ही निशाना बना सकें। जंगल में किसी पेड़ से 10 या 20 मीटर दूर खड़े करके कहा जाता कि हाथ में थामी 'कैसेट' तब तक

चलाएँ, जब तक 'दाने' ख़त्म न हो जायें। इससे मतलब नहीं कि आसपास खड़ा निर्दोष व्यक्ति भी मर जायेगा।

एक व्यक्ति की हत्या में एक ऐसे युवक को डी-कम्पनी ने किराये पर लिया जिसे माँ के इलाज हेतु पैसे चाहिए थे। जब पुलिस ऐसे लोगों को पकड़ती है तो अख़बार वालों को चटखारे ले-लेकर उनके क़िस्से बताती है। फिर जो कुछ छपता है, वह उन्हें और शोषित व गिरा हुआ दिखाता है। इससे भी, और पुलिस के खराब रवैए के कारण भी, वे ख़तरनाक अपराधी बन जाते हैं। राजन गिरोह भी इस प्रवृत्ति से अछूता नहीं। उसके पास भी नये गुंडों की अलग फ़ौज रही है लेकिन इनका इस्तेमाल आमतौर पर नहीं होता। अमूमन पुराने सिपहसालार और प्यादे ही हत्याओं जैसे ज़रूरी काम करते रहे हैं।

लम्बे समय तक चुप रहने, पुलिस से बुरी तरह नुक़सान उठाने और गिरोह की खस्ता वित्तीय स्थिति चाक-चौबन्द करने के लिए गवली ने 90 के दशक में बिखरे गिरोह को फिर संगठित किया था। गवली ने नयी भर्ती हेतु नया तरीका अपनाया। गिरोह ने नेपाल और बंगाल के लड़के भर्ती किये। पुलिस कहती है कि ठीक डी-कम्पनी की तरह गवली भी नयी फ़ौज एक बार इस्तेमाल कर छोड़ता रहा है। नयी फ़ौज के लिए गवली ने आवासीय व्यवस्था की थी। बांद्रा (पू) के जवाहर नगर, महाकाली गुफा (मरोल, अँधेरी-पूर्व), पवई गार्डन, भायंदर, गोरेगाँव (प), हनुमान टेकड़ी, भांडुप, डोंबीवली और मुंब्रा में चालें किराये पर ली थीं।

रणनीति के तहत नेपाली-बंगाली लड़कों को उपनगरीय होटलों में नौकरी पर लगाया। इनसे गिरोह ढेरों सूचनाएँ पाने लगा। मालिकों के घर-परिवार, आने-जाने के समय, मार्गों, वाहन जैसी सूचनाएँ होटलों से सरगना तक आसानी से पहुँची। गिरोह ने होटल मालिकों को 10 से 50 लाख तक हफ्ता चुकाने की धमकी दी। सांताक्रुज, खार, गोरेगाँव, मालाड और बोरीवली के ढेरों होटल मालिक गवली के निशाने पर आये। उनकी वित्तीय हालत गिरोहों के पास पहुँचने पर वे चकित थे। आमतौर पर मालिक बैंक खातों का संचालन निचले स्तर के कर्मचारियों से करवाते हैं। उन्होंने बैंक खातों की पक्की जानकारी गिरोह को दी। अब मालिकों के लिए गिरोहों से मोलभाव करने या चकमा देने में परेशानी होनी ही थी।

पुलिस के पास इस नयी कार्यपद्धति की सूचना पहुँची लेकिन कुछ करने में अक्षम रही क्योंकि पता नहीं चला कि गवली जेल से कैसे काम कर गया। उसके

किस सिपहसालार ने गिरोह की कमान सँभाली और रंगरूटों को कौन प्रशिक्षण देता या सँभाल रहा था। नयी फ़ौज की साफ़ जानकारी न होने से पुलिस बेबस हो गयी। गवली सेना ने महानगरों के चार बड़े बिल्डरों, अजमेरा, ओबेरॉय, हीरानंदानी और रहेजा से उस दौर में 5 से 10 करोड़ रुपये माँगे। धमकियों का सिलसिला माह-डेढ़ माह चला। बिल्डरों ने धमकियों की पुलिस को इत्तिला दी तो सुरक्षा व्यवस्था की लेकिन अन्ततः हफ्ता चुकाना पड़ा। यह भी बताते हैं कि जेल से गवली ने गिरोह में रंगरूट भर्ती की योजना बनाई थी। पहले भी गवली यह काम कर चुका है लेकिन संख्या पूरी नहीं पड़ी। अमर नाईक के जिन रंगरूटों को गवली ने गिरोह में शामिल किया, वे मराठी भाषी रहे हैं। इन्हें 4 से 5 हज़ार रुपये वेतन दिया। उन्हें मालामाल करने के सपने भी दिखाए।

अश्विन नाईक गिरोह ने लम्बी चुप्पी के बाद 90 के दशक में एक बार फिर उपस्थिति दर्ज़ की। ऐसा करने के लिए लगभग तीन साल तैयारियाँ कीं। उसके भाई अमर उर्फ़ रावण की जमा फ़ौज मुठभेड़ में मौत के बाद ख़त्म हो गयी। उसके गुंडे राजन या गवली के साथ हो लिए या स्वतन्त्र काम करने लगे। उसके पास कुमार पिल्लै के अलावा कोई पुराना सिपहसालार बचा भी न था। नाईक ने प्लाजा थिएटर के भागीदार मयेकर बन्धुओं की हत्या हेतु नये रंगरूटों से ही गोलियाँ चलवाई थीं। पुलिस को इसीलिए किसी हमलावर के बारे में तुरन्त पुख़्ता जानकारी नहीं मिली क्योंकि इनका रिकार्ड नहीं था, न ख़बरी हमलावरों को जानते थे।

## आजमगढ़ : रंगरूट केन्द्र

उत्तर प्रदेश का एक ऐसा ज़िला जो किसी और ख़ूबी से नहीं बल्कि अपराधियों का गढ़ होने से पूरे देश में नाम रखता है। इस ज़िले को अगर 'अपराधियों का जन्मस्थल' कहें तो अतिशयोक्ति न होगी। उत्तर प्रदेश ही नहीं, मुंबई व देश के अन्य हिस्सों के लिए भी इस इलाके ने अपराधियों की बड़ी फ़ौज तैयार की है। इनकी बदौलत देश भर के पुलिस वालों की रोजी-रोटी चल रही है, अन्यथा वे भूखे मर जाते। सालेम से गोगा तक कई गुंडे, फौजदार, सिपहसालार और सरगना इस इलाके ने काली दुनिया को बख्शे हैं। किसी ज़माने में आजमगढ़ ऐसा न था। मशहूर शायर कैफ़ी आजमी और अभिनेत्री शबाना आजमी के जन्मस्थल और पैतृक गाँव के रूप में उसकी पहचान थी। इसी ज़िले से जुड़े दो करीबी गाँवों में

मारीशस और त्रिनिदाद के राष्ट्रपतियों की पैदाइश हुई है। अब इस स्थान को 'सुपारी हत्यारों का इलाका' कहते हैं।

आजमगढ़ से दाऊद के रिश्ते अचिन्हे नहीं हैं। सब जानते हैं कि भूमिगत संसार के बेताज बादशाह के एक भाई मुस्तकिम की पत्नी इसी इलाके की बेटी है। जब दाऊद के परिवार से सम्बन्ध जोड़े, विसराम गाँव निवासी हाजी अल्ताफ की हालत उतनी अच्छी न थी। उसके बाद हाजी अल्ताफ की हालत दिनों-दिन सुधरने लगी, अलग-अलग तरीकों से पैसे आने लगे। पुलिस ने कई बार उनके घर छापे मारे लेकिन कुछ गलत नहीं मिला। पुलिस को लगता था कि हाजी अल्ताफ के घर में जो सोने की खान निकली है, उसमें 'दाऊद एंड कम्पनी' का हाथ है। पुलिस सूत्रों का कहना है, 'दाऊद कई बार आजमगढ़ की यात्रा कर चुका है। एक बार वह गिरोह के एक सदस्य के विवाह समारोह में शामिल होने के लिए भी गया था।'

डी-कम्पनी के लिए दुबई में नशा तस्करी करने वाला इरफान गोगा इसी इलाके में पैदा हुआ था। उसके ख़िलाफ यहाँ किसी थाने में एक भी शिकायत दर्ज़ नहीं हैं। पुलिस के अपराधनामचे और अन्य दस्तावेज़ों में गोगा का पता पोस्ट बॉक्स नम्बर 3088, दुबई तो है, आजमगढ़ का पता नहीं है। उसके आजमगढ़ी दस्ते मध्यप्रदेश के इन्दौर-भोपाल, महाराष्ट्र के मुंबई-पुणे, गुजरात के अहमदाबाद और कुछ अन्य शहरों में कार्यरत हैं। उत्तर प्रदेश, बिहार और दिल्ली में उसके आजमगढ़ दस्ते ने विस्तार कर रखा है।

80 हज़ार की जनसंख्या वाले इस इलाके में अबू सालेम का गाँव हाजी मीर भी है। यहाँ उसके परिजन-रिश्तेदार बसते हैं। वे सुशिक्षित हैं और सरकारी विभागों या बड़ी कम्पनियों में काम करते हैं। उसका एक भाई लखनऊ में मोटर गैरेज चलाता है। उसका कहना है कि जब वह गाँव में था, पुलिस हमेशा पीछे पड़ी रहती। हमेशा सन्देह किया जाता कि वह आपराधिक कार्यों में अबू की सहायता करता है। पुलिस जब-तब उसे उठा लेती या रोक कर जामातलाशी लेती। अधिकारी उससे अबू के बारे में जानकारियाँ माँगते और हमेशा भारी दबाव बनाये रखते। इससे उकता कर उसने गाँव ही छोड़ दिया।

मुंबई के अँधियाले संसार में ही नहीं, पुलिस को भी भली प्रकार पता है कि दक्षिण मुंबई के कुलाबा इलाके में अबू का एक बेनामी होटल है। उसमें आजमगढ़

का कोई व्यक्ति जाये तो ठहरने-भोजन पर एक पैसा ख़र्च नहीं देना होगा। यह होटल एक प्रकार से मुंबई में 'आजमगढ़ भवन' है जो वहाँ के नागरिकों की सुविधा के लिए है।

आजमगढ़ के ही सुपारी हत्यारों ने इलाहाबाद सहायक कस्टम्स आयुक्त एलडी अरोरा की हत्या की। यह हत्या मुंबई बमकांड के मात्र डेढ़ सप्ताह बाद हुई। अरोरा ने मुंबई तैनाती के दौरान डी-कम्पनी की ख़ासी सूचनाएँ हासिल कीं। उन्हें 12 मार्च 1993 को बमकांड जैसे हमले की पक्की पूर्व सूचना थी। कई बार गिरोह ने उन्हें धमकाया लेकिन उन्होंने कान नहीं धरे। उन्हें ख़ामोश करने को आजमगगढ़ के सुपारी हत्यारों को एके-47 से लैस कर भेजा। इन्होंने अरोरा के शरीर पर गोलियों की बौछार कर दी। 20 गोलियाँ लगने से अरोरा मौक़े पर ही मारे गये। हत्यारे मज़े से फरार हो गये, बाद में 'डमी' पकड़े गये।

किसी ज़माने में डी-कम्पनी के सिपहसालार रहे बबलू के अलावा ब्रजेश सिंह उत्तर प्रदेश के बड़े सरगना हैं। उनकी हत्यारी टोली में कई सदस्य आजमगढ़ के हैं। निशानचियों और सुपारी हत्यारों के लिए कुख्यात इलाके से बबलू और ब्रजेश ने स्थानीय क्रूर, कठोर और हृदयहीन युवकों को गिरोह में शामिल करने में प्राथमिकता दी। ब्रजेश भी जेजे हत्याकांड में सुभाष सिंह के साथ शामिल था। कहते हैं कि आजमगढ़ जिले के कई पुलिस अधिकारियों-कर्मचारियों का उसे सहयोग मिलता है। 18 सदस्यीय गिरोह का सरदार ब्रजेश एके-47 जैसे अत्याधुनिक हथियारों का इस्तेमाल उत्तर प्रदेश-बिहार में आतंक फैलाने के लिए करता रहा है। मुख्तार अंसारी गिरोह से उसका खूनी युद्ध जारी है। मुख्तार की हत्या के लिए उसने वीरेन्द्र प्रताप शाही से हाथ मिलाया। श्रीप्रकाश शुक्ला ने शाही की हत्या कर दी। दिल्ली में उसने एक दबंग इंस्पेक्टर प्रीतम सिंह की हत्या की तो यूपी एसटीएफ अधिकारी बदला लेने के लिए पंजे झाड़ कर पीछे पड़ गये। दिल्ली के करीब श्रीप्रकाश शुक्ला को घेर कर मार गिराया।

आप आजमगढ़ जायें और इस छोटे से इलाके में चार दर्जन से अधिक आईएसडी युक्त एसटीडी बूथ देखें तो आश्चर्य न करें। उनकी कमाई पर भी अचरज न करें। वे मुंबई के बूथों से अधिक कमाते हैं। यहाँ काले संसार से बढ़िया ग्राहक आते हैं। वे अपने सरगना या मुखिया से सम्पर्क करने के लिए इनका ख़ूब लाभ उठाते हैं। बूथ संचालकों को इससे क्या लेना-देना कि उनके

यहाँ से कब, किसे, किसने और क्यों फ़ोन लगाया। यह खेल बरसों से जारी है, बरसों जारी रहेगा। पुलिस कुछ नहीं कर सकती।

## भर्तियों के ठिकाने

आजमगढ़ को अगर छोड़ दें तो भी मुंबई के सरमायदारों के लिए हथियार उठा कर किसी भी व्यक्ति को चन्द सिक्कों के लालच में मार गिराने के लिए भाड़े के हत्यारों की फ़ौज जुटाने के लिए अलग-अलग ठिकानों से रंगरूट मिल ही जाते हैं। ऐसे कुछ ठिकानों की पड़ताल की है।

## जेल

जेल तो रंगरूट चयन और तैनाती के सबसे बड़े केन्द्र हैं। जिस जेल में जो गिरोह ताकत रखता है, जिसका वहाँ पूर्ण वर्चस्व होता है, वे अपने लिए भर्तियाँ उन जेलों में आराम से कर लेते हैं। जेलों में वे ऐसे ख़तरनाक इरादे वाले अपराधियों पर निगाह रखते हैं, जिनमें मानवता नाममात्र न हो। वे पैसे लेकर हत्या करने के लिए कभी भी चल दें। जेलों में ऐसे युवकों पर भी गिरोहबाज निगाह रखते हैं, जो किसी छोटे-मोटे अपराध में गिरफ्तार होकर बतौर विचाराधीन क़ैदी जेल में हैं। उनके पास अगर कानूनी लड़ाई के लिए पैसे नहीं हैं, तो सोने पर सुहागा। ऐसे युवकों में पहले तो गिरोहबाज गुस्सा और नफरत का भाव भरते हैं, फिर उनके प्रति सहानुभूति जताते हैं, फिर उनकी पैसों तथा वकीलों के जरिए मदद की पेशकश करते हैं। युवक ने स्वीकार कर लिया तो उसके लिए तमाम व्यवस्था रातों-रात हो जाती है।

युवक तो इस अहसान तले दब जाता है। बदले में गिरोहबाज के बताये हर काम करने के लिए तैयार हो जाता है। ऐसे कई क़िस्से सामने हैं लेकिन उनमें देवेन्द्र जगताप उर्फ़ जेडी का मामला सबसे शानदार है। वह पहले तो चोरियाँ ही करता था, जब उसकी हरकतें डी-कम्पनी ने देखीं तो उसे हत्या के लिए सुपारियां देनी शुरू कर दीं। उसने भी पैसों के लिए किसी को नहीं बख्शा। यहाँ तक कि तलोजा जेल में उसने शकील की सुपारी पर अबू सालेम जैसे सरमायादार पर गोली चला दी थी।

## अदालत

अदालतों में भी गिरोहबाजों के रंगरूट घूमते रहते हैं। वे यहाँ ऐसे बेबस और लाचार बन्दे तलाशते हैं, जिनके पास फूटी कौड़ी नहीं होती और वे जेल से रिहा

होने के लिए छटपटा रहे हैं। उनकी मदद करके अपने लिए नये जमूरे तैयार करने की योजना सचमुच कारगर होती है।

## कैरम के अड्डे

मुंबई की गलियों में जगह-जगह कैरम के अड्डे हैं। चन्द रुपये देकर वहाँ वक्तकटी के लिए किशोरों और युवकों की फ़ौज जमा होती है। इनके बीच से अपने काम के बन्दे तलाशने के लिए गिरोहों के बन्दे सदा घात लगाये रहते हैं।

## जुआघर और सोशल क्लब

इन ठिकानों पर, जहाँ ऊँचे स्तर का जुआ खेला जाता है, गिरोहों के लिए नये रंगरूट मिलना काफ़ी आसान होता है। यहाँ पर ऊँची रकम हार गये बन्दों को काम के लायक बनाने के लिए जुआघर या सोशल क्लब के मालिक पर दबाव बना कर उसकी हारी हुई रकम माफ करवाने का खेल सरमायादार करते हैं। एक बार जुआरी अहसान तले दब गया तो उससे मनचाहे काम करवाना आसान हो जाता है।

## झोपड़पट्टियाँ और चॉल

झोपड़पट्टियों और चॉलों से माफिया को सबसे अधिक रंगरूट मिलते हैं। यह मुंबई माफिया के लिए भर्तियों का सबसे आसान और बेहतरीन ठिकाना है। गरीबी और तकलीफ़ में गले-गले तक फँसे परिवारों के बच्चे खुशनुमा जीवन जीने की चाह में छोटे-मोटे अपराधों में मुब्तिला होते हैं। उन्हें बरगला कर साथ लाना गुंडों के लिए बड़ा आसान होता है। दुबई, बैंकॉक, मलेशिया की चमक-दमक के सपने दिखा कर साथ लेने की योजना कभी नाकाम नहीं होती है। मुंबई माफिया में जितने शूटर और प्यादे आये हैं, उनका एक बड़ा हिस्सा यहीं से आया है।

## बीयर बार

बीयर बारों में काम करने वाले युवक और युवतियाँ भी गिरोहों के लिए आसानी से भर्ती होने वाले रंगरूट तो होते ही हैं, वहाँ की ज़िन्दगी की चाह में जेब से ठन-ठन गोपाल बन्दों को फँसाने में गिरोह के भर्ती करवाने वाले आसानी से कामयाब हो जाते हैं। इन बारों में आमतौर पर बतौर सुरक्षा रक्षक अथवा बाउंसर काम करने वाले गिरोहों में जाते हैं। अजीज बाबा रेड्डी इसका सफल उदाहरण है।

कई बार तो यह भी हुआ है कि बीयर बारों के मालिक को भी अपने काम करने के लिए गिरोहबाज तैयार कर लेते हैं। इसके लिए पहले तो वे किसी गिरोह से धमकी मिलने पर उन्हें संरक्षण देते हैं। उनके पास पाँव धरने की जगह मिल गयी तो कुछ अर्से में काम करने के लिए भी मना ही लेते हैं। जो नहीं मानते हैं, उन्हें धमका कर साथ कर लेते हैं। कुछ के पास अपनी काली कमाई लगा कर भी साथ कर लेते हैं। विरोधी गिरोह के गुंडे के नाम पर कई बार अपने ही बन्दों से धमकियाँ दिलवा कर, सहानुभूति और संरक्षण देने के नाम पर भी कुछ बार मालिकों को बेवकूफ बना कर गिरोहबाजों ने गिरोह के वास्ते काम करने के लिए तैयार किया है। ऐसा ही एक बार मालिक तो राज्य के एक बड़े राजनीतिक दल से चुनाव लड़ा, उसने ऊँचा ओहदा भी हासिल कर लिया।

## पहाड़ी गाँव

नेपाल से उत्तराखंड तक, कश्मीर से हिमाचल प्रदेश तक के पहाड़ी गाँवों में गरीबी का जो आलम है, उससे बेहाल युवकों के हाथों में दो या पाँच हज़ार रुपयों जैसी हकीर रकम के लिए भी बन्दूकें थमाने से अंडरवर्ल्ड गुरेज नहीं करता है। पहाड़ी इलाकों के युवक काफ़ी ग़ुस्सैल और हिम्मती होते हैं। उन्हें पता है कि अगर हत्या की और भाग निकले तो फिर मुंबई पुलिस के अधिकारी किसी भी हाल में उन्हें तलाश नहीं कर सकेंगे। उनकी ज़रूरतें बेहद छोटी होती हैं और वे कमा करके सीधे गाँव का रुख करते हैं। वे पहाड़ों में अलमस्त जीवन जीने लगते हैं। जब पैसे ख़त्म होते हैं या गिरोह को उनकी ज़रूरत होती है, उनके पास सम्पर्क सूत्र जा पहुँचते हैं। उत्तराखंड के प्रकाश पांडे उर्फ़ पीपी को ही तो आप बंटी पांडे के नाम से जानते हैं। भरत नेपाली भी पहाड़ों का है।

## बिहार

यह राज्य कभी विश्व भर में शिक्षा का सबसे बेहतरीन केन्द्र होता था। आज यहाँ के गुंडे और सुपारी हत्यारे सबसे अच्छे माने जाते हैं। वे किसी का कत्ल करने के पहले एक बार सोचते नहीं हैं। ऐसे दर्जनों गुंडे हैं, जो बिहार से आये हैं, उन्होंने मुंबई में रक्तपात करने के लिए जितनी रकम मिली ली, और काम करके वापस अपने गाँव लौट गये।

## उत्तर प्रदेश

कमोबेश यही हाल उत्तर प्रदेश का है। कुछ ख़ास इलाके हैं, जहाँ के युवकों को आतंक की खेती में बीज बोने में ख़ासा मज़ा आता है। यहाँ के लड़के रकम मिले तो किसी की हत्या करने या अपहरण करने के लिए सदा तैयार रहते हैं। कट्टे तो किशोर अवस्था से ही जेब में रख कर घूमना यहाँ के लड़कों का प्रिय शगल होता है। ऐसे में मुंबई माफिया को जौनपुर से गोरखपुर तक बेहतरीन और जांबाज रंगरूट मिलते हैं, जो उनके लिए शूटर से गेट-अवे कार चलाने वाले तक बनते हैं।

## दक्षिण भारत

यहाँ तो कर्नाटक से आन्ध्रप्रदेश तक, दर्जनों सुपारी हत्यारे, निशानची, हफ्ताखोर आये हैं। हेमन्त पुजारी हो, साधु शेट्टी हो, रवि पुजारी हो, या फिर डीके राव, मोहन कोटियन, सन्तोष शेट्टी, जयाराम अण्णा पुजारी उर्फ़ बाला, दिनेश सालियान उर्फ़ डैनी, नित्यानंद कदमस्वामी वनियार उर्फ़ नित्या, शरद शेट्टी उर्फ़ अण्णा उर्फ़ बड़ा इडली या हरीश पुजारी उर्फ़ मामा हो, सारे दक्षिण भारत से ही मुंबई माफिया में पहुँचे हैं। उनके आद्य गुरु वरदराजन मुदलियार का नाम कैसे छोड़ा जा सकता है। दक्षिण भारत के भी ये तमाम गुंडे आमतौर पर गरीबी के चलते ही मुंबई माफिया के प्यादे बने थे।

हालात जो भी हों, देश का हर हिस्सा मुंबई के अँधियाले संसार में अपने हिस्से के प्रेतों की भर्तियाँ करवाता ही रहा है। लेकिन आज हालात थोड़े अलग हैं। महानगर के अपराधी गिरोहों में नयी भर्तियाँ न होने से भारी परेशानी बनी हुई है।

अपराध जगत में नये गुंडों की आमद न होने की मुख्य वजह पुलिस मुठभेड़ें, कम पैसे मिलना, राजनीतिक और औद्योगिक घरानों के सरंक्षण में कमी आना है। पिछले कुछ अर्से की वारदातों से साफ़ है कि सुपारी हत्यारों का ख़ासा टोटा है। इसके चलते गिरोहबाज अपने लिए निशानबाजों, हथियार आपूर्ति करने वालों, मादक पदार्थों समेत अन्य सामानों की तस्करी कर पाने वालों, लोगों को धमकाकर हफ्तावसूली करने या अपहरण करके फिरौती कर पाने में सक्षम लड़कों की तलाश काफ़ी मशक्कत भरी हो चली है।

# शब्दकोश एवं मुहावरे

| | | |
|---|---|---|
| अंग्रेज़ | – | अकड़ू, ख़ुद की सही बात पर ज़ोर देने वाला (जास्ती अंग्रेज़ मत बन) |
| अंग्रेज़ करू | – | सभ्य इनसान |
| अंडरवर्ल्ड | – | अपराध जगत |
| अंडवा | – | चमचा |
| अंधाधुनी | – | बेकार का आदमी या खिलाड़ी |
| अक्खा | – | पूरा |
| अड़वा पट्टा | – | बेकार का आदमी या खिलाड़ी |
| अण्णा | – | छोटे भाई के लिए दक्षिण भारतीय शब्द |
| अतरंगी | – | बड़ा शातिर |
| अतिरेकी दल | – | आतंकवादी समूह |
| अद्धा | – | आधा, छोटे क़द का |
| अद्धी | – | शराब की आधी बोतल |
| अधाड़ा | – | आधा, छोटे क़द का |
| अनाड़ी | – | सिरफिरा |
| अपुन | – | मैं या हम सब |
| अर्थपिशाच | – | पैसों के लिए पागल व्यक्ति |
| अलटा-पलटी | – | चकमा देकर सामान बदलना, असली माल दिखा सस्ता नकली माल देने की हेराफेरी |
| अवली | – | बिना काम के रहने वाला बन्दा, बेकार इनसान, ठलुआ |
| आईएनबीपी | – | इंडो-नेपाल बॉर्डर पुलिस |
| आईएनसीबी | – | अन्तरराष्ट्रीय मादक पदार्थ नियन्त्रण बोर्ड |

| | | |
|---|---|---|
| आईएसआई | — | इंटर सर्विसेज इंटेलिजेंस, पाकिस्तान की खुफिया एजेंसी |
| आइटम | — | लड़की, महिला मित्र, प्रेमिका |
| आईबी | — | इंटेलिजेंस ब्यूरो |
| आईबी | — | खुफिया ब्यूरो |
| आईला | — | बाप रे, हे भगवान |
| आयेला | — | आना |
| आक्यूपेंसी सर्टिफिकेट | — | निवास योग्य होने का प्रमाण-पत्र, जिसके बिना कोई रहने नहीं जा सकता है। |
| आग उगलना | — | नाराज़ होना |
| आठ नम्बर | — | 38 केलीबर रिवॉल्वर |
| आरएमएमएस | — | राष्ट्रीय मिल मजदूर संघ |
| आर्टिस्ट | — | शूटर |
| इं. | — | इंस्पेक्टर |
| इंटरपोल | — | विश्व पुलिस संगठन, मुख्यालय फ्रांस का लियोन शहर में |
| इकसठ-बासठ | — | लड़की |
| उगरानी | — | वसूली |
| उजड़ा चमन | — | बरबाद |
| ऊपर का माला | — | सिर |
| एक सौ बीस | — | तीन सौ-गुटका या तम्बाकू |
| एकदम इकसठ | — | बिल्कुल खरा माल |
| एकदम झकास भिडू | — | बिल्कुल अच्छा है दोस्त |
| एक्सीडेंट हो गया | — | कोई गुंडा गिरफ्तार होते-होते बचा हो तो यह कहा जाता है। |
| एडमिट हो गया | — | गिरोहबाज के गिरफ्तार हो जाने पर कहा जाता है। |
| एन कम्पनी | — | अमर नाईक गिरोह |
| एनजीओ | — | गैर-सरकारी संगठन, सामाजिक संगठन |
| एनडीपीएसए | — | नशा एवं मादक द्रव्य विरोधी अधिनियम |
| एनसीपी | — | राष्ट्रवादी कांग्रेस पार्टी |

एपीआई – सहायक पुलिस इंस्पेक्टर
एफएसआई – चटाई क्षेत्र
एफबीआई – फेडरल ब्यूरो ऑफ इनवेस्टीगेशन, अमरीकी जाँच एजेंसी
एफसी – फोकटचन्द या फकीर चन्द। मुफ्तखोर बन्दा
एबीएस – अखिल भारतीय सेना, अरुण गवली द्वारा शुरू की राजनीतिक पार्टी
एमपीडीए – महाराष्ट्र प्रिवेंशन आफ़ डेंजरस एक्टिविटीज, बुटलेगर्स, स्लम लॉर्ड्स एक्ट
एसआई – सब इंस्पेक्टर
एसीपी – सहायक पुलिस इंस्पेक्टर
ऑफ हो गया – मर गया
ओजी – असली माल, ओरिजिनल
ओपन में – खुल कर
ओपियम – अफीम
कंटाला – बोर होना
कच्चा लिम्बू – नया बन्दा
कट टू कट – बिल्कुल सही-सही, सीधी और छोटे में बात करो
कट ले – चले जाओ
कटिंग – आधी चाय
कटिंग – शिकार के बारे में महत्त्वपूर्ण सूचना
कटुवा, कटलू – जिसका शिश्नभग्न हो
कबूतर – नकली पासपोर्ट वीज़ा पर विदेश जिसे भेजा जाने वाला हो
कमती कर – हत्या करना
करजत-कसारा – भैंगे व्यक्ति के लिए
करू पांडे – उत्पाती किस्म की प्रवृत्ति वाला व्यक्ति
कलटी – गायब होना, निकल जाना, भाग निकलना
कलाकार – मँजा हुआ काम करने वाला
कांडी – तीली, दुबला-पतला, विस्फोटक जिलेटिन की छड़

| | |
|---|---|
| काट डाल | – हत्या कर देना, तलवार या चॉपर से हत्या करना |
| काड़ी मत कर | – परेशान मत करो |
| काला कोट | – वकील |
| किन्नू | – एक किस्म का फल जो सन्तरे जैसा है |
| कीड़ा | – काफ़ी जानकार या ज्ञानवान (कोरट का कीड़ा है वो तो भाय) |
| कीड़ा | – घुन्ना इनसान (बहुत कीड़ा है उसमें) |
| कीड़े मत कर | – परेशान मत करो |
| कूट नाम | – सांकेतिक नाम |
| कैप्स्यूल | – गोली |
| कैप्स्यूल देना | – गोली मारना |
| कैलीबर | – पिस्तौल-रिवॉल्वर या बन्दूक की नाल का अन्दरूनी व्यास (गोलाई)। |
| कॉपी करना | – नकल करना |
| कॉपी | – नकली माल |
| कोपचे में | – एकान्त में, कोने में |
| कोपचे में ले | – कोने में पिटाई |
| कौवा | – सेल फ़ोन |
| खंडणी | – हफ्ता, रंगदारी |
| खंबा | – शराब की पूरी बोतल |
| खजुआ | – बेवकूफ व्यक्ति |
| खजूर | – मूर्ख व्यक्ति |
| खटिया खड़ी | – पिटाई या डाँट से हालत ख़राब करना |
| ख़र्चा पानी देना | – पीटना, रिश्वत देना |
| खली-वली | – भाग यहाँ से |
| खल्लास | – ख़त्म, समाप्त |
| खाली फोकट | – बेकार में |
| खाली-पीली | – बेकार में, जबरन में |
| खिटपिट | – झगड़ा करना |
| खूँटे | – जहाँ जानवर को बाँधा जाता है |

खेली — जुआरी

खोटी — ख़राब

खोपड़ी — दिमाग़दार बन्दा

खोपड़ी — मुठभेड़ के शिकार के लिए प्रयुक्त

खोपड़ी सरकाना — दिमाग ख़राब करना, परेशान करना

खोपड़ी हिलाना — हैरान कर देना

खर्चा-पानी देना — पिटाई करना

गंगाराम — नाई के लिए प्रयुक्त

गटर — शराबी

गधा मजूरी — बेहद मेहनत का काम करना, भारी भरकम काम

गरद — ब्राऊन शुगर

गर्दुल्ला — नशेड़ी

गर्म गोश्त का कारोबार — वेश्यावृत्ति

गर्म गोश्त का धन्धा — वेश्यावृत्ति कारोबार

गलतफेमेली — गलतफ़हमी

गले में गोटे — डर जाना, बेहद सख्त काम करना

गांड अंगुली — जबरन परेशान करना

गांडा भाई — गुजराती बन्दा

गांडू — समलिंगी, डरपोक

गाँधी — पाँच सौ का नोट

गावठी — ग्रामीण, भदेस व्यक्ति

गिरोह युद्ध — अपराधियों मे आपसी लड़ाई

गुज्जू — गुजराती बन्दा

गुड़ — जिगेलो, समलिंगी पुरुष

गुल होना — भाग निकलना

गुलटी मारना — ग़ायब हो जाना

गेम करना — हत्या करना

गेम बजाना — कत्ल कर दिया

गैंगवार — गिरोहों की आपसी लड़ाई

गोटी सटकना — मुश्किल में फँस जाना

गोटी से लटकाना – अंडकोष बाँध कर रस्सी ऊपर खींचना, प्रताड़ना का पुराना तरीका है।

गोरा करू – सभ्य विदेशी इनसान

घंटा – कुछ नहीं, बिल्कुल नहीं

घंटे पे – मेरी बला से

घाटी – मराठी व्यक्ति के लिए प्रयुक्त

घुँघरू सलमान – घुँघराले बाल वाला बन्दा

घेऊन टाक – पीट दे, दबोच ले,

घेतली – पकड़ लिया, दबोच लिया, ख़ूब गालियाँ सुना देना

घोड़ा – ट्रिगर, हथियार

घोड़ा खींचना – फिक्सिग या हराना

घोड़ा वगन – वज़न

घोड़ागिरी – काफ़ी कम पैसों में करवाया जा रहा भारी भरकम काम

चंपक – बेवकूफ इनसान

चकरभन्नाट – चकराने वाला

चकरी घुमाना – बेवकूफ बनाना

चपट्या – नेपाली या पहाड़ी लोगों के लिए

चमड़ी, वासु – लड़कियों का रसिया औरतखोर

चमाट – तमाचा, थप्पड़

चरसी – नशेड़ी

चल फूट – भाग यहाँ से

चाँदमारी – गोली चलना सीखने का स्थान

चाइनीज गाड़ी – सड़क पर लगने वाले ठेले जिनमें चीनी भोजन मिलता है

चिन्दी – छुटभैया छोटा आदमी बेकार

चिन्दी – बेहद छोटी बात या वस्तु या व्यक्ति के लिए प्रयुक्त

चिन्दीचोर – ओछी हरकतें करने वाला, घटिया व्यक्ति, छोटा व्यक्ति, बेकार इनसान

चिकन टिक्का — शादीशुदा ख़ूबसूरत महिला

चिकना — ख़ूबसूरत पुरुष या लड़का

चिकनी — ख़ूबसूरत महिला या लड़की

चिपका डाल — तमाचा या मुक्का रसीद करना

चिपकाना — बेवकूफ बना कर देना, जबरन देना

चिपकू — बिना बात के ही किसी के साथ लगे रहने वाला इनसान

चिमट — जोकर सरीखा दिखने वाला या अजीब बन्दा

चिमाट — अजीब या मसखरा सा दिखने वाला बन्दा

चिरकुट — छुटभैया

चिरमिरी — छुटभैया

चिल्लर पार्टी — बच्चे

चीना — नेपाली या पहाड़ी लोगों के लिए

चुदक्कड़ — ढेरों मर्दों से जिस्मानी रिश्ते रखने वाली महिला

चूतिया — बेवकूफ

चूना लगाना — ठगना

चूरन — बेकार या झूठा इनसान

चोमू — मूर्ख

छक्का — हिजड़ा

छगन — बेवकूफ

छत्री — गिरोह का ख़ैरख़्वाह या पैसे से मददगार

छपटी — चवन्नी

छपड़ी — छुटभैया

छप्पनटिकली — चेचक या मुहासों का दागदार चेहरा

छमिया — माल, छावी

आइटम — प्रेमिका

छावा — लड़का, पुरुष मित्र, प्रेमी

छावी — लड़की, महिला मित्र, प्रेमिका

छीप — बिना बात के किसी से चिपका रहने वाला इनसान

छेंटी रहने का — दूर रहो

| | | |
|---|---|---|
| छेद बनाना | – | गोली मारना (एक एक्सट्रा छेद बना साले की पिछाड़ी में।) |
| छेह | – | घटिया बात सुनने पर बोला जाने वाला शब्द |
| छोटा | – | छोटी गोल्डफ्लैक सिगरेट का पैकेट |
| छोटा तीर | – | घाव गम्भीर–छोटा काम लेकिन फायदा बड़ा |
| छोटे | – | कम उम्र लड़के के लिए, छोटे भाई के लिए |
| जगमग | – | चमकीले, शानदार |
| जमा किया | – | गिरफ्तार किया |
| जाड्या | – | मोटा पुरुष |
| जादू | – | चालाकी, बाजीगरी |
| जायला (छायला) | – | छी, क्या यार के लिए प्रयुक्त |
| जास्ती पका मत | – | बोर मत करो |
| जिगो | – | जगह |
| ज़ीरो नम्बर | – | मुखबिर, ख़बरी |
| जॉनीवॉकर | – | शराबी |
| झंडू | – | मूर्ख व्यक्ति |
| झक्कास | – | शानदार |
| झाँटे | – | शिश्न अथवा यौन के बाल |
| झोल | – | गड़बड़ी होना, ग़ायब करना, ठग लेना, घोटाला करना, समस्या होना |
| झोलर | – | ठगी करने वाला, किसी को चूना लगा कर कमाई करने वाला |
| टंकी | – | ख़ूब शराब पीने वाला व्यक्ति |
| टकला | – | पाँच सौ का नोट |
| टकल्या | – | गंजा |
| टपक गया | – | मर गया |
| टपका देना | – | हत्या करना |
| टपकाना | – | हत्या करना |
| टपरी | – | पान या चाय वाले की दुकान |
| टपोरी | – | सड़कछाप गुंडा |

टशन — झगड़ा

टाँग के बीच वस्त्रा — उस्तरे से दोनों टाँगों के बीच गुदा द्वार चीरना

टाँगा पलटी — बाल-बाल बचे

टापना — घूर कर देखना

टारगेट — वह जगह या व्यक्ति जिस पर निशाना लगाना है।

टाल्या — गंजा

टिप — सूचना

टिफिन — जेल में खाने का डिब्बा

टीआर — ट्रांसवर ऑफ रेसीडेंस

टेंबका — गर्भवती महिला

टेबलेट देना — गोली मारना

टेलीफ़ोन भाई — फ़ोन पर धमकाने वाले गुंडे

टोपी — धोखेबाज

टोपी कम्पनी — अरुण गवली गिरोह (अरुण गवली के गाँधी टोपी पहनने के कारण)

टोपी घुमाना — ठगना

टोपी फिराना — बेवकूफ बनाना

टोपीबाज — धोखेबाज

ठरकी — सनकी

ठाँसना — अच्छी फटकार लगाना

ठिए — ठिकाना

ठिनचक — चमकीले और शानदार

ठोंक देना — हत्या करना

ठोंकना — गोली मारना, सहवास करना, हत्या करना

डबल बैटरी — मोटा चश्मा लाने वाला शख़्स

डबल सीट — समलिंगी

डब्बा — पुलिस की नीली बड़ी गाड़ी

डब्ल्यूटीसी -- वर्ल्ड ट्रेड सेंटर, शिकागो, अमरीका

डाल दे — गोली मारना

डिब्बा — जेल में खाने का डिब्बा

डीआरआई — डायरेक्टरेट ऑफ रेवेन्यू इंटेलिजेंस

डी-कम्पनी — दाऊद गिरोह

डीपी — नकली नोट

डीसी — दो कालम, समाचार के लिए प्रयुक्त शब्दावली का हिस्सा

डीसीपी — पुलिस उपायुक्त

डेंजर लोक — ख़तरनाक आदमी

डेढ़ दिमाक — अधिक चालाक

डेढ़ फुट — क़द में छोटा इनसान

डेढ़ फुटिया — क़द में छोटा इनसान

डेढ़ श्याना — अधिक चालाक

डॉक्टर — काम करने वाले विशेषज्ञ

ड्राई रन — योजना का पूर्ण अभ्यास

ढक्कन — बेवकूफ

ढपनी के — बेवकूफ

ढापण्या — चश्माधारी

तंबी — बड़ा भाई

तड़ीपार — लम्बे समय तक गायब रहना, छुपे रहना

ताई — बड़ी बहन

ताबड़तोप — तुरन्त

तीन-तेरा — हालत खस्ता होना

तेंदू पत्ता — बीड़ी बनाने के लिए लगने वाला पत्ता

तोड़ — जवाब

थकेला — बेकार, बोरिंग कमज़ोर बन्दा

थकेला माल — बेकार सामान

थान — स्थान

थूकपट्टी — आधा-अधूरा काम करना, गलत तरीके से काम करना

थैलीशाह — अमीर व्यक्ति

दम देना — धमकी देना

दम लगाना — सिगरेट या चिलम के कश लगाना

दादा — बड़े भाई

दाना क्लब — डायस (छह पहलू वाले पासे) को दाना कहते हैं। जहाँ इससे जुआ खेलते हैं, वह दाना क्लब है।

दिमाक का दही — बोर करना, सताना

दुल्हा बनाना — गिरफ्तार करना

दूँ क्या — पिटाई लगाऊँ क्या

दूध-पाव — ऐसा व्यक्ति जो भोजन देता है।

दूसरे घर पे आना — दूसरी लाइन पर फ़ोन करो। ये तभी कहते हैं, जब फ़ोन बीच में सुने जाने, टेप होने या गड़बड़ी का शक हो।

देह व्यापार — वेश्यावृत्ति

देहजीवा — वेश्या

धतींग — बेवकूफी, मस्ती

धाँसू — शानदार

धार मारना — पेशाब करना

धूप — छाँव-सड़क पर बनी नाई की दुकान

धूर — शिकार, बकरा, जिसे बेवकूफ बनाया जा रहा है

धो डाला — पीट दिया

नम्बरकारी — आपराधिक मामले में सहयोगी

नगरसेवक — पार्षद

नल्ला — नकली

नांवा — पैसा

नाना कम्पनी — छोटा राजन गिरोह

निकल गया — मर गया

निकल ले — भाग यहाँ से

नेपाली — नेपाली या पहाड़ी लोगों के लिए

नो मैंस लैंड — सीमान्त इलाका जहाँ दो देशों के नागरिक या सैन्यकर्मी नहीं रहते।

नौ नम्बर चप्पल — 9 एमएम स्टार पिस्तौल

पंटर – सट्टा खेलने वाले

पंडित – उत्तरभारतीय ब्राह्मण या कोई भी व्यक्ति

पका मत – दिमाग़ मत खा

पतली गल्ली से

सटक ले – चुपचाप ग़ायब होना

पपलू – साधारण बन्दा, मूर्ख बन्दा

पल्ली पार – विदेश में

पव्वा – शराब की चौथाई बोतल

पहचान पट्टी – किसी की शिनाख्त करना

पांडू – पुलिस कांस्टेबल

पाजी – सिक्ख बन्दे के लिए

पाटी – पुलिस द्वारा नाम व अन्य जानकारियाँ लिख कर फ़ोटो खींचने के लिए प्रयुक्त स्लेट

पाटी, कैरम बोर्ड – ऐसी लड़की जिसके उरोज बिल्कुल न हों

पान पट्टी – पान वाले की दुकान

पानी कम – बेकार, फालतू,

पानी का काम – समन्दर से तस्करी

पानी पार – कराची या पाकिस्तान

पानी से – समुद्री मार्ग से

पार्सल – अपहरण करके शिकार को चुपचाप भेजना

पार्सल – सामान भेजना

पिघला सीसा – बन्दूक की गोली

पिछाड़ी – नितम्ब

पीआई – पुलिस इंस्पेक्टर

पीआरओ – जनसम्पर्क अधिकारी

पीपीपी – पीपुल्स पार्टी ऑफ़ पाकिस्तान

पीसी – पोस्टमार्टम

पुट्ठा – पासपोर्ट

पेपर – पैसा, धन, रुपया

पेमेंट कर देना – किसी की हत्या करना या सुपारी पर किसी को

मारना।

| | | |
|---|---|---|
| पेरोल | – | जेल से सज़ायाफ्ता क़ैदियों को मिलने वाली छुट्टी |
| पेस्टनजी | – | पारसी व्यक्ति |
| पैदल होना | – | छुपते हुए रहना |
| पॉकिट | – | पुरुषों का पर्स, लिफ़ाफ़ा |
| पोटला | – | हत्या के बाद लाश ग़ायब करना |
| पोटला बनाना | – | मार कर लाश गायब कर देना |
| पोपट पट्टा | – | पुलिस का पिटाई वाला हत्थे पर लगा तीन इंच चौड़ा व दो फीट लम्बा कैनवस का पट्टा |
| पोपट बनना | – | बेवकूफ बन जाना |
| प्यादे | – | गिरोह में सबसे निचले स्तर का सदस्य |
| प्रीमियम | – | हवाला में यह शब्द प्रति डॉलर एक या दो रुपये की दलाली हेतु प्रयुक्त होता है |
| फंटर | – | सड़कछाप गुंडा |
| फंटी | – | लड़की, महिला मित्र, प्रेमिका |
| फंड करना | – | ग़ायब करना, धोखा देना |
| फंडे देना | – | ज्ञान देना |
| फच्चड़ | – | नया बन्दा |
| फट गयी | – | डरना |
| फटना | – | डरना |
| फट्टू | – | डरपोक |
| फट्टे दिये | – | पीटना |
| फर्लोफ | – | जेल से हत्या अथवा जघन्य मामलों में सज़ायाफ्ता क़ैदियों को मिलने वाली छुट्टी |
| फाइल, कैमरा | – | बन्दूक |
| फाड़ू | – | शानदार, बेहतरीन, मज़ेदार |
| फील्डिंग | – | निगाहबीनी, घेराबन्दी |
| फुल टू | – | शराब के नशे में धुत्त |
| फुल मून | – | गंजा इनसान |
| फूक्या | – | नशेड़ी |

फेंकना — गप्प मारना
फ्रंटी — मारुति 800 कार
फ्री का फिनाइल पीना — मुफ्त में कुछ भी लेने वाला
फ्रेम में — सामने आना, पहचान में आना
बकचोद — बेकार की ख़ूब सारी बातें करने वाला
बकरा — बेवकूफ बनाने के इस्तेमाल, शिकार
बकरी — टच स्क्रीन वाले स्मार्टफ़ोन
बड़बड़ — कोई बात करे ना करे, ख़ुद ही बोलते रहना
बतोलेबाजी — ऊँची हाँकना
बरफी — ख़ूबसूरत महिला या लड़की
बरोब्बर — ठीक है (बरोब्बर है की नयीं) (बरोब्बर से जाने का)
बस क्या — क्या बात कर रहे हो
बहादुर — नेपाली चौकीदार
बही — रजिस्टर
बाटली — शराब की बोतल
बाबल्या — बस चालक या परिचालक
बाबू — मन्त्री (दिल्ली में बैठेला बाबू लोक)
बाबूमोशाय — बंगाली व्यक्ति के लिए
बारबाला — वह महिला जो शराब खाने में शराब परोसती है या नाचती है
बारात — पुलिस दस्ता
बावा — पारसी व्यक्ति
बिन्दास — खुल कर, बेहिचक, भयरहित
बिन्दास — लापरवाही से, बिना झिझक के
बिल फटना — नाम सामने आना
बीएमसी — मुंबई महानगरपालिका
बीकेआई — बब्बर खालसा इंटरनेशनल
बीसीसीआई — बैंक ऑफ क्रेडिट एंड कमर्शियल इंटरनेशनल
बेरिंग — सनकी
बेवड़ा — शराबी

बैटरी — चश्मा लाने वाला शख़्स

बॉल — उरोज, स्तन

बोंग — बंगाली व्यक्ति के लिए

बोंगालबाबू — बंगाली व्यक्ति के लिए

बोचा — नितम्ब

बोम — बड़ी बातें करना, हड़काना

बोल पट्टा — पुलिस का पिटाई वाला हत्थे पर लगा तीन इंच चौड़ा व दो फीट लम्बा कैनवस का पट्टा

बोले तो — मेरा मतलब है कि

बोस — गिरोह का सरदार, दोस्त

ब्राऊन शुगर — अफीम से बनने वाला नशा

भंकस — मज़ाक़

भत्ता खाना — जेल जाना

भन्नाट — चकराने वाला

भय्या — उत्तरभारतीय व्यक्ति

भारी — एकदम शानदार, वज़नदार

भिडू — दोस्त, यार

भेजा — दिमाग़

भेजा फ्राई — दिमाग़ ख़राब करना

भैंस — लैपटॉप

मचमच — झगड़ा करना, बहुत बोलना

मचान — विवाद, झगड़ा

मटका — एक तरह का जुआ

मटका — गर्भवती महिला

मदरासी — दक्षिण भारतीय के लिए प्रयुक्त

मनपा — मुंबई महानगरपालिका

मफ्ती — पुलिस वाले जिन सादे कपड़ों में ड्यूटी करते हैं, उसे मफ्ती कहते हैं

महिम-माटुंगा — भैंगे व्यक्ति के लिए

माँ भैन करना — बेइज्जती करना, माँ-बहन की गालियाँ देना

| | | |
|---|---|---|
| मांडवली | – | सुलह सफाई, समझौता |
| मांडवली भाई | – | ऐसे गुंडे जो सिर्फ़ मांडवली का काम करते हैं |
| माणिकचन्द | – | गुटका या तम्बाकू खाने वाले के लिए |
| माफिक | – | जैसी |
| मामा | – | पुलिस कांस्टेबल |
| मामा बनाया | – | बेवकूफ बनाया |
| मामू | – | बेवकूफ बन्दा |
| मारवाड़ी | – | कंजूस, बनिये, राजस्थानी बन्दे के लिए |
| माल | – | ख़ूबसूरत महिला या लड़की |
| मावा | – | गुटका या तम्बाकू |
| मियाँ भाई | – | मुसलिम बन्दा |
| मिमी | – | मिलीमीटर |
| मिलियन | – | 10 लाख |
| मीटर पे | – | ऊँचे ब्याज पर क़र्ज |
| मुद्राराक्षस | – | पैसों के लिए पागल व्यक्ति |
| मुर्गीचोर | – | छोटा-मोटा काम करने वाला |
| मूँ फाड़ना | – | राज फाश करना |
| मूठ मारना | – | हस्तमैथुन करना |
| मूत की धार पे | – | बेहद करीब से |
| मूत मारना | – | पेशाब करना |
| मेंग्रोव | – | समुद्र में उगने वाली झाड़ीनुमा वनस्पति |
| मैंड्रेक्स | – | बुख़ार बनाने की दवा पेरासीटामोल से बनने वाला नशीला पदार्थ |
| मैटर बजाना | – | पंगे वाले काम करना, विवाद सुलझाना |
| मैटरबाज | – | पंगेबाज |
| याहूम | – | ज़ोरदार |
| यूएनओ | – | संयुक्त राष्ट्र संघ |
| यूबीएल | – | युनाइटेड बैंक लिमिटेड |
| येड़ा | – | बेवकूफ, पागल |
| रखड़पट्टी | – | जबरन और ख़ूब सारा काम |

| | | |
|---|---|---|
| रगड़ा | – | विवाद, झगड़ा, मारपीट |
| रहमानी कीड़ा | – | अपने काम में माहिर व्यक्ति, किसी काम का ज़बरदस्त जानकार |
| रांटी | – | बलशाली पुरुष |
| राग | – | डाँटना, नाराज़ होना, धमकी देना |
| रागपट्टी | – | धौंसपट्टी |
| राड़ा | – | विवाद, झगड़ा, मारपीट |
| रापचिक | – | शानदार, खरा |
| रामप्यारी | – | नितम्ब |
| रामू | – | किसी होटल, ठेले या सड़क किनारे की चाय दुकान पर कार्यरत छोटा बच्चा |
| रुस्तमजी | – | पारसी व्यक्ति |
| रॉ | – | एजेंसी रिसर्च एंड एनालिसिस विंग |
| रोकड़ा | – | नकद रकम |
| रोमिंग सेलूलर फ़ोन | – | ऐसे सेल फ़ोन, जिनमें देश-विदेश में फ़ोन करने या लेने की सुविधा होती है। |
| लंगूर | – | बेवकूफ |
| लंघिया | – | बेवकूफ |
| लम्बा लिटाना | – | हत्या करना |
| लफड़ा | – | विवाद, झगड़ा, मारपीट, परेशानी |
| लल्लू | – | बेवकूफ |
| लवड़ू | – | मूर्ख |
| लाइन देना | – | लड़की या लड़के का इशारेबाजी करना |
| लाफा | – | थप्पड़ |
| लाल बावट्या | – | महानगर में साम्यवादियों को लाल बावट्या कहते थे। |
| लिट्टे | – | लिबरेशन ऑफ़ तमिल टाइगर इलम, श्रीलंका का पृथकतावादी तमिल आतंकवादी संगठन |
| लिफ्ट वाली बिल्डिंग | – | ऑटोमैटिक स्प्रिंग मैग्जीन वाली पिस्तौल, जिसमें गोलियाँ स्वतः नली में आती हैं। |

लुक्खा — नीच, कमीना और पैसों का मोहताज

लुढ़काना — हत्या करना

ले डाली — बुरी तरह डाँटना

लेग पीस — अच्छी लड़की ख़ूबसूरत लड़की

लेट के जाना — शवयात्रा निकलना

लेडीज बार — ऐसे शराबखाने जहाँ महिलाएँ शराब परोसती और नाचती हैं।

लैंडिंग एजेंट — अवैध और तस्करी का माल चुपचाप समुद्र में उतारने का काम करने वाले

लैटर — सन्देश

लोचा — विवाद, झगड़ा, मारपीट

लोचा लबाचा — समस्या

लोड लेना — बहुत विचार करना, काम अधिक करना, तनाव में

वंटास की गोली — भाग ले

वट — शान

वटक ले — ग़ायब हो जा, चला जा

वसई-विरार — भैंगे व्यक्ति के लिए

वसूली — उगाही

वहान — ढऊ, 30 से 50 मीटर लम्बा लकड़ी का जहाज़, जिनके पंजीकरण नहीं होते। तस्करी में काफ़ी इस्तेमाल होते हैं

वांदा होना — तकलीफ़ होना, नहीं मिलना, कम होना

वाट लगना — हालत खस्ता होना, तबाह होना

विकेट — किसी की हत्या के लिए प्रचलित शब्द

वीडीआईएस — स्वैच्छिक आय घोषणा योजना

व्हाइटम व्हाइट — सफेद कपड़े

शाब बाबू — नेपाली या पहाड़ी लोगों के लिए

शूटआऊट — गोलीबारी

शूटर — गोलियाँ चला कर हत्या करने वाले

शेंडी लगाना — बेवकूफ बनाना, चूना लगाना

| | | |
|---|---|---|
| शॉट दिखाऊँ क्या? | – | गोली मारूँ क्या तुम्हें? ये शब्द आमतौर पर शिकार को भयभीत करने के लिए होते हैं। |
| श्याना | – | छुटभैया लफंगा इलाके का |
| संतरा, नारंगी, मौसंबी, गुलाब | – | देसी शराब के नाम |
| सटक गयी | – | दिमाग़ ख़राब होना, ग़ुस्से में आना |
| सटक ले | – | भाग लो |
| सरगना | – | गिरोह का सरदार |
| सलटा देना | – | हत्या करना |
| सलटा ले | – | निपटा ले |
| सांई | – | सिंधी बन्दे के लिए |
| सांड़ | – | बलशाली पुरुष |
| साफ़ करना | – | हत्या करना |
| सामान | – | हथियार |
| सिंडिकेट | – | एक समूह जिसके विचार या काम एक जैसे हों |
| सिकलीगर | – | अवैध रूप से हथियार बनाने में महारत रखने वाली मध्यप्रदेश की सिक्ख जनजाति |
| सीआईडी | – | खुफिया पुलिस |
| सीबीआई | – | केन्द्रीय जाँच ब्यूरो |
| सुट्या | – | नशेड़ी |
| सुपड़ी साफ़ | – | पूरा काम ख़त्म |
| सुपारी | – | ठेका, काम देना |
| सुमड़ी | – | चुपचाप, गोपनीयता से (सब काम सुमड़ी में होना मँगता है) |
| सूलेमानी कीड़ा | – | अपने काम में माहिर व्यक्ति, किसी काम का जबरदस्त जानकार |
| सेंटी | – | भावुक |
| सेटेलाइट फ़ोन | – | पूरी दुनिया में इस्तेमाल होने वाले फ़ोन जो कृत्रिम उपग्रहों के जरिए चलते हैं। |
| सॉफ्ट टारगेट | – | बेहद आसान निशाने |
| स्क्वेयर फीट भाई | – | गुंडा जो किसी गिरोह विशेष से न जुड़ा हो। |

| | | |
|---|---|---|
| स्ट्रेट | – | चाकू |
| स्ट्रेट घुमा दिया | – | चाकू मार दिया |
| स्थगनादेश | – | अदालत द्वारा किसी मामले में स्थिति जस की तस रखने का आदेश |
| स्नाईपर | – | ऐसे पक्के निशानेबाज जो एक गोली से एक व्यक्ति की हत्या करते हैं। |
| स्नीफर | – | एफबीआई का सॉफ्टवेयर जो इंटरनेट, टेलीफ़ोन, ई-मेल, वेबसाइटों, एसएमएस सन्देश व अन्य संचार साधनों की लगातार छानबीन करता है। |
| हज्जाम | – | बेवकूफ |
| हटा सावन की घटा | – | चल दूर हो जा, परवाह नहीं करना |
| हटेला | – | पागल, सनकी |
| हड़का दिया | – | डाँट दिया |
| हफ्ता | – | गुंडे को देने वाली रकम, जबरन पैसे की वसूली, संरक्षण राशि |
| हरी पत्ती | – | रुपये, सौ का नोट |
| हलकट | – | बत्तमीज |
| हवा आने दे | – | हटो यहाँ से, जाओ यहाँ से |
| हाईला | – | बाप रे, हे भगवान |
| हाथ पे आजा | – | मेरे मोबाइल पर फ़ोन करो। यह तब कहा जाता है जब शक हो कि सामान्य फ़ोन में गड़बड़ है, टेप हो रहा है या कोई खुफिया बात करनी है। |
| हाथी | – | डेस्क टॉप कम्प्यूटर |
| हिल गया | – | अचरज में पड़ गया, डर गया |
| हिले डुले | – | समलिंगी व्यक्ति |
| हूल देना | – | डराना, धमकाना |
| हूलपट्टी | – | धमकियाँ देना |
| हेरोइन | – | ब्राऊन शुगर के बाद और परिष्कृत करके बना नशा जो काफ़ी महँगा है। |
| होम ग्राउंड | – | स्थानीय अदालत के विषेय में इस्तेमाल होने वाला शब्द। |

# आभार

किसका आभार मानूँ, किसका नहीं!

सच तो यह है कि सबसे पहले आभार उन सभी का मानना होगा, जिनके जीवन एवं मृत्यु की कीमत पर उक्त शब्द गढ़े जा सके। वे सभी मुखबिर या ख़बरी या ज़ीरो नम्बर, जिनके रक्त के दलदल में धँसे बिना ये सूचनाएँ मुझ तक नहीं पहुँच सकती थीं।

आभार के दूसरे हकदार वे जाँच एवं खुफिया एजेंसियों के अधिकारी हैं, जिनकी मेहनत व शौर्य के बूते ढेरों मामले हल हुए, दर्जनों असली मुठभेड़ हुईं, रक्तपिपासु प्रेतों के मृत्यु नाद के बीच जिनकी हुंकार ने मेरे अन्दर का भय नष्ट कर दिया। उनके बनाये दस्तावेज़ों और उनके स्मृतिकोशों से जो मिला, उसका एक बड़ा अंश भी यहाँ है।

मेरे कुछ सहयोगी, विशेषकर अमजद अंसारी, जावेद शेख, रवि, नेहा जालान, जिन्होंने पिछले दो दशकों की मेरी शोध व लेखन यात्रा में बहुत मदद की। मेरी हस्तलिखित सामग्री वे टाइप करते गये। सहेजते गये। उसे सज़ाते-सँवारते गये। इनका साथ नहीं मिला होता, तो यह महती कार्य आप तक पहुँचना कुछ दुष्कर होता।

मेरे दोनों छोटे भाई, उदयन व कात्यायन, का विशेष आभार। वे मेरे सबसे बड़े आलोचक थे, रहे हैं, और रहेंगे। उनकी आलोचनाओं ने सुधार की गुंज़ाइश ख़ूब पैदा की। परिवार के बाकी सभी लोगों का आभार इसलिए ... समय उन्हें दे सकता था, वह न दे सका। 24 घंटों में से 18 ... गलियों में बरसों तक ये जानकारियाँ खँगालते जो बीते।

हिन्दी दैनिक अख़बार 'जनसत्ता' के उन सभी ... जिन्होंने साथ दिया। उन सबका ख़ास तौर पर आ...

विरोध किया। उनका विरोध जितना प्रबल होता, उतना मैं बाजिद होता। इसी प्रखर विरोध ने यह काम करने के लिए प्रेरित किया था।

कुछ वकील मित्र हैं। मुंबई सत्र अदालत से हाईकोर्ट तक कई ऐसे मित्र रहे हैं। इनका आभार प्रकट करना ही होगा। नाम नहीं दे सकता, उनके व्यावसायिक हितों पर चोट पहुँचेगी। उनसे भी ढेरों जानकारियाँ और दस्तावेज़ समय-समय पर मिलते रहे।

□□

# राज़दार तस्वीरें

सोना स्मगलर हाजी मस्तान की पत्नी

–(फ़ोटो मुंबई पुलिस)

गिरोह बाद गुरु साटम की प्रेमिका
लक्ष्मी सोनी उर्फ़ लक्का
—(फ़ोटो मुंबई पुलिस)

अंजलि अमर नाईक
—(फ़ोटो मुंबई पुलिस)

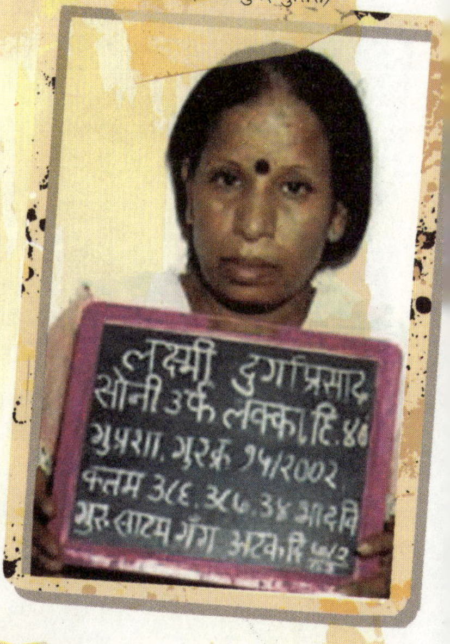

आशा गवली
—(फ़ोटो पुलिस रिकॉर्ड)

अर्चना शर्मा उर्फ़ मीनाक्षी अग्रवाल
–(फ़ोटो मुंबई पुलिस)

काजल मेघानी
–(फ़ोटो पुलिस रिकॉर्ड)

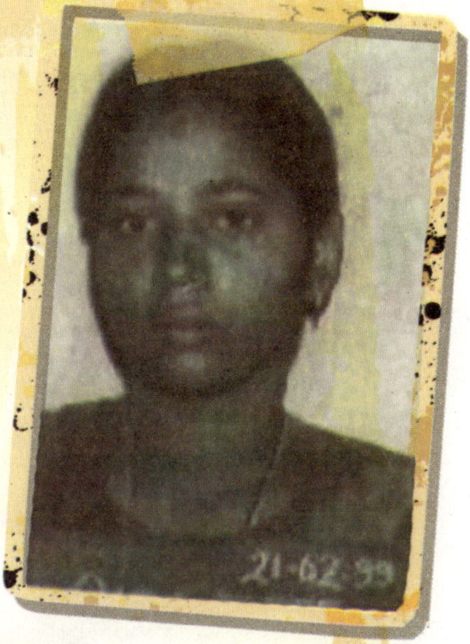

गिरोह सरगना सुरेश मंचेकर की माँ लक्ष्मी मंचेकर
–(फ़ोटो मुंबई पुलिस)

प्रिया राजपूत उर्फ़ चुलबुली मुर्गी
*—(फ़ोटो मुंबई पुलिस)*

फ़िल्म अभिनेत्री मोनिका बेदी
*—(फ़ोटो मुंबई पुलिस)*

नीलोफर शेख
*—(फ़ोटो मुंबई पुलिस)*

शमीम उर्फ़ मिसेज पॉल,
छोटा शकील की सहयोगी
–(फ़ोटो मुंबई पुलिस)

समीरा जुमानी, गिरोह बाद
अबू सालेम की पहली पत्नी
–(फ़ोटो मुंबई पुलिस)

अनीश इब्राहिम फ़िल्म अभिनेता गुलशन ग्रोवर के साथ
*–(फ़ोटो संग्रह विवेक अग्रवाल)*

अनीश इब्राहिम के साथ गिरोह सरगना छोटा राजन
और बम कांड का मुख्य सूत्रधार टाइगर मेमन

गिरोह सरगना अरुण गवली
—(फ़ोटो विवेक अग्रवाल)

दाऊद, छोटा राजन, अनीश इब्राहिम, छोटा शकील और
समाजवादी पार्टी नेता अबू आसिम आजमी
*–(फ़ोटो पुलिस रिकॉर्ड से)*

हाजी मस्तान फ़िल्म अभिनेता दिलीप कुमार और सायरा बानो के साथ
*–(फ़ोटो पुलिस रिकॉर्ड से)*

दाऊद और उसकी पत्नी महजबीन, छोटा राजन और सुजाता की शादी में

*–(फ़ोटो पुलिस रिकॉर्ड से)*

दाऊद इब्राहिम के साथ बैठे हुए सांसद और फ़िल्म अभिनेता स्व. सुनील दत्त एक मुशायरे में

*—(फ़ोटो विवेक अग्रवाल के रिकॉर्ड से)*

छोटा राजन के साथ शूटर अनिल परब और नूरा कासकर
–(फ़ोटो पुलिस रिकॉर्ड से)

REPUBLIC OF INDIA
P
IND
KUMAR
MOHAN
M
24/07/
INDIAN
MANDYA KARNATAKA
SYDNEY
08/07/2008
07/07
<INDKUMAR<<MOHAN<<<<<<<<<<<<<<<<<<<<<<
PAKISTANI PASSPORT NO C-267185 ISSUED FROM KARACHI IN
JULY 10, 1996 IN THE NAME OF SHEIKH DAWOOD HASSANI
SADDAR
KARACHI

डी-कम्पनी का सेनापति छोटा शकील

*–(फ़ोटो पुलिस रिकॉर्ड से)*

माफिया सरगना मन्या, माया, दाऊद और जुबेर

*–(फ़ोटो पुलिस रिकॉर्ड से)*

गिरोह बाद टाइगर मेमन और उसका परिवार
—(फ़ोटो पुलिस रिकॉर्ड से)